marnes

documents
d'architecture

marnes

Volume 4

**École d'architecture
de la ville & des territoires
à Marne-la-Vallée**

MARNAGE (mar-na-j'), *s. m.* Opération agricole qui consiste à mêler à la terre arable une certaine quantité de marne, soit pour amender un sol, c'est-à-dire en modifier l'état physique et mécanique, soit pour lui donner des éléments calcaires ou argileux qui lui manquent. || Résultat de cette action. Bon marnage.

— ÉTYM. *Marner.*

† **MARNAIS** (mar-nê), *s. m.* Espèce de bateau plat qui descend la Marne jusqu'à Paris. || *Adjectivement.* Bateau marnais.

MARNE (mar-n'), *s. f.* Mélange naturel, en des proportions variables, de calcaire et d'argile, auxquels se trouve presque toujours associé un peu de sable, et qui est propre à amender et à engraisser certaines terres. Une carrière de marne. Il faut mêler la marne avec une certaine quantité de fumier, et cela est d'autant plus nécessaire que le terrain est plus humide et plus froid, BUFF. *Min.* t. I, p. 309. || Marnes calcaires, marnes où abonde l'élément calcaire; marnes argileuses, ou argile; marne verte, marne très-argileuse qui surmonte la formation gypseuse dans les environs de Paris. || Marne à foulon, variété de marne, très-soluble dans l'eau, servant aux apprêts des draperies dans certaines manufactures. || Terme de géologie. Marnes irisées, ou *keuper*, assise supérieure des marnes du Jura, laquelle, se délitant à l'air en fragments polyédriques, présente des couleurs vives et variées.

— HIST. XIVe s. L'an MCCCXVIII furent V acres de terre mallées de blanc malle, et fut le malle pris au champ meismes, dix teises en parfont, DELISLE, *Agricult. norm.* p. 267. || XVe s. Gravier de blanche marle fort et dur, sur quoi on peut fermement charier, FROISS. I, I, 278. || XVIe s. Il y a en certaines parties de la Gascongne et autres pays de France, un genre de terre qu'on appelle merle, de laquelle les laboureurs fument leurs champs, PALISSY, 10. La marne ne doit estre oubliée, pour la grande vertu engraissante qu'elle a, à bon droit appellée d'aucuns manne.... selon les lieux elle est colorée; en aucuns elle est blanche, en autres grise ou rousse, O. DE SERRES, 10. Et ainsi allant et traversant parmy ce bois, vint tomber dans un puits à marle.... *Nouvelle fabrique des excellents traits de vérité*, p. 143, éd. Jannet, Paris, 1853.

— ÉTYM. Wallon, *mâïe;* Hainaut, *marle;* namur. *maule;* picard, *marle*, *merle;* haut norm. *malle* et même *mâle*, le faisant masculin : *du mâle;* ital. *marga;* bas-bret. *marg';* irl. *marla;* allem. *Mergel;* suéd. *mærgel;* du mot gaulois *marga*, qui fut reçu dans la latinité; on le trouve dans Pline.

MARNÉ, ÉE (mar-né, née), *part. passé* de marner. Sol marné.

1. **MARNER** (mar-né), *v. a.* Terme d'agriculture. Répandre de la marne sur un champ. Il fait marner sa terre et il compte que de quinze ans entiers il ne sera obligé de la fumer, LA BRUY. XI.

— HIST. XIIIe s. Si comme s'il le prendoit à plusors années à ferme, si comme à fumer, ou à maller, ou à vignes planter, BEAUM. XIII, 16. || XVIe s. La premiere année que la terre sera marnée, elle ne produira rien, O. DE SERRES, 326.

— ÉTYM. *Marne.*

† 2. **MARNER** (mar-né), *v. n.* Terme de marine qui se trouve pour la première fois dans l'Encyclopédie méthodique (au mot *marine*) en 1786. Monter en parlant de la mer, au-dessus du niveau des hautes eaux communes. Dans un parage où la mer marne au plus de deux pieds, BOUVET, *Projet*, 1833, dans JAL. Sur les côtes de la Manche la mer marne beaucoup plus que sur celles de l'Océan en France ; la Méditerranée marne très-peu, LEGOARANT.

† **MARNERON** (mar-ne-ron), *s. m.* Ouvrier qui travaille dans une marnière.

† **MARNEUR** (mar-neur), *s. m.* Celui qui répand de la marne sur les terres. || En Normandie, ouvrier qui travaille dans les marnières.

MARNEUX, EUSE (mar-neû, neû-z'), *adj.* Qui renferme de la marne ou en présente les caractères. Sol marneux. Couche marneuse. Le bon effet de l'amendement marneux ne se manifeste pleinement qu'à la troisième ou quatrième année, BUFF. *Min.* t. I, p. 310.

— ÉTYM. *Marne.*

MARNIÈRE (mar-niè-r'), *s. f.* Carrière de marne.

— HIST. XIIIe s. Sire, ce n'est marliere viez, Ne grant fousez, ne parfont biez ; Ainz est abimes vroiement, *Ren.* 20219. || XVIe s. .... Une chienne de bien eut cinq chiens d'une portée, que l'on jetta dans une marliere.... *Nouvelle fabrique des excellents traits de vérité*, p. 114, éd. Jannet, Paris, 1853.

Extrait du *Dictionnaire de la langue française* de Littré, Paris, Hachette, 1875, vol.3, p.454.

« Féconder le passé
pour enfanter l'avenir,
que tel soit mon présent. »

FRIEDRICH NIETZSCHE
Ainsi parlait Zarathoustra

Éditorial

SÉBASTIEN MAROT

Comme les précédentes, cette quatrième livraison de *Marnes* propose, sans véritable esprit de suite, un florilège de réflexions à la fois historiques et contemporaines sur des sujets variés qui touchent aussi bien à l'architecture qu'à l'urbanisme et au territoire. La carte que nous allons en dresser ici ne vise donc qu'à aider le lecteur à s'y composer un menu, ou à le réfléchir après coup.

En premier lieu, on trouvera deux ensembles consacrés à des préoccupations majeures qui méritent de venir à l'avant-plan des réflexions sur les villes et les territoires aujourd'hui : d'une part la transition appelée par la raréfaction des énergies fossiles, et de l'autre les mutations considérables de ce hors-champ qu'on appelle encore la campagne.

En novembre 2011, dans le cadre du séminaire de lancement du programme de recherche Ignis Mutat Res, nous avons eu le privilège de pouvoir accueillir à l'École d'architecture de la ville & des territoires le chercheur américain Dennis Meadows. Cheville ouvrière du fameux rapport au Club de Rome, *The Limits to Growth*, publié en 1972 – puis de ses mises à jours successives en 1992 et 2003 –, Meadows peut être considéré comme l'une des figures historiques de la réflexion sur la problématique environnementale. Comme c'était là sa première conférence en France, une foule de chercheurs, de militants et de spécialistes de ces questions afflua vers notre école suburbaine pour se mêler aux étudiants et aux participants du colloque. Dans cette conférence, intitulée « Préparer les villes à l'après-pétrole », Meadows avait choisi de brosser l'arrière-plan historique, économique et scientifique qui exige à ses yeux des architectes et des urbanistes qu'ils abordent la transition énergétique et la mutation des villes sous l'égide de la résilience et non du « développement durable », oxymore qui ne ferait selon lui qu'exacerber la problématique qu'il prétend résoudre. Après les mots d'introduction que nous avions prononcés ce soir-là pour souligner l'importance capitale du travail de Meadows dans l'explicitation des enjeux de l'Anthropocène, le lecteur trouvera ici, avec toutes ses illustrations, la traduction verbatim de son intervention et de la discussion qui s'engagea ensuite. À presque cinq ans de distance, et malgré la richesse des informations qui ne cessent d'affluer sur l'état de la question, le moins que l'on puisse dire est que le propos n'a rien perdu ni de sa pertinence ni de son actualité.

C'est également il y a cinq ans environ que Rem Koolhaas, qui s'est fait connaître comme l'un des avocats et observateurs les plus aigus des métropoles et de leurs mutations, a commencé à s'intéresser publiquement à la campagne, et à engager AMO, la tête chercheuse de son agence OMA, dans une espèce d'investigation sur le devenir et les transformations des territoires ruraux ou exurbains. Un premier fruit de cette réflexion est le texte hybride intitulé « Countryside », que l'architecte et ses collaborateurs d'AMO publièrent dans le numéro 23 de la revue d'art et de mode *032C* en 2012-2013, et dont nous donnons ici la traduction intégrale. Après une interruption de deux années, au cours de laquelle AMO s'est entièrement consacrée, en lien avec la Graduate School of Design de Harvard, à l'enquête sur les « Éléments de l'architecture » qui fut présentée dans le pavillon central de la Biennale d'architecture de Venise en 2014, Koolhaas a entrepris (toujours avec la GSD) de consacrer aux mutations de la campagne une autre exposition qui devrait ouvrir dans deux ou trois ans. Le second texte dont nous donnons ici la traduction, sur les gigantesques boîtes hypertechniques (data centers, etc.) qui atterrissent aujourd'hui dans les déserts du Nevada, aborde l'un des thèmes de cette recherche protéiforme et vient tout juste d'être publié dans la revue *Flaunt*. L'écart thématique et géographique entre ces deux essais donne une idée des territoires et du spectre (agriculture, tourisme, capture et conversion énergétique, etc.) que cette *expédition* entend couvrir.

D'une certaine façon, les trois textes suivants, consacrés à la généalogie du concept de « grand ensemble » pour les deux premiers, et à l'imaginaire métropolitain de Hugh Ferriss pour le troisième, peuvent également être rapprochés, en ce qu'ils illustrent l'écart des démarches qui furent adoptées en Europe et aux États-Unis pour guider la croissance des métropoles (en l'occurrence Paris et New York) au cours de la première moitié du XXe siècle. En guise d'introduction au fameux texte de Maurice Rotival, qui passe généralement pour avoir introduit la notion dans le vocabulaire urbanistique en 1935, Jean Taricat montre que loin de constituer un repère et une rupture théorique, ce texte s'inscrit dans tout un sillage de réflexions qui métamorphosent le concept de la cité-jardin en le rapprochant des figures cohérentes de l'urbanisme classique dont les historiens de l'époque, comme Lavedan, se font alors les exégètes. Dans cette perspective, le « grand ensemble » apparaît comme le catapultage périurbain de satellites, de structures ou de figures urbaines – les « grands ensembles architecturaux » – qui s'émancipent peu à peu de la clôture sur soi et de l'introversion pour évoluer vers la diffusion et l'extraversion, et qui rejouent ainsi, pour façonner le territoire métropolitain, le passage classique du monde clos à l'univers infini. En contraste marqué avec cette tendance européenne à structurer de toutes pièces des excroissances de la métropole, destinées à polariser son territoire en expansion, le portrait que Nathalie Roseau dresse de la trajectoire de Hugh Ferriss nous plonge à nouveaux frais dans la chronique du sur-urbanisme (ou manhattanisme) dont Koolhaas s'est fait l'avocat dans *New York délire*. Le grand intérêt de cet essai monographique, qui suit toute la carrière active de Ferriss (de 1916 à 1962), n'est pas seulement de montrer, comme Koolhaas l'avait déjà fait, à quel point Ferriss fut en effet le « perpectiviste », c'est-à-dire le visionnaire de la congestion et du surinvestissement délibéré de la métropole américaine, mais d'expliciter l'arrière-plan de cette trajectoire – à savoir l'âpre débat qui, pendant toutes ces décennies, opposa les tenants du métropolitanisme (Corbett, Ferriss, etc.) à ceux du régionalisme (RPAA, Mumford, etc.) –, et de montrer comment, dans ce cadre, Ferriss s'employa à « extrapoler » son perspectivisme de l'architecture des gratte-ciel à la conception des grandes infrastructures régionales, telles que les aéroports.

Cette investigation sur les rapports entre architecture et infrastructure est justement celle que les trois textes suivants entendent nourrir et stimuler, en proposant une réflexion critique sur la notion d'*hybride*, souvent utilisée aujourd'hui pour penser cette relation. À cette fin, il nous a paru indispensable de donner enfin la traduction française du texte qui, voici plus de trente ans, a pour la première fois mis en circulation la notion de « bâtiment hybride » en en proposant une théorie et une typologie dans le contexte de la ville américaine. Cet essai de Joseph Fenton, un collaborateur de Steven Holl, fut publié en 1985 comme numéro 11 de la revue *Pamphlet Architecture*, que ce dernier avait fondée dix ans plus tôt à San Francisco. Dans les numéros 5 et 9 de cette revue, Holl avait lui-même entrepris de dégager certaines typologies architecturales spécifiquement engendrées par la ville et la grille américaines. Le numéro 5, « La Ville alphabétique », répertoriait ainsi, littéralement, les formes d'îlots en lettres types (I, H, O, T, U, etc.), tandis que le numéro 9, « Types de maisons rurales et urbaines en Amérique du Nord », classait les bâtiments en fonction de leur rapport à la rue et aux édifices mitoyens. Directement inspiré par Holl, « Hybrid Buildings », où Fenton se concentrait sur les édifices urbains qui combinent des programmes très différents dans une forme plus ou moins homogène, peut être considéré comme le troisième volet de cette analyse de la syntaxe des bâtiments américains, et comme une contribution illustrée à l'élucidation de l'architecture métropolitaine. La typologie spécifique qu'il propose à cet égard (hybrides-îlots, hybrides-greffe, et hybrides-monolithes) ne devrait pas manquer de stimuler l'effort théorique de ceux qui transposent aujourd'hui la notion d'hybride au télescopage de l'architecture et de l'infrastructure. Mais est-il légitime, justement, de décrire ou de projeter la rencontre de l'architecture et de l'infrastructure comme une hybridation ? Telle est la question que pose Éric Alonzo dans son court essai critique où, s'appuyant sur l'argument d'un livre à paraître (*L'Architecture de la voie*), et sur l'œuvre de trois architectes contemporains (Manuel de Sola Morales, Marc Barani et Jürg Conzett), il n'hésite pas à revendiquer les infrastructures comme des programmes d'architecture à part entière et de plein droit. En questionnant ainsi les « apories » de l'importation du concept d'hybride en architecture, cet essai sert aussi d'introduction à la traduction d'une extraordinaire conférence que l'ingénieur suisse Jürg Conzett, brassant déjà une longue tradition, avait consacrée à l'architecture des murs de soutènement en 1992. Au fil de cette promenade spéculative qui passe par les lignes de chemin de fer anglaises du XIXe siècle, les routes des Alpes bavaroises et autrichiennes des années 1930, et les ouvrages du Tessin dans les années 1960, les murs de soutènement émergent en effet comme les objets d'un authentique savoir architectural, dont Conzett, dans une sorte de synthèse, propose de dégager les principes.

Des murs de soutènement qui négocient le rapport des infrastructures avec les paysages qu'elles traversent aux façades et enveloppes des bâtiments contemporains qui traduisent leur forme constructive en forme artistique et les inscrivent dans une mémoire de l'architecture, l'écart n'est d'ailleurs pas si grand. Dans l'article qu'ils consacrent à deux réalisations majeures de l'agence Caruso St John, Laurent Koetz et Estelle Thibault, s'interrogeant sur le « regain d'intérêt des architectes pour la question ornementale », défendent l'idée que celui-ci peut s'interpréter à la lumière des fonctions de translation que plusieurs grands théoriciens du XIXe siècle attribuèrent expressément à l'ornement architectural : celle de révéler la raison constructive en lui « conférant une vitalité artistique » (Karl Bötticher), et celle de véhiculer des permanences mémorielles (Gottfried Semper). En annexe à leur article, on trouvera un extrait des « observations glanées à la grande exposition de 1851 » par un autre théoricien majeur, Owen Jones, où ce fameux grammairien de l'ornement dégageait les principes de l'équilibre figure/fond dans les « décorations de surface » de l'Inde, de la Tunisie, de l'Égypte et de la Turquie. En les mobilisant pour lire les façades des musées construits par Caruso St John, on pourra juger combien ces vieilles réflexions sur les fonctions de l'ornement paraissent en effet éclairantes pour interpréter sa résurgence dans l'architecture savante, après un siècle d'abstinence quasi ascétique dont l'œuvre d'Oswald Matthias Ungers peut être considérée comme une illustration tardive et presque comme une récapitulation.

Dans ses « Aphorismes sur la construction des maisons », étonnante confession ici traduite par Odile Seyler, c'est toute sa trajectoire d'architecte qu'Ungers explicite, vers la fin de sa carrière, en évoquant les trois maisons qu'il s'est successivement construites et entre lesquelles il aura fini par distribuer son existence : 1. la maison-bureau de Belvederestraße, construite vers 1960, qui lui valut immédiatement la réputation paradoxale d'un architecte à la fois néorationaliste, expressionniste et brutaliste ; 2. la maison de campagne de Glashütte dans l'Eifel, sorte d'épure romanisante enchâssée dans une nature qu'il présente comme sa villa Adriana ou sa Glienicke ; et 3. la maison de Kämpchensweg, voisine de celle de Belvederestraße, qu'Ungers fit construire dans les années 1990, où l'ascèse, le dépouillement et la pureté géométrique atteignent un degré rarement égalé dans toute l'architecture du XXᵉ siècle. De fait, à une époque où bien des architectes conjuguèrent les « vices publics » de leur purisme avec les « vertus privées » d'une addiction au pittoresque et aux poutres apparentes, fort peu, d'après Odile Seyler, auront à ce point expérimenté sur eux-mêmes leur quête idéale d'une « architecture sans qualités ».

Pour clore ce volume, on trouvera la traduction française de notre contribution au catalogue de l'exposition que Rem Koolhaas avait consacrée aux « Éléments de l'architecture » lors de la Biennale de Venise 2014. Parmi tous les éléments en question, nous avions choisi de nous pencher sur le seul qui, au cours du dernier demi-siècle, a pratiquement disparu de l'architecture et des bâtiments (du moins en tant qu'élément), à savoir la cheminée ou foyer (*fireplace*). En distinguant l'anatomie de l'architecture entreprise par AMO des théories élémentaires autrefois proposées par Semper ou Guadet, cette contribution se penche sur plusieurs auteurs qui, au cours du siècle passé, se sont spécifiquement intéressés à l'évolution de la part du feu (c'est-à-dire de l'énergie) dans la construction et le fonctionnement des bâtiments, et suggère combien les réflexions du philosophe Gilbert Simondon sur les « objets techniques » (éléments, individus, ensembles) mériteraient d'inspirer aujourd'hui une enquête analogue sur le « mode d'existence des objets architecturaux ». Une manière de finir sur les enjeux de la transition énergétique en architecture, et de reboucler ainsi avec le dossier qui ouvre ce volume.

A

Raphaël, *L'École d'Athènes*, Vatican, 1509-1512.

L'équipe du MIT responsable du premier rapport au Club de Rome, dit «Rapport Meadows», avec Jay Forrester en 1972. De gauche à droite: Jørgen Randers, Jay Forrester, Donella Meadows, Dennis Meadows et William Behrens.

Au centre du tableau

Introduction
à la conférence
de Dennis Meadows,
24 novembre 2011

SÉBASTIEN MAROT

Nous sommes extrêmement heureux d'accueillir ici Dennis Meadows qui, avec les milliers de conférences qu'il a données dans le monde au cours de sa longue carrière, m'a confié tout à l'heure que c'était là, ce soir, la première qu'il s'apprêtait à donner en France. Et il a ajouté : probablement la dernière… mais je suis sûr que d'autres le convaincront de revenir. Pour ceux qui ne sauraient toujours pas qui est notre invité, malgré les efforts que nous faisons depuis des années pour faire connaître son travail dans cette école, je me permettrai de le présenter en quelques mots. C'est il y a presque quarante ans, en 1972, que Dennis Meadows s'est fait mondialement connaître comme la cheville ouvrière d'un rapport sur l'état du monde que le Club de Rome avait commandité au laboratoire de dynamique des systèmes du MIT, alors dirigé par Jay Forrester.

Le Club de Rome avait été fondé quelques années auparavant comme une association privée de capitaines d'industrie, de scientifiques et de représentants de grandes institutions internationales qui souhaitaient partager leurs préoccupations sur l'évolution globale de notre planète. Forrester, quant à lui, avait fondé ce laboratoire du MIT dont la spécialité était de modéliser le comportement de systèmes complexes, qui comprennent de nombreuses variables dont les évolutions respectives interagissent ou rétroagissent les unes sur les autres, et il avait ainsi publié des études sur la dynamique de l'industrie ou des villes. Sans être absolument prédictifs, ces modèles tentaient d'analyser et d'exposer aussi intelligiblement que possible la logique comportementale de ces systèmes ou *problématiques* (des problèmes de problèmes) et d'anticiper leurs évolutions vraisemblables en fonction de tel ou tel scénario.

En l'occurrence, ce que le Club de Rome souhaitait modéliser, c'était l'évolution de la dynamique mondiale, les tendances de l'économie réelle de la planète prise globalement. L'équipe de chercheurs assemblée et conduite par Dennis Meadows releva donc le défi et s'embarqua dans quatre années de travaux intensifs, en s'efforçant d'une part de collecter les données les plus précises possibles sur les réserves essentielles de ressources et leur consommation au cours du XXe siècle, sur l'évolution démographique, l'évolution parallèle de la production, de la pollution, de l'espérance de vie, du niveau de vie, etc., et en construisant d'autre part un modèle (baptisé World 3) qui permettrait d'analyser, de représenter l'interaction entre ces différentes tendances, et d'anticiper l'évolution vraisemblable du système jusqu'en 2100. Le résultat de cette étude fut un copieux rapport scientifique qui expliquait en détail les méthodes et les hypothèses de la recherche, le fonctionnement du modèle et les résultats obtenus en fonction des différents scénarios envisagés, et la publication d'un livre plus exotérique qui,

sous le titre de *The Limits to Growth*, exposait aussi clairement que possible les leçons de cette recherche[1].

Ce livre, publié en 1972, eut aussitôt un retentissement considérable et fut rapidement traduit dans une trentaine de langues, dont le français – mais sous le curieux titre de *Halte à la croissance ?* comme si son message n'était pas, justement, que ladite croissance allait s'arrêter d'elle-même de toute façon[2]. La thèse centrale du livre, exposée dans son scénario de base (*Business as usual*), celui où l'on se contentait d'extrapoler au XXIe siècle les tendances enregistrées de 1900 à 1972, était en effet la vraisemblance que se produise, au cours du premier tiers de notre siècle (quelque part entre 2015 et 2040), un effondrement économique global, provoqué par le relatif épuisement de ressources essentielles (qu'elles soient renouvelables ou pas), l'engorgement de pollutions diverses et la dégradation générale des conditions de vie. Mais ce n'était pas tout. À travers l'exposé de ses autres scénarios, le livre démontrait aussi qu'il n'existait pas de solution, ou en tout cas pas de

1 Donella H. Meadows, Dennis L. Meadows, Jørgen Randers et William W. Behrens, *The Limits to Growth: A Report for the Club of Rome's Project on the Predicament of Mankind*, New York, Universe Book, 1972.

2 Id., *Halte à la croissance ?*, Paris, Fayard, 1972.

Fac-similé de la couverture de l'édition originale de *The Limits to Growth: A Report for the Club of Rome's Project on the Predicament of Mankind.*

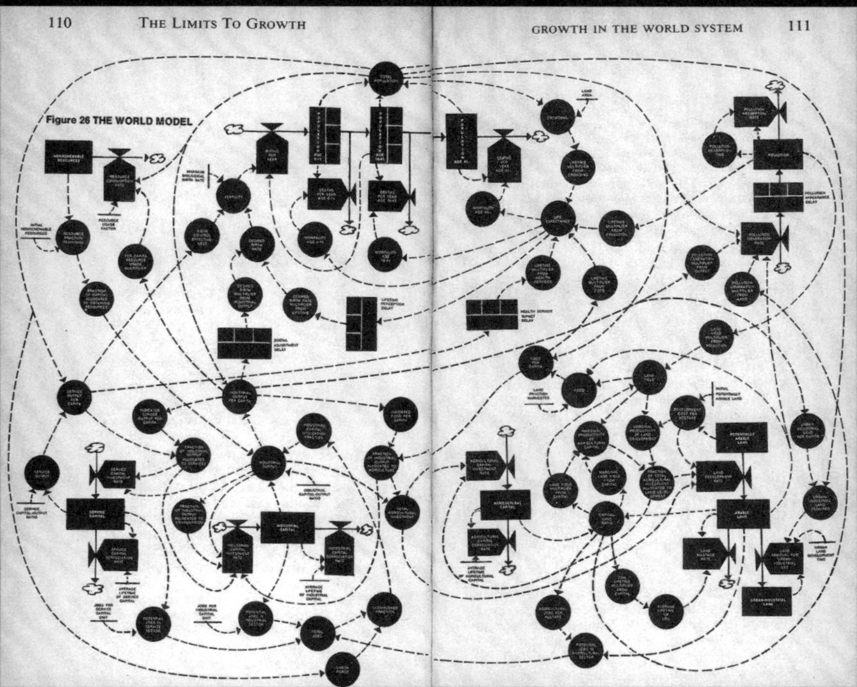

Représentation du modèle World3 conçu par Donella Meadows, Dennis Meadows et Jørgen Randers dans le cadre de leur étude pour le Club de Rome.

levier unique, qui permettrait à l'humanité de prévenir cet effondrement. Limitation volontaire de la croissance démographique, progrès techniques permettant une efficacité et une optimisation accrue dans l'utilisation des ressources existantes (de type Facteur 4[3]), plus grande sobriété, hypothèse optimiste selon laquelle il existerait un stock de ressources potentielles bien plus élevé que celui des ressources avérées, etc. : d'après le modèle, aucune de ces hypothèses prise individuellement n'était susceptible d'infléchir vraiment la tendance globale et d'éviter au système d'aller dans le mur. Certes, quelques-unes pouvaient éventuellement retarder l'effondrement de quelques années, ou le rendre légèrement moins brutal, mais aucune ne pouvait l'éviter. Les seuls scénarios susceptibles de préparer un avenir plus stable et plus durable étaient ceux où toutes ces politiques (sobriété, efficacité, contrôle de la démographie, etc.) seraient plus ou moins combinées entre elles et menées de front. En d'autres termes, *The Limits to Growth* expliquait que la problématique mondiale était d'une nature systémique telle que seule une politique globale et déterminée, combinant tous les registres d'action possibles, permettrait d'éviter ce que nous appellerions aujourd'hui *the environmental predicament*, ou l'impasse environnementale, avec tout son cortège de tragédies humaines, sociales et politiques.

Comme vous pouvez l'imaginer, ce message, passablement difficile à digérer à l'époque, causa un grand émoi et suscita une véritable levée de boucliers dans le milieu des économistes, qui le stigmatisèrent aussitôt comme scientiste et catastrophiste. Sa fortune critique varia donc au gré de la conjoncture des années 1970 : alors que le premier choc pétrolier, en 1973, parut soudain donner aux leçons du livre une confirmation aussi éclatante qu'illusoire (cette première crise du pétrole, essentiellement technico-politique, n'avait pas grand-chose à voir avec l'épuisement de la ressource en question), la fin du deuxième choc pétrolier, au tournant des années 1980, fit que tout le monde s'empressa d'oublier, mais pour de tout aussi mauvaises raisons, les conclusions et avertissements du livre.

3 Ernst Ulrich von Weizsäcker, Amory B. Lovins, L. Hunter Lovins, *Facteur 4. Deux fois plus de bien-être en consommant deux fois moins de ressources. Rapport au Club de Rome*, Mens, Terre vivante, 1997. Fruit d'une recherche menée conjointement par le Wuppertal Institute for Climate, Environment and Energy et le Rocky Mountain Institute, cet autre rapport au Club de Rome est un plaidoyer pour une meilleure efficacité dans l'utilisation des ressources, qui entendait démontrer, en se fondant sur la présentation d'une quantité d'innovations techniques déjà potentiellement disponibles, que le progrès technologique serait le principal levier d'un développement durable et d'une « croissance verte ».

Une telle incompréhension, une telle désinvolture de la part des économistes, des « décideurs » et de beaucoup d'élites universitaires aurait pu décourager des chercheurs moins chevronnés. Au cours des années et décennies qui suivirent, Dennis Meadows et ses collègues s'efforcèrent au contraire de poursuivre leur travail en améliorant leur modèle et leurs bases de données. En 1992, cinq ans après le rapport de la Commission des Nations unies sur l'environnement et le développement – le fameux rapport Brundtland, *Notre avenir à tous*, qui introduisit le concept de « développement durable » –, ils publièrent ainsi une mise à jour de leur propre rapport, intitulée *Beyond the Limits*, pour affirmer que, selon leurs indicateurs et leur modèle, l'économie mondiale avait désormais dépassé la capacité de charge de la planète et commencé à taper dans son capital. En résonance avec leur travail, d'autres chercheurs, Mathis Wackernagel et William Rees, développèrent bientôt l'indice de l'empreinte écologique, dont le principe est de traduire en une surface terrestre donnée (mesurée en ares ou en hectares) les biens et services que nous (un individu, un collectif, une ville, un pays, etc.) utilisons et consommons[4].

Enfin, en 2004, les auteurs de *The Limits to Growth* ont livré une mise à jour trentenaire de leur rapport initial (*Limits to Growth: the 30 year update*), qui non seulement confirme l'essentiel des conclusions des précédents, mais montre aussi à quel point ce retard à réagir, de trente années, n'a fait que rendre la situation bien pire en éliminant toute possibilité de « développement durable » et en nous mettant donc, désormais, au pied du mur. La bonne nouvelle, dans ce pays qui souffre lui-même d'un terrible retard à la traduction des textes importants, c'est que cette dernière mise à jour va être bientôt disponible en français

4 Même si son calcul implique un ensemble assez complexe d'équations et d'approximations (par exemple pour évaluer en surface une consommation d'énergie fossile ou de ressource halieutique), l'indice de l'empreinte écologique montre clairement que les portions de surface terrestre utilisée varient grandement entre les régions riches et pauvres du monde, mais aussi que la somme totale des 7 milliards d'empreintes écologiques individuelles excède à présent la surface utile totale de la planète. Dans un monde où la surface utile par personne diminue constamment avec la croissance démographique (aujourd'hui autour de 2 hectares), l'empreinte écologique moyenne par personne continue d'augmenter. Si les niveaux de consommation et de vie des pays les plus développés de l'Occident (que d'autres régions du monde tendent naturellement à rattraper) étaient universellement atteints, il faudrait trois, quatre ou même cinq planètes pour les satisfaire durablement. Si l'empreinte écologique tend aujourd'hui à être remplacée par l'empreinte carbone qui évalue les consommations en équivalent CO_2 – à cause de la montée en régime de la problématique climatique –, elle a l'avantage, en dépit de ses approximations, de *mesurer* le problème, c'est-à-dire de le rendre spatialement sensible et lisible.

Couverture des *Limites à la croissance (dans un monde fini). Le rapport Meadows 30 ans après.*

Photographie de Dennis Meadows illustrant l'affiche de la conférence donnée à l'École d'architecture de la ville & des territoires.

grâce aux éditions Rue de l'Échiquier[5]. L'annonce de l'éditeur comporte une citation de Jean-Marc Jancovici où ce spécialiste français de la problématique énergie/climat affirmait, il y a plusieurs années déjà, que ce serait faire œuvre d'utilité publique que de traduire et de diffuser ce livre en France. Jancovici pensait surtout aux institutions d'élite de l'enseignement supérieur, tels que l'École polytechnique, les écoles de commerce et l'École nationale d'administration. Mais j'élargirais volontiers cette liste, en y incluant naturellement les écoles d'architecture, et en prédisant à tous ceux qui feront ici l'effort de lire et de comprendre ce livre limpide que cette lecture les bouleversera.

Aujourd'hui, cela fait presque quarante années que la première édition est parue. Quarante ans au cours desquels ses auteurs n'ont pas cessé d'effectuer ce service après-vente, de maintenance, d'entretien et de mise à jour de leur modèle. Je ne suis pas certain qu'aucune autre recherche dans ce domaine ait été développée avec la même constance et la même responsabilité au cours du dernier demi-siècle. Et si le mot « durable » a encore un sens aujourd'hui, on pourrait l'utiliser pour qualifier la cohérence de cette recherche, et la robustesse, la résistance de ce modèle que Dennis Meadows et ses collègues ont construit, développé, amélioré et accompagné pendant tout ce temps[6]. Quarante années…

5 Le livre a été publié en 2012 : Donnella Meadows, Dennis Meadows et Jorgen Randers, *Les Limites à la croissance (dans un monde fini). Le rapport Meadows 30 ans après*, Paris, Rue de l'échiquier. Éd. or. : *The Limits to Growth: The 30-Year Update*, Chelsea (Vermont), Chelsea Green, 2004.

6 Dans un excellent livre, *Comment tout peut s'effondrer ? Petit manuel de collapsologie à l'usage des générations présentes* (Seuil, 2015), Pablo Servigne et Raphaël Stevens insistent sur l'inquiétante robustesse de World 3 à l'épreuve des faits : « En 2008 puis en 2012, un scientifique australien, Graham Turner, a entrepris de comparer les données réelles de ces quarante dernières années avec les différents scénarios pour savoir lequel se rapprochait le plus de la réalité. Résultat ? Notre monde s'est clairement dirigé vers le modèle "Business as usual", c'est-à-dire le pire scénario. Et Turner de conclure : "Ceci est une sonnette d'alarme très claire. Nous ne sommes pas sur une trajectoire soutenable." Le modèle a non seulement résisté aux innombrables et violentes critiques qui lui ont été adressées depuis le début, mais a même été corroboré par quarante ans de faits. Le principal résultat du rapport Meadows n'est pas de nous prédire l'avenir avec précision, de prôner la "croissance zéro" ou d'annoncer la fin du pétrole pour l'an 2000, comme ont pu le dire ses détracteurs. Il met simplement en garde sur l'extrême instabilité de notre système (car il génère des exponentielles). Le modèle montre remarquablement bien l'interconnexion de toutes les crises, ainsi que la puissance d'une pensée systémique. On ne peut pas se contenter de "résoudre" un problème, par exemple le pic pétrolier, ou la régulation des naissances, ou la pollution, car cela ne changerait presque rien à l'issue. Il faut les traiter simultanément » (pp. 170-171).

qui font sans doute de notre invité de ce soir l'un des chercheurs les plus importants au monde sur la question.

Avant de lui céder la parole, j'aimerais dire une dernière chose. Comme Luis Fernández-Galiano l'a souligné dans sa conférence ce matin, les architectes ont tendance – sans doute même un peu trop – à penser au moyen d'images. J'ai donc cherché quelques images de Dennis Meadows sur le web. J'en ai trouvé plusieurs où on le voit donnant une conférence publique, comme celle que voici, qui a l'avantage de le montrer en pied. Le portrait est éloquent : le sage et le penseur en pleine activité spéculative, avec toutefois – notez les solides chaussures de marche – les pieds sur terre, bien ancrés et enracinés dans la réalité. Mais c'est surtout vers sa main que je souhaiterais attirer votre attention : une main grande ouverte (un peu comme celle de Le Corbusier), mais avec tous les doigts bien écartés, dans un geste qui symbolise la limite, mais aussi l'irréductible pluralité des dimensions de la problématique. Et c'est cette même main ouverte, exprimant toute la complexité du système, que l'on retrouve dans une autre image, choisie par l'École d'architecture de la ville & des territoires pour illustrer l'affiche annonçant cette conférence. Comme vous voyez, on est loin du geste assez typique de l'intellectuel, ou du « leader d'opinion » pointant un doigt unique vers telle ou telle idée, direction ou solution. Bien pesée, la réalité est plus complexe que ça.

Ces images m'en ont rappelé une autre que vous connaissez sans doute : la fameuse fresque du Vatican où Raphaël a représenté l'École d'Athènes, c'est-à-dire les grandes figures de la philosophie antique toutes rassemblées sur les marches d'un vaste portique d'architecture ouvrant sur une galerie. Dans cette étonnante composition, chaque philosophe se signale par une attitude qui résume l'argument de sa pensée, de sorte qu'ils forment ensemble un ballet de gestes philosophiques. Et c'est en particulier le cas des deux figures centrales vers lesquelles converge toute la perspective, et qui se dressent dans le morceau de ciel cadré par l'arche : Platon à gauche, en vieillard à barbe blanche, et Aristote à droite, tous deux saisis en pleine discussion. Dans leurs mains gauches respectives, ils tiennent chacun l'un de leurs ouvrages majeurs : le *Timée* pour Platon, son traité de cosmologie, et pour Aristote l'*Éthique* à *Nicomaque*, qui contient son fameux éloge de la prudence. Mais comme vous voyez, ce sont surtout leurs mains droites qui expriment leurs gestes philosophiques respectifs. Celle de Platon, qui s'inscrit parfaitement dans la poussée verticale du pilastre de l'arche en arrière-plan, lève un doigt unique (la vérité n'est pas plurielle) vers le ciel des idées pures, des essences, qu'il s'agit de savoir contempler derrière leurs ombres déformées ici-bas. Tout ce mouvement est comme une

Photographie
de Dennis Meadows
prise lors
d'une conférence
à Moscou en 2007.

Détail de *L'École d'Athènes* montrant
Platon à gauche
et Aristote à droite.

illustration du principe espérance, comme si le rôle de la philosophie (et celui de l'architecture) était toujours de soulever l'homme hors de sa condition (la caverne) vers une espèce de sur-monde. À l'opposé, la paume grande ouverte d'Aristote (la réalité est plus complexe), semble (un peu comme un toit) vouloir à la fois désigner et protéger la terre, comme s'il s'agissait plutôt de prémunir ce monde sublunaire, ce fragile ici-bas, contre les rêveries qui cherchent sa vérité dans je ne sais quel ailleurs. Vous remarquerez au passage que cette main protectrice s'ouvre exactement au point de fuite du tableau, comme pour l'arrêter ou le ralentir, signe possible que Raphaël souscrivait lui-même au principe responsabilité qu'elle exprime.

Si je reviens maintenant à celle de Dennis Meadows, vous aurez compris qu'elle penche clairement, elle aussi, du côté d'Aristote. S'il y a un espoir à nourrir, semble-t-elle nous dire, il ne fleurira sans doute que dans la considération attentive de la façon dont le monde réel fonctionne et évolue effectivement. Alors voilà, dans l'hypothèse optimiste où notre époque laisserait encore d'assez bons souvenirs, d'ici un millénaire et demi, pour qu'un artiste de la trempe de Raphaël entreprenne d'en synthétiser les figures philosophiques, je ne serais pas étonné qu'il donne à notre invité de ce soir une place tout à fait centrale dans le ballet – souvent bruyant et chaotique – des penseurs de l'Anthropocène.

Texte issu de l'introduction à la conférence de Dennis Meadows donnée le 24 novembre 2011 à l'École d'architecture de la ville & des territoires dans le cadre du séminaire de lancement du programme international de recherche Ignis Mutat Res : Penser l'architecture, la ville et les paysages au prisme de l'énergie.

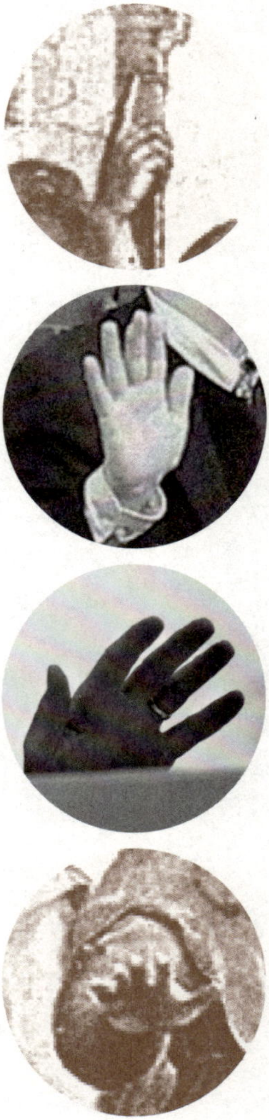

Détail de *L'École d'Athènes*.
Principe espérance / principe responsabilité.

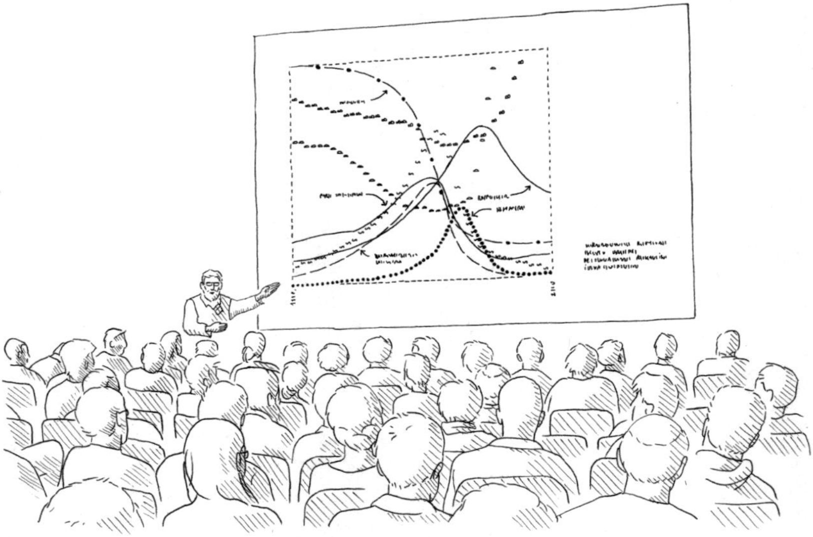

Dennis Meadows au séminaire de lancement
du programme de recherche Ignis Mutat Res:
Penser l'architecture, la ville et les paysages
au prisme de l'énergie, le 24 novembre 2011
dans le grand amphithéâtre de l'École d'architecture
de la ville & des territoires à Marne-la-Vallée.

Dessins de Milos Xiradakis.

Préparer les villes à l'après-pétrole

DENNIS MEADOWS

Comme vous pouvez le voir au titre de cette conférence, je vais vous parler de la manière de préparer les villes à l'après-pétrole. Il va de soi que je ne suis pas du tout spécialiste des villes, mais en revanche j'ai beaucoup étudié l'épuisement des ressources en pétrole. Mon but n'est donc pas de vous dire ce qui devrait se passer dans les villes, mais plutôt de vous parler du contexte dans lequel vos études doivent être menées. Je ne sais pas ce que vous devriez faire dans les villes, mais je peux vous assurer que si vous ne prenez pas en compte ce que je m'apprête à vous dire à propos du pétrole, vos projets ne mèneront pas à grand-chose.

Je sais aussi deux ou trois choses sur les liens entre Paris et l'énergie. Il y a deux ans, j'ai eu la chance de passer une semaine sur le canal du Nivernais. Ce canal de 180 km de long, creusé au XVIIIe siècle, qui passe notamment par Clamecy et Auxerre, fut expressément construit pour alimenter Paris en bois de chauffage. À l'époque, c'était toute une affaire d'amener suffisamment de bois pour satisfaire la totalité des besoins de Paris en énergie. Les trois principales sources d'énergie de Paris étaient alors le bois pour se chauffer, le foin pour le transport, et la nourriture pour la population, la force de travail. J'étais donc sur ce canal qui fut spécifiquement creusé pour fournir cette énergie : 110 écluses rien que pour faciliter la circulation du bois vers Paris ! Aujourd'hui, avec le pétrole qui est si facile à obtenir, on ne se rend plus compte du rôle crucial que jouait ce canal. Mais le pétrole devient à son tour de plus en plus difficile à obtenir, et il va donc nous falloir de nouveau affronter explicitement le problème de l'énergie.

Changer nos habitudes de penser et d'agir

Le programme de recherche Ignis Mutat Res[1] repose sur l'idée que les villes sont actuellement construites sur des hypothèses fausses quant aux ressources énergétiques futures. J'espère que ce programme permettra d'identifier certaines de ces erreurs et d'envisager un meilleur développement urbain pour éviter les problèmes sociaux qui s'annoncent du fait du déclin énergétique.

Les conférences auxquelles j'ai assisté ce matin m'ont passionné[2]. Je tiens à le dire car d'ordinaire, quand je participe à un débat qui sort de mon champ de compétence, j'ai tendance à m'ennuyer. Mais justement, les conférences de ce matin n'étaient pas ennuyeuses. Elles m'ont appris des choses et inspiré des réflexions intéressantes. J'y ai cependant décelé ce que je crois être des habitudes de pensée que nous devons changer. Si on y regarde de plus près, on peut voir que la plupart de ces analyses sont sous-tendues par six présupposés.

Le premier: la croissance va se poursuivre. Je ne sais pas combien de diapositives nous avons vu qui projetaient une croissance continue et même accélérée d'ici 2050, toujours meilleure, toujours plus forte... Je pense que ce ne sera pas le cas.

Le deuxième présupposé: l'énergie va continuer à être peu chère ou facile d'accès. Je n'y crois pas.

Troisième présupposé: les réserves de pétrole *commencent* à s'épuiser. Ce n'est pas l'opinion de la plupart des gens, mais Sébastien Marot s'est montré très rusé en n'invitant que des conférenciers qui partagent cet avis. Cependant même eux croient que quand le pétrole s'épuisera, l'efficacité énergétique et les énergies renouvelables (les énergies non fossiles) prendront la relève, de sorte que la consommation d'énergie, ou en tout cas les services énergétiques par personne continueront d'augmenter. Ils pensent qu'avec les énergies renouvelables et une

1 La conférence de Dennis Meadows fut donnée dans le cadre du séminaire de lancement du programme international de recherche Ignis Mutat Res: Penser l'architecture, la ville et les paysages au prisme de l'énergie, piloté conjointement par le ministère de la Culture et de la Communication et le ministère de l'Écologie, du Développement durable et de l'Énergie.

2 Dennis Meadows fait allusion aux conférences données le matin même dans le cadre du séminaire par Jean-Paul Deléage, Luis Fernández-Galiano et Klaus Daniels.

efficacité énergétique accrue, on parviendra à compenser le déclin du pétrole et à alimenter la croissance. Ce n'est pas mon avis.

Un quatrième présupposé ou habitude de pensée, qui concerne directement les architectes, est l'idée que les problèmes sociaux seront résolus par de nouvelles constructions. Mais comme le premier intervenant l'a signalé, seuls un ou deux pourcents de la ville se renouvellent chaque année. Or je pense que la crise se produira d'ici cinq ans. Nous n'avons clairement pas le temps de reconstruire la ville pour résoudre les problèmes qui s'annoncent. Nous construirons évidemment de nouveaux bâtiments, qui devraient être « intelligents » plutôt que stupides, mais n'imaginez pas que la construction de ces nouveaux bâtiments suffira à résoudre nos problèmes. Il faut donc que nous concentrions nos efforts sur la réutilisation. J'espère d'ailleurs que la dernière table ronde, qui a débattu du recyclage, entend bien « recyclage » de cette manière.

Une cinquième hypothèse ou présupposé, si profondément ancré en nous que personne ne l'a encore évoqué ici, est que notre mode de vie se maintiendra voire s'améliorera. Je ne suis pas de cet avis.

Le dernier présupposé est que notre système politique et économique restera peu ou prou le même. Je pense que cela aussi va changer. Je crois en effet que nous sommes à l'aube d'une période révolutionnaire.

Il y a des centaines d'années, presque chaque Européen vivait dans une monarchie dont le roi appartenait à une dynastie qui régnait depuis des siècles, et personne ne pouvait imaginer un système politique différent. Mais en l'espace de dix ans, le tsar de Russie, le pacha de Turquie, l'empereur austro-hongrois et le Kaiser d'Allemagne furent tous renversés, de même que l'impératrice de Chine et l'empereur du Japon, qui était un monarque absolu. Lorsque j'étais en Allemagne de l'Est en 1986, je suis allé dans un bar, et comme il se trouve que je parle allemand, j'ai demandé à des ouvriers : « Pensez-vous que l'Union soviétique lâchera un jour l'Allemagne de l'Est ? – Oh non, m'ont-ils répondu, c'est impossible. Les Soviétiques sont ici depuis si longtemps, et ce pays est important pour eux. Ils sont ici pour toujours. » Trois ans plus tard, c'en était fini. C'est dans ce genre de période que nous nous trouvons.

Certains d'entre vous ne seront pas d'accord avec les hypothèses qui sous-tendent mon analyse, et je serais heureux de débattre avec eux des raisons pour lesquelles je les avance lors de la séance de questions à la fin de la conférence. Mais je vous suggérerais volontiers, pendant que je parle, de ne pas passer votre temps à vous demander comment critiquer ces hypothèses. Dites-vous plutôt : « Peut-être que c'est vrai... » ou « Supposons que ce soit vrai : qu'est-ce que cela implique ? » Nous pourrons ainsi avoir une discussion utile et revenir à ces choses plus en détail par la suite.

Je vais vous montrer un grand nombre de diapositives. Et mieux encore : je vais même vous proposer deux ou trois jeux. Comme notre collègue espagnol l'a dit ce matin[3], une image vaut mille mots. C'est vrai, mais un jeu vaut mille images !

Et comme j'ai dit que nous allions devoir changer d'habitudes, nous commencerons par un petit jeu à ce sujet. Pour cela je vous demanderai de poser vos affaires, puis de croiser les bras et de noter lequel de vos poignets se trouve sur le dessus. Décroisez maintenant vos bras. Parfait. Maintenant recroisez-les, et notez là encore lequel de vos poignets se trouve en haut. Décroisez vos bras.

En tant que scientifique, j'aime collecter des données. Je demande à tous ceux qui ont eu le même poignet sur le dessus les deux fois de lever la main. C'est mon cas et, comme vous voyez, c'est le cas de presque tout le monde. Je me dis qu'il y a peut-être un optimum technique. Voyons donc. Que tous ceux qui ont eu le poignet droit sur le dessus les deux fois lèvent la main. Maintenant, que tous ceux qui ont eu le poignet gauche sur le dessus les deux fois lèvent la main. C'est cinquante-cinquante. Il n'y a donc pas d'optimum technique. Tout le monde fait la même chose à chaque fois, mais la moitié le fait d'une manière, et l'autre moitié d'une autre manière. On pouvait s'y attendre. Croiser les bras est une habitude. Une habitude est un comportement utile quand certaines circonstances demeurent constantes. Nous croisons les bras lorsque nous faisons quelque chose qui ne requiert pas l'utilisation de nos mains. Si à chaque fois que vous n'utilisez pas vos bras vous passiez cinq minutes à vous demander « Mais qu'est-ce que je vais bien pouvoir faire avec mes bras ? », ce serait une grosse perte de temps… Vous avez donc une habitude, et elle marche bien pour vous. Mais il arrive que les conditions changent. De la même façon, vous avez certaines habitudes en matière d'architecture, et parce que les conditions n'ont pratiquement pas changé au cours des quarante ou cinquante dernières années, ces habitudes vous ont été très utiles. Mais j'entends justement vous montrer qu'il va vous falloir en changer. Et pour vous entraîner, je vous demande de croiser les bras dans l'autre sens. [*Brouhaha dans l'assemblée qui met quelques secondes à s'exécuter.*]

3 Il s'agit de Luis Fernández-Galiano.

«Croisez les bras et notez
lequel de vos poignets
se trouve sur le dessus.»

«Décroisez vos bras
maintenant.»

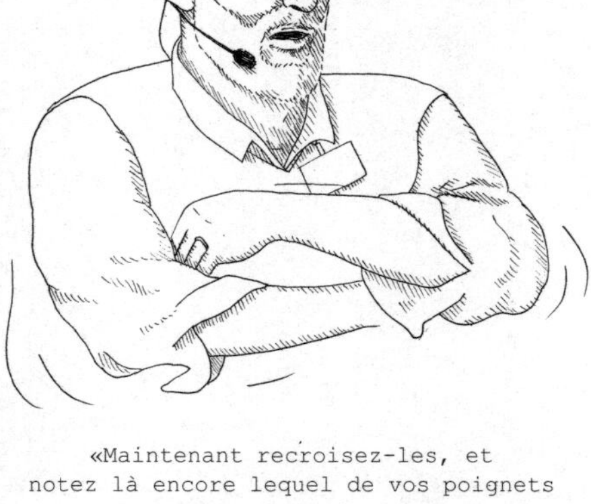

«Maintenant recroisez-les, et
notez là encore lequel de vos poignets
se trouve en haut.»

«Je demande à tous ceux qui ont eu
le même poignet sur le dessus les deux fois
de lever la main. C'est mon cas
et, comme vous voyez, c'est le cas
de presque tout le monde.»

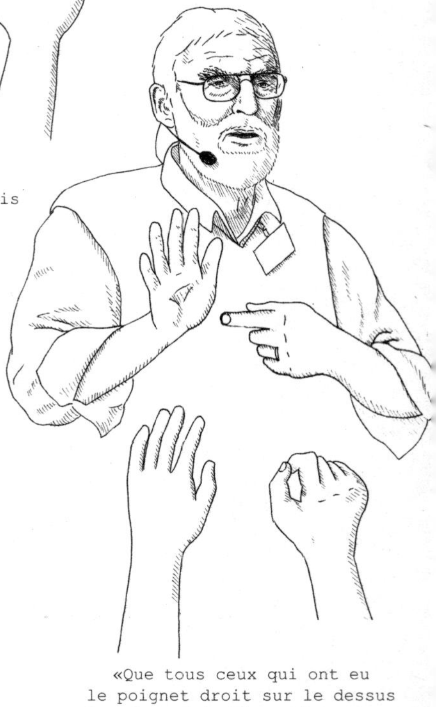

«Que tous ceux qui ont eu
le poignet droit sur le dessus
les deux fois lèvent la main.»

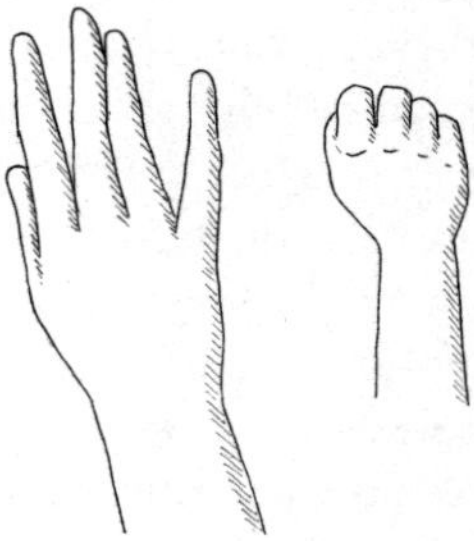

«Que tous ceux qui ont eu le poignet gauche sur le dessus
les deux fois lèvent la main. C'est cinquante-cinquante.
Il n'y a donc pas d'optimum technique.»

«Si à chaque fois que vous n'utilisez pas vos bras vous passiez
cinq minutes à vous demander "Mais qu'est-ce que je vais bien
pouvoir faire avec mes bras?", ce serait une grosse perte de temps…
Vous avez donc une habitude, et elle marche bien pour vous.
Mais il arrive que les conditions changent.»

Nous pouvons tirer trois leçons de ce jeu, qui valent aussi pour les habitudes en matière d'architecture. Numéro un : c'est possible ; vous pouvez le faire. Numéro deux : c'est difficile ; vous devez réfléchir pour le faire, et vous commencerez sans doute par vous emmêler les pinceaux. Numéro trois : au début, la plupart des gens ne sont pas très à l'aise quand ils changent leur manière de faire. Ce sera le cas pour la nouvelle architecture. Nous pouvons le faire, mais nous allons commettre des erreurs, nous allons devoir y réfléchir pour le faire, et beaucoup trouveront la chose très inconfortable. Alors n'imaginez pas que nous allons réunir un grand comité et voter de manière démocratique pour décider de la nouvelle direction à prendre : ça ne marche pas comme ça. Comme on dit en anglais : « L'excellence n'obtient jamais la majorité. » Mais ce n'est pas non plus parce qu'on est minoritaire qu'on est excellent. Quoi qu'il en soit, ne vous attendez pas à ce que tout le monde soit d'accord avec vous, aussi excellent que vous puissiez être. Même si Sébastien Marot ne l'a pas rappelé, souvenez-vous que certains des philosophes qu'il a évoqués furent empoisonnés par la majorité…

Mon intervention a trois objectifs. Je ne vais pas vous donner des recommandations détaillées pour résoudre les problèmes des villes : je ne les connais pas, et peut-être personne ne sait-il ce que les villes devraient être à l'heure actuelle. En revanche je vais vous donner quelques informations sur la nature et l'échéance probable de problèmes qui vont inévitablement affecter la vie dans les villes, et j'espère que les équipes de cette consultation en tiendront compte. Je ne parlerai pas non plus de « développement durable ». Un intervenant a dit ce matin que ça devenait un oxymore. Je suis absolument d'accord. Il n'y a pas de développement durable. Dans les années 1970, il était sans doute possible d'imaginer un développement durable, parce qu'il était encore envisageable de croître. Mais maintenant il va nous falloir décroître, et dans ces conditions, ce que nous disons en utilisant l'expression « développement durable » relève du fantasme et ne peut constituer une base utile pour projeter. À la place de « développement durable », j'utiliserai le terme de « résilience ». Ce terme est bien plus concret et scientifique, et peut se décliner à n'importe quelle échelle, de l'individu au pays. Je vous donnerai même quelques exemples tirés de mon expérience personnelle, car je fais ces temps-ci de gros efforts pour améliorer la résilience de mon foyer, de ma maison. Et je vous dirai, d'une façon générale, quelles sont les différentes façons d'améliorer la résilience. Pour que cela soit utile, vous devrez transposer ces quelques conseils en idées concrètes pour l'architecture.

Je pourrais illustrer ce discours à partir d'autres problématiques environnementales comme le changement climatique, l'appauvrissement des terres arables, la diminution des ressources en eau (aussi bien des nappes phréatiques que des eaux de surface), ou encore des problématiques sociales, comme le fossé qui se creuse entre riches et pauvres, ou les dettes qui, accumulées par les pays et par de nombreuses personnes, ne seront jamais remboursées. Je pourrais développer tous ces points, mais je n'ai pas suffisamment de temps pour le faire. Je me contenterai donc de parler de l'énergie. Le lien entre l'énergie et la ville est du reste beaucoup plus clair, en particulier ici, en France, où vous n'avez pas de gros problèmes concernant l'eau, et où vous êtes assez riches pour résoudre la plupart des autres problèmes que j'ai évoqués. Le problème de l'énergie, en revanche, va avoir d'importantes répercussions chez vous. Mais ne pensez surtout pas que j'approuve ce que font les États-Unis et que mon rôle en venant ici serait de vous expliquer comment vous devez vous y prendre à votre tour. Tous ceux avec qui j'ai parlé aujourd'hui savent combien je suis critique de la politique que mène le gouvernement américain. Le système politique américain à l'échelon national me met tellement en colère et me frustre tellement… C'est peut-être la raison pour laquelle je viens donner des conférences ici et que je n'en donne aucune aux États-Unis.

La fin de la croissance

Voici le cœur de mon propos : je pense que nous entrons dans une période de croissance zéro qui sera suivie d'une croissance négative. C'est cette période que nous avions prévue il y a quarante ans, et maintenant nous y sommes.

Soyons clairs : lorsque j'utilise le terme « croissance », je parle de croissance physique. Contrairement à la croissance qualitative, cette croissance physique est limitée. Beaucoup parmi vous ont ou auront des enfants. Les premières années, vous êtes très fiers de la croissance physique de vos enfants. Ils sont plus grands, plus forts, plus rapides, et vous vous en félicitez. Mais imaginez que vos enfants continuent de grandir après 20 ou 30 ans. Cela commencerait à vous inquiéter, et même à vous embarrasser. Il est probable que vous ne montreriez pas vos enfants à vos amis lorsqu'ils vous rendraient visite : au-delà d'une certaine taille, il n'est pas normal de continuer à grandir physiquement. Passés 15 ou 20 ans, vous souhaitez que vos enfants grandissent qualitativement, qu'ils apprennent d'autres langues, développent une certaine confiance en eux, aient plus d'amis, une meilleure éthique… toutes choses que l'on acquiert et que l'on peut continuer à développer toute sa vie. Nous devons comprendre à présent qu'il en va de même pour la société. Pour l'instant, nous nous concentrons uniquement sur la croissance physique. Regardez le chaos que traverse actuellement l'euro :

tous ces efforts désespérés pour sauver le système financier sont basés sur l'idée que la solution ne peut venir que de la croissance, alors qu'en fait c'est la croissance qui est la cause première de ces problèmes.

Les limites physiques ne se manifestent pas simplement le jour où, en sortant de chez soi, on regarde au fond d'un trou creusé dans le sol pour constater qu'il n'y reste plus rien. Les limites physiques sur les ressources génèrent de l'inflation : elles augmentent graduellement le coût des produits jusqu'à ce qu'il devienne impossible pour la société de continuer à croître. C'est dans cette période que nous nous trouvons. L'énergie entre dans la fabrication de pratiquement tout ce qui nous entoure. Si vous regardez autour de vous dans cette salle, vous n'y verrez rien qui n'ait exigé, d'une manière ou d'une autre, une dépense d'énergie : pour son transport, son façonnage, son séchage, les produits chimiques qui entrent dans sa composition, etc. Par conséquent, lorsque le prix de l'énergie commence à s'envoler, l'inflation gagne tous les secteurs. Un intervenant faisait remarquer ce matin que pour chaque calorie de nourriture présente dans nos assiettes, de nombreuses calories d'énergies fossiles ont été dépensées. C'est absolument vrai. Aussi, lorsque l'énergie devient plus coûteuse, la nourriture elle-même devient à son tour plus coûteuse. Quelqu'un d'autre a dit que l'on pouvait s'attendre à voir la Chine s'accaparer l'énergie. C'est également vrai.

Nous entrons dans une période où l'énergie sera de plus en plus contrôlée non par le marché libre, mais par des intérêts politiques et nationaux. Et comme la valeur marginale de l'énergie est bien plus élevée en Chine que dans un pays comme la France ou les États-Unis, il est évident que les Chinois seront prêts à la payer plus cher. Ainsi, étant donné que l'énergie se négocie sur un marché international, nous devrons payer le même prix qu'eux sur la marge. Si nous avions des décennies devant nous pour régler ces problèmes, tout irait bien. Ce n'est malheureusement pas le cas. La production de pétrole a déjà cessé d'augmenter. Elle a actuellement atteint un plateau, et il y a tout lieu de penser qu'elle pourrait commencer à décliner rapidement d'ici un an ou deux. Je vous montrerai des images qui illustrent cela.

Cela veut dire, entre autres choses, que le niveau de vie matériel va diminuer. Par niveau de vie matériel, j'entends la quantité de capital physique dont nous disposons. Dans ces circonstances, le bien-être humain, le bonheur et la qualité de vie pourraient malgré tout continuer d'augmenter, mais seulement si nous nous mettons à y réfléchir sérieusement. Si nous ignorons ce problème, nous serons beaucoup moins heureux lorsque nous commencerons à perdre nos biens matériels. C'est maintenant qu'il faut nous mettre à y penser, et à prendre des dispositions qui ne doivent pas être seulement techniques, mais également sociales. Sébastien Marot a eu raison de dire que notre livre montre que la technologie ne peut pas résoudre le problème à elle seule : elle vous donne simplement un petit peu plus de temps pour faire les choses qui sont vraiment importantes. Cela aussi je vous le montrerai. Et ce qui est intéressant – même si je dois avouer que je n'y pensais pas avant de venir ici –, c'est que les architectes ont une influence majeure sur l'utilisation de l'énergie. Nous utilisons l'énergie de quatre manières différentes, et votre travail a une forte incidence sur trois d'entre elles, nous en parlerons.

Depuis le rapport au Club de Rome

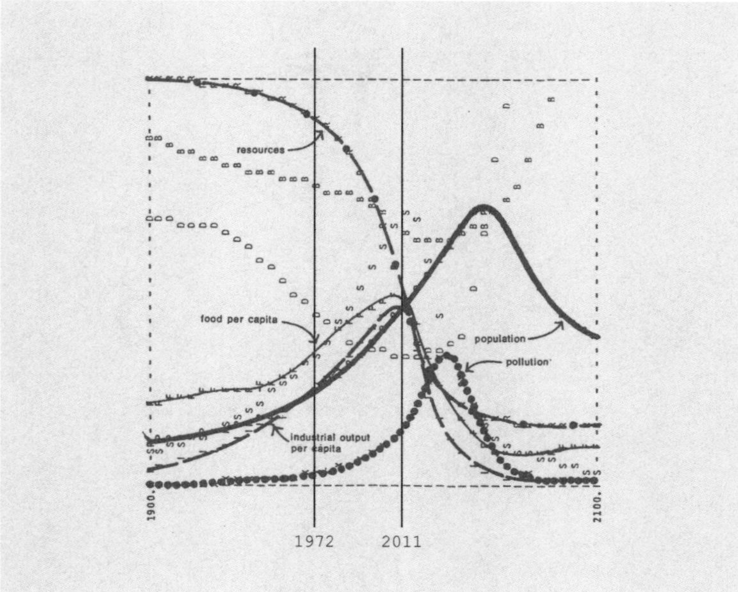

World Model Standard Run

Comment en sommes-nous, ou comment en suis-je arrivé à ces conclusions ? En 1972, un groupe international m'a demandé – j'étais alors jeune professeur au MIT – de réaliser une étude de long terme sur les causes et les conséquences de la croissance physique. Pour ce faire, j'ai réuni une équipe de 16 personnes, hommes et femmes, et nous avons passé dix-huit mois, à plein temps, à concevoir un modèle informatique pour nous aider à comprendre ces questions. C'était un modèle simple, étant donné que nous ignorions beaucoup de choses sur les causes et les conséquences de la croissance sur une période de deux cents ans.

Et voici ce qui nous est apparu : s'il est impossible de prédire l'avenir, il n'est pas impossible de construire des images possibles de l'avenir, c'est-à-dire des scénarios. Dans notre livre, nous avons ainsi construit treize scénarios. Neuf d'entre eux conduisaient au dépassement et à l'effondrement, tandis que dans les quatre autres, la croissance s'arrêtait en douceur. Mais dans tous les cas, la croissance s'arrêtait au cours de notre siècle. Vous remarquerez qu'en 1972 nous avions prévu que la croissance se poursuivrait encore pendant une quarantaine d'années.

«Neuf scénarios conduisaient
au dépassement et à l'effondrement…»

«…tandis que dans les quatre autres,
la croissance s'arrêtait en douceur.»

Certains critiquent notre travail en affirmant que, contrairement à ce que nous avions dit, la croissance ne s'était pas arrêtée brutalement en entraînant une grande catastrophe. Or nous n'avons jamais rien dit de tel. Nous pensions que l'industrie, la population et le reste continueraient d'augmenter. Dans notre rapport, seule la quantité de nourriture par habitant devait diminuer : la production de nourriture continuait d'augmenter mais la population augmentant plus vite, la quantité de nourriture par personne commençait à diminuer. Et les données montrent aujourd'hui qu'elle a en effet commencé à diminuer dans les années 1990. Mais pour le reste, d'après notre rapport, la plupart des variables continuaient d'augmenter au début du XXIe siècle. Ce que nous disions en revanche, c'est que si nous ne ralentissions pas, nous allions nous exposer à de sérieux problèmes.

Que s'est-il passé ? Vous allez pouvoir le constater par vous-mêmes.

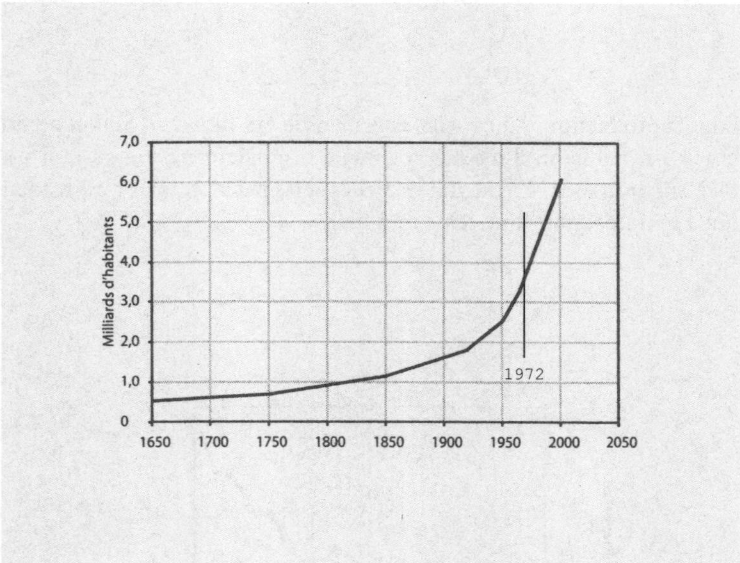

Population mondiale

Voici la population mondiale. Dans le livre, nous disions qu'il allait falloir qu'elle diminue. Visiblement on ne nous a pas écoutés… [*Rires.*] Et ça s'est même accéléré.

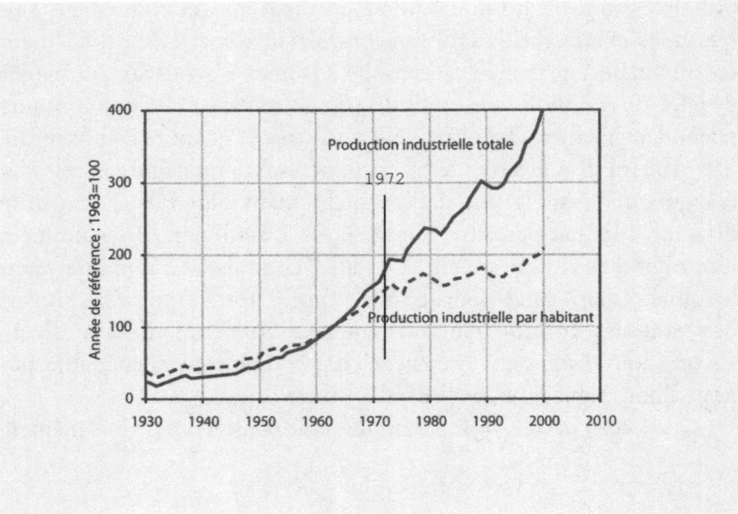

Production industrielle mondiale

Pour la production industrielle, regardons le PIB mondial. Si l'on prend le PIB par habitant, il n'a pas augmenté si rapidement que ça, et il y a bien sûr de grands écarts entre les riches et les pauvres, mais c'est le total qui a un impact sur le système mondial.

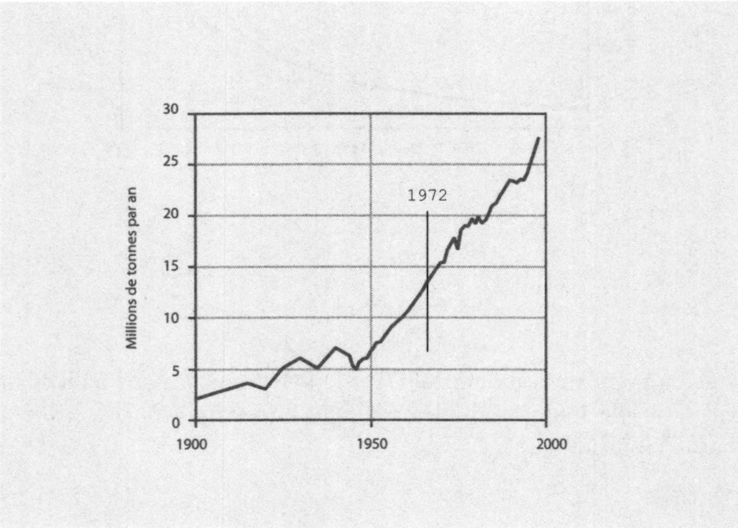

Consommation mondiale de cinq métaux importants

L'utilisation des métaux a elle aussi augmenté. On aime croire que nous sommes à présent dans une économie de services, mais c'est juste parce qu'on envoie toute notre industrie en Chine et qu'on ne fait que du tertiaire ici en Europe.

Quoi qu'il en soit, globalement, tout cela a continué d'augmenter.

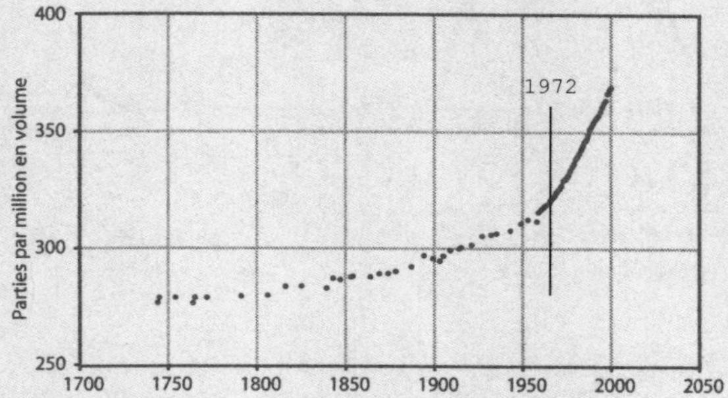

Concentration de dioxyde de carbone dans l'atmosphère

En 1972 nous avions déjà fourni les données sur la quantité de dioxyde de carbone dans l'atmosphère, et depuis nous les avons complétées avec les données jusqu'à aujourd'hui. La différence entre les deux, c'est que pour les données d'avant 1972, nous utilisions différentes méthodes d'estimation, en mesurant notamment le dioxyde de carbone présent dans les glaciers, ou les taux isotopiques dans l'écorce des arbres, donc c'est assez incomplet. Vers 1972, un instrument de mesure précis a été installé au sommet d'une montagne, à Hawaï, et nous a fourni chaque année d'excellentes données. Ce graphique s'arrête en 2000, mais depuis la concentration de dioxyde de carbone a continué d'augmenter encore plus rapidement. En 1972, on ne parlait pas encore trop de la relation entre le dioxyde de carbone et le changement climatique, que l'on comprend bien mieux aujourd'hui.

Une question qu'il est intéressant de se poser aujourd'hui est celle de savoir à quel point notre modèle était précis.

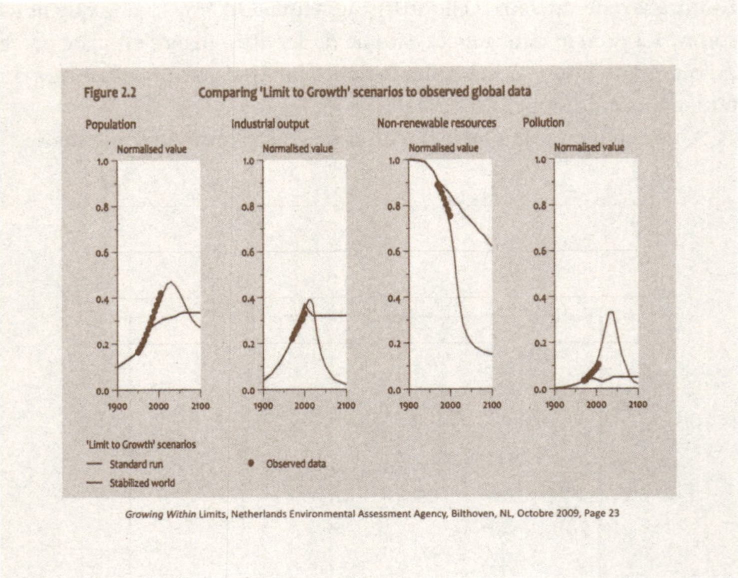

Comparaison entre les scénarios des *Limites à la croissance* et les données mondiales relevées

Il y a deux ans, un organisme gouvernemental néerlandais, la Commission d'évaluation environnementale des Pays-Bas, a collecté des données empiriques sur le système mondial et les a comparées avec chacun de nos scénarios. Voici leurs résultats pour quatre variables : la population, la production industrielle, les ressources non renouvelables et la pollution. Pour chaque variable, une courbe représente notre scénario de dépassement et d'effondrement et l'autre notre scénario correspondant au soi-disant « développement durable ». Vous pouvez constater que, selon cette étude, d'une part notre modèle était plutôt précis, et que d'autre part le système mondial court toujours sur le chemin qui va vers la surexploitation et l'effondrement. Nous sommes donc bien au-delà des niveaux « durables ».

La question de savoir combien de personnes la Terre pourrait supporter est délicate, car elle engage de nombreux paramètres : la technologie, l'éthique, le partage, et beaucoup d'autres choses encore. Le meilleur travail fait à ce jour pour répondre à cette question a été mené par Mathis Wackernagel. Beaucoup d'entre vous connaissent sans doute son calcul de l'empreinte écologique mondiale.

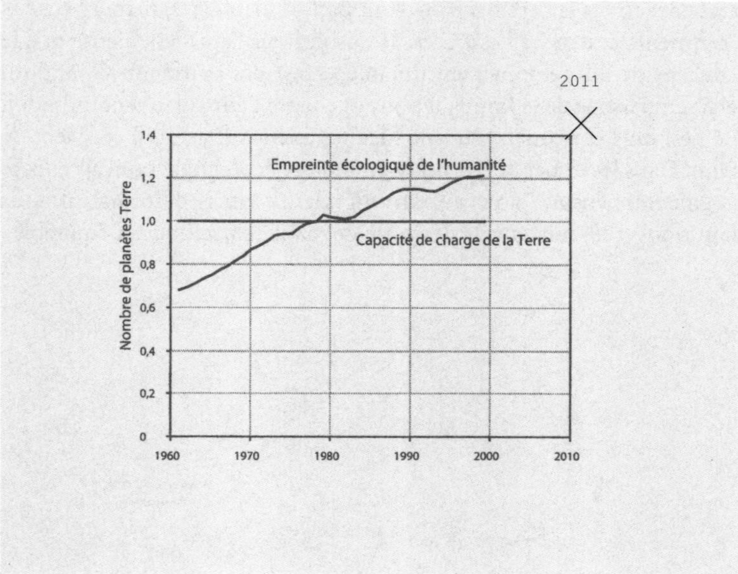

Un indicateur de dépassement:
empreinte écologique contre capacité de charge

Cette ligne horizontale représente un monde, c'est-à-dire quelque chose comme la capacité de charge maximale de la Terre. En 1972, quand nous étions encore en dessous de cette ligne, nous pouvions parler de développement durable, et réfléchir à la manière de ralentir et de nous arrêter avant de franchir la limite. Mais maintenant nous en sommes à environ 150 %, et le taux ne cesse d'augmenter. Vous vous demandez sûrement comment on peut être au-dessus de la limite du durable. Eh bien en n'étant pas durable ! [*Rires.*] Imaginez que vous ayez un compte en banque et que pendant des années vous mettiez de l'argent sur ce compte. Son montant ne cesse d'augmenter. Puis pendant une courte période, vous retirez beaucoup plus d'argent qu'il n'en rentre. Vous finirez ainsi par vider votre compte et ne pourrez plus continuer. C'est ce que nous faisons en ce moment. L'humanité consomme l'énergie, les terres arables, l'eau, les forêts, la biodiversité à un niveau toujours supérieur à celui auquel la planète nous les fournit. Nous puisons dans l'épargne de ces derniers millions d'années. Actuellement, à l'exception de l'Antarctique pour lequel nous n'avons pas de données, chaque ressource, sans aucune exception, sur chaque continent et dans chaque océan, est utilisée bien au-delà des niveaux durables ; tout est en voie de détérioration. Il n'y a pas un seul espace à l'échelle continentale où nous gérons nos ressources de manière durable. Certaines villes, certaines forêts et certains parcs sont parfois bien gérés, mais à l'échelle continentale, rien ne l'est. C'est la raison pour laquelle je pense que le concept de « développement durable » n'est pas pertinent. Quand on était en dessous de la limite, il pouvait encore l'être, mais aujourd'hui il ne l'est plus et n'amène aucune idée pertinent sur ce qu'il convient de faire. Dans les années 1970 notre empreinte écologique pouvait encore augmenter ; ensuite nous aurions dû ralentir ; mais désormais il nous faut trouver les moyens de décroître de manière pacifique et équitable.

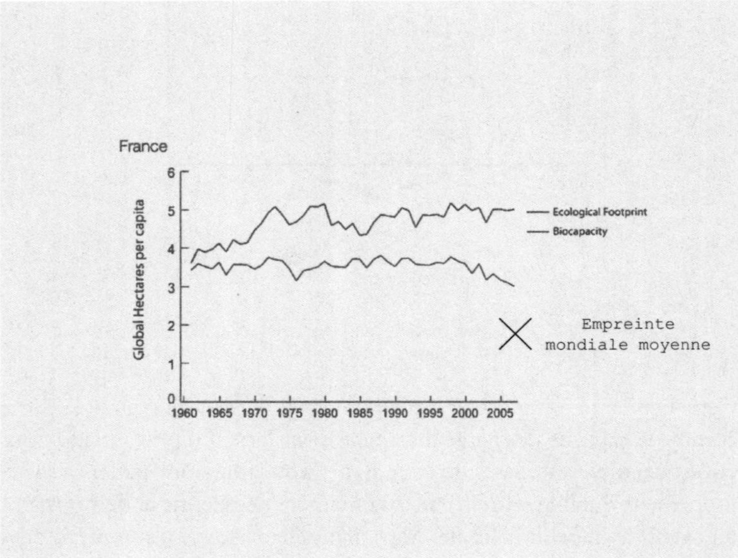

L'empreinte écologique de la France

En France, l'empreinte écologique n'a pas tellement augmenté au cours des dix à quinze dernières années. Mais vous remarquerez que l'écart entre les biens et les services que vous consommez et ceux que votre territoire peut fournir ne cesse d'augmenter : vous importez une part toujours croissante des biens et services que vous consommez. Et votre empreinte écologique est nettement au-dessus de la moyenne mondiale.

«L'écart entre les biens et les services
que vous consommez et ceux que votre territoire
peut fournir ne cesse d'augmenter.»

La fin du pétrole facile

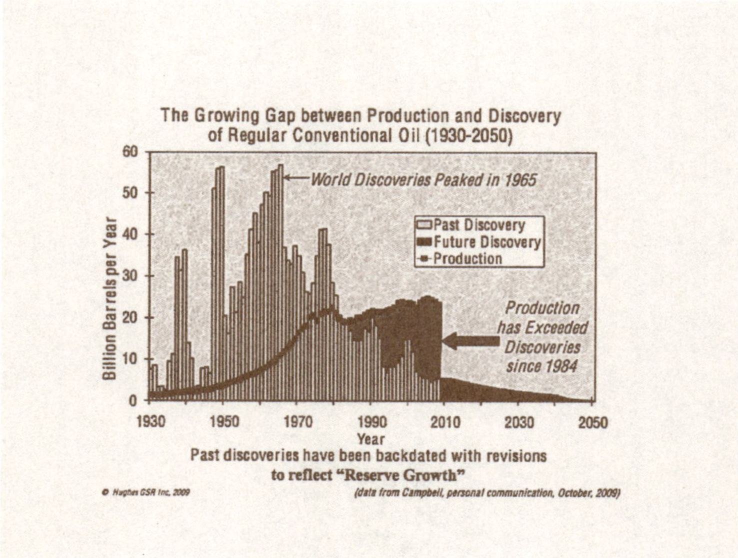

Le fossé croissant entre production
et découverte de pétrole conventionnel (1930-1950)

Pour rendre mon propos moins philosophique et théorique, concentrons-nous maintenant sur une question précise. Prenons l'énergie. Voici un graphique qui n'est pas de moi et qui vous a été montré à plusieurs reprises au cours de cette journée. Les teintes sont différentes mais les données, exprimées en milliards de barils, sont les mêmes. Les bâtons clairs indiquent la quantité de pétrole découvert chaque année dans le monde, et la ligne noire la consommation mondiale de pétrole. De 1930 à 1984, nous avons découvert davantage de pétrole que nous n'en avons consommé. Les grandes réserves en Arabie saoudite, au Mexique, en Irak, etc., ont été découvertes pendant cette période. Ce pétrole, nous ne l'avons pas utilisé, il est resté dans le sol. Et ces réserves géantes, celles qui ont augmenté et qui sont indiquées en clair, sont en fait la principale source du pétrole encore disponible aujourd'hui. Mais en 1984, la consommation a commencé à dépasser les découvertes de pétrole, et chaque année depuis cette date – cela fait vingt-sept ans aujourd'hui ! –, nous utilisons globalement davantage de pétrole que nous n'en découvrons. De fait, nous trouvons encore de nombreux gisements, et les découvertes récentes sur la côte brésilienne ont suscité beaucoup d'enthousiasme. Je me réjouis pour les Brésiliens. Petrobras, la compagnie pétrolière nationale, va devenir très riche, et les pétroliers américains partenaires de Petrobras vont également s'enrichir. Mais si vous preniez tout ce pétrole découvert sur la côte du Brésil et que vous le mettiez sur le marché international, il serait siphonné en trois mois. Vous voyez donc que cette découverte, pourtant exceptionnelle (la plupart des autres sont beaucoup plus modestes), est loin de résoudre notre problème.

L'ère du pétrole facile, c'est-à-dire bon marché, est terminée. Comme vous le voyez sur le graphique, elle a atteint son pic en 1965. Et chaque année depuis 1984, nous avons consommé le pétrole qui se trouve dans le sol.

Soyons un peu plus concret. Il y a deux ans, nous avons utilisé 25 milliards de barils de pétrole dans le monde afin de produire des engrais, des plastiques, du carburant : tout ce qui nécessite du pétrole. Cette même année, nous n'avons découvert que l'équivalent de 5 milliards de barils ! L'Institute for Energy Analysis nous dit que la consommation de pétrole ne va pas cesser d'augmenter. Mais attention, il ne regarde que la tendance à la consommation, et pas les découvertes effectives ! Ses prévisions pour 2030 ou 2050 se font par extrapolation à partir de la consommation depuis 1995… Cet organisme international ne tient aucun compte des contraintes sur la ressource, qui vont malheureusement avoir de grosses conséquences, jusqu'ici, à Paris.

Même s'il existe des milliers de champs de pétrole, la majeure partie du pétrole que nous utilisons provient de quelques grands champs que l'on qualifie de « géants ». Sur les 20 champs de pétrole géants, 18 ont été découverts entre 1917 et 1968, deux autres dans les années 1970, et aucun depuis. Et presque tous ces champs de pétrole sont probablement en voie d'épuisement. Mais l'originalité de ce secteur est que chaque acteur impliqué dans l'industrie du pétrole a intérêt à cacher la vérité. Les compagnies pétrolières ont intérêt à mentir parce qu'elles ne veulent pas que vous vous inquiétiez et que vous vous tourniez vers les énergies renouvelables ; elles veulent vendre leur pétrole à un prix élevé. Les grandes puissances ont intérêt à mentir, parce que si les États-Unis admettaient la gravité du problème, les nations arabes auraient soudain beaucoup plus d'influence dans le débat politique. Les militaires comprennent très bien la situation, mais ils mentent parce qu'ils ne veulent pas que les autres réalisent que leurs tanks, leurs avions de chasses et tous leurs véhicules pourraient devenir moins efficaces à l'avenir. L'Opep[4] ment parce que les permis d'exportation dépendent de l'estimation de la quantité de pétrole qui se trouve dans son sol : plus la réserve est importante, plus le quota d'exportation est élevé.

4 Organisation des pays exportateurs de pétrole.

À un moment, dans les années 1990, les réserves de pétrole déclarées par l'Opep ont pratiquement doublé d'une année sur l'autre, et cela sans qu'ils creusent le moindre puits ! Ils ont simplement dit : « Eh bien puisque vous allouez les quotas en fonction des réserves et que nous sommes les seuls à savoir quelles sont réellement nos réserves, nous avons décidé qu'elles sont plus importantes que ce que nous pensions. » Nous ignorons donc le volume réel de leurs réserves. Cela permet de se projeter dans le futur…

Les États-Unis furent pendant longtemps le plus grand producteur mondial de pétrole, et pendant un temps, le plus grand exportateur. Mais notre production de pétrole a croisé notre consommation dans les années 1940 si ma mémoire est bonne ; dans les années 1970, notre production a atteint son pic ; maintenant elle décline, et personne n'imagine, même avec l'engouement récent pour la fracturation et les nouvelles techniques d'extraction des gaz de schiste, que nous dépasserons durablement les niveaux de production des années 1970. Actuellement, la production de la plupart des grands pays producteurs de pétrole décline : le Mexique, le Canada, les États-Unis – la France aussi avait du pétrole, mais elle en produit certainement moins que par le passé, tout comme la Belgique.

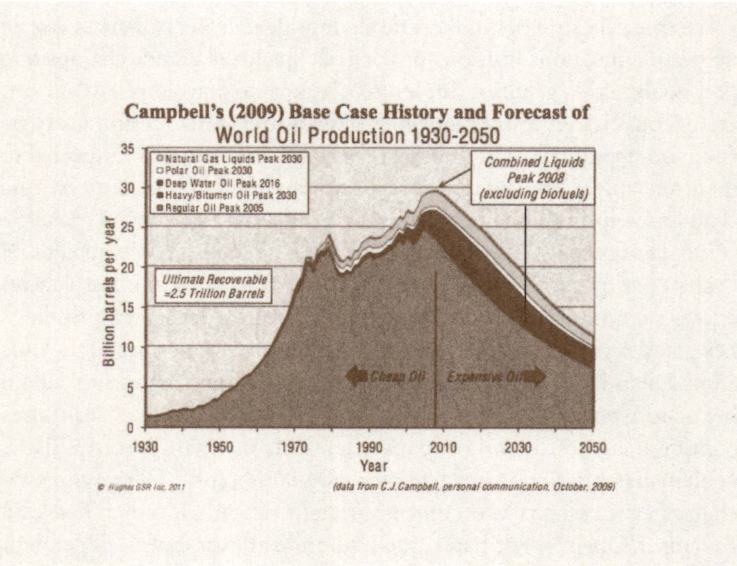

Histoire et prévision de la production mondiale de pétrole (1930-2050)

Voici ce qui risque nous arriver. Ce graphique vous indique les valeurs en ordonnée et le temps en abscisse. Les choses se compliquent un peu avec la question : qu'entendez-vous par « pétrole » ? Vous avez là le pétrole conventionnel, mais il y a d'autres manières d'obtenir du pétrole : les sables bitumineux, le pétrole de schiste, le pétrole en eaux profondes, le pétrole lourd, le pétrole léger, etc. Mais en règle générale, on ne fait pas la différence. La production de pétrole atteint son pic à peu près maintenant. Personnellement, je pense que le pic a été atteint il y a deux ans ; d'autres pensent qu'il sera atteint dans deux ans : ça ne fait pas une grande différence. Nous nous trouvons sur un plateau et nous approchons du bord, et quand ça va commencer à descendre, ça va descendre assez rapidement. La barre verticale montre la prévision d'un groupe allemand, l'Energy Watch Group. Après avoir analysé les différentes sources de pétrole, ils ont conclu qu'en 2030 la production de pétrole serait moitié moindre qu'aujourd'hui. L'Institute for Energy Analysis prévoit pour sa part qu'elle sera de 30 à 40 % supérieure aux niveaux actuels – mais souvenez-vous qu'ils ne regardent que la demande, sans prendre en compte l'épuisement de la ressource.

«Nous nous trouvons sur un plateau
et nous approchons du bord,
et quand ça va commencer à descendre,
ça va descendre assez rapidement.»

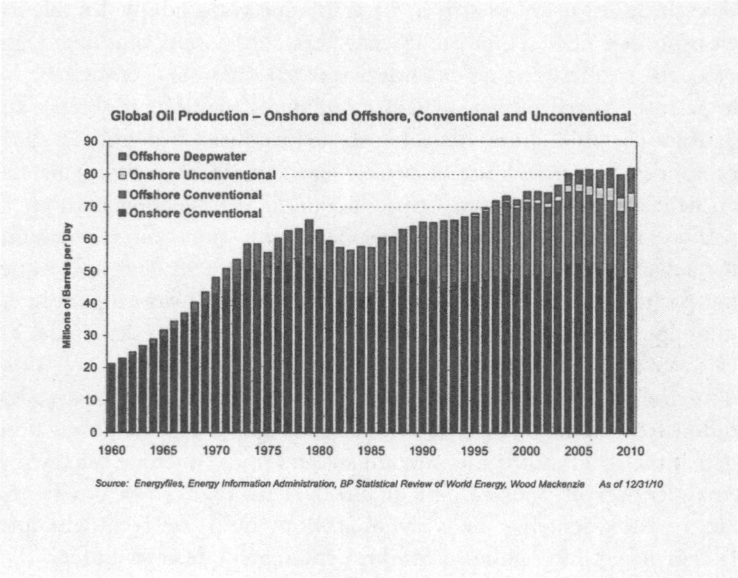

Production mondiale de pétrole:
onshore et offshore, conventionnel et non-conventionnel

Voici une autre manière de le montrer. On peut voir que la production connaît une période de croissance rapide dans l'après-guerre, puis la crise intervient vers 1980-1985, et ensuite la production repart jusqu'à aujourd'hui. La majeure partie du pétrole provient de sources conventionnelles. Ce pétrole standard qui n'est ni puisé en eaux profondes, ni sale, ni lourd, est représenté en foncé en bas et en plus clair au-dessus.

Penchons-nous maintenant sur les statistiques de la production. Entre 1995 et 1999, la production de pétrole augmente globalement de 5,5 %. Remarquez que, s'il est difficile de savoir la vérité sur le niveau des réserves de pétrole qui se trouvent encore dans le sol, nous avons en revanche des statistiques très fiables sur le pétrole qui est extrait et mis sur le marché. Nous ignorons la production et la consommation intérieures de l'Arabie saoudite et de la Russie, mais nous avons d'excellentes données sur les marchés internationaux. Ces chiffres sont donc assez fiables. Entre 2000 et 2004, la production a augmenté de presque 8 %. Et depuis, elle est restée pratiquement stable.

Il y a deux semaines, je suis allé à une conférence sur le pétrole à Washington où l'on prévoyait que ce plateau, cette stagnation, allait prendre fin dans un an ou deux, puis que l'on entamerait un déclin assez rapide. Si l'Europe entre en récession et que la croissance chinoise s'arrête, ce qui se produira tôt ou tard, le plateau sera un peu plus long, mais quoi qu'il en soit nous sommes entrés dans une période où le pétrole facile, le pétrole bon marché, c'est terminé.

L'un des principes fondamentaux de l'architecture moderne, qui veut que l'on construise la même maison en Arabie saoudite et au Nord de l'Alaska, doit être abandonné. Ce principe suppose en effet que l'énergie est peu coûteuse et que l'on peut en pomper autant que nécessaire pour rendre le climat d'un bâtiment vivable pour ses occupants. Par le passé, quand l'énergie était coûteuse, l'architecture variait énormément d'un lieu à un autre, parce qu'elle devait s'adapter à des climats eux-mêmes très variés.

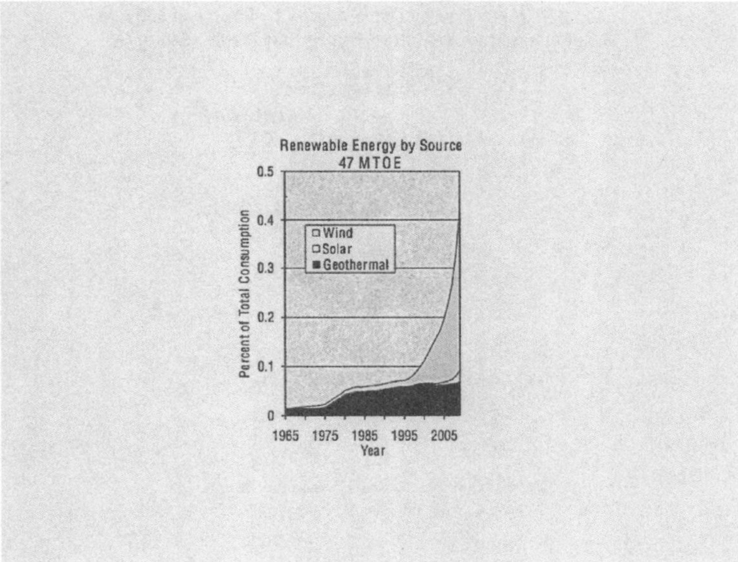

La croissance marginale des énergies renouvelables dans le pack énergétique global

Certains ne manquent pas d'objecter que les sources d'énergies renouvelables croissent très rapidement. Mais soyez prudent. Lorsque quelqu'un se montre optimiste à propos des énergies renouvelables, c'est souvent parce qu'il inclut l'énergie hydraulique conventionnelle. L'Autriche est ainsi très fière de la quantité d'énergie qu'elle tire des sources renouvelables, mais la majeure partie provient de grands barrages construits il y a longtemps, et dont le nombre ne pourra pas être significativement augmenté à l'avenir. La croissance liée aux barrages conventionnels est terminée. L'électricité qui provient de ces barrages ne doublera pas. L'autre grande source d'énergie conventionnelle est la combustion du bois. Certaines industries, comme celle du papier, obtiennent beaucoup d'énergie en brûlant de la lignine. De nombreuses maisons sont chauffées au bois, dont la mienne. Mais là encore, le potentiel de croissance reste faible dans ce domaine. Si vous voulez vraiment résoudre le problème du pétrole, vous devez vous tourner vers le photovoltaïque, la géothermie profonde, etc. De fait, ces sources d'énergie sont en croissance, mais voilà ce qu'elles représentent aujourd'hui : 0,42 % du total de la consommation en énergie primaire.

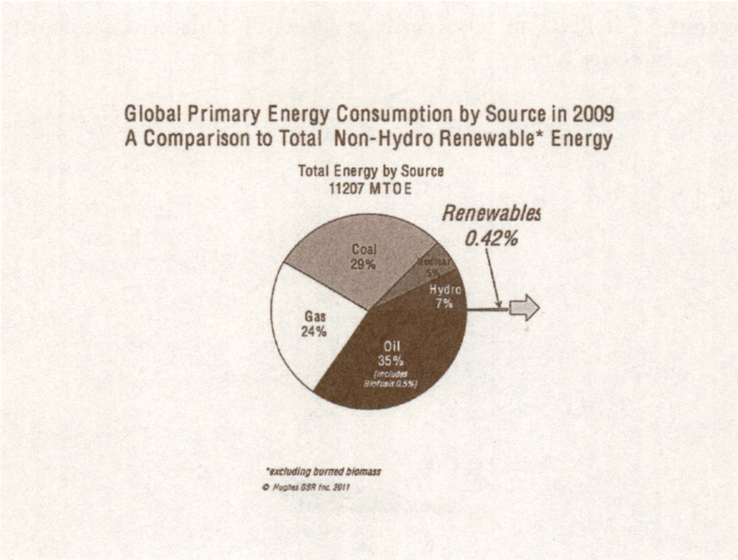

Consommation mondiale d'énergie primaire
par types de ressource en 2009

Et pendant ce temps le pétrole s'épuise, et le gaz finira par suivre la même trajectoire : on considère généralement qu'il atteindra son pic vingt ans après le pétrole. Même le charbon atteindra son pic bien plus tôt que dans quatre cents ans, comme certains le prédisaient ce matin. Quand on étudie précisément l'utilisation du charbon, on est fondé à penser qu'elle atteindra son pic d'ici à 2050. Au final, si toutes ces énergies fossiles s'épuisent rapidement, la croissance des énergies renouvelables ne changera pas grand-chose au problème. Nous devons bien entendu encourager les énergies renouvelables autant que possible, c'est quelque chose de formidable. Mais n'imaginons pas qu'elles permettront à elles seules de résoudre le problème.

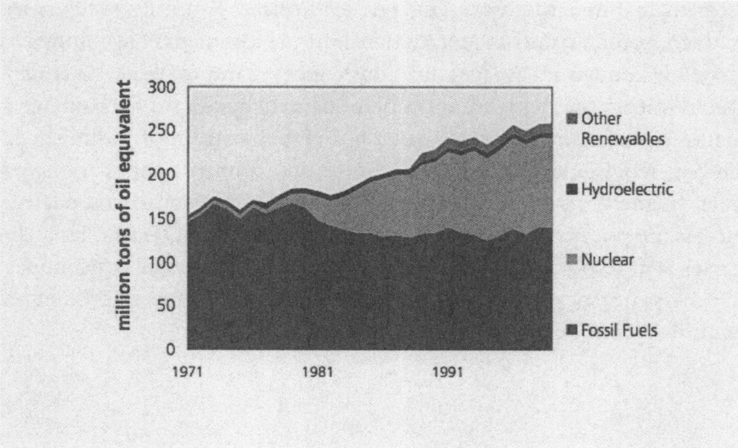

Évolution de la consommation énergétique
de la France par type de ressource, 1971-1999

Voici la situation en France, avec la part des énergies fossiles, et celle du nucléaire qui se développe à partir de la fin des années 1970. À vrai dire, ce graphique est un peu faux parce que les données sont en équivalent pétrole, ce qui implique que l'on doit multiplier par trois, et dans le cas du nucléaire c'est un chiffre très contestable. Au-dessus, vous avez l'hydroélectrique, et tout en haut les autres énergies renouvelables, en particulier l'énergie éolienne.

Faire avec moins d'énergie

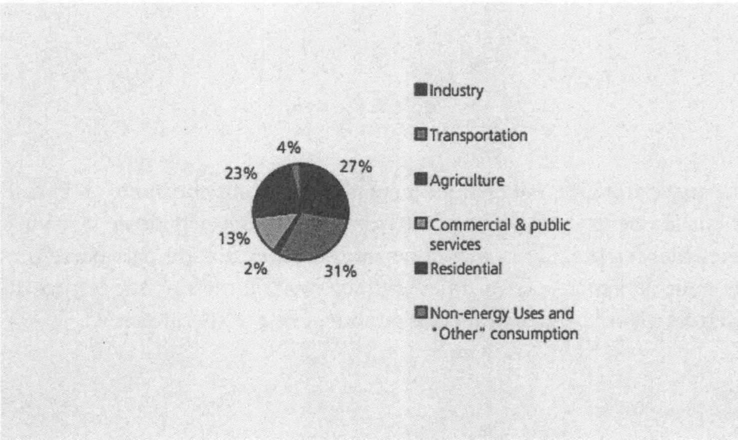

La consommation énergétique de la France
par secteur en 1999

Voyons maintenant à quoi l'énergie est utilisée. Parmi les secteurs les plus consommateurs figurent les transports, le logement et le commerce, ceux sur lesquels les espaces que vous concevez ont un effet. Vous avez peu d'impact sur l'agriculture, et pratiquement aucun sur le chauffage à haute température. En effet, vous n'avez pas votre mot à dire sur la chaleur requise pour un processus industriel comme la chimie ou le papier, même si vous influencez par votre projet la quantité de chaleur nécessaire pour chauffer l'espace de l'usine. Quoi qu'il en soit, les architectes sont responsables des deux tiers du total de l'énergie consommée. On ne peut pas vous faire porter le chapeau pour tous ces problèmes, mais il va de soi que vous faites partie de la solution !

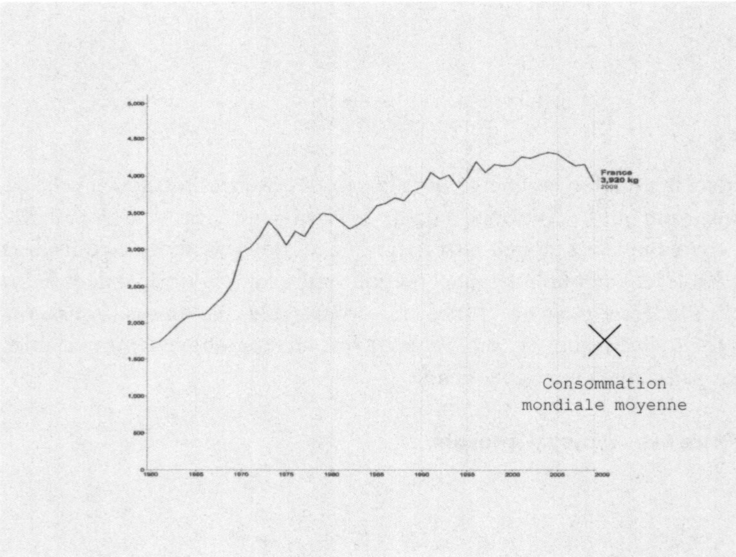

La consommation française d'énergie
par personne (en kilos équivalents pétrole)

La consommation énergétique a été plus ou moins constante en France. Mais là encore c'est légèrement trompeur, d'une part parce que vous êtes bien au-delà de la moyenne mondiale, et d'autre part parce que le coût de l'énergie a énormément augmenté à mesure que le prix du pétrole s'est élevé pendant cette période. C'est ce qu'on voit ici.

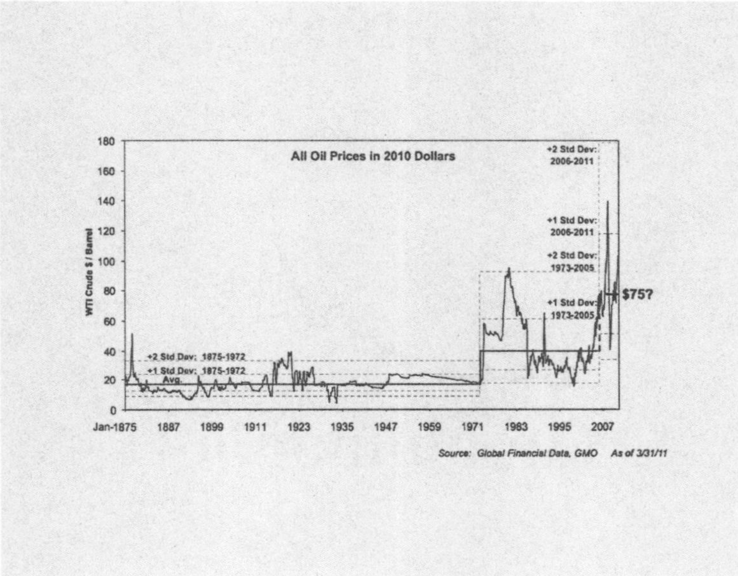

L'évolution des prix du pétrole
en dollars (valeur 2010)

Je me souviens que quand il y a eu énormément de voitures à essence, les compagnies pétrolières se livraient à des guerres des prix pour voir laquelle vendrait le plus. Il m'est ainsi arrivé de payer 17 cents pour un gallon d'essence (3,7 litres), soit quelque chose comme 5 centimes d'euros le litre. C'était banal à cette époque. Mais aujourd'hui, même aux États-Unis où l'essence reste relativement peu chère, son coût entraîne de terribles difficultés sociales.

Entre 1875 et 1971, le prix du pétrole est resté bas et constant, excepté durant la guerre. Puis vint l'embargo arabe sur le pétrole. Je me souviens que le prix en dollar courant est passé de 3 à 12 dollars le baril. Alors tout le monde s'est dit : « Oh mon Dieu, 12 dollars le baril, mais c'est une catastrophe ! » Ensuite le prix est redescendu, et maintenant nous nous trouvons dans une période où le prix du baril oscille entre 40 et 140 dollars.

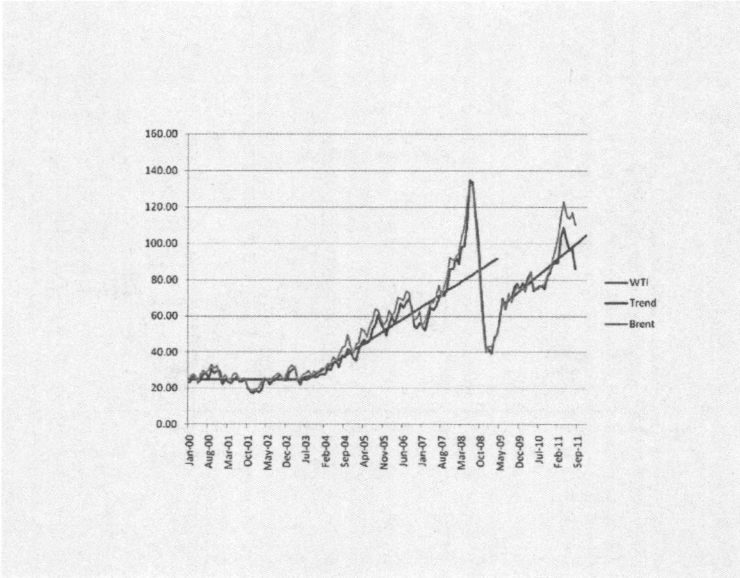

Le prix du pétrole augmente

60 Le prix a fortement augmenté en 2008, et cette hausse a été l'une des causes majeures de la crise économique américaine. Maintenant le prix est de nouveau élevé, et le pétrole n'est pas près de redevenir bon marché. Il n'atteindra pas les 200 ou 300 dollars le baril parce que le système politique n'y survivrait pas. Nous nous acheminons donc vers une période où le pétrole et l'essence seront régis par des mécanismes hors-marché. Ce sera le retour des coupons, des allocations, des quotas, comme pendant la guerre, afin d'éviter une situation où les riches pourraient se payer tout ce qu'ils désirent et les pauvres rien. Ce sera difficile, il y aura des escrocs… Que le pétrole atteigne les 200 dollars le baril, ou qu'il coûte 100 dollars mais que sa consommation soit limitée, cela aura quoi qu'il arrive d'énormes conséquences sur la manière dont vous situez et concevez vos projets.

Nous devons donc réduire notre consommation de pétrole, parce que nous allons en manquer. C'est une des lois fondamentales : on ne peut pas utiliser ce que l'on n'a pas. Je sais bien qu'un certain nombre d'économistes ne sont pas d'accord avec ça, mais je considère que c'est malgré tout une idée opératoire. La question à se poser est donc la suivante : à quoi la consommation de pétrole est-elle due ? On peut considérer qu'elle est le produit de quatre facteurs.

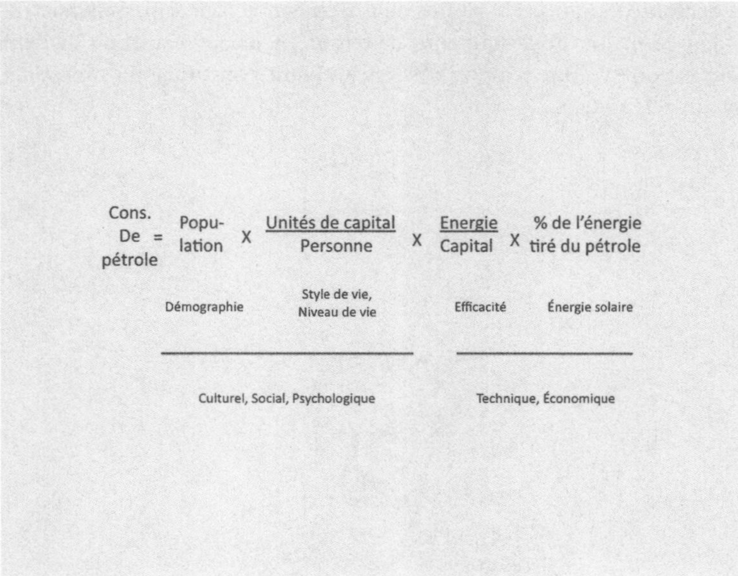

La consommation de pétrole par personne

Premièrement, la population. Deuxièmement, la quantité de capital par personne, qui correspond au niveau de vie : votre voiture, votre maison, vos vêtements, vos ampoules électriques, votre réfrigérateur, et pour nous ici, une partie de cet amphithéâtre, une partie de l'avion que j'ai pris pour venir, etc. Tout cela, c'est du capital. Le troisième facteur est la quantité d'énergie requise pour faire fonctionner ce capital. Car sans énergie, le capital ne sert à rien : votre voiture n'ira pas très loin si vous n'y mettez pas d'essence ; votre réfrigérateur ne vous servira pas à grand-chose si vous ne l'alimentez pas en électricité ; et je ne pourrais pas non plus projeter ma présentation sans électricité. Le dernier facteur est la part de cette énergie qui provient du pétrole. Cette équation est applicable à d'autres facteurs cruciaux comme la nourriture ou l'eau. À droite figurent les mesures techniques : l'efficacité énergétique et les efforts en matière d'énergies renouvelables. Des progrès notables ont été faits dans ce domaine en Europe, en particulier en Allemagne, au Danemark et en Autriche. Mais réduire la part de l'énergie tirée du pétrole pour la faire tendre vers zéro suppose quand même certaines limites au progrès. Et pourtant nous ne prenons pas en compte l'augmentation de la population et nous pensons que notre niveau de vie va continuer d'augmenter. Or si nous continuons dans cette voie, il sera impossible de faire face à l'épuisement du pétrole. C'est pourquoi nous allons commencer à décroître. Soit nous le faisons délibérément, et tout se passera relativement bien, soit nous subissons ce retour en arrière. Car il est évident que si votre voiture n'a plus d'essence, elle ne constitue plus un capital, et ainsi de suite.

«Soit nous le faisons délibérément,
et tout se passera relativement bien…»

«…soit nous subissons ce retour en arrière.»

A

Tout cela pourra vous sembler un peu catastrophiste. Mais regardons la situation d'un point de vue historique.

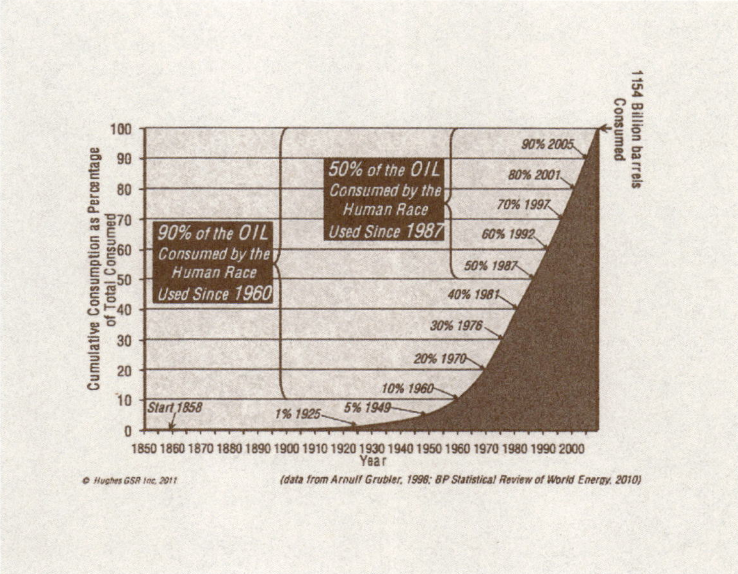

Consommation cumulée de pétrole par l'humanité, en pourcentage de la consommation totale jusqu'à la fin de l'année 2009

Voici la consommation cumulée de pétrole au cours du dernier siècle et demi. Depuis que je suis né, il y a 70 ans, en 1942, l'humanité a consommé six fois plus de pétrole qu'au cours des 300 000 années précédentes. Parmi le million de générations d'hommes qui a existé, c'est la mienne qui a utilisé le pétrole. Les 999 999 premières générations se sont débrouillées avec l'herbe, le bois, et à la fin un peu de charbon, mais elles n'ont pas utilisé le pétrole. Moi je l'ai fait, et vous aussi. Et quand je ne serai plus là, la majeure partie du pétrole aura été consommée. Les 999 999 générations suivantes devront donc utiliser autre chose. Elles le feront bien entendu, mais est-ce qu'elles apprécieront de se retrouver dans cette situation ? Gageons qu'elles seront légèrement mécontentes que nous ayons consommé tout le pétrole sans leur en laisser… Notez que lorsque du pétrole est découvert, il n'y a jamais la moindre discussion pour savoir si nous devrions le garder pour nos enfants. Jamais je n'ai entendu cette question débattue publiquement.

«Depuis que je suis né, il y a 70 ans, en 1942,
l'humanité a consommé six fois plus de pétrole qu'au cours
des 300 000 années précédentes.»

Le fait est que lorsque je suis né, nos maisons étaient chauffées, éclairées ; nous n'avions pas encore la télévision, mais nous avions la radio : nous avions une belle vie. Il est parfaitement possible d'avoir une belle vie sans pétrole, mais uniquement à condition que vous *l'anticipiez*. En effet, vous ne pouvez pas changer du tout au tout en un jour. Prenons un exemple. Si vous êtes dans une voiture qui roule à 200 km/h et qu'on vous enlève soudain 25 % de vos roues, vous n'irez pas à 150 km/h, vous vous crasherez. C'est la même chose pour nos réserves d'énergie. Nous devons changer progressivement.

Le problème du taux de retour énergétique

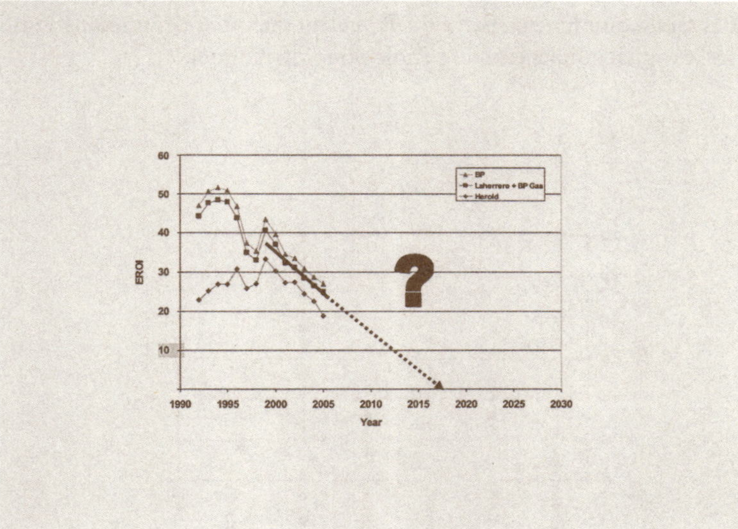

Évolution mondiale du taux de retour énergétique

Mais le problème est rendu plus difficile encore par une chose dont on ne parle quasiment pas : le retour sur investissement de l'énergie, c'est-à-dire le taux de retour énergétique. S'il faut deux barils de pétrole pour en obtenir un, vous conviendrez que c'est contre-productif. À l'origine, aux États-Unis, quand on investissait un baril de pétrole pour produire du capital – des pipelines, des camions, des foreuses, tout ce dont on a besoin pour obtenir du pétrole –, ce baril en rapportait 100. Il n'est pas étonnant que Rockefeller soit devenu si riche : c'était une très bonne affaire. Mais maintenant, il y a moins de pétrole, les champs sont plus petits, plus profonds, plus éloignés, de plus en plus sous les océans… Ainsi aux États-Unis, le rapport est passé de 1 baril investi pour 100 obtenus à 1 pour 15. L'Opep en est à 1 pour 30, et ce rendement diminue. De récentes statistiques montrent que la relation entre la consommation d'énergie et le PIB se dégrade. Avant le PIB augmentait plus vite que la consommation d'énergie, mais maintenant c'est l'inverse : la consommation d'énergie augmente plus vite que le PIB, probablement parce que le taux de retour énergétique diminue. C'est une chose de parler des trillions de barils contenus dans les schistes et les sables bitumineux, mais si vous réalisez que leur taux est de 1 pour 3, alors le problème est tout autre. Vous ne pouvez pas considérer qu'un baril de sable bitumineux est équivalent à un baril de pétrole extrait d'un champ de maïs en Pennsylvanie. Ce sont deux choses totalement différentes. Ceux qui mentent au sujet des réserves de pétrole mentent aussi à propos des huiles de schistes et des sables bitumineux, parce qu'ils veulent que nous continuions à utiliser le capital qui dépend du pétrole pour fonctionner.

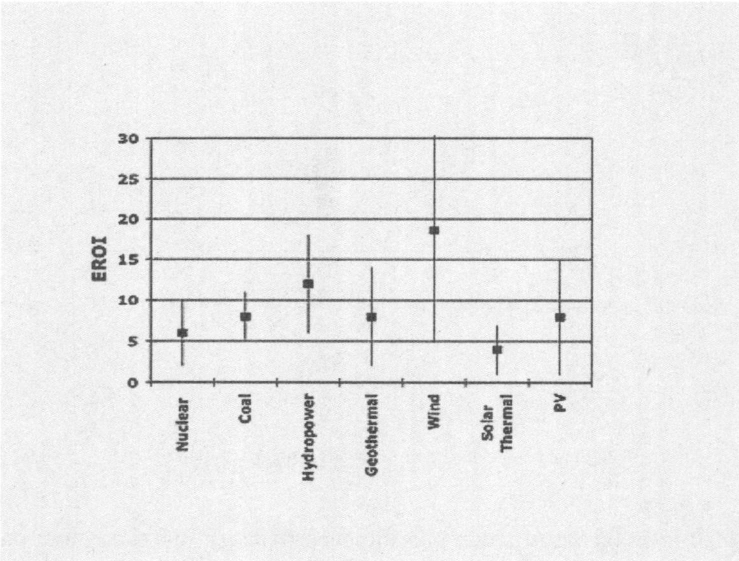

Taux de retour énergétique par type de ressource

Quelles sont les alternatives ? Ce graphique montre le taux de retour énergétique de sept substituts au pétrole : le nucléaire, le charbon, l'hydroélectrique, la géothermie profonde, l'éolien, le solaire thermique et le photovoltaïque. L'hydroélectrique n'est pas si mal, l'éolien encore mieux. Le taux de retour énergétique d'une bonne centrale à charbon, où l'on filtre toutes les saletés des gaz rejetés, est de 8. En Chine, où le charbon est extrait du sol et envoyé dans des centrales sans que personne ne se soucie des dégâts, le taux de retour énergétique est de 80 ! Ces rendements élevés expliquent pourquoi les Chinois aiment autant le charbon et pourquoi beaucoup de gens vont malheureusement recommencer à le promouvoir. Mais attention : si le fonctionnement de nos sociétés dépend de ces chiffres, convenez qu'il s'agira d'une société totalement différente de celle où les taux de retour énergétiques étaient de 100 ou de 30. Une affaire qui dégage des marges de 30 à 60 % est totalement différente d'une autre dont le profit est seulement de 1 ou 2 %. Alors les biocarburants, dont le taux de retour énergétique est sans doute négatif, sont une très mauvaise affaire !

Quel usage faisons-nous de cette énergie ? C'est la question-clé pour comprendre ce qui doit changer. L'énergie est globalement utilisée de quatre manières différentes : pour le chauffage à basse température (le chauffage des locaux) ; pour l'électricité (l'éclairage, les ascenseurs, les moteurs, etc.) ; pour le transport (le kérosène pour les avions, l'essence pour les voitures, le fuel pour les camions) ; et pour le chauffage à haute température (l'industrie). Vous, architectes, avez un impact énorme sur les trois premiers types de consommation. La manière dont vous concevez un bâtiment conditionne le chauffage à basse température et l'électricité dont il a besoin pour fonctionner. Vous avez aussi un impact sur l'énergie utilisée pour le transport de par la manière dont vous disposez les bâtiments. Si vous éloignez les lieux de travail, les habitations, les commerces et les espaces de loisirs, comme nous adorons le faire aux États-Unis, alors on aura systématiquement besoin de prendre sa voiture, et on utilisera beaucoup de pétrole. Si vous les rapprochez, on en utilisera bien moins. Ce sont les paramètres que vous devez prendre en considération lorsque vous imaginez la ville du futur, parce qu'ils vont tous être affectés par les problèmes relatifs à l'énergie.

La résilience plutôt que le développement durable

Alors comment faire ? J'ai dit plus haut que je n'aimais pas le terme de « développement durable ». Par contre, j'aime le terme de « résilience », et je propose que les architectes s'en emparent comme d'un principe de projet. La résilience est la capacité d'un système à absorber un choc et à continuer de fonctionner. Si vous demandez à des gens comment rendre quelque chose *durable*, cela donne lieu à une discussion éminemment ambiguë. En revanche si vous demandez comment rendre quelque chose *résilient*, chacun peut d'emblée discuter d'actions précises. Par le passé, nous ne nous sommes pas préoccupés de résilience, mais plutôt d'efficacité. L'efficacité, c'est le ratio entre l'*output* (la production) et l'*input* (l'investissement) : la différence entre la production que l'on peut vendre et tout ce que l'on a dû dépenser pour la produire.

Si vous voulez de la croissance, il vous faut du profit, et si vous voulez du profit, il faut que vous augmentiez votre efficacité. En conséquence de quoi nous avons augmenté l'efficacité de nos systèmes au point de les rendre non-résilients, c'est-à-dire fragiles.

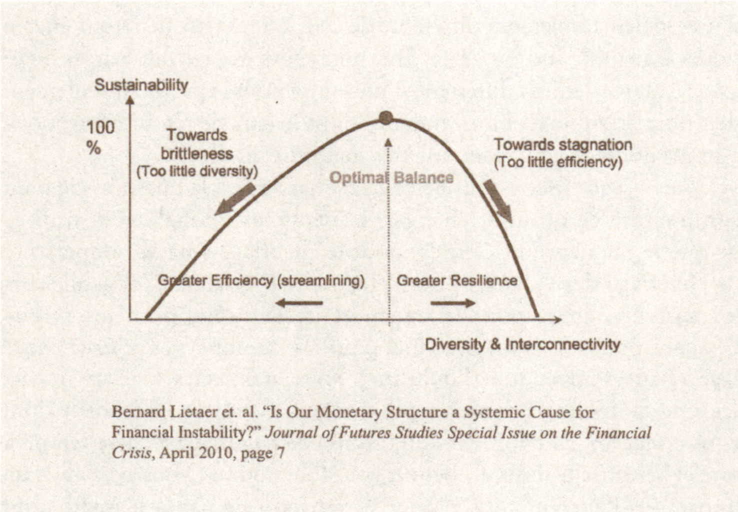

Degré de durabilité entre meilleure efficacité et meilleure résilience

Je pourrais parler de cette courbe pendant une heure, mais je veux juste montrer qu'il y a une discipline de la résilience, des professionnels de la résilience. Cette discipline a émergé dans la biologie et gagne désormais l'économie. Prenez les Japonais par exemple. Ils ont toujours été considérés comme étant à la pointe de l'optimisation de la production. De nombreuses d'innovations industrielles destinées à améliorer l'efficacité sont nées au Japon. C'est le cas de la production à flux tendu, qui suppose de supprimer les stocks. Un produit sort de la ligne d'assemblage et, juste au moment où vous en avez besoin, un camion arrive et l'emmène, et ainsi de suite. C'est incroyablement efficace : vous n'avez plus à dépenser quoi que ce soit dans l'inventaire et le stockage. Mais quand advient la catastrophe de Fukushima ou les inondations à Bangkok, cette usine qui produisait si efficacement à destination du monde entier cesse soudain de fonctionner. Même aux États-Unis certaines usines de voitures ont dû drastiquement réduire leur production car, pour des raisons d'efficacité, elles s'étaient mises à s'approvisionner à une source unique. Il est donc nécessaire de revenir au point d'équilibre. Ce ne sera pas aussi efficace, mais ce sera nettement plus résilient. Alors souvenez-vous : visez la résilience, pas le développement durable.

A

«Il est nécessaire de revenir au point d'équilibre.
Ce ne sera pas aussi efficace,
mais ce sera nettement plus résilient.»

Conseils aux architectes

Ce n'est pas en construisant de nouveaux bâtiments que l'on résoudra tout ces problèmes. Nous devons en effet apprendre à réutiliser l'existant. Cela va nécessairement s'avérer intéressant, car à mesure que le revenu réel va diminuer, la demande de logements et de bureaux va baisser, ce qui va générer beaucoup de surfaces vacantes et ainsi stimuler leur réutilisation. Alors un conseil : ne placez pas votre argent dans les entreprises de BTP !

Ne vous concentrez pas seulement sur les questions techniques, mais soyez aussi attentifs aux changements psychologiques et sociaux qui s'imposent. C'est un champ d'investigation intéressant pour vous. L'architecture, la manière dont vous organisez l'espace, a en effet une immense influence sur la manière dont les gens interagissent, même si bien souvent ils n'en sont pas conscients.

Ayez toujours à l'esprit que nous n'aurons plus la croissance à laquelle nous étions habitués. Le coût des choses ne va pas diminuer, bien au contraire. Et emprunter de l'argent pour payer ces choses sera beaucoup plus difficile.

Enfin, ne croyez pas que vous résoudrez ces problèmes grâce à une énergie abondante et bon marché. Et ne tardez pas, parce que tous les phénomènes que je viens d'évoquer sont déjà en cours.

Mettre en œuvre la résilience

Comment mettre en œuvre la résilience ? Il y a trois manières générales de le faire, qui s'appliquent à cinq niveaux : le niveau individuel, la maison, la ville, le pays, le monde. Agissez là où vous en avez la possibilité. Je vais vous donner quelques exemples des choses que je fais, non pas parce qu'elles sont particulièrement intelligentes, mais parce qu'elles sont concrètes, et que je n'aime pas trop les concepts universitaires vagues qui ne se traduisent jamais vraiment en actions tangibles.

Tout d'abord, la redondance, qui consiste à ne pas se contenter d'une seule source d'approvisionnement. Dans ma maison, une part importante de l'énergie vient du réseau électrique. J'ai donc installé un générateur de secours pour mettre en œuvre la redondance. Quand le réseau électrique ne fournit plus assez d'énergie, le générateur de secours prend le relais. Cela a mis ma femme très en colère contre moi, jusqu'à ce qu'un gros ouragan, Irène, qui venait tout droit de la côte Est, passe pile sur notre maison. Tous nos voisins ont été privés d'électricité pendant plus d'une semaine, mais ma femme, elle, pouvait continuer à répondre à ses e-mails, et nous n'avons pas eu à jeter la nourriture qui se trouvait dans notre congélateur – au contraire, nous avons même stocké celle de nos voisins. Suite à cet événement, ma femme a donc soudain changé d'avis sur l'intérêt de la redondance.

J'ai également installé une cheminée supplémentaire dans ma maison. Nous ne l'utilisons pas pour l'instant, mais comme elle comporte un conduit d'évacuation, nous pourrons nous en servir comme poêle à bois si cela s'avère nécessaire. Le problème avec les maisons modernes, c'est qu'on peut difficilement y installer des sources de chaleur traditionnelles ; il faut prévoir la cheminée dès le début. Voilà un autre exemple de redondance.

C'est un peu comme avec les systèmes de monnaies. Il est invraisemblable qu'à cause de quelques personnes qui spéculent actuellement sur les monnaies internationales, l'euro risque de s'effondrer, à tel point qu'il deviendra difficile d'aller faire ses courses ou de faire le plein. Il est nécessaire de séparer ces fonctions d'une manière ou d'une autre. Pendant très longtemps, deux systèmes de monnaies différents étaient en vigueur simultanément dans certains pays. L'un était utilisé localement pour échanger des biens et des services. L'autre servait aux échanges internationaux. Le commerce international avait un taux d'intérêt positif, tandis que celui du commerce local était négatif : chaque année la valeur de la monnaie locale baissait au lieu d'augmenter. C'était un système totalement différent, que nous pourrions réinstaurer.

Ensuite vient le principe de stockage, ou de « mémoire tampon ». Il consiste à faire des réserves plus importantes entre ce qui entre et ce qui sort. Si vous n'avez pas de stock, ce qui sort doit toujours être précisément égal à ce qui entre. Si vous avez un stock, il peut y avoir des variations. Dans mon cas, j'avais une cuve de 90 gallons (340 litres) de propane qui faisait office de stock. Mais lorsque mon générateur de secours se mettait en marche, la cuve se vidait en quelques jours. J'ai donc augmenté ma capacité de stockage en installant une cuve de 500 gallons (1 892 litres) de propane qui met maintenant deux semaines à se vider, ce qui me laisse le temps d'imaginer d'autres alternatives. J'ai également installé une plus grande réserve d'eau ainsi qu'un local pour stocker de la nourriture dans le sous-sol de ma maison. Car quand les camions sont immobilisés, comme c'est arrivé lorsqu'une tempête de verglas a interrompu la circulation dans ma région, nous ne sommes plus approvisionnés en nourriture. Et les stocks de nourriture sont très faibles dans la région, parce qu'on juge que c'est plus efficace ainsi. Lors de la tempête, nous étions à deux doigts de la famine. Certes les routes ont fini par être dégagées et les camions ont pu revenir, mais il faut s'attendre à ce qu'un jour, ils ne puissent plus le faire, et c'est pourquoi il faut que nous stockions.

Enfin il y a l'efficacité, dont vous vous préoccupez tous, qui consiste à être meilleur, à produire davantage avec les mêmes moyens.

Pour finir, je vous propose un dernier jeu, qui concerne non pas ces principes en eux-mêmes, mais leur mise en application. Je vais vous demander de taper dans vos mains tous en même temps. N'y voyez pas une ruse de ma part pour me faire applaudir ! Je voudrais plutôt vous faire prendre conscience d'une chose très simple. Je vais donc compter lentement jusqu'à trois, puis je dirai « Frappez dans vos mains. » Au moment où je le dirai, faites-le. Si ça marche, les gens qui se trouvent à l'extérieur de l'amphithéâtre entendront un seul clap, bref et sonore. Allons-y : un, deux, trois... [*Il frappe dans ses mains, et tout le monde l'imite, alors qu'il n'a pas donné l'ordre verbal.*] C'est sans doute le moment le plus important de ma conférence. Vous avez compris ce que j'ai dit, vous avez accepté de vous engager, vous vouliez le faire. Dans la vraie vie beaucoup n'ont pas envie de s'engager, mais là tout le monde était d'accord. Vous êtes intelligents, raisonnables et en pleine possession de vos moyens. Alors si ça marche avec vous, ça devrait marcher avec n'importe qui. Mais dès qu'il y a un décalage entre mes paroles et mes actes, vous vous désintéressez de mes paroles pour vous concentrer sur mes actes. Il en ira de même pour vous. Une fois sortis d'ici, vous allez vous mettre à utiliser toutes sortes de mots pour parler des mesures politiques qui s'imposent, et de ceci ou cela. Mais si vos actes ne suivent pas, si vous ne les mettez pas en conformité avec ce que vous dites, alors personne ne vous écoutera.

«Je vais compter lentement jusqu'à trois,
puis je dirai "Frappez dans vos mains."
Au moment où je le dirai, faites-le.
Si ça marche, les gens qui se trouvent
à l'extérieur de l'amphithéâtre entendront
un seul clap, bref et sonore.»

«Allons-y: un, deux, trois…»

[Il frappe dans ses mains, et tout
le monde l'imite, alors
qu'il n'a pas donné l'ordre verbal.]

Questions

Vous avez dit qu'il y avait un lien entre le prix du pétrole et la crise de 2008. Pourriez-vous développer ?

Je ne prétends pas comprendre dans tous ses détails le lien entre la hausse du prix du pétrole en 2008 et la crise financière. Je suis cependant sûr que cette crise n'est pas uniquement le fait de la cupidité des banques. Comme quelqu'un l'a dit, attribuer la crise financière à la cupidité revient à attribuer le crash d'un avion à la gravité. Bien sûr c'est un facteur, mais ce n'est pas le seul. Voici deux exemples que je vais essayer de rendre parlants pour des étudiants en architecture.

Dans les années qui ont précédé 2008, les États-Unis ont connu un très grand boom immobilier. De très nombreuses maisons ont alors été construites loin des villes, parce que le terrain est moins cher à la campagne. Tant que le prix de l'essence était bas, tout allait bien, mais quand il a augmenté, les gens ont commencé à se dire : « Ça va me coûter très cher d'aller de ma maison à l'école ou au bureau. Alors cette maison, je ne l'achète pas. » Le prix de la maison s'est donc soudainement effondré. L'un des principaux facteurs qui avaient entraîné les prix à la hausse était une sorte de système de Ponzi, qui, dès qu'il commence à basculer, s'effondre[5]. C'est un peu ce que l'on observe en ce moment avec les dettes souveraines en Europe. Les trajets quotidiens sont donc

devenus très chers. Certains me disaient alors qu'ils perdaient de l'argent en travaillant, parce que mettre de l'essence dans leur voiture – ils avaient de grosses voitures ces imbéciles… – leur coûtait plus que ce qu'ils gagnaient. Le marché s'est donc effondré.

Une autre explication est à trouver dans le fait que le système de la dette repose fondamentalement sur une foi en la croissance. En effet, on fait fructifier son argent en le prêtant, prêt qui suppose un taux d'intérêt, ce qui veut dire que si vous empruntez 1000, on pense automatiquement que vous rendrez 1000 plus l'intérêt. Et cet intérêt ne peut venir que de la croissance. Aussi longtemps qu'il y a de la croissance, vous pouvez espérer rembourser. Mais maintenant que nous sommes dans une période de croissance zéro, ne nous leurrons pas : nous ne rembourserons pas ces dettes. Pour l'instant ce sont les dettes souveraines qui sont menacées, mais bientôt ce sera le tour de vos retraites.

5 Un système de Ponzi est un montage financier frauduleux qui consiste à rémunérer les investissements des clients par les fonds placés par les nouveaux entrants. L'escroquerie s'écroule et apparaît au grand jour quand les sommes placées par les nouveaux entrants ne suffisent plus à couvrir les rémunérations des clients. L'homme d'affaires américain Bernard Madoff avait mis en place un gigantesque système de Ponzi qui a fonctionné pendant 48 ans, jusqu'à ce que ses clients souhaitent retirer leurs fonds lors de la crise financière de 2008.

Aux États-Unis, certains organismes gouvernementaux se sont déjà mis à liquider leurs obligations dans les fonds de pensions. Ils ne peuvent plus les payer. Ils pensaient que les cotisations ne cesseraient pas d'augmenter, mais maintenant que ce n'est plus le cas, ils n'ont plus les moyens de verser ces retraites. Et comme cela nous a pris trente ou quarante ans pour en arriver à cette situation, cela va nous prendre vingt ou trente ans pour en sortir. Il est absolument impossible d'imaginer qu'à Bruxelles, ils vont se débrouiller pour que le problème soit réglé en deux semaines. Je pense que tout le monde en a conscience à présent. Les politiciens mentent parce que, confrontés à des questions de long terme pour lesquelles ils n'ont aucune réponse de long terme, ils préfèrent botter en touche. Voilà le lien que l'on peut établir entre l'énergie et la crise.

À l'époque où The Limits to Growth *fut publié, le livre fut l'objet de nombreuses critiques de la part du monde économique. Pourriez-vous nous en dire un mot et nous expliquer pourquoi ces critiques furent si violentes ?*

Merci pour votre question, qui est donc double.

D'abord, quelles furent les critiques, ou du moins les principales, que les économistes adressèrent au livre ? et ensuite pourquoi firent-ils ces critiques ? Je pourrais passer une semaine sur le sujet, mais je vous donnerai seulement quelques éléments. Il y a évidemment toutes sortes d'économistes et de gens en général, et les critiques furent donc de divers ordres. En voici quelques exemples.

Une critique assez générale était que nous ne tenions pas assez compte des progrès de la technique, alors que ces progrès ne manqueraient pas de changer le ratio d'*input* et d'*output* pour s'ajuster à l'épuisement des ressources. Cette critique venait surtout de gens qui n'ont pas de formation technique, et qui, pour dire les choses clairement, n'y comprennent pas grand-chose. Pour eux, la technique est un coefficient abstrait dans l'équation de la fonction de production qu'il faut inclure pour coller à la réalité historique. Je veux dire qu'ils ne connaissent rien à la recherche.

Je ne dis pas que cela suffirait à prouver qu'ils ont tort, mais vous voyez, j'ai un diplôme de chimie, j'ai travaillé dans des laboratoires nationaux, j'ai enseigné au MIT, et j'ai effectué des recherches sur le processus du développement technique. J'ai donc quelques connaissances sur ce que c'est que la technique. Dans notre modèle, nous avions d'ailleurs fait des hypothèses assez inouïes en matière de développement technique. Par exemple, nous avions fait l'hypothèse que le rapport entre industrie et pollution s'améliorerait suivant un facteur de 10 ou 20 en relativement peu de temps. Le problème, c'est que quelles que soient vos hypothèses, vous atteignez très vite les limites lorsque vous avez affaire à une croissance exponentielle. La technique ne peut que retarder le problème de cinq ou dix ans.

Une autre critique était du type de celle que j'ai déjà évoquée. Ces économistes disaient que nous avions prédit que la catastrophe se produirait en 1990, que celle-ci ne s'était pas produite l'année en question, et que par conséquent nous avions tort. Ou bien encore que nous avions annoncé que nous serions à court de pétrole en 1995, qu'en 1995 il en restait toujours, et que par conséquent nous étions à côté de la plaque. Le problème, c'est que nous n'avions rien dit de tel. Je vous ai montré notre scénario de base et je crois que si vous lisez le livre, ce que vous pourrez faire bientôt, vous verrez que nous ne faisions pas, et que nous ne faisons toujours pas, de telles prédictions. Du reste, le pétrole comme tel ne faisait pas et ne fait toujours pas partie de notre modèle. Nous prenions toutes les ressources naturelles en bloc, et pas une en particulier. Nous faisions l'hypothèse que l'on pouvait les substituer les unes aux autres. Ce n'est pas vrai en toute rigueur, mais c'était notre hypothèse. On nous fit donc ce genre de critiques que je qualifierais de fallacieuses.

Vous savez – c'est important pour vous et pour les dispositifs que l'on met en place – il y a deux genres de décideurs. Le premier identifie les facteurs importants, fait des recherches pour déterminer leurs valeurs numériques, puis expérimente plusieurs dispositifs pour voir comment ces facteurs pourraient être améliorés, et, sur cette base, prend telle ou telle décision. Si vous dites à ce genre de décideurs qu'ils se sont trompés, ils retournent au bureau, refont leurs calculs, et reviennent éventuellement avec une autre solution. Les autres décideurs font exactement l'inverse : ils savent quelle politique ils veulent adopter, s'efforcent ensuite de voir quel facteur pourrait la justifier, et se demandent enfin quelle valeur il convient d'adopter pour que ce facteur devienne pertinent. Si vous pointez une erreur, ils se contentent en général de vous répondre : « Oui, mais ce n'est pas ce qui compte vraiment à nos yeux, l'important est plutôt là, et c'est pourquoi nous allons adopter la politique en question. » On voit cela tous les jours dans le débat sur le changement climatique. Les gens disent : « Le changement climatique ne m'inquiète pas, c'est une lubie car les glaciers, loin de fondre, grandissent. » Des scientifiques vont voir, font des relevés, étudient la question, puis reviennent et disent : « Non, en fait, les glaciers diminuent bel et bien. » Alors notre décideur déclare : « Oui mais je me préoccupe davantage des ours polaires que des glaciers, or le nombre d'ours polaires augmente chaque année. » Pareil, vous allez voir, vous faites une étude et revenez avec la mauvaise nouvelle : « Non, les ours polaires sont mal en point ! » Mais c'est en vain : « Laissons les ours polaires ! Ce qui importe vraiment c'est que, etc. » Vous pouvez donc passer votre vie à essayer de les faire changer d'avis. Rien n'y fait.

Les critiques fallacieuses vinrent principalement des gens qui n'aiment pas l'idée même qu'il y ait une limite à la croissance, et qui voulaient donc la discréditer a priori. Et bien sûr, à l'ère d'internet, vous avez ce que l'on appelle des légendes urbaines, des choses fausses, mais tellement répandues que tout le monde les tient pour des vérités et ne se donne jamais la peine de vérifier.

Du reste, j'affirme que la plupart des gens qui critiquèrent *The Limits to Growth* ne l'avaient pas lu. Certes, c'est également le cas de la plupart des gens qui en ont fait l'éloge mais enfin quand quelqu'un critique le livre, demandez-lui à tout hasard : « Où avez-vous lu cela dans le livre ? » La plupart du temps, il vous répondra : « Euh, je n'ai pas lu le livre à proprement parler, mais j'ai vu ça sur internet. »

D'autres critiques pointaient le fait que nous avions considéré le monde globalement, sans tenir compte du fait qu'il y avait 170 pays, etc. Tel est, en somme, le genre des critiques qui nous furent adressées.

Une dernière critique a trait au mécanisme des prix. Un élément fondamental dans la pensée des économistes est ce qu'ils appellent le taux d'actualisation, c'est-à-dire le pourcentage qu'on utilise pour calculer la rentabilité d'un investissement à travers le temps. Prenons un exemple. Mettons que je vous demande aujourd'hui si vous préférez que je vous donne 100 ou 50 euros. Sans hésiter vous choisirez 100. Mais supposez maintenant que je vous donne à choisir entre 50 tout de suite ou 100 dans un an. Là vous allez commencer à réfléchir au temps, à la façon dont les choses évoluent dans le temps : c'est ça le taux d'actualisation. La critique de base s'agissant de *The Limits to Growth*, et d'une manière générale de toutes les questions qui touchent aux limites, comme le changement climatique, repose sur cette question du taux d'actualisation.

Récemment, Lord Stern[6] a publié une analyse du changement climatique et proposé une politique extrêmement agressive. Nordhaus[7] ne pouvait pas mettre en doute l'autorité de Stern, qui est un économiste

6 Nicholas Stern est un économiste britannique né en 1946. Il a présidé la Banque mondiale de 2000 à 2003 et piloté le rapport Stern sur l'économie du changement climatique. Publié en 2006, ce rapport affirmait qu'un investissement équivalent à 1 % du PIB aurait suffi à fortement atténuer les effets du changement climatique. Deux ans plus tard, Stern a rectifié ce chiffre à 2 %.

7 William D. Nordhaus est un économiste américain né en 1941. Professeur à Yale University, il est particulièrement connu pour sa théorie des cycles politico-économiques et ses travaux en économie de l'environnement.

célèbre et très respecté. Il a donc expliqué que Stern n'avait pas utilisé le bon taux d'actualisation. Si votre taux d'actualisation est bas, vous avez intérêt à payer beaucoup tout de suite pour éviter des problèmes plus tard. En revanche si ce taux est élevé, vous ne consentirez à payer qu'un peu aujourd'hui pour éviter de gros problèmes plus tard. Mais notez bien que la fixation de ce taux d'actualisation repose sur plusieurs présupposés, qui s'appliquent aussi à notre modèle.

Le taux d'actualisation repose d'abord sur la conscience que vous savez ce qui va arriver. Or nous ne savons pas ce qui va arriver. Nous ne savons pas ce qui se produira dans cinq ans, et nous ne savons certainement pas ce qui se passera dans cinquante. Tel est le premier présupposé. Le second présupposé est que tout ce qui se produira peut être exprimé en valeur monétaire, et que nous sommes ceux qui serions en mesure de choisir le taux d'actualisation et de décider si les générations futures devraient ou non s'en contenter. Comme vous voyez, le taux d'actualisation est une notion utile lorsque vous vous demandez par exemple si vous devriez réparer votre voiture ou en acheter une neuve. En revanche, lorsque vous abordez les questions qui touchent aux limites, toute fixation de ce taux, fondamental pour le paradigme économique, devient aléatoire. Quand je parle de l'économie et des économistes, je ne désigne pas seulement les professeurs d'économie, mais tous ceux qui regardent le monde au prisme de l'économie, ce qui est le cas de beaucoup de gens, et en particulier des dirigeants politiques. Ce prisme économique est devenu une source invraisemblable de pouvoir, de revenu et d'influence, à laquelle il est très difficile de renoncer, alors même qu'il ne donne que des perspectives de très court terme. À cet égard, permettez-moi de vous proposer un jeu rapide.

[*Désignant une moitié de l'auditoire.*] Vous, vous êtes des économistes. [*Désignant l'autre moitié.*] Et vous, vous êtes des environnementalistes.

Je vais vous apprendre à regarder les choses à court et à long terme. Faites un cercle avec le pouce et l'index, comme ça. [*Il tend le bras.*] Là, le cercle est très étroit, vous ne voyez à travers lui qu'un petit morceau de réalité. [*Rapprochant le cercle tout près de son œil.*] Là, il est très large, vous voyez beaucoup plus de choses. C'est la différence qu'il y a entre le court terme des économistes et le long terme des environnementalistes.

[*Il tend le bras droit avec son pouce levé.*] Maintenant je souhaite que tous les économistes regardent en direction de ce pouce, [*il tend le bras gauche avec son pouce baissé*] et tous les environnementalistes en direction de celui-ci. Voilà. Ma question est la suivante : qui pense que mon pouce est en haut ? Levez la main… [*La moitié droite de l'auditoire lève la main.*] Ah, ces économistes, ils ne comprennent jamais rien. Qui pense que mon pouce est en bas ? Levez la main. [*La moitié gauche de*

«Vous, vous êtes des économistes.
Et vous, vous êtes des environnementalistes.»

«Je vais vous apprendre à regarder les choses
à court et à long terme.
Faites un cercle avec le pouce et l'index, comme ça.»

«Maintenant, je souhaite que tous les économistes
regardent en direction de ce pouce.»

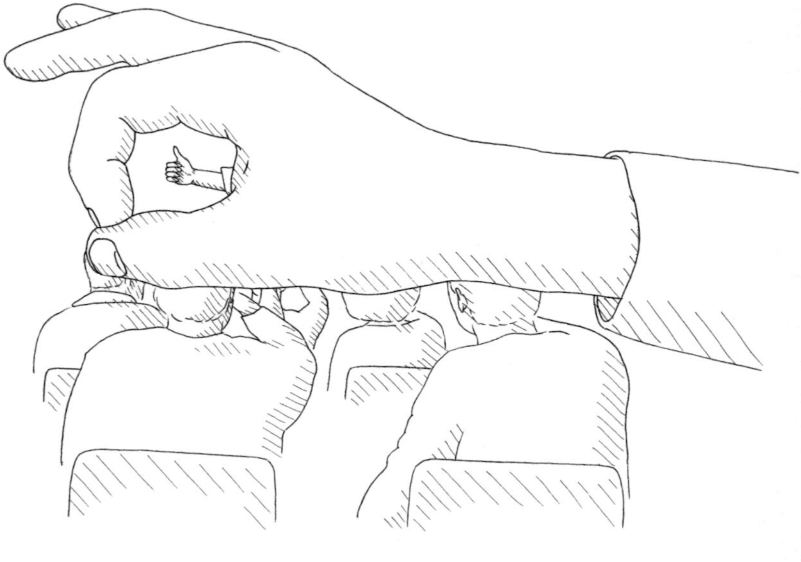

«Ma question est la suivante: qui pense que mon pouce est en haut?
Ah, ces économistes, ils ne comprennent jamais rien…»

l'auditoire lève la main.] Les environnementalistes, eux, comprennent, mais pas les économistes. Là on a potentiellement un vrai conflit.

Mais maintenant, je vous demande de prendre tous une perspective de long terme… [*Tendant les deux bras, un pouce levé, l'autre baissé.*] Qui pense que mon pouce est dirigé vers le haut ? Levez la main. Qui attend de voir ce que la majorité répond ?

Bon, c'est un exercice stupide, mais vous comprenez l'idée. Lorsqu'on adopte une perspective de long terme, on dispose d'une information beaucoup plus large pour discuter et s'entendre. En revanche, si vous n'adoptez qu'une perspective de court terme, alors vous vous focalisez sur une chose, à l'exclusion des autres, et très vite vous tombez dans toutes sortes de conflits.

Dans votre conclusion, vous nous faites des recommandations, essentiellement sur la façon de changer nos modes ou styles de vie, ce que font d'ailleurs beaucoup de chercheurs aujourd'hui, mais sans plus développer les modélisations que vous aviez élaborées dans les années 1970, sur la croissance et l'effondrement… Est-ce à dire que vous avez changé d'avis ?

D'accord, je vais donc résumer la question et, ce faisant, la reformuler de telle sorte que je puisse y répondre. Je ne vous ai montré qu'une modélisation informatique, la mienne, ou plutôt, devrais-je dire, la nôtre. Mais remarquez que je vous ai également montré beaucoup de données qui ne sont pas de moi : sur le pétrole, sur l'empreinte écologique mondiale, sur l'énergie en France, etc. La plupart des diapositives que je vous ai présentées n'avaient rien à voir avec notre modèle. Notre modèle ne prouvait pas qu'il y a des limites, et le titre de notre livre est en fait trompeur à cet égard. Ce que notre livre montrait, c'est que, lorsqu'il y a des limites, la croissance tend à les dépasser puis à s'effondrer, et non à atterrir en douceur. Et vous savez, dans les articles que je lis tous les jours, je trouve quantité d'exemples et de confirmations de cette vérité. Je n'ai donc aujourd'hui aucune raison de changer d'avis à cet égard. J'ai toujours été ouvert et disposé à en changer, mais jusqu'à présent rien ne m'a persuadé de le faire. Cela dit, peut-être avez-vous vous-même des informations ou des idées à m'opposer dont nous pourrions discuter tout à l'heure.

Remarquez aussi que je ne vous ai pas fait de recommandations à proprement parler. Je vous ai parlé du monde réel, en me contentant de vous dire que vos projets et travaux devront d'une façon ou d'une autre s'ajuster à cette réalité. Quant à savoir comment vous vous y prendrez, cela dépend évidemment de beaucoup de choses et de paramètres dont je n'ai pas parlé. Les musulmans s'y prendront différemment des chrétiens ou des bouddhistes. Les gens à faibles revenus ne s'y prendront pas comme les gens à hauts revenus. Je n'imagine pas que tout le monde agira de la même manière, et je ne prétends pas savoir comment chacun devrait agir. Je me contente de mettre le doigt sur une réalité physique et de vous avertir que, en cas de conflit entre politique et réalité, c'est la réalité physique qui a toujours le dernier mot. À court terme, les politiques peuvent refouler la réalité, et parce qu'il y a des amortisseurs et des stocks dans le système, ils peuvent même l'ignorer pendant un temps, mais au bout du compte, cette réalité les rattrapera… Et ce que je crois, c'est qu'elle va le faire *bientôt*.

Supposons que je revienne dans dix ans et que votre consommation d'énergie ait augmenté de 20 % entre-temps : je vous dirai que je m'étais bien trompé. Ou encore, imaginons que le prix du baril de pétrole ait chuté alors de 100 à 20 dollars : je vous dirai alors que j'avais vraiment tort. Mais voilà, je ne crois pas que ce sera le cas.

Ce texte est la traduction verbatim de la conférence intitulée « Preparing Cities for the Age of Declining Oil », prononcée le 24 novembre 2011 à l'École d'architecture de la ville & des territoires à Marne-la-Vallée, dans le cadre du séminaire de lancement du programme international de recherche Ignis Mutat Res : Penser l'architecture, la ville et les paysages au prisme de l'énergie. La traduction de l'anglais a été assurée par Julien Denis, Florence Grillet et Mathilde Rocher, étudiants à l'Éav&t, et révisée par Paul Bouet.

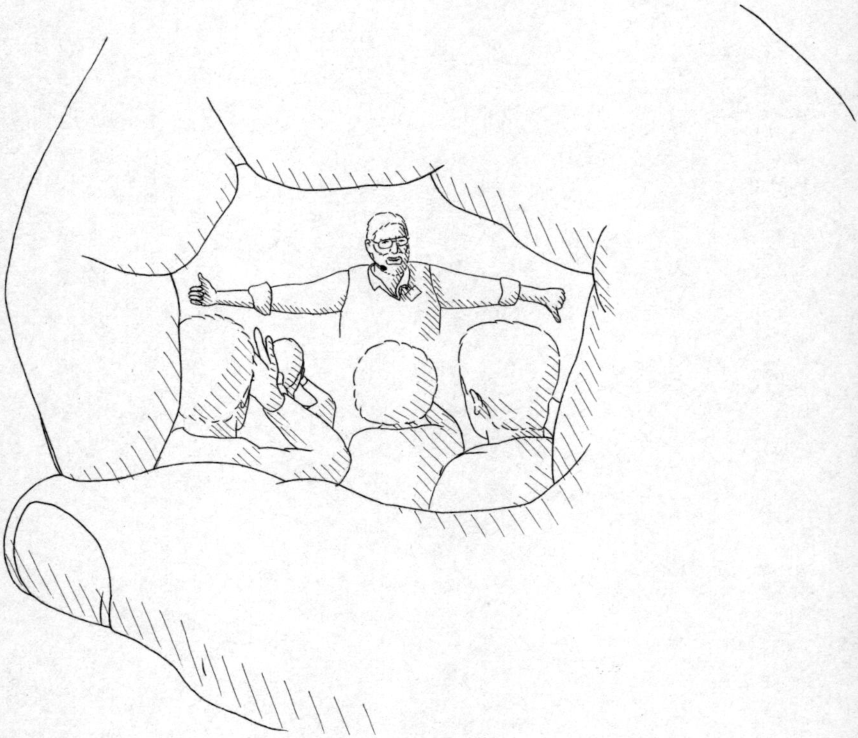

«Mais maintenant, je vous demande de prendre
tous une perspective de long terme.
Qui pense que mon pouce est dirigé vers le haut?»

B

21st century Flex Farmer: managing the land as a digital field.

Contemplate the COUNTRYSIDE: open meadows of sun-gold wheat; flocks of sheep lingering over patches of clover; chickens, cats, and goats commingle in the barn-yard shade. It's authentic to the city's artifice. We, particularly those of us who make the city our home, know that the countryside is where our food, somehow, comes from. It's also where we'll spend lazy weekends reading paperbacks, stoking fires, and putting all sorts of packaged meat on the grill. The reality of today's countryside is more nuanced. Far more. In fact, it's radically different from the pre-technological idyll we've come to identify with through pop culture. Enter the yoga instructors, tax consultants, iHerd, the Astronaut™, Enviropig, and the Herakles Field Assistant™; exeunt the rake, plow, bail spike, flail, and the milkmaid with the bucket.

After more than 40 years of research on cities, REM KOOLHAAS turns his attention to the countryside. It's under-examined, under-theorized, and along with AMO, the research arm of his office, OMA, the architect has amassed some surprising, even surreal, findings. In an exclusive essay for *032c*, a case study on the contemporary Dutch polder, and a glossary of relevant terms to help you navigate, Koolhaas explains what has transpired in the vast hinterlands during our century-long obsession with the city.

Countryside Glossary

Far from being a repository of archaic words, the countryside generates so many new terms – and redefines the ones we thought we understood – that a glossary, or even multi-language dictionary, started to feel necessary. AMO also added a few neologisms of its own.

Acuraspray™ – Software optimizing the timing and quantity of the refill of crop spraying tanks, minimizing residual content during a change in spray agent.

032c Countryside

49

«Contemplez la campagne: champs couverts de blé doré par le soleil; troupeaux de moutons attardés sur des prairies de trèfle; poules, chats et chèvres faisant bon ménage dans l'ombre de la basse-cour: l'authentique complément de l'artifice de la ville. Nous savons, en particulier ceux qui vivent en ville, que la campagne est vaguement l'endroit d'où vient notre nourriture, et aussi celui où nous allons passer des week-end d'oisiveté à bouquiner, tisonner le feu, et mettre sur le barbecue toutes sortes de viandes conditionnées. Pourtant, la réalité de la campagne est aujourd'hui passablement différente, voire tout autre. À vrai dire, elle n'a plus rien à voir avec l'idylle pré-technologique à laquelle la culture populaire nous a amenés à nous identifier. Exit le râteau, la charrue, la meule de foin, le fléau, ainsi que Perrette et son pot au lait, remplacés par des professeurs de yoga, des conseillers fiscaux, iHerd, Astronaut™, Enviropig et Heracles Field Assistant™. Après plus de 40 années de recherches sur les villes, Rem Koolhaas se penche aujourd'hui sur la campagne, trop longtemps négligée par les chercheurs et les théoriciens. Avec l'aide d'AMO, la branche de son agence consacrée à la recherche, l'architecte a ainsi commencé à récolter des découvertes surprenantes, pour ne pas dire surréalistes. Dans un essai expressément écrit pour 032C, suivi d'une étude de cas sur un territoire de polder hollandais, et assorti d'un glossaire de termes utiles pour vous aider à naviguer dans cette réalité, Koolhaas explique ce qui s'est produit dans ces vastes arrière-pays tandis que nos yeux restaient fixés, depuis un siècle, sur la ville.»

Côté campagne

REM KOOLHAAS – AMO

L'idée que la moitié de l'humanité vit désormais en ville et que cette proportion ne fait que croître est devenue un cliché gros comme une maison. Ironie de l'histoire, les architectes en ont pris prétexte pour se concentrer exclusivement sur la ville. Il se peut que mon agence OMA / AMO ait été en partie responsable de cette focalisation, mais elle n'est pour rien dans le maelström qui a suivi : alors que nous sommes bombardés de livres d'architecture bourrés de statistiques qui confirment l'ubiquité de la condition urbaine, la question symétrique est ignorée : qu'est-ce que l'exode rural a laissé derrière lui ?

La campagne représente 98 % de la surface terrestre du globe, et elle est habitée par 50 % de la population humaine. Mais notre focalisation sur les villes crée une situation analogue à celle qui prévalait au début du XVIIIe siècle, lorsque d'immenses étendues figuraient sur les cartes comme *terra incognita*. Aujourd'hui, cette *terra incognita* c'est la campagne. Notre obsession pour la ville nous fait ressembler au diagramme de la sensibilité relative des différentes parties du corps : certaines zones sont gonflées et surreprésentées, tandis que d'autres sont étiques et négligées.

Le dépeuplement de la campagne a un impact plus fondamental que l'intensification de la ville. Tandis que la ville devient davantage elle-même, la campagne se change en quelque chose d'autre : arène d'expérimentation génétique, industrie de la nostalgie, nouveaux types

Extension du village (zone claire)
et dépeuplement simultané
(zone foncée = résidents permanents).

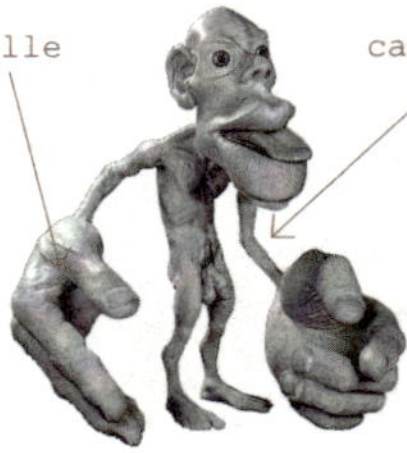

L'architecte actuel,
qui accorde une attention
disproportionnée à la ville
par rapport à la campagne.

Résidence secondaire
rénovée dans le style
traditionnel.

Prairie classique
en apparence.

de migration saisonnière, subsides massifs, incitations fiscales, informateurs numériques, agriculture flexible, et homogénéisation des espèces. On pourrait difficilement dresser à propos de la ville un inventaire d'une telle radicalité.

Un village suisse de la vallée de l'Engadine résume la plupart des changements à l'œuvre dans la campagne européenne. Le village se vide, ses habitants d'origine disparaissent, mais en même temps il s'étend. Le dépeuplement et l'extension sont simultanés. On respecte des règles strictes pour préserver le patrimoine que constituent les bâtiments d'origine, mais au bout du compte ces règles facilitent la conversion des fermes traditionnelles en luxueuses résidences secondaires. En jetant un œil dans l'interstice laissé par les rideaux tirés, on aperçoit le style de consommation typique de notre époque : minimaliste, mais avec une abondance invraisemblable de coussins, comme pour soigner une douleur invisible…

Quand j'ai parlé avec des agriculteurs, j'en ai rencontré un qui avait été chercheur en physique nucléaire à Francfort. Dans une prairie suisse classique, le conducteur du tracteur vient du Sri Lanka, et les seules personnes qui fréquentent la place du village sont trois femmes d'Asie du Sud qui sont devenues nécessaires pour entretenir la Suisse, s'occuper des animaux domestiques, des enfants et des maisons…

Nous essayons de comprendre ce qui s'est passé au cours du siècle qui s'est écoulé entre le moment où furent pris ces trois clichés de Prokudin Gorsky montrant trois femmes de la campagne russe

Glossaire de la campagne

Loin d'être un dépôt de mots archaïques, la campagne engendre une telle quantité de mots nouveaux – tout en redéfinissant ceux que nous pensions comprendre – qu'un glossaire, ou même un dictionnaire multilingue, nous a paru nécessaire. AMO y a ajouté quelques néologismes de son cru.

Accaparement des terres : Expression alarmiste utilisée par les médias occidentaux pour stigmatiser comme néocoloniale l'acquisition par certaines nations de territoires prétendument considérables appartenant à d'autres nations (« Comment la Chine s'approprie l'Afrique et pourquoi l'Occident a de très sérieuses raisons de s'inquiéter », *Daily Mail*, 18 juillet 2008). Ces allégations ont été réfutées par Irna Hofman et Peter Ho dans le numéro de mars 2012 du *Journal of Peasant Studies* : « D'après Oxfam, pas moins de 227 millions d'hectares de terre […] ont été vendus ou mis en location dans le monde depuis 2001. Oxfam prétend que sur ces 227 millions, 70 %, soit 160 millions environ, ont été "accaparés" sur le continent africain. Si l'on compare ce chiffre avec ce que nous avons trouvé nous, à savoir un maximum de 3 millions d'hectares effectivement détenus par des investisseurs chinois, la question se pose de savoir qui s'est accaparé les quelque 155 millions d'hectares restants en Afrique. »

en 1909 – dans un cadre extrêmement rituel et stylisé – et cette scène sur la place du village suisse d'aujourd'hui, qui illustre une situation radicalement différente...

Dans le contexte de l'urbanisation rampante, la population mondiale est toujours divisée à environ 50/50 entre ville et campagne. Dans les pays en voie de développement, près de la moitié de ceux qui vivent à la campagne travaillent toujours dans l'agriculture. Par conséquent, même dans les pays où l'exode rural est en cours, l'agriculture reste un secteur important. Mais en Europe et aux États-Unis, le pourcentage de la population rurale qui travaille dans l'agriculture se situe quelque part entre 2 et 8 %, soit presque rien. Globalement, si nous considérons les 50 % qui vivent en dehors des villes, il y a en fait deux milliards de personnes qui résident à la campagne sans travailler dans l'agriculture. Elles vivent à la campagne et nous ignorons ce qu'elles y font.

Pour commencer notre enquête, nous nous sommes rendus en Hollande du Nord, sur le territoire de la commune de De Rijp. Il s'agit d'un paysage hollandais classique. Mais lorsque nous avons demandé aux gens ce qu'il s'y passait, nous avons découvert que des transformations énormes s'étaient produites dans la campagne hollandaise. On n'y trouve plus de fermes, mais une agence de recrutement, un moulin historique, une salle de yoga... Parmi les habitants de ce territoire, seuls quelques-uns sont liés à l'agriculture ; tous les autres se situent dans un éventail très contemporain qui comprend un conseiller fiscal, un membre de groupe de rock et un auteur de livres pour enfants. La majeure partie du paysage est protégée, mais à l'intérieur des bâtiments préservés, ce sont des activités contemporaines et « non rurales » qui se développent.

Acuraspray™ : Logiciel qui optimise le niveau et la fréquence du remplissage des réservoirs contenant les produits pulvérisés sur les récoltes afin de minimiser les pertes.

ADN : Parmi ceux qui ont été séquencés à ce jour : pomme (57 000 gènes), banane (36 538), peuplier noir (45 555), cacao (28 798), cannabis (30 000), maïs (32 000), pêche (27 852), pois d'Angole (48 680), pomme de terre (39 000), riz (37 544), soja (46 000), fraise (34 809), tomate (31 760) et blé (cinq fois celui de l'être humain, le plus long ADN jamais décodé à ce jour).

Agri-apps : Logiciel d'agriculture à distance, initialement développé pour Palm Pilot mais aujourd'hui disponible sur les tablettes et les téléphones portables, qui est consacré à la gestion du bétail (iHerd), à l'analyse des récoltes (YieldCheck), à la détection des mauvaises herbes (Weed ID), des fruits et des légumes (GrowYourOwn), à la sécurité des pesticides (AgrarianMonile), à la programmation de l'arrosage (Sprinkler Times), à la lutte contre les nuisibles (MyTraps), à l'accouplement du bétail (Rovimix Dairy Reproductive Efficiency Calculator), et au comptage des moutons (CalcEWElator).

1909. Localisme hautement ritualisé: jeunes paysannes offrant des fruits rouges dans le village de Kirillovo, près de la rivière Cheksna, photographiées par Sergei Mikhailovich Prokudin-Gorsky.

XXIe siècle. Travailleurs importés pour maintenir des villages Potemkine.

Éleveur dans une laiterie numérique:
contact minimal avec les vaches.

Récits douteux sur la campagne.
Time, 10 juillet 2011.

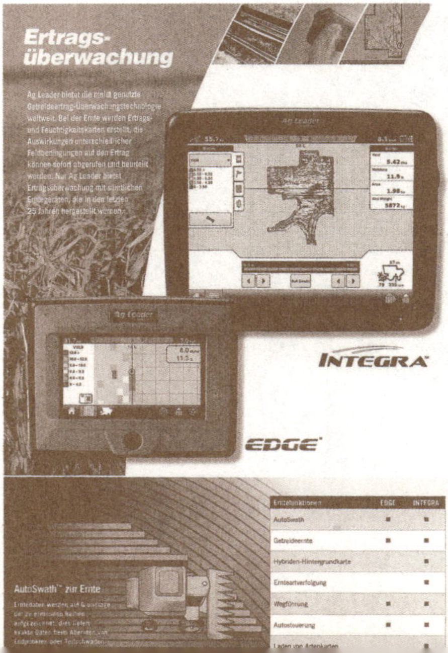

Champ d'écrans: la tablette
fusionne avec la campagne.

L'élevage est de plus en plus automatisé : l'alimentation du bétail, le nettoyage des bâtiments et l'évacuation des déchets sont gérés par des robots : l'éleveur est devenu un col blanc, assis à un bureau, derrière un ordinateur, avec vue sur les vaches à travers une vitre fumée. L'information qu'il manipule est numérique, et de ce point de vue il est comme vous et moi, à ceci près qu'il produit deux millions de litres de lait par an. Nous avons donc affaire à une situation paradoxale où moins la ferme emploie de personnel, plus elle produit. L'éleveur travaille à partir de tableurs, là encore comme la plupart d'entre nous, et s'il souhaite prendre un peu de temps loin de l'étable, il dispose d'appareils de contrôle à distance qui le lui permettent.

L'agriculture elle-même est aujourd'hui une activité numérique. Le tracteur, qui révolutionna l'activité agricole au XIXe siècle, est désormais un poste de travail informatisé, équipé d'une série d'instruments et de capteurs qui créent une interface digitale parfaite entre le conducteur et la terre. Le numérique promet et réalise l'exploitation ultime de la dernière goutte de potentiel que peut fournir chaque bout de terrain. Chaque action, de la plantation au désherbage, est calculée pour que le plus petit pixel produise les meilleurs rendements possibles. On pourrait même dire que le paysage et la tablette sont devenus identiques – la tablette est à présent la terre que le paysan travaille. La campagne est un champ numérique immense et infini…

Agriculture de précision : Méthode d'agriculture apparue à la fin des années 1980 qui consiste à analyser et satisfaire les besoins des plantes cultivées et du bétail en utilisant le GPS, des capteurs sophistiqués et l'imagerie NDVI. Elle minimise les gaspillages d'engrais et de fertilisants, et optimise les rendements ainsi que la qualité sanitaire de la nourriture.

Agriculture économe en papier : Mouvement pour réduire la consommation de papier dans les bureaux des agriculteurs.

Agriculture flexible : Agriculture mobile, gérée à distance à partir d'un portable ; sert aussi à désigner l'agriculture pratiquée comme métier d'appoint, comme hobby, ou comme expérience provisoire dans une carrière.

Albergo Diffuso : Concept patrimonial développé par le Suédois Daniele Kihlgren pour revitaliser des villages italiens à l'abandon : achetez le village, procédez à des rénovations visibles minimales tout en élevant le confort aux normes du luxe, installez une piscine, un golf, et transformez tout le village en hôtel.

Amaigrissement : Phénomène à la fois rural et urbain où les activités consomment de plus en plus d'espace mais perdent en intensité.

L'Amour est dans le pré : Émission de téléréalité présente dans treize pays dans laquelle des femmes de la ville se disputent la main d'agriculteurs célibataires. Interrogés sur leurs rêves pour l'avenir, la lauréate hollandaise Femke a répondu : « Une maison, un jardin et un animal de compagnie, voilà tout en ce qui me concerne », et son mari agriculteur, Gijs : « M'installer avec une gentille petite femme, un robot pour la traite, et conduire d'Amsterdam jusqu'en Afrique du Sud. »

La vie de l'agriculteur au XVIIe siècle était un enchaînement contraignant d'étapes incontournables qui laissait très peu de temps à l'improvisation. L'agenda de l'agriculteur contemporain se partage entre les activités solitaires que sont la recherche, la gestion de serveurs, les tâches administratives et les vacances.

La comparaison des professions de l'Allemagne rurale d'aujourd'hui avec celles de l'Allemagne urbaine révèle un très haut degré de recoupement. La campagne, pour ce qui est des manières de travailler, est désormais très semblable à la ville. L'agriculteur est comme nous, ou nous sommes comme lui. Il travaille sur un ordinateur portable et peut le faire n'importe où. À cet égard, il est comme le travailleur flexible, où le travailleur intellectuel, qui n'est plus nécessairement rivé à la ville, et qui, pour des raisons très différentes, découvre la campagne. Le travailleur flexible convertit les fermes abandonnées des ex-agriculteurs et les transforme en excellents espaces flexibles, où les charpentes en bois sont des signes très appréciés du passé, ou de la continuité.

L'Europe ne gouverne manifestement plus grand-chose, mais c'est encore elle qui gouverne les règles. Une quantité considérable de ces règles est exportée vers d'autres pays, leur permettant ainsi de commercer avec l'UE. Des logiciels spéciaux sont programmés pour rendre possible cette sorte d'interaction, créant une nouvelle frontière numérique à l'intérieur de pays très éloignés de l'Europe. L'un de ces logiciels,

Anthropocène : Nom proposé pour désigner l'époque géologique actuelle, qui succède à l'Holocène, et qui est actuellement en cours d'examen par les responsables officiels de la nomenclature des ères, des époques et des éons, la Commission internationale de stratigraphie. On attend leur verdict pour 2016, bien que les médias aient déjà popularisé l'Anthropocène comme un terme servant à désigner une espèce d'anti-écologie, où les humains – et non l'ordre « naturel » des choses – sont responsables de tout ce qui se passe sur la planète, à travers la manipulation du climat, de l'azote et des cycles de l'eau, l'élimination systématique de la biodiversité, et l'exploitation d'au moins 43 % de la surface de la Terre.

Astronaut™ : Robot pour la traite lancé en 1992 par l'entreprise hollandaise Lely. Le Lely A4 Astronaut actuel trait 60 vaches simultanément. Les vaches en libre pâture sont attirées vers la machine par des appâts, et un bras articulé accroche les pompes à leurs pis. La valeur nutritionnelle du lait et ses signes d'impureté sont automatiquement contrôlés. L'éleveur reçoit un email en cas de problème ; bientôt il pourra suivre l'opération en direct sur son iPhone.

Aurochs : Occupant bovin « originel » des basses-terres de l'Europe, actuellement en cours de re-création génétique.

Autocoptère : Drone à hélices horizontales utilisé par les agriculteurs pour leur fournir une imagerie de l'indice de végétation normalisé par différence (IVND).

Autoroute des poulets : L'autoroute A7 entre Soltau et Northeim en Allemagne du Nord, où 200 nouveaux élevages industriels de poulets sont prévus, dont le plus considérable abattra 27 000 poulets à l'heure, soit 135 millions par an – le plus grand abattoir d'Europe.

Helveta, permet à des gens en Amazonie d'identifier et de détecter n'importe quel arbre d'une région donnée afin de s'assurer qu'aucun bois illégal ne puisse être exporté vers l'UE. Les territoires de l'Amazonie sont aujourd'hui des environnements soigneusement inventoriés où des indigènes transformés en informateurs numériques rapportent les preuves de coupes illégales. Chaque mètre carré de cette *terra incognita* est en fait extrêmement bien connu, mieux connu que bien des zones de la ville, même si nous l'ignorons.
Partout aux États-Unis, la perfection géométrique de l'agriculture est manifeste, mais plus furtifs – et c'est presque le même langage qu'on utilise pour les bases de lancement de missiles ou pour les sites nucléaires – sont les hangars porcins qui, de plus en plus énormes, sont cachés dans le désert, pas seulement aux États-Unis, mais partout dans le monde. Cette architecture n'est d'ailleurs pas réservée à l'agriculture ou au bétail ; c'est également celle des data centers. Un nouvel ordre de rigueur, colossal, émerge un peu partout. Un élevage de bœufs est organisé comme la plus rigide des villes – la campagne est le territoire idéal pour les dispositifs de ce genre ; en ville au contraire, le monument aspire à l'informel. Un ordre hypercartésien est imposé à la campagne, réservant aux villes l'apanage de la poésie et de l'arbitraire.

Une part de cet arbitraire et de cette poésie est employée par la ville à produire des théories sur la campagne. Et il y a trop peu de gens dans

Bric-à-brac : Ultime retraite des cultures rurales. Brocante pour touristes de vieilles brouettes, socs de charrues, lampes à huile, statues religieuses et vaisselle en cuivre.

Bureau flexible : Poste de travail destiné à la location à court terme, souvent dans une architecture rurale (grange) détournée à cet effet, équipée d'un tableau de conférence, d'une connexion Wi-Fi, d'eau plate et gazeuse, et d'une machine à café.

Changement d'état : Terme scientifique qui désigne le point de bascule d'une domination naturelle à une domination humaine de la surface de la Terre. L'activité humaine couvre à présent 43 % de la surface terrestre de la planète ; quand elle atteint 50 % sur un territoire donné, les écosystèmes s'effondrent.

Cogent Twist™ : « Les Cogent Twists (une espèce de taureau Holstein) dégagent une puissance lactique ; ils ont un large museau. Ils ont une ossature haute, longue et propre. La puissance et la force conjuguées à la qualité du lait, la texture de la mamelle, et le caractère en font des taureaux à ne pas manquer. Ils portent de hautes et larges mamelles, tenues par un puissant ligament central et une veinure exceptionnelle qui les enveloppe entièrement. Leurs progénitures femelles ont du style et se déplacent avec aise et liberté sur des pattes et des sabots fantastiques. Elles sont extrêmement faciles à traire et remettent bas sans problème. La chose que je préfère chez elles, c'est qu'elles sont systématiquement incroyables. »

Darwin : Scanner d'arbres fruitiers en 3D qui permet de réduire les fleurs et d'améliorer les récoltes.

Désert près de Minersville, Utah.
Les cercles foncés sont des champs irrigués.

Zoom avant sur la photo ci-dessus:
les carrés noirs sont des réservoirs de lisier de porc.

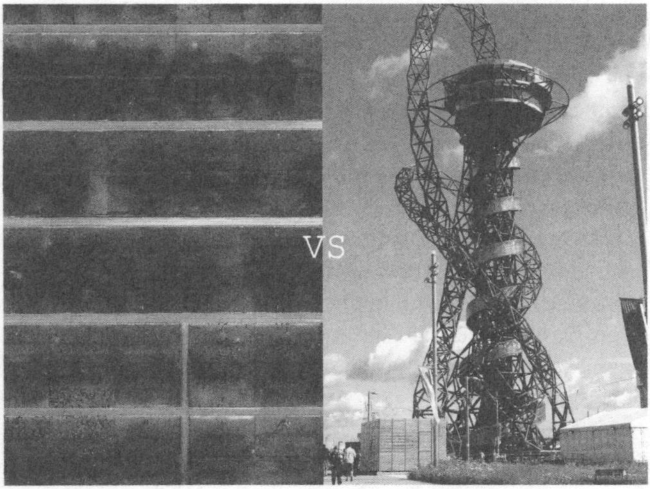

Parc d'engraissement de bétail à Grand View, Idaho,
vs ArcelorMittal Orbit, Londres:
ordre hypercartésien dans la campagne
comme catalyseur du fantastique dans la ville.

Amaigrissement à Dubaï:
les flèches pointent vers des absences de signes de vie.

la campagne pour vérifier ces récits. La campagne est ainsi devenue une feuille blanche sur laquelle on peut projeter des récits, qu'ils soient de gauche ou de droite.

Un exemple en est l'« accaparement des terres » en Afrique et la menace que représente la Chine à cet égard. Peter Ho, professeur à Leyde, a montré qu'une infime partie de ces histoires a pu effectivement être vérifiée, et que seule une très faible quantité de terre a réellement été achetée. Bonnes ou mauvaises, les informations qui nous arrivent à propos de la campagne sont donc très peu fiables et largement manipulées.

La campagne est le domaine le plus controversé et le plus chargé d'émotion, en particulier du fait des nouvelles formes d'immigration requises par ses nouveaux systèmes d'exploitation : un Indien aux commandes d'une ferme laitière en Italie, un ancien ouvrier du bâtiment reconverti dans l'agriculture en Irlande pour survivre à la crise. On assiste aussi à l'afflux ou à la migration de populations entières. Et c'est là un phénomène qui commence à faire l'objet d'intenses luttes politiques. Car si l'on nous a bien appris à nous indigner des conditions de travail des ouvriers dans des villes comme Dubaï, les conditions de travail dans les campagnes, en revanche, ont été jusqu'à présent très peu documentées. Plusieurs tendances montantes convergent à la campagne : le développement de l'économie de marché, la croissance du tourisme international et la multiplication des sites protégés. Tout cela se tient parfaitement : on a les moyens de se payer des sites protégés, et ils sont nécessaires pour le tourisme. Ce qui veut dire que la campagne est en train de devenir un terrain de jeu, non seulement des ONG, mais aussi d'une élite qui peut jouir des espaces vides et ré-habiter l'environnement authentique de l'ex-agriculteur et de sa femme. Le phénomène se produit à des échelles sans précédent : des villages entiers de Toscane sont

Discovery™ : Machine automatique conçue par Lely pour nettoyer les étables, sorte d'aspirateur qui se promène tout seul au milieu du bétail et pousse le lisier dans des fentes pratiquées dans le sol. Le dernier modèle Discovery™ incorpore un vaporisateur d'eau pour l'hygiène et le confort des vaches.

Emplois : Résultats obtenus en tapant « emplois à la campagne » sur Google : enseignant en biologie environnementale, enseignant en langues étrangères, enseignant en psychologie, assistant personnel flexible, spécialiste en économie agricole, assistant logistique, manager en entretien de silo, responsable de projet biodiversité, conseiller zones humides, garde champêtre, ornithologue saisonnier.

Enviropig : Cochon du Yorkshire génétiquement modifié dont les glandes salivaires produisent de la phytase, une enzyme qui l'aide à digérer le phosphore des céréales, limitant ainsi la pollution engendrée par les fosses à excréments des élevages industriels.

achetés par des entreprises allemandes qui s'emploient à préserver l'aura de sérénité à l'intention des touristes.

Nous essayons d'investir cette vacuité avec les résidus des cultures qui animaient autrefois ce paysage, et nous nous efforçons de maintenir les traditions du terroir au nom du « patrimoine culturel immatériel ». Deux tendances d'artificialité parallèles sont ici à l'œuvre. D'un côté l'artificialité numérique de la campagne actuelle, et de l'autre la mélancolie du maintien officiel et factice de la tradition par des organismes comme l'UNESCO.

L'opposition ancrée dans notre imaginaire entre la ville et la campagne nous empêche de voir leurs ressemblances, tel que leur « amaigrissement » commun. La ville et la campagne sont l'une comme l'autre habitées d'une façon de plus en plus provisoire. L'amaigrissement se définit par une extension de l'aire couverte et par une diminution concomitante de son intensité d'usage. La maison dans le village suisse n'est utilisée que deux semaines par an, mais elle est constamment entretenue et partiellement habitée par des employées de maison venues d'Asie du Sud. Comparé à l'activité intensive des hommes et des animaux qui peuplaient le village autrefois, c'est maigre. On observe des phénomènes similaires à Dubaï. Il est impossible de détecter de vrais signes de vie sur les immeubles récemment achevés. À défaut, nous nous sommes efforcés de repérer au moins des signes d'irrégularité. Et nous n'en n'avons quasiment pas trouvé non plus. Tel est donc le processus d'amaigrissement qui se produit aussi bien en ville qu'à la campagne.

La campagne est un entrelacs de tendances qui échappe à notre champ de vision et à notre conscience. Notre obsession actuelle et exclusive pour la ville est extrêmement irresponsable, car il est impossible de comprendre la ville sans comprendre la campagne…

Étable PAED : Étable en plein air entièrement durable, pour l'élevage de vaches, comprenant un plan libre ouvert, des parois automatiques en polycarbonate pour contrôler le climat, et des machines à traire vers lesquelles les vaches se dirigent lentement d'elles-mêmes. Les vaches ont la possibilité de sortir à l'extérieur mais préfèrent en général rester dans l'étable. Les étables PAED permettent de réduire de 90 % les cas de fièvre aphteuse, d'améliorer les vêlages, et assurent une grande flexibilité pour le croisement génétique. Une étable de 80 vaches entièrement automatisée peut être gérée par un seul éleveur à raison de deux heures de travail par jour.

Galactor™ : Trône robotisé où l'agriculteur s'installe pour traire les vaches ; suspendu au plafond, il court le long de rails qui filent, comme des gondoles, sur toute la longueur de l'étable.

Germe de soja : Objet élaboré, d'un rayon de 5 à 11 millimètres, microcosme de relations économiques au niveau de sa génétique, qui catalyse une considérable homogénéisation du paysage.

Cogent
TWIST
Shottle X VG88 Looking Major X VG86 Winchester X
VG87 Patron X VG89 Mascot X VG86 Cleitus x EX90 Ned Boy
Complete Perfection
PLI £160
Milk +491kgs
Fat +0.06%
Protein +0.01%
Type Merit 1.9
Udders 1.2
Feet and Legs 2.4
Locomotion 2.2
Condition Score 0.9
Ease of Milk 0.1
SCC -17
Lifespan +0.2
Picture by Jane Steel
Dtr: Combwich Twist Elly
Cogent Breeding Limited, Lea Lane, Aldford, Chester, CH3 6JQ
FREEPHONE: 0800 783 7258 www.cogentuk.com email: info@cogentuk.com
COGENT

The most
advanced
robotic arm

dsp
AGRO SOFT
HERDE mobil
Tier
Besamung
Kalbung
Status
Leistung
Erika

SMARTER,
FASTER,
STRONGER!
LELY
LELY ASTRONAUT
We proudly present…
Lely Astronaut A3 Next
Three powerful statements saying exactly why Lely machines stand out from their competitors. Innovative thinking by our engineers often results in surprisingly effective solutions for making our products even more efficient. Durability and ease of operation are always keys to these efforts. Therefore, we at Lely quite rightly say: "We are the innovators in agriculture". Our unremitting efforts are aimed at improving the farmers' social and financial wellbeing.

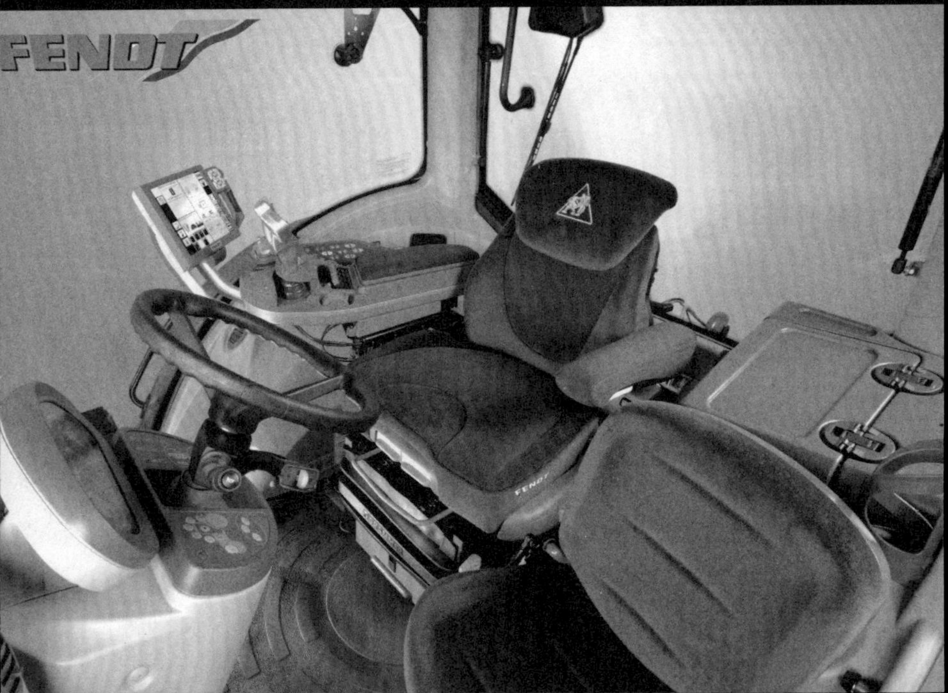
FENDT
FENDT

Ski nautique
Cité du Soleil
Pavillon sanitaire superflexible
Café-restaurant Skaap
3 km
Fermier du dimanche à la retraite attendant la visite de ses petits-enfants
Luna Nature Park
Villa récente de style pyramidal
Ferme avec des travailleurs polonais
Vendeur de panneaux solaires
Éleveur laitier indépendant
Moulin à visiter/ salle de mariage
Ferme de soin
Dancing country
Nouvelle extension du village
Jardin de sculptures
Salle de mariage
Ferme inoccupée
Bureaux flexibles
Vendeur de remorques
Grutier portuaire
Ferme
Agriculteur bio
Entreprise de construction
Terrains de tennis
Hôtel pour vaches
Célèbre auteur de livres pour enfants
Sculpteur/artiste
Zones pour le développement de la nature
Centre d'allaitement
12 km
Agriculteur
Musicien
Bureau pour l'emploi
Zone de silence
Ancien conseiller en muséographie
Consultant fiscaliste
Location de canoës
Marina
Camping
Boutique de souvenirs
Musée de la pêche au hareng
Bed & Breakfast
Centre de relaxation
Salle de Yoga
Agent d'immobilier rural
Musée du polder
Parking pour caravanes
Conseiller financier
Ferme
Galeries d'art
Rénovation de bus
Salle des fêtes «Paradis»
Boerenbelevenis.nl Développement de l'esprit d'équipe pour agriculteurs
Agriculteur du dimanche à la retraite
Communauté biodanza
Ferry pour vélos
Ligne de défense d'Amsterdam: patrimoine mondial de l'UNESCO
Légende:
(Pseudo)ferme
Non-ferme
Association de policiers internationaux
Beemster: patrimoine mondial de l'UNESCO

Enquête sur une bande de campagne hollandaise

D'après l'Organisation des Nations unies pour l'alimentation et l'agriculture, seulement 2 % de la population rurale des pays développés travaille effectivement dans l'agriculture. Pour tester nos intuitions sur la transformation de la campagne et voir ce que font ses autres habitants, AMO a analysé une bande de campagne hollandaise de 12 km par 3, située à 16 km au nord d'Amsterdam. Nous avions choisi cette bande à partir de Google Earth pour la diversité des situations qu'elle paraissait couvrir : un paysage hollandais classique de polders, de fermes et de moulins à vent – la région est fameuse pour ses fromages Stompetoren et Beemster –, mais aussi plusieurs villages, anciens et nouveaux. Ce que nous avons découvert est un prototype de la campagne non agricole – une nouvelle espèce d'usage du sol que l'UE appelle « intermédiaire » –, avec des bâtiments historiques transformés en musées ruraux, des galeries d'art, des zones de « silence », un atelier de yoga, et centre d'allaitement au milieu du polder – un lieu impeccable où l'aspect des surfaces n'a presque aucun rapport avec ce qui se passe en fait dans les champs et à l'intérieur des bâtiments.

LA BANDE : Intermedi-stan

La bande que nous avons choisie est bordée au nord par Stad van de Zon (la Cité du Soleil), une nouvelle extension suburbaine durable ; au sud par un fort de la ligne de fortification d'Amsterdam, site inscrit au patrimoine mondial de l'UNESCO ; à l'est par le polder Beemster, également inscrit au patrimoine mondial de l'UNESCO depuis 2000 ; et à l'ouest par des terres agricoles où poussent du blé, des betteraves et des pommes de terre. Dans la partie sud de la bande se trouve le village de De Rijp, une île qui était vouée à la pêche au hareng avant que la poldérisation du XVIIe siècle ne la circonscrive de terres conquises sur la mer. Nous avons frappé aux portes pour demander aux habitants leur profession ; et s'ils étaient absents, comme c'était souvent le cas, nous avons déchiffré la façon dont ils utilisaient leurs pseudo-fermes grâce aux indications écrites ou en furetant autour des basses-cours vides. À l'intérieur de ce périmètre, nous avons commencé à découvrir Intermedi-stan, un territoire de l'entre-deux.

Grobflächendesigner : Slogan imprimé sur un tee-shirt à Agritechnica (voir Hanovre), qui signifie « Designer de grands territoires ». L'agriculteur comme *land artist*.

CONTRÔLE : Kopdammerdijk

Sur le ferry qui circule le long du canal de la Hollande du Nord et qui injecte des touristes dans la zone frontalière du patrimoine mondial de l'UNESCO, le pilote nous apprend que nous ne sommes que les huitième et neuvième passagers de la journée ; nous avons l'impression de pénétrer dans un gigantesque musée à ciel ouvert en basse saison. (L'été, le ferry embarque 500 touristes par jour.) Débarqués sur notre bande de territoire, nous commençons à parcourir à vélo un environnement qui paraît très contrôlé, évoquant immédiatement le proverbe hollandais : « Dieu a peut-être créé le monde, mais ce sont les Hollandais qui ont créé la Hollande. » Le paysage hollandais est déjà en soi une construction artificielle par excellence, produit par des siècles de poldérisation et de rationalisation territoriale massive à l'origine de ces lanières agricoles bordées de mini-canaux. Cet ordre est ici régulé par tout un entrelacs d'autorités administratives : la municipalité de Graft-De Rijp, la province de la Hollande du Nord, la compagnie régionale des eaux (Watershappen), l'État (le ministère de l'Économie, de l'Agriculture et de l'Innovation ; le ministère de l'Éducation, de la Culture et de la Science pour le patrimoine ; et le ministère de l'Infrastructure et de l'Environnement pour l'aménagement), l'Union européenne (à travers sa politique de subventions et de quotas), et finalement l'immense et bienveillante influence de l'UNESCO

qui s'étend jusqu'aux « zones frontalières » des sites inscrits au patrimoine mondial pour veiller à ce que leur authenticité soit préservée. La campagne hollandaise est tout sauf une frontière sauvage ; si elle fut le berceau du pays, elle déterminera aussi son futur sur le plan politique.

Hanovre : Ville où se tient Eurotier, la plus grande foire de bétail au monde, et Agritechnica, le plus grand salon des techniques agricoles. À Agritechnica 2011, le tracteur sans pilote GuideConnect a été lancé par Fendt, de même que la presse à meules NON-STOP, le récolteur d'olives Braud 9090x (qui améliore de 20 % les rendements des récoltes), et les tracteurs automatiques Potato-Suite, pour la récolte des pommes de terre.

Herakles Field Assistant™ : Réseau social pour tracteurs, qui permet d'échanger des données sur les fertiliseurs (leurs prix et leurs rendements), l'activité dans les champs, et des prévisions en matière de temps et de récoltes.

Hypercartésianisme : Philosophie rurale qui façonne le paysage en formes géométriques, contrôlées et analysées par des ordinateurs, et qui rend possible la fantaisie urbaine.

Imagerie NDVI : *Normalized difference vegetation index* (indice de végétation normalisé par différence) qui utilise un spectre allant du vert au rouge pour indiquer la qualité des sols, etc.

Informateurs numériques : Membres de tribus amazoniennes équipés de tablettes et de logiciels conçus par la société Européenne Helveta sur lesquels ils téléchargent des arbres géoréférencés qui ont été illégalement coupés. Contribuent à la certification durable des chaînes d'approvisionnement en bois.

Connu/inconnu: la *terra incognita*
qu'est la campagne hollandaise
est extrêmement bien balisée,
et les expériences les plus ntimes
avec la nature sont artographiées,
guidées, préemptées.

L'INTERMÉDIAIRE : Meerdijk
Deux évolutions contradictoires se produisent simultanément sur la bande. D'une part, les agriculteurs se diversifient – parce qu'ils sont trop âgés, qu'ils s'ennuient, ou que l'automatisation de leur métier les libère – en se livrant à des activités secondaires ou tierces, dans un flux aussi constant que celui des marchés d'actions. Les agriculteurs sont ainsi membres de groupes de musique, employés du port (« Ma ferme est un hobby que j'ai un peu négligé »), éleveurs de pigeons, réparateurs de bus, vendeurs ambulants avec toutes sortes de stands de fleurs ou de chars de carnavals en construction, négociants en vente et en location de terres répondant stratégiquement à l'évolution du prix des denrées agricoles. Partout sur la bande, ils font de la publicité pour leurs sites internet aux adresses hyperexplicites : wittebruidsduiven.nl (tourterelles blanches), haardhout.nl (bois de cheminée), dierenbazaar.nl (marché d'animaux domestiques), tapclean.nl (nettoyeurs de tireuses à bière), mandenmakerij.nl (fabricant de paniers), rust.nu (tranquillité immédiate), rundervreugd.nl (joie du bœuf). La seconde mutation est l'afflux d'urbains qui veulent goûter à la vie de la campagne, attirés par son aura d'authenticité – laquelle s'érode en réalité, non seulement à cause de la diversification et de l'automatisation de l'agriculture, mais du fait même de la présence urbanisante des nouveaux venus et des luxueux services qu'elle réclame.

Ces deux courants opposés créent ce paysage de « l'intermédiaire », un territoire incertain où tout ce qui était solide s'est évaporé.

ISOBUS (ou ISO-11783) : Comme le système USB pour les ordinateurs, l'ISOBUS, développé par l'Organisation internationale de normalisation, est le système de branchement universel en vigueur pour les équipements agricoles. Il permet l'échange d'énergie et de données entre tracteurs, moissonneuses-batteuses, capteurs et écrans d'affichage.

Kit de construction de village global : Ensemble ouvert d'au moins 40 machines agricoles à construire soi-même avec pièces interchangeables – tout l'équipement nécessaire « pour créer une petite civilisation avec tout le confort moderne ». Les machines de base du kit de construction du village global sont huit fois moins chères que celles qui sont produites par les constructeurs industriels.

Mariage OGM bio : L'union des contraires, incarnée par Pamela Ronald (spécialiste de génétique des végétaux et chercheuse dans le domaine des OGM) et Raoul Adamchak (agriculteur bio), mari et femme, et auteurs de *Tomorrow's Table : Organic Farming, Genetics, and the Future of Food* (2008).

Migration : « On parle allemand : Les chômeurs espagnols s'installent dans la campagne allemande », *Der Spiegel* (n° 24, 2011) ; « Les Chinois achètent 16 fermes laitières en Nouvelle-Zélande », *Volkskrant* (28 janvier 2012) ; « Traire les vaches dans la neige : des éleveurs mexicains au Canada », *NRC* (18 février 2012).

***Nature* :** Revue scientifique qui encourage les agences de presse à parler autrement de recherches ésotériques ; source de crédibilité.

Le père de Jacky Sant est resté à la tête de la ferme familiale pendant 35 ans. Plutôt que de reprendre la ferme, Jacky a monté Boerenbelevenis (Expérience fermière), une entreprise qui propose de renforcer l'esprit d'équipe des salariés par différents exercices tels que le rodéo sur vaches, la fabrication de fromages et le golf en sabots.

Disco Paradise installé dans un hangar industriel à De Rijp. Un agent immobilier de De Rijp nous dit que les nouveaux venus se plaignent de ce que «la campagne est trop bruyante».

La ferme pyramidale, Stolpboerderij, à Beemster est devenue patrimoine mondial de l'UNESCO. Sous son gigantesque toit à la limite de l'indécence, elle abritait autrefois du bétail, une famille et du fourrage. Dans ses nouvelles versions, elle s'accompagne de deux places de parking et d'un espace pour un poney.

Presque tous les jardins que nous avons vus comportaient un trampoline – compensation pour l'absence d'euphorie provoquée par la nature.

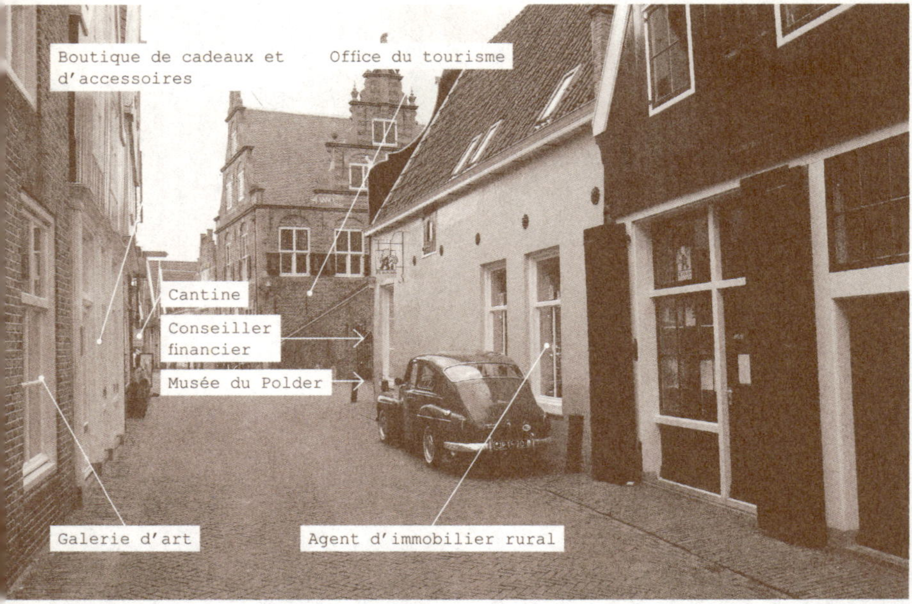
Boutique de cadeaux et d'accessoires
Office du tourisme
Cantine
Conseiller financier
Musée du Polder
Galerie d'art
Agent d'immobilier rural

RUSTICITÉ : De Rijp

Aujourd'hui, avec sa population de 6 400 habitants (dont la plupart font l'aller-retour pour travailler à Amsterdam et Alkmaar), De Rijp présente l'aspect archétypique du village hollandais immaculé. Pourtant, son office du tourisme, installé dans l'hôtel des mesures datant du XVIIe siècle, expose des photos prises dans les années 1950 et 1960 qui montrent le village passablement délabré. Deux siècles auparavant, la poldérisation avait coupé la ville des ressources sur lesquelles elle avait bâti sa richesse – la pêche à la baleine et au hareng. Ce n'est qu'à la fin du XXe siècle qu'elle a trouvé une nouvelle façon de prospérer : comme cadre pour les fantaisies des banlieusards et de l'UNESCO, pareillement assoiffés d'expérience rurale authentique. De Rijp a alors dû se reconvertir en musée. Comme dans une mini-Venise, tous les commerces et services pratiques ont migré dans les environs pour préserver le cœur historique qui est entretenu par des non-locaux – tous les habitants de De Rijp sont des nouveaux venus. L'agent immobilier n'est pas du coin, pas plus que le personnel du café, de la galerie d'art ou du musée du hareng.

Quand nous nous sommes renseignés sur la disponibilité et sur le coût éventuel d'une ferme en activité, la dame de l'agence immobilière a levé les sourcils d'un air perplexe. Elle ne vend que des fermes résidentielles (entre 300 000 et 1,5 million d'euros). Ses clients sont des gens d'Amsterdam qui veulent une ferme, mais pas devenir fermiers. L'essentiel de son catalogue consiste soit en bâtiments nouveaux construits à l'ancienne, soit en fermes rénovées avec des parquets en vieux chêne, des cuisines de luxe, plusieurs salles de bains, et des trampolines dans le jardin. Tandis que la conception d'une ferme moderne est dictée par l'efficacité la plus scrupuleuse et normée, la « ferme » résidentielle doit être absolument unique *et* typique, dégageant une « rusticité » toute vernaculaire.

Pain d'époxy : Alors que les pains traditionnels sont menacés – le Kommisbrot allemand figurera bientôt sur la liste du Patrimoine culturel immatériel de l'UNESCO – le chercheur en panologie Peter Reinhart a inventé une nouvelle méthode de boulangerie qui combine les exigences du goût moderne (douceur de l'amidon) avec les standards nutritionnels du pain complet – un pain à deux composantes produit à partir de farines fermentées et non fermentées : « où le pain ancien devient le pain moderne ».

Patrimoine culturel immatériel : Rituels, arts de la scène et autres traditions immatérielles protégées par l'UNESCO. La quasi-totalité des 232 pratiques menacées ont leurs racines dans la campagne, comme par exemple l'artisanat du bois des Zafimaniry à Madagascar, la confection de tissus en écorce en Ouganda, la danse des ciseaux péruvienne, le régime méditerranéen, le tango, et le chant polyphonique géorgien.

HÔTEL POUR VACHES : Grootsmerweg près d'Oostdijk
L'élevage industriel à l'échelle américaine, du moins pour les fermes laitières, n'a pas encore débarqué en Hollande. La plus grande que nous ayons vue était si fière de la façon dont elle traitait le bétail qu'elle se présente comme un « hôtel pour vaches ». Annie et Henk Kregel, ses propriétaires, ont l'habitude de recevoir les médias. Ils ne furent donc pas surpris de nous voir arriver. Leurs 150 résidentes – des Holstein-Frieslands, qui sont les productrices de lait les plus efficaces au monde, exportées partout mais natives de la région – sont nourries, traites, nettoyées et même grattées par des machines. Et elles dorment sur des matelas hydrauliques. Les Kregels ont dépensé 500 000 euros pour améliorer leur équipement, qui comprend un laboratoire, une clinique vétérinaire et une salle d'accouchement. Ils espèrent rentrer dans leurs frais dans 30 ans. En intégrant tous les fonctions de la ferme laitière en un seul bâtiment, l'hôtel pour vaches représente un gain d'expertise pour la campagne – un antidote à la mode dominante de l'agriculture flexible.

Polyculture vivace : Menace claire pour l'agrobusiness actuel ; système d'agriculture alternative pratiqué sur les prairies américaines en voie d'assèchement rapide. Au lieu de récolter et de ressemer des monocultures chaque année, des espèces vivaces de maïs, de soja et de blé peuvent être utilisées ; leurs racines profondes leur donnent accès à davantage d'eau et elles ne nécessitent pas de pesticide, d'herbicide, ni de fertilisant.

Robocrop™ : Robot de désherbage conçu par le constructeur britannique Garford Farm qui utilise un logiciel de reconnaissance végétale pour distinguer les mauvaises herbes des plantes cultivées et adapte ses lames en conséquence. Capable d'éliminer trois pousses de mauvaises herbes par seconde.

Rusticité : Mélange maniériste entre le confortable et l'authentiquement rural. Appliqué – généralement par les magazines – à la nourriture, à la décoration intérieure, à la mode, à l'architecture et à l'urbanisme. La rusticité est axée sur le local, le retour aux sources, le passage des saisons et le calme.

Skychalet : Version suisse de grande hauteur d'une typologie traditionnellement peu élevée.

SonoCheck™ : Appareil monté sur une machine à nourrir les porcs qui, au moyen d'ultrasons, examine discrètement les truies pendant qu'elles s'alimentent pour détecter d'éventuelles grossesses.

Télécottage : Bâtiments rénovés qui offrent un accès collectif à Internet. Ce mouvement s'est développé en Hongrie au milieu des années 1990.

Village culturel d'Europe : Antithèse du prix annuel de capitale européenne de la culture qui n'est attribué qu'à des villes. Le premier village culturel d'Europe à s'être autoproclamé comme tel est Wijk aan Zee, en Hollande du Nord, en 1999, audace qui lui gagna un soutien officiel. Il fut suivi par Mellionnec (France, 2000), Bystré (République tchèque, 2001), Pergine Valdarno (Italie, 2002), Aldeburgh (Grande-Bretagne, 2003), Paxos (Grèce, 2004), Kilingi-Nômme (Estonie, 2005), Ströbeck (Allemagne, 2006), Palkonya (Hongrie, 2007), Porrua (Espagne, 2008), Tommerup (Danemark, 2009) et Kirchheim (Autriche, 2010).

Gratteur à vache.

Pousseur de fumier.

Résidentes.

17h30. Des agriculteurs boivent du rosé au Skaap – une variante du mot néerlandais signifiant «mouton» – dans un bar/coffee shop (mais sans herbe) à l'occasion de ce qui semble être un très significatif dîner d'adieu d'un collègue agriculteur.

Produits locaux à Stad van de Zon: Vlammetjes, Kaasstengels au Beemster, Bitterballen et Heineken.

CITÉ DU SOLEIL : Annexe de Heerhugowaard

C'est délibérément, à cause de sa forme séduisante sur Google Earth, que nous avons fait aboutir notre bande sur Stad van de Zon : une île carrée décalée en diagonale par rapport à l'orientation des polders voisins – comme une tour de New York qui s'affranchit de la trame des îlots – mais parfaitement alignée nord-sud, du point de vue céleste. Dans l'eau, les blobs amorphes de Luna Park fournissent un contrepoint à la géométrie rigide de Stad van de Zon. Construite artificiellement dans ce qui était déjà un lac artificiel, Stad van de Zon, conçue par l'architecte Ashok Balothra et terminée en 2009, représente la dernière phase de la manipulation paysagère et de la planification (sub)urbaine hollandaises. Sur le blog de la commune, elle se présente comme « la plus grande communauté urbaine énergétiquement neutre au monde », essayant ainsi de couper l'herbe sous le pied de Masdar, à Abu Dhabi. Ses rues ont des noms comme Evanaar (équateur), Zonnevlam (éruption solaire), Zonnestraal (rayon de soleil) et, dans une sorte d'appel déchirant à un futur sans carbone, quai de Kyoto. Des maisons identiques, surmontées de panneaux solaires, s'incurvent au loin. Comme nous n'apercevons qu'une seule personne dans la rue, nous nous demandons si nous ne nous sommes pas aventurés dans le territoire d'un culte particulièrement discret.

Texte initialement publié sous le titre « Countryside », dans *032C*, n° 32, 2012, pp. 49-72.
AMO : Rebecca Bego, Janna Bystrykh, Rem Koolhaas, Stephan Petermann et James Westcott.
Traduit de l'anglais par Sébastien Marot.

Wal-Mart : La version contemporaine du marché alimentaire : d'ici 2015, 9 % des produits d'épicerie qui s'y vendent proviendront de l'agriculture locale.

Zomia : Ainsi baptisé par Willem van Schendel et promu par James C. Scott, il s'agit d'un territoire de l'Asie du Sud-Est de 2,5 millions d'hectares qui s'étend du Népal jusqu'au Vietnam et dont les habitants, qui n'ont pas été absorbés par un État-nation, choisissent de vivre dans des communautés agricoles archaïques. D'après Scott, les sociétés des collines de Zomia produisent un « surplus » mais ne s'en servent pas pour créer des hiérarchies sociales.

Fac-similé de «Brave World:
People, Places, Technology», *Flaunt*, n°145, 2016.

Le meilleur des mondes : population, territoires, technologies

REM KOOLHAAS – AMO

L'hégémonie actuelle de l'urbain – ce flux tendu de livres et de biennales qui célèbrent le lieu commun selon lequel plus de la moitié de l'humanité vit désormais dans un environnement urbain – nous a fourni un alibi en or pour focaliser notre attention sur la campagne. À mesure que les villes deviennent le décor exclusif des activités de consommation, de production, de divertissement, d'éducation et de création artistique, elles tendent – à moins de sombrer dans des dépressions paralysantes comme Paris – à se transformer en énormes usines à fantaisie. De plus en plus indifférentes aux besoins, et presque uniquement soucieuses d'amusement, de plaisir et d'interaction, nos sociétés, pour compenser, sont forcées de déployer sur le territoire qu'on appelait autrefois la campagne une infrastructure d'organisation hypercartésienne. Il nous paraît nécessaire de comprendre, de penser et d'ausculter cette « nouvelle » campagne.

Plus on regarde la campagne, plus elle apparaît comme une toile immense destinée à accueillir pratiquement toutes les formes d'organisation trop grandes, trop complexes ou trop dangereuses pour être mêlées à la vie urbaine[1] – depuis les gigantesques data centers jusqu'aux sites de déchets nucléaires. En dépit de notre active indifférence à son égard (ou peut-être justement à cause d'elle), la campagne, du fait de nos interventions massives – et des transformations colossales déjà

La frontière entre
la Californie et le Nevada.

Une urbanisation sans humains,
vue Google Earth de la zone
industrielle de Tahoe-Reno, 2015.

amorcées par le changement climatique – est devenue la composante de notre environnement physique qui change le plus radicalement.

Un prototype édifiant de ce phénomène se développe actuellement à l'est de la frontière qui sépare la Californie du Nevada. Ces deux États appliquent des réglementations fiscales absolument différentes – en Californie on paie des impôts, au Nevada beaucoup moins. La Silicon Valley a donc délocalisé une grande partie de ses installations de production dans un parc industriel situé juste au-delà de la frontière, près de Reno. Cette zone industrielle de Tahoe-Reno, annexe « invisible » de la Silicon Valley, déploie un environnement urbain radicalement nouveau dont les pratiques et l'esthétique sont sans précédents. Au cours des deux dernières décennies, une multitude de « boîtes à chaussures » totalisant plus de 1,3 million de mètres carrés – un mélange d'entrepôts, d'usines et de data centers qui font au moins 100 mètres de large pour 400 à 800 de long – s'est répandue dans le paysage, lui-même organisé en une série de grilles concurrentes.

L'abstraction de ces boîtes et de leur relation au paysage n'est pas sans rappeler les œuvres de Land Art qui furent réalisées dans la région – sans doute en partie pour la même raison –, comme la *Spiral Jetty* de Robert Smithson (1970), le *Lightning Field* de Walter de Maria (1977) ou la *City* de Michael Heizer (1972), que l'on peut regarder comme une sorte de précurseur. Leurs esthétiques voisines explorent les effets artistiques de la très grande échelle – voire même le champ des artefacts humains au-delà de l'art. (Le rejet des conditions d'exposition du musée, qui avait alimenté ces expatriations de l'art dans le paysage et permis d'accéder à de nouvelles échelles, est désormais récupéré par les musées avec des espaces comme le Turbine Hall...) Le Land Art et les boîtes exploitent pareillement le vide, la disponibilité illimitée du territoire et l'absence de toute résistance, en projetant des abstractions diamétralement opposées – l'art et le monde numérique – qui ne cessent d'interroger le rôle de l'humanité.

La zone industrielle de Tahoe-Reno révèle une dimension radicalement inédite de cette nouvelle forme d'urbanisation : c'est une urbanisation sans population, un phénomène si étranger à la notion même de ville, ou d'urbain, que personne n'a encore commencé à le penser. En 1964, le livre de Bernard Rudofsky *Architecture Without Architects* avait anticipé le malaise que nous éprouvons aujourd'hui vis-à-vis

1 Les périphéries urbaines ayant été entièrement occupées ou rendues indisponibles par la marée suburbaine, l'hostilité du public, des régulations drastiques et les bulles immobilières, la campagne est devenue le territoire d'élection des « grandes boîtes ».

The Lightning Field, 1 mile
x 1 kilomètre, Walter de Maria,
Nouveau Mexique, 1977.

Spiral Jetty,
Robert Smithson, Utah, 1970.

Little Sun au Turbine Hall,
Olafur Eliasson, Londres, 2003.

City, Michael
Heizer, Nevada, 1972.
(en cours)

Projet du Switch Supernap Campus dans
la zone industrielle de Tahoe-Reno, 2015.

Comparaison à l'échelle des grandes boîtes
de la zone industrielle de Tahoe-Reno.

de la starchitecture en célébrant l'ingénuité et la beauté spontanée du non-planifié ; mais voici que nous sommes à présent confrontés à la perspective bien plus extrême – emmenée par une force nouvelle, mais tout aussi étrangère – de villes sans occupants. L'urbanisation a toujours été l'apogée de l'entreprise humaine. Mais ce que nous voyons là, c'est une humanité occupée à parachever les contours d'une civilisation post-humaine.

La première occurrence de la grande boîte – le Crystal Palace ? – marqua un progrès décisif, et même une révolution dans la définition des espaces de l'ère industrielle. Quelques-uns des noms les plus célèbres de l'architecture, Paxton (le Crystal Palace), Behrens (l'usine temple d'AEG), Albert Kahn (les usines Ford), Nervi (la légèreté des coques de béton), sont associés à cette invention. Au contraire, l'explosion actuelle des grandes boîtes est largement anonyme – leurs architectes sont notoirement inconnus, alors que les bâtiments qu'ils conçoivent représentent probablement plus de 95 % de la production totale. La densité des occupants humains que ces boîtes doivent accueillir est en chute libre : alors que l'ouvrier de la première usine Ford disposait de moins d'un mètre carré, l'employé type d'un data center en a plus de 1 500 à sa disposition.

Tesla est en train de construire une usine colossale dans le coin, couverte de panneaux solaires et entourée de champs d'éoliennes, et dont l'entreprise annonce qu'elle pourrait facilement atteindre deux fois sa taille actuelle. Là où l'usine de Tesla, avec ses 6 500 employés – nombre qui n'ira qu'en diminuant vu la robotisation de l'industrie – fabriquera de nouveaux produits, les data centers qui s'installeront là aussi – dont le Supernap de Switch sera le plus grand au monde dans sa catégorie – n'abriteront qu'une infime présence humaine, strictement cantonnée à la supervision, la sécurité et d'éventuelles réparations. (Et c'est exactement le même type d'existence que l'agriculture intelligente de précision, avec ses tracteurs guidés par des drones, promet aux « paysans ».) Ces nouveaux dispositifs réclament que l'on comprenne leurs propriétés, la façon dont ils fonctionnent et peuvent être abordés. Notre soif insatiable de connexions numériques conduit paradoxalement à la croissance irrésistible de cet urbanisme dans les campagnes du monde entier. Obéira-t-il à une loi de Moore inversée ? La diminution continuelle de la taille des processeurs s'accompagnera-t-elle d'une croissance tout aussi exponentielle de leur présence et de leur expression architecturale ?

Les intérieurs de ces boîtes révèlent une architecture à laquelle personne ne s'attend. Aucun d'entre nous ne pensait qu'un bâtiment put jamais être aussi radical, aussi abstrait et codé, aussi peu infléchi par le plus petit besoin humain, aussi loin de nous et pourtant produit et

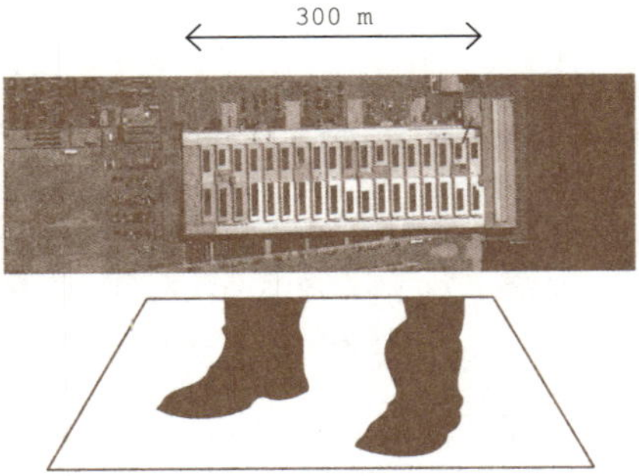

0,55 m² / travailleur

Usine de montage Ford, 1930, Albert Kahn architecte, 90000 ouvriers.

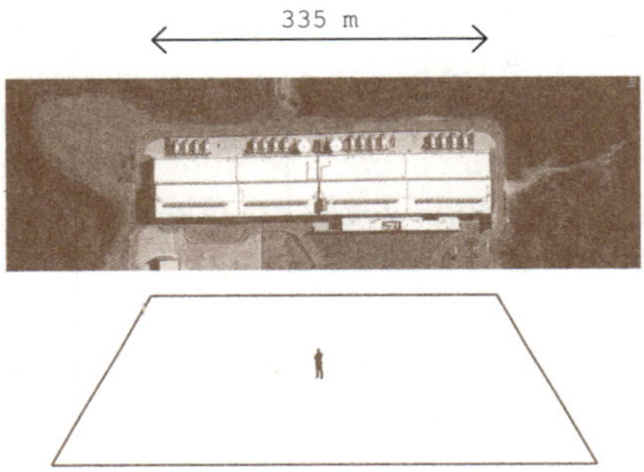

1440 m² / travailleur

Data center de Facebook, 2011, architecte inconnu, 45 employés.

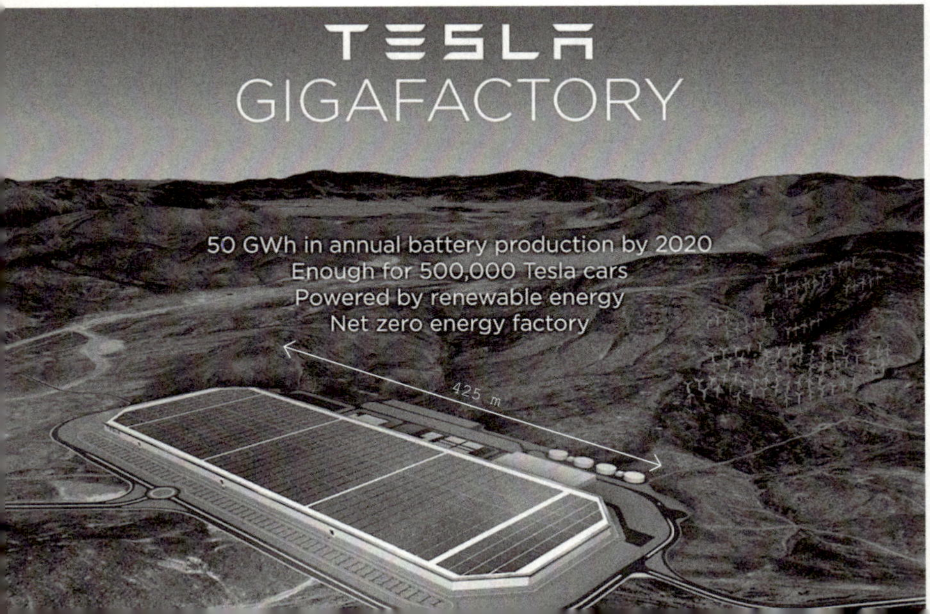

Un domaine psychédélique
sans drogues, le data center.

À gauche:
La Gigafactory de Tesla
où 6500 employés fabriquent
des batteries au lithium-ion,
Nevada.

À droite:
L'espace du XXIe siècle?
Le Switch Supernap
Data center, Nevada.

Un code couleur technique (vert = plomberie, bleu = climatisation, jaune = électricité, rouge = sécurité), Centre-Pompidou, 1977, Paris.

Pastiche de couleurs: «Ces tuyaux colorés se chargent d'amener et d'évacuer l'eau de notre data center de l'Oregon», Google, The Dalles, Oregon.

requis par nous. Où est donc la vie dans ce bâtiment ? Qu'est-ce que l'on peut bien désigner par ce terme ? S'agit-il de vie ou de processus ? Que pouvons-nous faire en tant qu'architectes avec les environnements de ce genre ? Conduisent-ils à une espèce de techno-mysticisme ?

Cette architecture ne révèle que quelques signes sporadiques de l'échelle humaine, comme un sas d'entrée, mais paraît beaucoup plus préoccupée de sécurité que de transition ou de seuil architectural. Ses articulations occasionnelles trahissent un mélange de discipline et d'exubérance très années 1960 dans l'usage de la couleur, par exemple sur les sols et les murs. Comparée au Centre-Pompidou, dont les couleurs suivaient un code technique (vert= plomberie, bleu= climatisation, jaune= électricité, rouge= sécurité), notre norme architecturale est devenue excessivement neutre et apaisante : le beige est la résultante globale de notre addiction au confort. Apparemment, la couleur pourrait caractériser le moment post-humain – sans froisser les sentiments de personne ; un domaine psychédélique sans drogues.

Ces nouvelles boîtes incluent des espaces voués à l'habitation humaine. Au Supernap du Nevada, ils sont conçus comme une contrepartie néo-cambodgienne relax à la discipline technique du reste de l'édifice, où l'on s'efforce obstinément d'exprimer le besoin de projeter pour l'homme[2]. Ce que cela révèle n'est d'ailleurs pas propre aux États-Unis, mais fait partie intégrante d'un urbanisme fondé sur ces types de containers – une condition urbaine sans habitants. Il présuppose une espèce d'espace urbain – une sorte d'espace « résiduel » entre les bâtiments – qui doit soit fonctionner soit être entretenu pour le confort d'une population à peine existante.

La légitimité de l'architecture a toujours reposé sur sa capacité à accueillir, inspirer, chérir, stimuler et consoler ses usagers. Qu'adviendra-t-il de son statut si cet usager s'évapore ? Quelles seront ses nouvelles raisons d'être ? Comment concevoir les espaces de bâtiments ultratechniques et à peine fréquentés, mais qui exigent néanmoins un certain contrôle humain et un pourcentage minime de présence humaine ? Si vous regardez la proportion des environnements néo-cambodgiens, vous constaterez qu'à peine 1 % de la surface totale est consacrée au bonheur, aux relations et au confort humain. Il est excitant de s'interroger sur le type de conditions humaines qu'offre cette portion congrue,

2 Dans « Junkspace » nous avions tenté de décrire ce que la globalisation engendre, mais en omettant fâcheusement ce scénario néo-cambodgien : « Quand sonne minuit, tout peut se changer en gothique taïwanais, et trois ans plus tard en nigérian années 1960, chalet norvégien, ou chrétien par défaut. Les Terriens vivent désormais dans un grotesque jardin d'enfants. »

non seulement par le choix des couleurs, mais aussi par la conception du nouveau qui s'y manifeste. L'un des problèmes du XXᵉ siècle tient à ce que le désir de formes nouvelles a toujours excédé le besoin de formes nouvelles. La nouveauté y fut par conséquent une entreprise beaucoup plus symbolique que réelle. Je crois que nous sommes maintenant confrontés à une situation vraiment nouvelle et qu'il nous faut donc imaginer un nouveau répertoire pour l'aborder.

Que reste-t-il du sens que revêt la coexistence des bâtiments dans l'assemblage de ces boîtes ? Dessinent-elles ensemble une sorte de post-ville ? Qu'advient-il du domaine public – le plus inconditionnel Saint Graal de toute l'entreprise architecturale – s'il est inhabité ? Faut-il toujours des passages piétons ? Pouvons-nous allègrement abandonner tous les dispositifs d'accès handicapé ? Aplatir les ralentisseurs ? Nous libérer de tout l'attirail sécuritaire que nous ne sommes jamais parvenus à intégrer et dont l'accumulation – pensez par contraste à une place de la Renaissance – a largement contribué à brouiller notre esthétique ?

Texte initialement publié sous le titre
« Brave World: People, Places, Technology »,
dans *Flaunt*, n° 145, 2016.
Traduit de l'anglais par Sébastien Marot.

Nevada = Cambodge,
Switch Supernap Data Center,
Nevada.

Intérieur de style hyperfinnois
au data center de Google, Haminla,
Finlande.

Des citations de Steve Jobs décoraient
la salle d'attente du Switch Supernap Data Center.

Salle de contrôle au Switch Supernap
Data Center, Nevada.

Cité idéale du futur…

Cité idéale, Piero della Francesca,
XVe siècle.

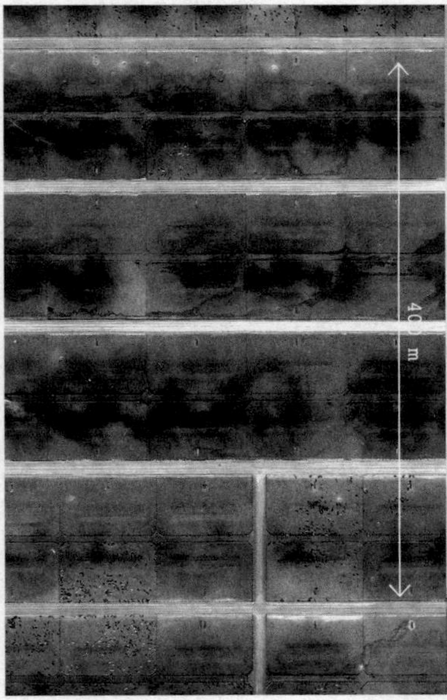

Hypercartésianisme:
parc d'engraissement
de Grandview, Idaho, 2015.

Fantaisie massive:
l'Orbit d'ArcelorMittal,
Londres, 2012.

C

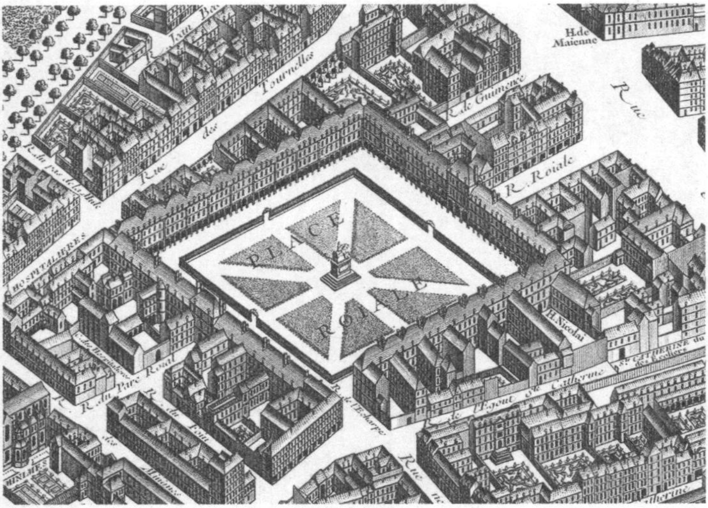

En haut: la place Royale (actuelle place des Vosges) représentée sur le plan de Turgot (1737).
En bas: la cité de La Muette à Drancy photographiée peu après sa construction.

La place des Vosges est un grand ensemble

L'ascendance classique d'une forme moderne

JEAN TARICAT

« Grand ensemble », ce terme semble si spontanément issu de la chose qu'il désigne – un complexe de barres et de tours d'habitations cernées de pelouses, de parkings et de rares plantations –, il nous paraît si bien dédié à cette nouveauté architecturale et urbaine des années 1950, qu'on ne doute pas un instant que le mot ait été inventé au même moment que la chose. C'est d'ailleurs l'opinion unanime des historiens. Bien qu'il faille remonter au milieu des années 1930, tous admettent la même date anniversaire. Le « grand ensemble », avec son incarnation première et aboutie qu'aurait été la cité de La Muette à Drancy, fait sa première apparition publique dans un article de *L'Architecture d'aujourd'hui* de juin 1935, sous la plume de Maurice Rotival, qui, bien au-delà des mérites de Drancy, y souligne la nouveauté et l'avenir de quelques opérations exemplaires en les baptisant de ce vocable inédit[1]. D'un auteur à l'autre, cette genèse et sa chronologie ne semblent pas varier. À commencer par une recension bibliographique officielle dans laquelle Annie Fourcaut écrit en 2003 que « l'expression apparaît pour la première fois dans le titre d'un article de l'urbaniste Maurice Rotival dans *L'Architecture d'aujourd'hui* n° 6 de juin 1935 intitulé "Les grands ensembles"[2] ». « Mais qu'est-ce qu'un grand ensemble ? » s'interroge François Tomas en introduction à une étude sur l'avenir des grands ensembles :

> À titre anecdotique on relèvera que Maurice Rotival, le premier à avoir utilisé ce terme, en 1935, dans le titre d'un article de la revue *L'Architecture d'aujourd'hui*, se référait à quelques groupes français d'HBM (Habitations à bon marché), ceux du Plessis-Robinson, de Maison-Alfort, de La Muette à Drancy, et surtout aux réalisations allemandes et autrichiennes[3].

Dans une parution plus récente, les auteurs ne s'éloignent pas d'une historiographie qui semble donc bien établie :

> Le terme de « grand ensemble » apparaît pour la première fois dans un article de Maurice Rotival paru en 1935 dans la revue *L'Architecture d'aujourd'hui*. Parmi plusieurs exemples européens, la cité de La Muette à Drancy, construite par Eugène Beaudoin, Marcel Lods et Jean Prouvé entre 1931 et 1934, y est présentée comme l'un des exemples français les plus représentatifs de ce nouveau mode d'urbanisation[4].

Enfin c'est également l'avis de Pierre Merlin dans le dernier en date de ses ouvrages[5].

Aucun de ces auteurs ne doute que le terme « grand ensemble » ne soit une nouveauté du vocabulaire architectural, proposé sinon conçu par Maurice Rotival. Tous soulignent que l'essor du logement social entre les deux guerres aurait exigé, dans ce domaine, un mot nouveau pour un objet architectural nouveau, d'une ampleur inconnue en France auparavant.

1 Maurice Rotival, « Les grands ensembles », *L'Architecture d'aujourd'hui*, n° 6, juin 1935, pp. 56-72. *Infra* pp. 160-187.

2 Annie Fourcaut, « Introduction », in Fréderic Dufaux, Annie Fourcaut et Rémy Skoutelsky, *Faire l'histoire des grands ensembles. Bibliographie 1950-1980*, Lyon, ENS Éditions, 2003, p. 10. L'auteure poursuit : « L'article porte sur les groupes de HBM collectifs construits par les offices publics, dont Drancy-La Muette, destinés selon l'auteur à régénérer la banlieue… Ainsi dès leur naissance, les grands ensembles sont associés à l'urbanisme de plan régional, au logement social et à la modernité architecturale, et opposés à "la lèpre pavillonnaire" qui les entoure sur les photos qui illustrent l'article. »

3 François Tomas, *Les Grands Ensembles. Une histoire qui continue…*, Saint-Étienne, Publications de l'université de Saint-Étienne, 2003, pp. 14-15.

4 « Un autre regard sur les grands ensembles », in Ministère de la Culture et de la Communication/Direction générale des patrimoines (dir.), *Les Grands Ensembles. Une architecture du xxe siècle*, Paris, Dominique Carré, 2011, p. 11.

5 *Des grands ensembles aux cités. L'avenir d'une utopie*, Paris, Ellipses, 2012, p. 45.

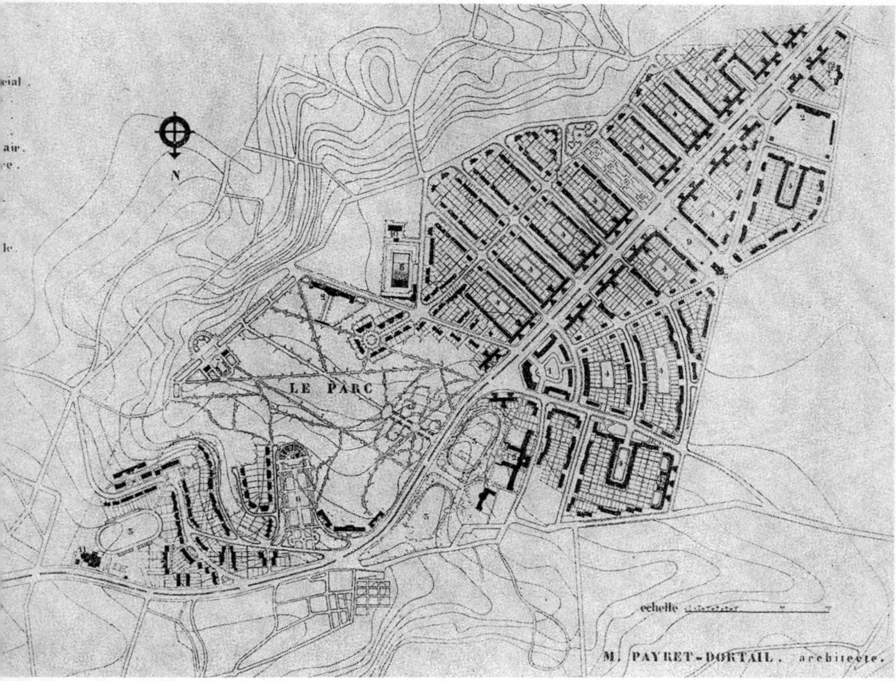

Maurice Payret-Dortail, Jean Demay,
et Jean Festoc, Cité-jardin
du Plessis-Robinson: plan d'ensemble.

Aux sources du grand ensemble

On peut cependant douter de la nouveauté lexicale du mot. Passé le titre, Rotival n'emploie plus le terme dans son article, et les réalisations qu'il place sous cette bannière sont très différentes : grands programmes d'habitations collectives, HBM, cités-jardins de la région parisienne ou barres en rangées des cités berlinoises. Un titre seul renvoyant à un objet mal défini, sinon par sa taille, c'est peu pour instaurer un terme prétendument inédit. D'autant que si l'on parcourt les numéros de *L'Architecture d'aujourd'hui* antérieurs à l'article de Rotival, on constate que l'usage du vocable « grand ensemble » y est finalement relativement répandu. Une usine d'Erich Mendelsohn construite en 1926 à Leningrad est ainsi qualifiée de « grand ensemble architectural[6] ». Eugène Beaudoin visite le site de l'Exposition universelle de Chicago en 1933 et l'appelle « grand ensemble[7] ». Et c'est de nouveau un complexe industriel de Peter Behrens que l'on nomme « grand ensemble » l'année suivante[8]. Quelle est alors l'origine de ce terme ?

Un texte paru en 1930, introductif à un recueil d'ambitieux projets d'HBM, suggère l'hypothèse d'un emprunt de vocabulaire. Dans leur livre *Nouvelles habitations à bon marché*, un groupe d'architectes des Offices communaux de la Seine, réunis autour de Gaston et Juliette Tréant-Mathé, se félicite de l'envergure inégalée des récentes opérations

des Offices, dignes selon eux d'un retour aux « grands ensembles architecturaux » : « L'œuvre des habitations à bon marché, indissolublement liée aux vastes conceptions urbaines, aura permis de revenir aux grands ensembles architecturaux, mariant harmonieusement les formules classiques et les tendances nouvelles », écrivent-ils[9], appliquant aux opérations de logements à bon marché de grandes dimensions un vocabulaire jusque-là réservé aux opérations édilitaires que furent les places royales.

La parenté des termes « grand ensemble architectural » et « grand ensemble » tout court suggère que le premier pourrait avoir été l'ancêtre du second, ne serait-ce qu'en raison de la taille urbaine des projets de logements sociaux compilés dans ce recueil. Si, sur la foi de ce document, il fallait ajuster la chronologie, 1930 s'imposerait donc plutôt que 1935. Mais au-delà de cette rectification anecdotique, ce texte invite

6 Julius Posener, « Mendelsohn », *L'Architecture d'aujourd'hui*, n° 4, mai 1932, p. 10.

7 Eugène Beaudouin, « Urbanisme et architecture en USA », *L'Architecture d'aujourd'hui*, n° 9, novembre-décembre 1933, p. 66.

8 José Imbert, « Peter Behrens », *L'Architecture d'aujourd'hui*, n° 2, mars 1934, p. 30.

9 Gaston et Juliette Tréant-Mathé, avant-propos à *Nouvelles habitations à bon marché*, Paris, Sinjon, 1930. Voir la mention qui en était faite dans Martine Villars et Jean Taricat, *Le Logement à bon marché. Chroniques. Paris 1850-1930*, Paris, Apogée, 1981, p. 9.

surtout à examiner l'influence du classicisme sur les « tendances nouvelles » en matière de logement en France, et celui du « grand ensemble architectural » sur le « grand ensemble » tout court.

Les places royales

En 1930, le vocabulaire académique de l'urbanisme et de l'architecture use du terme « grand ensemble » pour des compositions résidentielles coordonnées, comme les places royales, les places à programme, les fronts de parc, ou le Palais-Royal. « Grand ensemble » et « ensemble urbain » désignent alors une opération où espaces publics et bâtiments d'habitation sont conçus conjointement. Cet usage figure dans le second tome de l'*Histoire de l'urbanisme* de Pierre Lavedan, paru en 1926 et réédité en 1941, pour cataloguer précisément les places royales françaises et en particulier parisiennes : la place Dauphine, la place des Victoires, la place Vendôme et « la Place Royale, devenue place des Vosges, [qui] est aujourd'hui le mieux conservé de ces grands ensembles parisiens[10] ». Quant à la place Stanislas de Nancy, Lavedan écrit : « la place Royale s'accorde d'une part avec la place d'Alliance ; de l'autre avec le groupe de la Carrière et du Fer-à-Cheval ; lieux de repos et non de commerce, et toutes trois forment le plus magnifique ensemble architectural qui soit[11]. » « Groupe » et « ensemble » appartiennent aussi au vocabulaire de l'Office d'HBM. Si les expressions « ensemble urbain », « ensemble architectural » et « ensemble monumental » sont un peu vagues, Lavedan en réserve strictement l'usage à l'identification de compositions architecturales cohérentes des XVIIe et XVIIIe siècles, organisées autour d'un ou plusieurs espaces publics aménagés simultanément.

Certes publié en 1942 et donc postérieur à l'article de Rotival, l'*Essai sur la théorie de l'architecture* de Georges Gromort comporte lui aussi de nombreuses occurrences du terme « grand ensemble[12] ». S'agissant d'un cours donné à l'École des beaux-arts, on ne peut douter que son vocabulaire était déjà utilisé par les spécialistes. « Grand ensemble » y désigne usuellement de grandes opérations coordonnées, comme le château de Versailles, sa place et ses avenues, ou bien les forums romains qui sont des places publiques bordées de portiques. Sur ce point, Gromort rejoint donc Lavedan, sans que l'on puisse affirmer qu'ils aient réservé « grand

10 Pierre Lavedan, *Histoire de l'urbanisme. Renaissance et Temps modernes*, Paris, Henri Laurens, 1941, p. 283.

11 *Ibid.*, p. 318.

12 Georges Gromort, *Essai sur la théorie de l'architecture. Cours professé à l'École nationale supérieure des beaux-arts de 1937 à 1940* [1942], Paris, Ch. Massin, 1983, notamment pp. 20, 45 et 140.

ensemble » aux seules compositions résidentielles. On pourrait donc imaginer que l'usage qu'en fait Maurice Rotival prolonge simplement des habitudes de langage. Toutefois dans « Les grands ensembles » de 1935, au moment de saluer les exemples berlinois et de souligner les potentialités esthétiques des façades répétitives, « la conception en lignes » des futurs grands ensembles d'habitations, Rotival renvoie lui aussi aux places royales :

> D'ailleurs il devrait paraître surprenant que l'œil refuse de s'habituer à ces conceptions en lignes puisque les premières réalisations d'urbanisme au XVIIe et XVIIIe siècle ont cherché à uniformiser les façades des rues et places publiques. C'est ainsi que l'on est arrivé à des ensembles qui ont été critiqués à l'époque d'ailleurs, comme la place Royale (des Vosges), la place Vendôme, la rue de Rivoli, l'avenue de l'Opéra, etc.[13]

Dans ce passage où il rappelle la beauté de l'uniformité, Rotival s'aventure dans une comparaison absolument inédite entre le classicisme et les barres d'habitation parallèles du *Zeilenbau* allemand, qu'il admire. Inédite, car lorsque les Tréant-Mathé se hasardèrent, avant lui, à intégrer le « grand ensemble architectural » au lexique des habitations à bon marché, ils puisèrent dans l'ouvrage de Gaston Lefol, architecte de la Ville de Paris, paru en 1923 sous le titre *Immeubles à loyers modérés entrepris par la Régie immobilière de la Ville de Paris*, dont les réalisations illustraient le principe de la cour ouverte et non du *Zeilenbau*. L'auteur y invitait déjà ceux qui réfléchissaient à l'architecture standardisée des HBM parisiens à méditer les leçons du classicisme français :

> La répétition d'un type uniforme, bien étudié, à un grand nombre d'exemplaires produit souvent un effet de grandeur. On ne peut nier que la rue de Rivoli, le palais de Versailles, la place Vendôme, la place des Vosges, qui sont des manières de standardisation, manquent de caractère. En d'autres termes la standardisation bien comprise conduit souvent au rythme, qui est une des qualités de l'architecture[14].

On le voit, au moins entre professionnels, le parallèle entre les HBM et les places royales ne date pas de 1935.

13 Maurice Rotival, « Les grands ensembles », art. cit., p. 67. *Infra* p. 179.

14 Gaston Lefol, introduction, in *Immeubles à loyers modérés entrepris par la Régie immobilière de la ville de Paris*, Paris, Ch. Massin, 1923, p. 5.

Tant de recoupements suggèrent donc que l'expression de « grand ensemble » fut empruntée à l'histoire urbaine académique du début du siècle par quelques architectes des Offices d'habitation afin de désigner des opérations de logements – exceptionnellement grandes, répétitives et standardisées – d'un terme familier et riche d'allusions classiques, réalisant ainsi ce mariage entre « formules classiques » et « tendances nouvelles » qu'avaient noté les Tréant-Mathé cinq ans avant Rotival. Au demeurant, l'allusion était à l'époque moins originale qu'il n'y paraît. En 1921, Le Corbusier avait déjà rapproché le classicisme et le sérialisme de l'architecture industrielle ossaturée, faite de blocs ajourés par une grille régulière et répétitive d'ouvertures : « Telles sont les usines, prémices rassurantes du nouveau temps. Les ingénieurs d'aujourd'hui se trouvent être en accord avec les principes que Bramante et Raphaël avaient appliqués il y a longtemps déjà[15]. »

Grands ensembles palatiaux

Outre la place royale et le front de parc, que pouvaient encore désigner ces « formules classiques » des Tréant-Mathé ? Les premières lignes de l'article de Rotival célèbrent chaleureusement le renouveau de l'urbanisme qu'opèrent les HBM, « les premiers essais d'urbanisme moderne », dit-il, proposant un singulier rapprochement avec les domaines aristocratiques encore intacts situés aux portes des villes. En un paragraphe, il balaie du regard une vue métropolitaine aérienne imaginaire, « un plan photographique de ville », englobant le centre-ville, ses banlieues proches et lointaines où défilent, les uns après les autres, tous les âges de l'urbanisation jusqu'aux périphéries :

> Puis apparaissent sur la photographie, et surtout, hélas, dans les villes étrangères, quelques taches claires qui étonnent par la rectitude de leur dessin. Ce sont les premiers essais d'urbanisme moderne. Ce sont les cités d'habitations à bon marché. Timides encore, ce ne sont que des essais relégués comme des parents pauvres, loin souvent des communications, mal disposés, mal orientés ; on sent qu'on a utilisé des terrains acquis à bas prix, des lieux que la spéculation avait laissés pour compte. Et pourtant on a l'impression, sur la photographie, de quelque chose de nouveau, d'une volonté humaine, d'une marche en avant. Et l'observateur est étrangement frappé de la similitude de ces nouvelles créations ordonnancées avec celles qu'il voit de son avion, un peu plus loin, les grands parcs à la française des châteaux. Ils partent du même esprit, les uns dans l'ordre aristocratique, les autres dans l'ordre populaire[16].

REUMANN-HOF: VUE D'ENSEMBLE ET PLANS. ARCHITECTE: H. GESSNER 1924-26

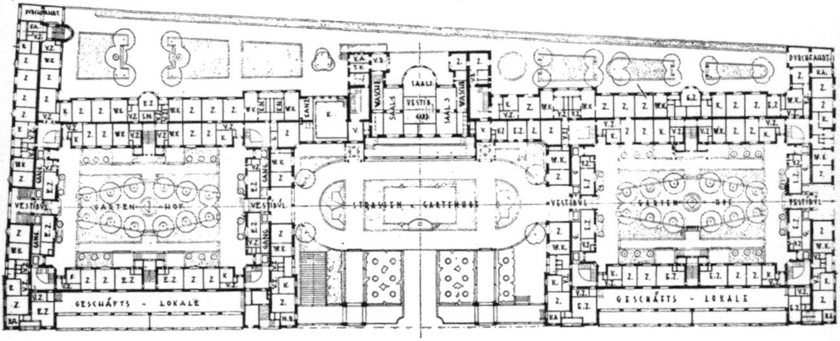

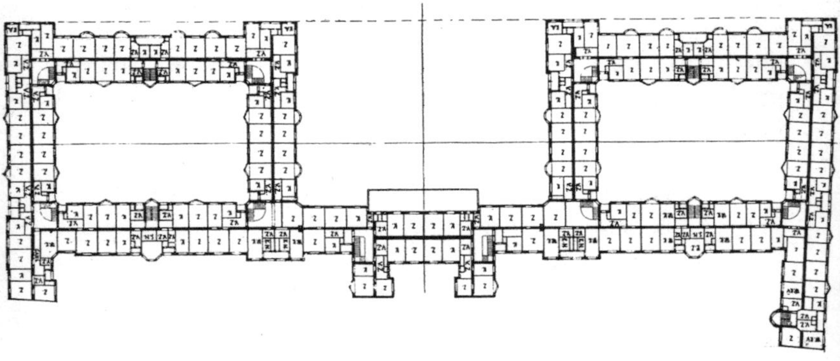

Fac-similé de la page 22 du n°7 de *L'Architecture d'aujourd'hui*:
Hubert Gessner, Reumann-Hof, Vienne (Autriche), 1924-1926:
vue d'ensemble et plans.

En haut: Pierre Patel, vue perspective
du château et des jardins de Versailles, 1668.

Ci-dessus: Jean-Baptiste André Godin,
Familistère, Guise, 1858-1883: détail d'une gravure
publiée dans *Solutions sociales*, 1871.

Si l'on imagine facilement que, vus d'avion, les grands traits de l'ordonnancement classique de la cité-jardin du Plessis-Robinson puissent évoquer Sceaux ou Versailles, on se demande ensuite quelles sont « ces villes étrangères » auxquelles songeait Rotival : Berlin sans doute, avec Siemensstadt et Charlottenbourg ; la Vienne socialiste de 1925 où l'architecture palatiale inspirait directement d'immenses opérations de logements ; Schönbrunn et le Karl-Marx-Hof ? Peut-être !

Ne devant évidemment rien à Gromort, le programme de logements de la municipalité social-démocrate de Vienne hissa l'immeuble d'habitations populaires au rang de monument. Le château prolétarien y ressemblait souvent à un palais, comme en attestent des opérations aussi connues que le Reumann-Hof de 1924 ou le Karl-Marx-Hof. Cette filiation n'était pas nouvelle et le « Palais pour tous » demeurait, à cette date, un solide idéal social-démocrate venu du socialisme utopique, du saint-simonisme, du fouriérisme, du marxisme aussi, autant que de ceux qui, industriels comme Jean-Baptiste André Godin, avaient souhaité offrir au peuple les équivalents de la richesse pécuniaire. Avec le Phalanstère minutieusement décrit par Victor Considérant, puis avec la construction par Godin du Familistère de Guise, le palais d'appartements et son esplanade, trésor utopique des socialismes, s'incarna primitivement en une sorte de réplique du château de Versailles.

Il n'y a guère d'écho des réalisations viennoises dans l'ouvrage des Tréant-Mathé, aucun exemple de ces « grands ensembles architecturaux » plus ou moins semblables à Versailles. À Colombes, c'est une grande composition axiale et répétitive d'immeubles à redans perpendiculaires à une rue intérieure, dans l'esprit des HBM parisiens – mais qui fait lointainement songer au projet de Thomas Jefferson pour l'université de Virginie –, qu'ils publient. À Villejuif, ce sont des barres implantées parallèlement les unes aux autres et qui occupent tout l'îlot selon un plan en rangées proche des prescriptions du Ciam de 1930 consacré aux « Méthodes rationnelles pour la construction de groupements d'habitation ». Une bonne part des projets qui figurent dans leur ouvrage sont de vastes opérations de centaines de logements qui, plutôt que d'être segmentées en petits îlots, comme c'était devenu la règle sur les anciennes fortifications parisiennes (immeubles à loyer moyen du boulevard Berthier par exemple), se regroupent autour d'un ample espace commun d'un seul tenant, enfilade de cours ouvertes, de squares et d'allées plantées.

15 Le Corbusier, *Vers une architecture* [1923], Paris, Flammarion, coll. « Champs », 1995, pp. 28-29.

16 Maurice Rotival, art. cit., p .57. *Infra* p. 162.

Chappey et Quillet, projet d'habitations
à bon marché, Villejuif, publié
dans Gaston et Juliette Tréant-Mathé,
Nouvelles habitations à bon marché,
Paris, Sinjon, 1930: élévation et plan.

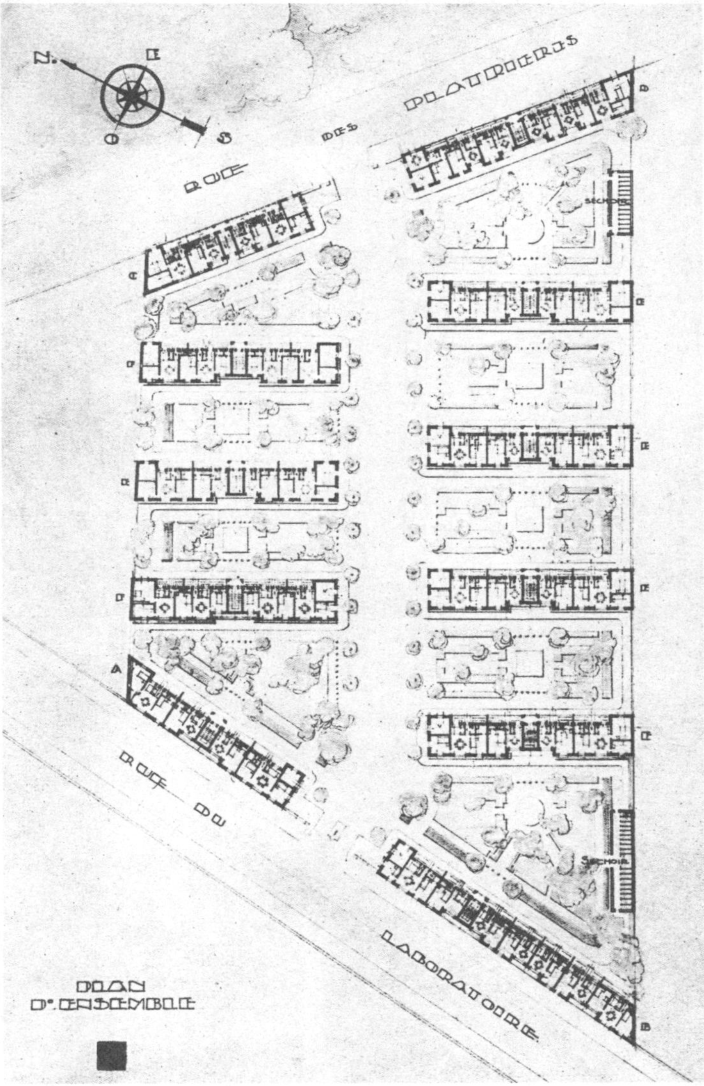

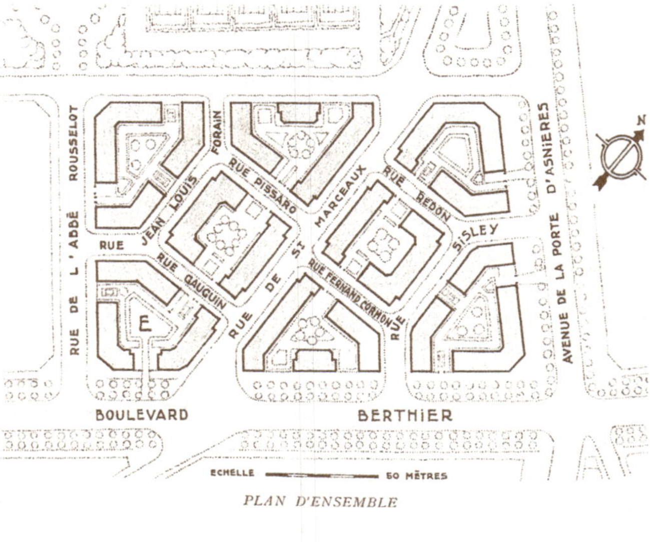

PLAN D'ENSEMBLE

Joseph Bassompierre, Paul de Rutté et Paul Sirvin,
Immeubles à loyer moyen du boulevard Berthier,
Paris, 1931-1934: vue d'avion et plan d'ensemble.

Projets de HBM à Paris.
En haut: boulevard Brune, 1929-1932.
En bas: rue Claude-Decaen, 1935.

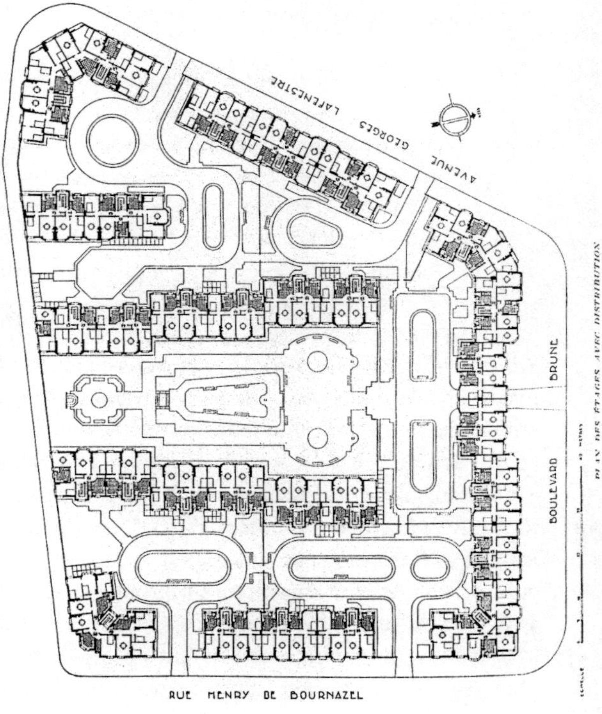

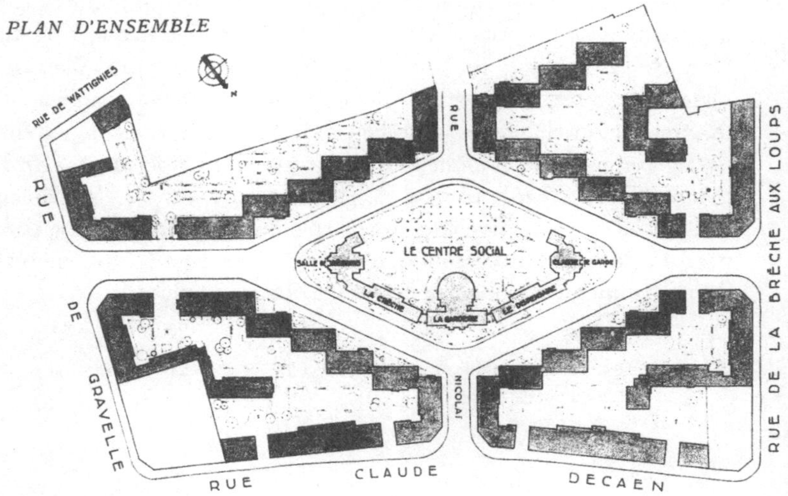

L'absence de Versailles dans l'argumentaire des Tréant-Mathé n'indique pas pour autant le rejet du « grand ensemble » palatial du répertoire « moderne » de l'époque. Quelques mois après le Ciam de Bruxelles, dans le numéro d'octobre 1931 que *L'Architecture d'aujourd'hui* consacre à l'architecture autrichienne récente, Pierre Vago s'enthousiasmait pour le Karl-Marx-Hof viennois en ces termes :

> Seule une telle activité édilitaire peut élever l'habitation populaire à bon marché, le problème le plus angoissant et le plus caractéristique de l'architecture contemporaine, à une telle monumentalité, encore supérieure à celle de l'époque du Grand Roy. C'est pour cela que nous pouvons considérer le Karl-Marx-Hof comme le symbole de l'idéal démocratique et collectif qui a inspiré la merveilleuse activité édilitaire de la municipalité viennoise[17].

Si l'on en juge par le plan, le Karl-Marx-Hof et le Reumann-Hof sont inspirés par Versailles qui, aux deux extrémités d'un simple corps central, étire deux ailes à cour intérieure entre ville et parc. Mais cette référence au classicisme palatial à cour intérieure sera vite abandonnée.

Quatre ans après l'apologie de Vago, un passage du numéro de juin 1935, que *L'Architecture d'aujourd'hui* consacre donc à l'habitation à bon marché en Europe (et pas seulement à la naissance des grands ensembles), commentait la physionomie d'un groupe d'HBM dernièrement édifié à Maison-Alfort. S'il n'évoque pas Versailles, cet ensemble peut faire songer à une autre référence palatiale de Gromort, l'Escurial de Madrid. Une légende légèrement suspicieuse accompagne un des clichés : « La conception de la cour n'est-elle pas trop “monumentale” par sa recherche de la composition ?[18] » La sélection des photos publiées vise précisément la physionomie palatiale de l'ensemble – que la revue réprouve désormais –, une sorte de citadelle dressée au beau milieu des maraîchages : trop monumentale pour un environnement si banlieusard, trop repliée sur elle-même au milieu d'un numéro qui célèbre l'avenir des rangées parallèles d'immeubles dans un parc. Ironiquement, *L'Architecture d'aujourd'hui* la baptise « la forteresse », et Rotival « le château-fort ». En d'autres termes, ce genre palatial du « grand ensemble », comparable pourtant aux exemples viennois, ne reçoit plus en 1935 l'approbation qu'elle obtenait avec Vago quatre ans plus tôt.

17 Pierre Vago, « Le problème de l'habitation à Vienne », *L'Architecture d'aujourd'hui*, nº 7, octobre 1931, p. 37.

18 *L'Architecture d'aujourd'hui*, nº 6, juin 1935, p. 76.

André Dubreuil et Roger Hummel,
Habitations à bon marché du square
Dufourmantelle, Maisons-Alfort,
1930-1934: vue d'avion et vue d'une cours.

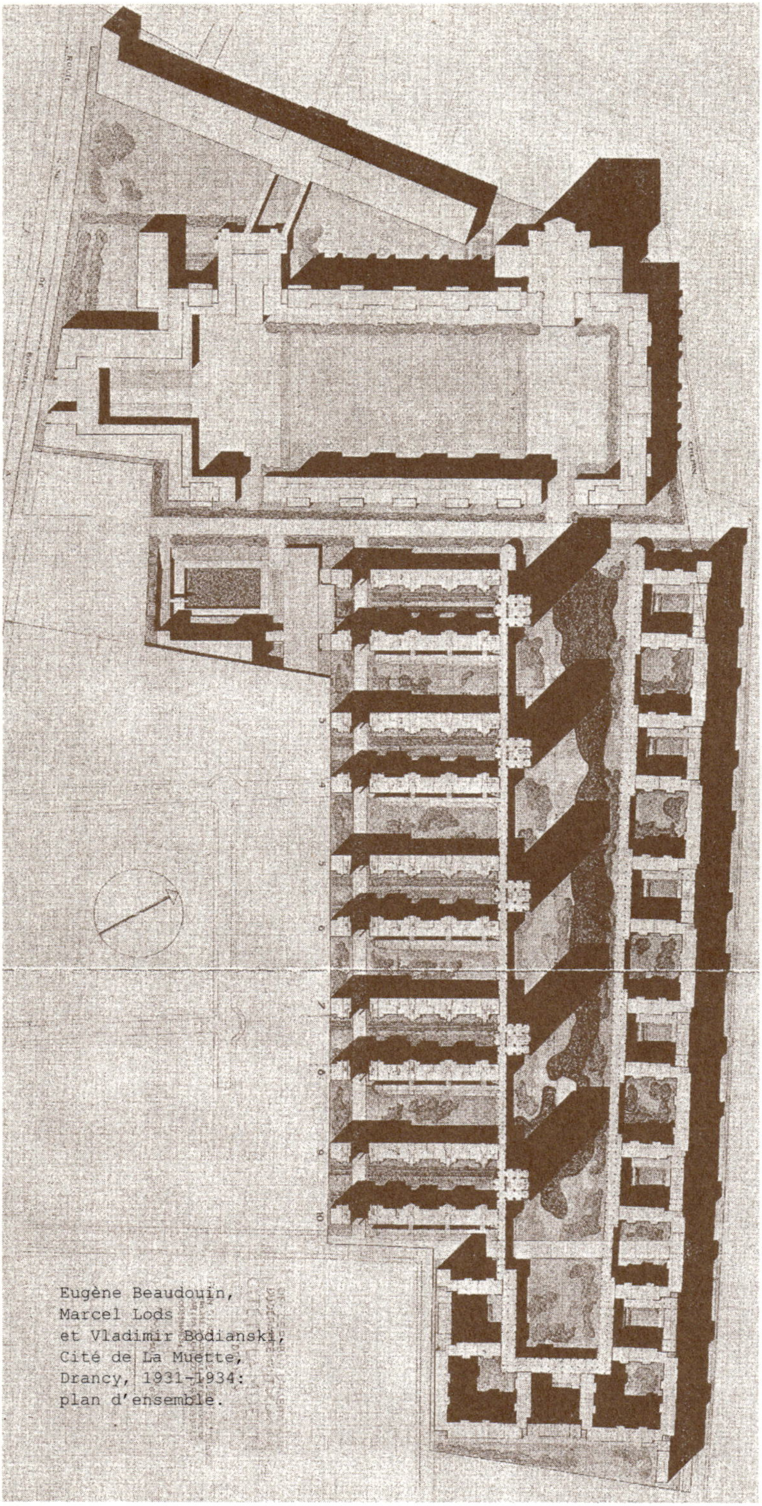

Eugène Beaudouin,
Marcel Lods
et Vladimir Bodianski,
Cité de La Muette,
Drancy, 1931-1934:
plan d'ensemble.

Grands ensembles en lignes

Prenant désormais leurs distances avec les choix des Offices, et ceux d'Henri Sellier qui approuvait en bloc les deux opérations, *L'Architecture d'aujourd'hui* et Rotival vantent Drancy-La Muette mais rejettent Maison-Alfort[19]. Ce palais pour le peuple déplait du fait de son indifférence à la loi d'orientation optimale des immeubles et de son absence de répétitivité. Pour une revue d'obédience moderniste, sensible aux travaux que les Ciam avaient consacré à l'Habitation rationnelle en 1930, il ne peut dès lors qu'exister un « bon » et un « mauvais » classicisme : le premier, construit en série autour d'espaces ouverts, préfigure le *Zeilenbau* (la rue de Rivoli, les places à programme) ; le second compose des hiérarchies de bâtiments autour de cours fermées (le « grand ensemble » palatial). En fait, outre le texte de Rotival, au fil des articles et des études de cas, c'est tout le numéro de juin 1935 de *L'Architecture d'aujourd'hui* qui débat des mérites comparés de l'urbanisation en blocs semi-fermés (à l'image des HBM parisiens) et de « l'urbanisme en lignes ». La rédaction opte alors clairement pour l'urbanisme en lignes, autrement dit le *Zeilenbau* germanique, omniprésent dans les pages de ce numéro et qui étalonne tout jugement[20].

C'est un changement notable si l'on considère que dans les mêmes pages, en 1931, l'« urbanisme en lignes » n'offrait qu'une solution parmi d'autres, novatrice et prometteuse à coup sûr, venue de Suède et d'Allemagne, mais qui n'allait pas de soi. Qu'on en juge par ce compte rendu

19 « À vrai dire, se justifiait Sellier, ces formules [pittoresques des cités-jardins] contrastent singulièrement avec les dernières réalisations de l'Office dont le nouveau groupe de Drancy-La Muette, après ceux de Charenton et de Maison-Alfort constituera la formule moderne la plus hardie », in Henri Sellier, *Réalisations de l'Office public d'habitations du département de la Seine*, Strasbourg, Éditions d'architecture, d'industrie et d'économie rurale, 1933, p. 7. Ce texte sera intégralement repris dans un numéro de *L'Architecture d'aujourd'hui* de 1937, signe que l'opinion de Sellier n'a pas évolué.

20 Pierre Vago dans l'introduction générale du numéro : « Ces belles cités, propres et claires, au tracé régulier, où les éléments sont logiquement distribués, où tout est prévu et ordonné ; où les logements, généreusement ensoleillés, ouvrent sur des voies calmes, agrémentées de pelouses et de plantations ; où le confort le plus complet est assuré à tous les habitants par la production en série d'éléments standards bien étudiés et permettant un très grand nombre de combinaisons ; la mise en œuvre rationnelle des matériaux et de procédés nouveaux, la centralisation des services communs ; etc. Il y a évidemment de quoi soulever des enthousiasmes ! » (p. 5) Toutefois quelque prudence subsiste encore, comme pour cette photo du grand ensemble du Pré-Saint-Gervais ainsi légendée : « Mais il est aussi probable que le système en lignes n'est pas le dernier mot du développement. En France, il n'a jamais été très populaire : les urbanistes de l'ancienne école et les révolutionnaires : tous les deux l'ont évité. » (p. 86)

Félix Dumail, Cité-jardin
du Pré-Saint-Gervais, 1927-1954:
plan d'ensemble et vues.

de l'Exposition internationale de Stockholm, dans lequel Julius Posener, en comparant les constructions « en ligne » à celles « en blocs », déclare benoîtement que « l'urbanisme en lignes fait des villes un peu trop uniformes[21] » ; ou bien encore par cette appréciation réservée dans le numéro d'août 1931 à une cité de 1000 logements construite à Bad Dürrenberg :

> Dans les derniers temps, cette dernière méthode de construction – la construction en ligne – s'est considérablement développée en raison de ses avantages spéciaux. L'orientation uniforme des rangs de maisons permet un éclairement également uniforme de tous les logements et simplifie la question des plans, en rendant possible l'emploi de types unitaires. Les écartements uniformes et plus grands – par rapport à la construction en bandes – entre les rangs de maisons permettent une insolation intensive et ont l'appréciable avantage d'une plus grande distance des appartements de leurs vis-à-vis. Il y a lieu de mentionner toutefois qu'il est assez difficile de trouver des solutions satisfaisantes dans la construction en rangs au point de vue de l'architecture urbaine, étant donné l'absence, en général, des places enfermées ou isolées[22].

Quatre ans plus tard, Siemensstadt, une opération comportant plusieurs milliers de logements et elle aussi dépourvue de la moindre place, réalisée dans la banlieue de Berlin sur un plan d'ensemble d'Hans Scharoun, paraît la plus aboutie de toutes les réalisations[23]. Dans sa contribution personnelle à ce numéro, Maurice Rotival illustre son article par un plan de l'opération qu'il annote afin d'en souligner la desserte par le métro et le zonage, et qu'il surligne en gras pour pointer le systématisme de l'orientation des immeubles, en l'accompagnant de ce commentaire :

> L'application stricte de ce principe amène naturellement la disposition des habitations en lignes parallèles à laquelle l'œil n'est pas encore habitué et qui sera sans doute critiquée du point de vue romantique, artistique, pendant encore fort longtemps. Et pourtant c'est cette disposition seule qui correspond aux caractéristiques de la vie actuelle[24].

21 *L'Architecture d'aujourd'hui*, nº 3, janvier-février 1931, p. 11.

22 Alexandre Klein, « L'Urbanisme à l'étranger. Groupement de mille habitations à Bad Dürrenberg », *L'Architecture d'aujourd'hui*, nº 6, août-septembre 1931, p. 71.

23 Un numéro de janvier 1932 de *La Construction moderne* avait déjà célébré sans réserve Siemensstadt.

Et si Rotival évoque à cet instant le classicisme des « grands ensembles » du XVIIIe siècle, c'est uniquement pour rappeler que l'hostilité qu'ils rencontrèrent deux siècles auparavant sera probablement le lot du *Zeilenbau*.

En France, il n'existe alors pas encore de réalisations conformes à cet idéal, mais certaines s'en approchent. Dans le même numéro de juin 1935, dans la revue des réalisations des Offices d'habitations de Paris et de la Seine où l'on condamne le groupe de Maison-Alfort, un très bon accueil est réservé au « grand ensemble » (sic) du Pré-Saint-Gervais. On trouve en effet dans la revue deux clichés de cette opération qui montrent des barres rectilignes et parallèles, des barres courbes autour d'un jardin, des rues droites et sinueuses, des immeubles en peignes et des rangées de maisons : une vague esquisse annonciatrice de l'urbanisme en lignes tant vanté dans le même numéro, car ni le parallélisme systématique du *Zeilenbau*, ni le classicisme des places urbaines n'y figurent. Ce baptême tardif d'une opération achevée depuis plusieurs années peut se justifier par le souci de présenter la France de 1935 au même niveau de modernité que ses voisins. Il suffit donc de changer le vocabulaire : alors que cette opération du Pré-Saint-Gervais était qualifiée de « cité-jardin » en 1932, elle est désormais un « grand ensemble », tout en étant illustrée par les mêmes photos[25].

Qu'en conclure ? Qu'à peine né conceptuellement, le « grand ensemble » se cherche déjà des ancêtres bâtis et que le Pré-Saint-Gervais, un collage d'échantillons urbains « hygiénistes », « classiques » et « pittoresques », mais dépourvu d'axialité ou de symétrie d'ensemble, peut déjà témoigner d'innovations en marche depuis plusieurs années. Ainsi, contrairement à ce que suggère Annie Fourcaut, le grand ensemble ne serait pas né en 1935, associé à la modernité architecturale, mais quelques années plus tôt, tiraillé entre les règles de la composition urbaine classique et celles du *Zeilenbau*, ce que Le Plessis-Robinson, Le Pré-Saint-Gervais et surtout Drancy-La Muette illustrent parfaitement.

Drancy-La Muette, un « grand ensemble architectural »

Certes Drancy-La Muette n'est pas l'idéal de Rotival. Elle est cependant, de toutes les opérations de l'Office de la Seine, la cité-jardin[26] où l'on repère le plus clairement les signes annonciateurs du *Zeilenbau* sans atteindre l'indifférenciation des barres d'immeubles et de leurs espaces extérieurs. Elle est une vaste composition architecturale d'échelle urbaine. Une opération de 950 logements commencée en 1933 et dont le plan,

24 Maurice Rotival, « Les grands ensembles », art. cit., p. 67. *Infra* p. 179.

25 « Cité-jardin du Pré Saint-Gervais Paris », *L'Architecture d'aujourd'hui*, n° 5, juin-juillet 1932, pp. 53-60.

comme au Pré-Saint-Gervais, juxtapose des fragments, ici une cour grandiose (200 m × 80 m), là des barres en lignes parallèles (des peignes), ailleurs des immeubles à redans et des tours[27] : un ensemble résidentiel, pas vraiment une cité, comme le déplore Rotival dans son article. On est encore loin du plan de Siemensstadt, de la cité-satellite bien équipée dont il rêve et dont il dessine un croquis avec ce commentaire : « La nouvelle cité est clairement spacieuse en bordure de réserves boisées. » À l'évidence, son croquis est plus apparenté à Siemensstadt qu'à Drancy. La réalisation qui s'approche le plus de son idéal est la cité du Plessis-Robinson, mieux équipée, mieux desservie, autosuffisante et pourtant de composition axiale, classique. Plus radicale, Drancy est pour lui une « œuvre très importante », mais néanmoins décevante : « C'est un îlot placé au milieu d'une plaine dans laquelle on ne sent aucun plan général reliant les nouvelles constructions à l'agglomération parisienne. Les espaces libres ne sont pas clairement indiqués. Aucune protection du site n'est prévue[28]. » La légende qui accompagne la vue aérienne de Drancy ne laisse aucun doute sur la cause première de sa désapprobation : « On cherche vainement les autostrades, les réserves boisées, les terrains de jeu[29]. » À Drancy, seul le parallélisme des immeubles lui paraît exemplaire. Rotival ne commente nullement l'innovation constructive du chantier, la tentative d'industrialisation. Enfin, en dépit de la contiguïté des tours et des barres d'habitations qu'il réprouve, il concède, avant de conclure, que Drancy peut témoigner pour la France d'une adhésion aux solutions d'avant-garde prescrites lors du Ciam de Bruxelles.

Il est significatif qu'à aucun moment Rotival ne daigne entrer dans le détail des difficultés de la série et de la répétition des rangées, de la composition des tours et des barres, questions qui occupent les architectes des Offices d'HBM depuis plusieurs années sous la rubrique du « grand ensemble ». Il est même très probable que son article invite

26 Comme le Pré-Saint-Gervais, avant d'être baptisée « grand ensemble », Drancy-La Muette fut d'abord une « cité-jardin » du programme 1920-1933 de l'Office public d'habitations de la Seine.

27 À Drancy, le fractionnement des espaces communs et la juxtaposition des groupes s'expliquent sans doute par l'habitude de concentrer chaque type d'appartement (HBM, HBMA, ILM) à l'intérieur d'immeubles de même famille regroupés autour d'espaces extérieurs semi-fermés dont ils dépendent pour leurs accès, conformément aux règles de cette sociologie appliquée héritée de l'Office de la ville de Paris et qu'Henri Sellier défendait. À ce titre, Drancy reste fidèle à la tradition HBM avec leurs cours ouvertes, squares et places intérieures. La banalisation des espaces communs et la disparition des cours ouvertes caractéristiques du futur annoncé par Rotival ne sont pas encore advenues.

28 Maurice Rotival, « Les grands ensembles », art. cit., p. 59. *Infra* p. 169.

29 *Ibid.*, p. 62. *Infra* p. 171.

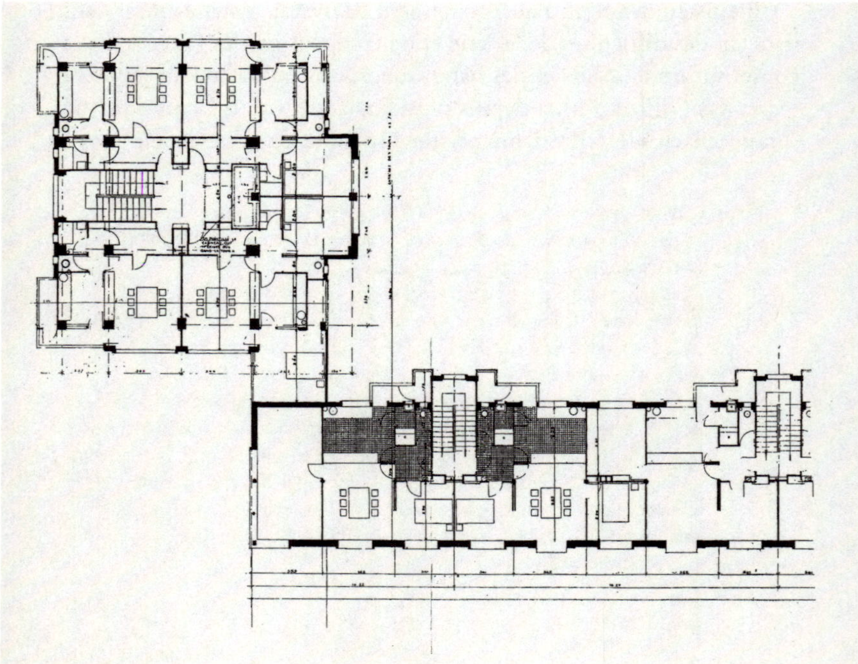

Eugène Beaudouin, Marcel Lods
et Vladimir Bodianski,
Cité de La Muette, Drancy, 1931-1934:
vues et plan d'étage de l'assemblage
entre une tour et un bâtiment en peigne.

architectes et maîtres d'ouvrage à délaisser l'inutile leçon du classicisme pour s'en remettre au point de vue des Ciam, pour oublier le « grand ensemble » au bénéfice de la « cité-satellite » et du *Zeilenbau*. Le lecteur vérifiera en lisant plus loin « Les grands ensembles » que les opérations du futur s'y nomment systématiquement « cités de HBM » et non « grands ensembles », comme si ce label, abandonné depuis le titre, appartenait déjà au passé.

Drancy n'est pas la « cité de HBM » autonome et le *Zeilenbau* dont rêve Rotival, mais un grand ensemble « mariant harmonieusement les formules classiques et les tendances nouvelles ». Lods et Beaudoin y ont méthodiquement expérimenté ces dernières en alliant la préfabrication des façades au séquençage rythmique des immeubles et des tours. Car l'opération allait bien au-delà de la standardisation du plan de l'habitation (la « cellule-type ») et adoptait la standardisation des éléments de la construction préconisée par les Ciam. L'usine de préfabrication moulait sur place les panneaux de remplissage en béton vibré tandis que les châssis métalliques de série venaient des ateliers Prouvé. La leçon du classicisme s'observe bien par les rapports hauteur-largeur des cours formées par les « peignes » et par le vis-à-vis de façades rythmées par des sortes de pilastres en saillie sur la surface absolument nue des immeubles. Par leur échelle « colossale », ces pilastres séquencent verticalement les

façades, par ailleurs très allongées, en projetant toute la hauteur de l'immeuble au premier plan tandis que l'horizontalité des étages passe à l'arrière-plan. Le plan d'étage des « peignes » révèle l'origine de ces saillies en « pilastres » sur les deux façades : elles correspondent aux cages d'escalier et aux dégagements extérieurs des cuisines. La leçon du classicisme se constate encore par la disposition « en miroir » des immeubles, qui engendre une alternance de façades sur cour et sur jardin, et non une répétition « en série » typique du *Zeilenbau* ; en sorte que sur une façade, tous les deux appartements, les cages d'escalier sont en saillie, tandis que, sur la façade opposée, c'est dans un retrait que les balcons s'encastrent. Ces motifs rythmiques imitent évidemment l'ordre colossal des pilastres ou des colonnes de la Renaissance dans le même esprit d'ordonnance urbaine et de sujétion des façades aux dimensions de l'espace public clos que prescrivait Alberti.

Répétition et classicisme

Une fois passé, à Drancy, par l'expérience de la préfabrication, le grand ensemble consolidera ses liens avec le classicisme. C'est ce que Marcel Lods théorise dans un article de 1945 intitulé « L'industrialisation du bâtiment[30] », où il associe industrie et composition en se référant à la place des Vosges et à la rue de Rivoli :

> À côté de lui [le bâtiment traditionnel] doit se développer le bâtiment intégralement usiné. C'est à celui-ci que seront dévolues les besognes autorisant la répétition en grande série de pièces, de groupes de pièces, d'immeubles entiers. Nous voyons bien vite venir la critique relative à cette répétition. Le reproche d'uniformité apparaît, et c'est pour y répondre que nous ferons intervenir la notion de composition [...]. La répétition a toujours été un élément de grandeur, pour peu évidemment qu'elle soit traitée dans un plan convenable et ne soit pas bornée au morne alignement, sans rime ni raison, d'une sempiternelle série... Les exemples sont nombreux... Qui ne songe à la rue de Rivoli, à la place des Vosges, à la place Vendôme...

Dans le même esprit, Georges-Henri Pingusson généralisera d'une formule plus connue les conséquences de l'industrialisation : « La normalisation postule l'avènement d'une culture classique[31]. »

La composition contre l'uniformité : une formule qui résume les raisons pour lesquelles Drancy-La Muette est à la fois un « grand ensemble architectural » et un « grand ensemble » tout court. Si en 1935, un échantillon pour le moins varié de grands ensembles esquisse le futur du logement social c'est, à n'en pas douter, avec Drancy-La Muette que le futur grand ensemble se donne une physionomie caractéristique, loin des HBM et des cités-jardins qui le préfigurent. Avec le grand ensemble de Drancy-La Muette, le mot comme la chose nous sont devenus si familiers qu'ils ont conquis leur première identité : mélange des standards de l'Habitation rationnelle et des grands ensembles architecturaux de la tradition classique française.

30 *L'Architecture d'aujourd'hui*, nº 1, mai-juin 1945, pp. 29-30. Lods n'aura de cesse de se référer aux exemples classiques de séries architecturalement maîtrisées, comme le montre Pieter Uyttenhove dans sa monographie. Voir Marcel Lods. *Action, architecture, histoire*, Lagrasse, Verdier, 2009, p. 110.

31 in Georges-Henri Pingusson, « La normalisation et le progrès », *Techniques & Architecture*, janvier-février 1943, pp. 21-22.

prise de photo d'avion Moreau

Photo Henrot

LES GRANDS ENSEMBLES

PAR
MAURICE ROTIVAL

Construire des habitations à bon marché, c'est faire en même temps, nécessairement, de l'Urbanisme.

Il paraît inconcevable de construire des bâtiments dont le principe est né des idées de bonté et de solidarité humaines, de l'application des règles nouvelles de l'hygiène, sans prévoir en même temps les espaces libres, les crèches, les cercles, les écoles, les stades, terrains de jeux, piscines, qui doivent faire partie intégrante de la conception d'ensemble.

Construire des habitations à bon marché et les diviser en petits lots glissés entre des constructions urbaines existantes, d'un autre âge, avec toute la promiscuité des taudis voisins, c'est, par contre, aggraver le mal, c'est rétrograder.

Pour créer des habitations à bon marché, il faut sortir de la tradition urbaine, il faut reprendre le problème par sa base.

Prenons un plan photographique de ville. Au milieu, le lacet des voies étroites, pittoresques peut-être, c'est la ville du Moyen-Age; puis, autour des boulevards, anciennes fortifications, les grandes places du 17e et du 18e siècles, les maisons avec encore leur cour, leur jardin, la marque d'une civilisation sans doute parfaite pour son époque. Puis viennent les quartiers du 19e et du 20e siècles, fruit des principes de discipline de l'empire mais aussi fruit de la spéculation et de l'intérêt particulier. Quelques quartiers émergent avec une certaine tenue, ce sont ceux destinés à la bourgeoisie. Les autres, malgré leur construction autour d'artères souvent rectilignes, présentent, d'un avion, le caractère le plus triste, le plus effrayant qu'il soit. Plus d'espaces libres; des cours noires, partout des ombres, un mélange inimaginable de catégories diverses, des usines, des ateliers bourrés dans les maisons, pas d'ordre. C'est la faillite de l'initiative privée, qui n'a pas su s'entendre pour utiliser la trame tracée par les grands ingénieurs d'alors.

Puis, apparaissent sur la photographie, et surtout, hélas, dans les villes étrangères, quelques taches claires qui étonnent par la rectitude de leur dessin. Ce sont les premiers essais d'urbanisme moderne. Ce sont les cités d'habitations à bon marché. Timides encore, ce ne sont que des essais, relégués comme des parents pauvres, loin souvent des communications, mal disposés, mal orientés; on sent là qu'on a utilisé des terrains acquis à bas prix, des terrains que la spéculation avait laissés pour compte. Et pourtant, on a l'impression, sur la photographie, de quelque chose de nouveau, d'une volonté humaine, d'une marche en avant. Et l'observateur est étrangement frappé de la similitude de ces nouvelles créations ordonnancées avec celles qu'il voit de son avion, un peu plus loin, les grands parcs à la française des châteaux. Ils partent du même esprit, les uns dans l'ordre aristocratique, les autres dans l'ordre populaire.

Entre le 18e et le 20e siècle, le 19e dont la liberté individuelle a conduit au taudis.

Parler, donc, d'habitations à bon marché, c'est parler d'urbanisme.

Un bâtiment d'habitations à bon marché isolé ne devrait en aucun cas être admis. C'est la masse, c'est l'ordonnance, en un mot, l'urbanisme, qui fera la grandeur de la cité, et qui redonnera aux habitants de ces grandioses ensembles, la confiance en soi, le désir de vivre, la joie du travail que doit accompagner la joie des sports, la vie saine.

Nous espérons, un jour, sortir de villes comme Paris, non pas seulement par l'avenue des Champs-Elysées, la seule réalisation de tenue sans laquelle Paris n'existerait pas, mais sortir par Belleville, par Charonne, par Bobigny, etc., et trouver harmonieusement disposés le long de larges autostrades, au milieu de grands espaces boisés, de parcs, de stades, des grandes cités claires, bien orientées, lumineusement éclairées par le soleil.

Nous devons rêver de voir les enfants propres, heureux, jouant sur du gazon et non pas sur le trottoir.

Nous rêvons, en un mot, d'un programme d'urbanisme, d'habitations à bon marché en liaison avec l'aménagement des grandes villes.

I° — PROBLÈME GÉNÉRAL ET IMPLANTATION DES CITÉS D'HABITATIONS A BON MARCHÉ

L'implantation des cités d'habitations à bon marché se ressent encore des premières créations de ce type de logements, au 19e siècle.

L'habitation à bon marché est née de l'existence d'une nouvelle catégorie de citoyens, les ouvriers, dont la proportion par rapport au reste de la population agricole, bourgeoise, aristocratique, au début insignifiante, s'est accrue considérablement vers la fin du 19e siècle.

Au début, le problème était particulièrement simple car, avant la naissance de l'électricité ou même de la vapeur, les usines étaient groupées sur des vallées auprès de l'eau nécessaire, tant pour la force motrice que pour les lavages, tissages, teintureries, etc...

Les habitations, à ce moment, étaient disposées comme celles des paysans, le long de routes communales, suivant un plan identique à celui des maisons paysannes et l'entourage immédiat de la campagne, l'existence d'arbres, la possibilité, pour les ouvriers, d'avoir leur petit champ et de cultiver leur jardin potager, n'avait pas paru différencier sensiblement la maison ouvrière de la maison paysanne.

C'est de cette conception que sont nées la plupart des cités ouvrières du début du 19e siècle en Angleterre, dans le nord de la France, etc.

Ce n'est qu'après l'invention de la machine à vapeur, du transport économique du charbon par chemins de fer, puis de l'invention de l'électricité, que les usines se sont rapprochées des villes afin d'utiliser l'énorme réservoir de population qui a pu permettre, au début, d'escamoter le problème des logements de la main-d'œuvre ouvrière, celle-ci se logeant dans les habitations existantes urbaines.

Il y a peu de temps encore, le problème ne se posait pas avec acuité dans les environs de Paris, le problème du logement ayant été résolu ou plutôt escamoté par la construction libre et un très grand nombre de bâtiments construits sur les rues existantes de Paris ou de la banlieue immédiate, sans plan spécial, en utilisant simplement le réseau normal urbain et en transformant peu à peu les maisons basses en immeubles à étages, d'ailleurs mal construits, sans règlement. Ce sont ces immeubles qui, peu à peu, sont devenus les taudis dont la disparition s'avère aujourd'hui indispensable.

Dans le nord où le problème industriel s'était développé considérablement vers la fin du 19e siècle, la même indifférence s'était manifestée. Les usiniers s'étaient bornés à construire des maisons du type individuel le long des routes. A ce moment, il existait encore un pourcentage considérable de champs ou d'espaces libres dont personne ne semblait envisager la disparition. C'est peu à peu, pour ainsi dire sans s'en apercevoir, que les files de maisons se sont jointes les unes aux autres, que les derniers espaces libres ont été utilisés, les derniers arbres coupés et qu'aujourd'hui on peut parcourir des centaines de kilomètres de rues étroites bordées partout de maisons, sans aucun plan préconçu, sans aucune idée créatrice.

La banlieue de Londres, de Manchester, des grandes villes industrielles d'Angleterre et de France se sont ainsi couvertes de cités conçues suivant le « mechanical plan » ainsi que le concrétise Catherine Bauer dans son remarquable « Modern Housing ».

Mais ce n'est que tout récemment que la collectivité s'est préoccupée du grand danger social qui venait de se manifester tout à coup et que l'on s'est rendu compte de la gravité de la situation.

Il est apparu que la collectivité devait, au moyen des subventions ou au moyen d'abaissement du taux d'intérêt, apporter à la classe laborieuse des logements sains, mais si ces lois et règlements avaient prévu avec précision la grandeur de logements, les cubes d'air habitables, etc., par contre, aucune prescription d'ensemble concernant l'urbanisme de ces logements n'avait été prévue.

Fac-similé de la page 57
de *L'Architecture d'aujourd'hui*, n°6, juin 1935.

Les grands ensembles

MAURICE ROTIVAL

Construire des habitations à bon marché, c'est faire en même temps, nécessairement, de l'urbanisme.

Il paraît inconcevable de construire des bâtiments dont le principe est né des idées de bonté et de solidarité humaines, de l'application des règles nouvelles de l'hygiène, sans prévoir en même temps les espaces libres, les crèches, les cercles, les écoles, les stades, terrains de jeux, piscines qui doivent faire partie intégrante de la conception d'ensemble.

Construire des habitations à bon marché et les diviser en petits lots glissés entre des constructions urbaines existantes, d'un autre âge, avec toute la promiscuité des taudis voisins, c'est, par contre, aggraver le mal, c'est rétrograder.

Pour créer des habitations à bon marché, il faut sortir de la tradition urbaine, il faut reprendre le problème par sa base.

Prenons un plan photographique de ville. Au milieu, le lacet des voies étroites, pittoresques peut-être, c'est la ville du Moyen Âge ; puis, autour des boulevards, anciennes fortifications, les grandes places du XVIIe et du XVIIIe siècles, les maisons avec encore leur cour, leur jardin, la marque d'une civilisation sans doute parfaite pour son époque. Puis viennent les quartiers du XIXe et du XXe siècles, fruits des principes de discipline de l'Empire mais aussi fruit de la spéculation et de l'intérêt particulier. Quelques quartiers émergent avec une certaine tenue, ce sont ceux destinés à la bourgeoisie. Les autres, malgré leur construction autour d'artères souvent rectilignes, présentent, d'un avion, le caractère le plus triste, le plus effrayant qu'il soit. Plus d'espaces libres, des cours noires, partout des ombres, un mélange inimaginable de catégories diverses, des usines, des ateliers bourrés dans les maisons, pas d'ordre. C'est la faillite de l'initiative privée, qui n'a pas su s'entendre pour utiliser la trame tracée par les grands ingénieurs d'alors.

Puis apparaissent sur la photographie, et surtout, hélas, dans les villes étrangères, quelques taches claires qui étonnent par la rectitude de leur dessin. Ce sont les premiers essais d'urbanisme moderne. Ce sont les cités d'habitations à bon marché. Timides encore, ce ne sont que des essais relégués comme des parents pauvres, loin souvent des communications, mal disposés, mal orientés ; on sent qu'on a utilisé des terrains acquis à bas prix, des lieux que la spéculation avait laissés pour compte. Et pourtant on a l'impression, sur la photographie, de quelque chose de nouveau, d'une volonté humaine, d'une marche en avant. Et l'observateur est étrangement frappé de la similitude de ces nouvelles créations ordonnancées avec celles qu'il voit de son avion, un peu plus loin, les grands parcs à la française des châteaux. Ils partent du même esprit, les uns dans l'ordre aristocratique, les autres dans l'ordre populaire.

Entre le XVIIIe et le XXe siècle, le XIXe dont la liberté individuelle a

conduit au taudis.

Parler, donc, d'habitations à bon marché, c'est parler d'urbanisme. Un bâtiment d'habitations à bon marché isolé ne devrait en aucun cas être admis. C'est la masse, c'est l'ordonnance, en un mot, l'urbanisme, qui fera la grandeur de la cité, et qui redonnera aux habitants de ces grandioses ensembles la confiance en soi, le désir de vivre, la joie du travail que doit accompagner la joie des sports, la vie saine.

Nous espérons, un jour, sortir de villes comme Paris, non pas seulement par l'avenue des Champs-Élysées, la seule réalisation de tenue sans laquelle Paris n'existerait pas, mais sortir par Belleville, par Charronne, par Bobigny, etc., et trouver harmonieusement disposés le long de larges autostrades, au milieu de grands espaces boisés, des parcs, des stades, des grandes cités claires, bien orientées, lumineusement éclairées par le soleil. Nous devons rêver de voir les enfants propres, heureux, jouant sur du gazon et non pas sur le trottoir. Nous rêvons, en un mot, d'un programme d'urbanisme, d'habitations à bon marché en liaison avec l'aménagement des grandes villes.

En haut: La muraille de Paris: constructions d'habitations sur les bastions. Promiscuité.
En bas: Cité de La Muette à Drancy, Beaudouin et Lods architectes. Une volonté. Mais la gangrène enserre déjà la cité.

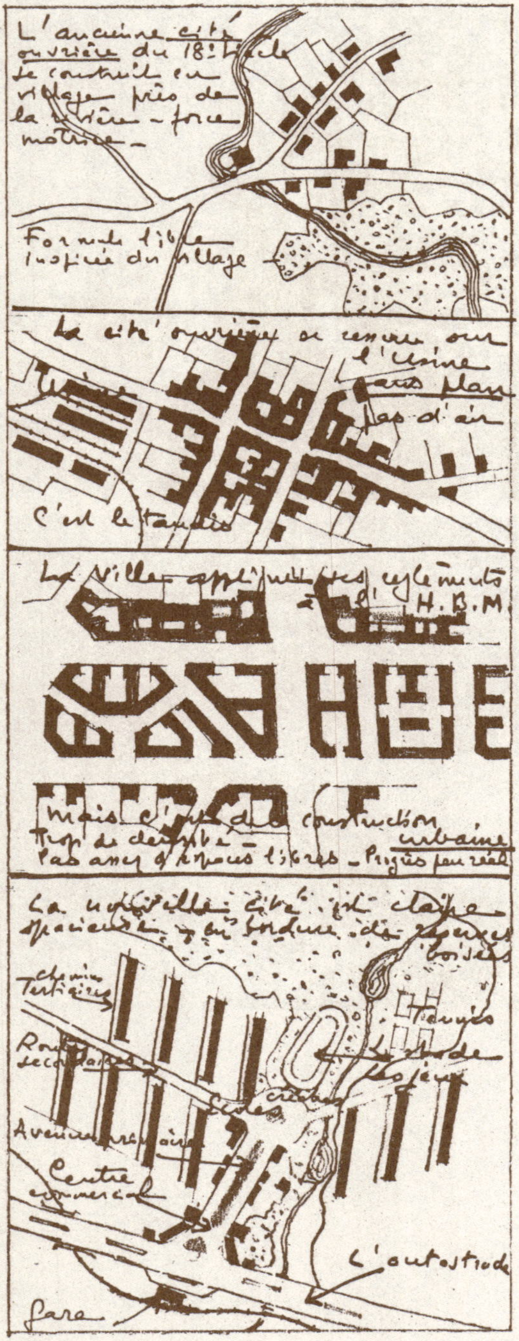

L'ancienne *cité ouvrière*
du XVIIIe siècle
se construit en village
près de la rivière-force
motrice. Formule libre
inopinée du village.

La cité ouvrière
se resserre sur l'usine,
sans plan. Pas d'air.
C'est le taudis.

La ville applique
ses règlements à l'HBM.
Mais c'est de la
construction *urbaine*.
Trop de densité. Pas
assez d'espaces libres.
Progrès peu réel.

La nouvelle cité
est claire, spacieuse,
en bordure de réserves
boisées.

I. Problème général et implantation des cités d'habitations à bon marché

L'implantation des cités d'habitations à bon marché se ressent encore des premières créations de ce type de logements, au XIXe siècle. L'habitation à bon marché est née de l'existence d'une nouvelle catégorie de citoyens, les ouvriers, dont la proportion par rapport au reste de la population, agricole, bourgeoise, aristocratique, au début insignifiante, s'est accrue considérablement vers la fin du XIXe siècle.

Au début, le problème était particulièrement simple car, avant la naissance de l'électricité ou même de la vapeur, les usines étaient groupées sur des vallées auprès de l'eau nécessaire, tant pour la force motrice que pour les lavages, tissages, teintureries, etc.

Les habitations, à ce moment, étaient disposées comme celles des paysans, le long de routes communales, suivant un plan identique à celui des maisons paysannes et l'entourage immédiat de la campagne, l'existence d'arbres, la possibilité, pour les ouvriers, d'avoir leur petit champ et de cultiver leur jardin potager, n'avait pas paru différencier sensiblement la maison ouvrière de la maison paysanne.

C'est de cette conception que sont nées la plupart des cités ouvrières du début du XIXe siècle en Angleterre, dans le Nord de la France, etc.

Ce n'est qu'après l'invention de la machine à vapeur, du transport économique du charbon par chemins de fer, puis de l'invention de l'électricité, que les usines se sont rapprochées des villes afin d'utiliser l'énorme réservoir de population qui a pu permettre, au début, d'escamoter le problème des logements de la main-d'œuvre ouvrière, celle-ci se logeant dans les habitations existantes urbaines.

II y a peu de temps encore, le problème ne se posait pas avec acuité dans les environs de Paris, le problème du logement ayant été résolu ou plutôt escamoté par la construction libre et par un très grand nombre de bâtiments construits sur les rues existantes de Paris ou de la banlieue immédiate, sans plan spécial, en utilisant simplement le réseau normal urbain et en transformant peu à peu les maisons basses en immeubles à étages, d'ailleurs mal construits, sans règlement. Ce sont ces immeubles qui, peu à peu, sont devenus les taudis dont la disparition s'avère aujourd'hui indispensable.

Dans le Nord, où le problème industriel s'était développé considérablement vers la fin du XIXe siècle, la même indifférence s'était manifestée. Les usiniers s'étaient bornés à construire des maisons du type individuel le long des routes. À ce moment, il existait encore un pourcentage considérable de champs ou d'espaces libres dont personne ne semblait envisager la disparition. C'est peu à peu, pour ainsi dire sans s'en apercevoir, que les files de maisons se sont jointes les unes aux autres, que les derniers espaces libres ont été utilisés, les derniers arbres coupés et qu'aujourd'hui on peut parcourir des centaines de kilomètres de rues étroites bordées partout de maisons, sans aucun plan préconçu, sans aucune idée créatrice.

La banlieue de Londres, de Manchester, des grandes villes industrielles d'Angleterre et de France se sont ainsi couvertes de cités conçues suivant le « *mechanical plan* », ainsi que le concrétise Catherine Bauer dans son remarquable *Modern Housing*.

Mais ce n'est que tout récemment que la collectivité s'est préoccupée du grand danger social qui venait de se manifester tout à coup et que l'on s'est rendu compte de la gravité de la situation. Il est apparu que la collectivité devait, au moyen des subventions ou au moyen d'abaissement du taux d'intérêt, apporter à la classe laborieuse des logements sains, mais si ces lois et règlements avaient prévu avec précision la grandeur des logements, les cubes d'air habitables, etc., par contre, aucune prescription d'ensemble concernant l'urbanisme de ces logements n'avait été prévue.

Il n'était pas encore question à ce moment de plans d'aménagement des villes et, d'ailleurs, lorsqu'il en existait, les architectes considéraient le problème d'habitations à bon marché comme un problème accessoire, mettant toute leur attention à la création de places urbaines ou d'avenues du type ancien, d'habitations bourgeoises, sans se préoccuper de l'implantation des cités ouvrières ni de l'importance qu'elles auraient dans l'avenir.

On a donc considéré (et, semble-t-il encore aujourd'hui, le problème n'apparaît pas clairement à l'ensemble de la population) que l'habitation à bon marché était une sorte d'œuvre sociale coûtant à la communauté, que c'était un mal nécessaire qu'il fallait résoudre aussi économiquement que possible. Dans beaucoup de cas, c'était une manifestation électorale qui consistait « à faire quelque chose » pour la classe ouvrière. Le résultat, sauf quelques exceptions, n'a pas été brillant.

Les villes ont affecté aux habitations à bon marché les terrains qu'elles possédaient, sans souci ni de l'emplacement de ces terrains par rapport au reste de la ville, ni de l'extension future que pourraient avoir ces cités, ni des espaces libres qui devaient leur être réservés, ni des terrains de jeux qui étaient nécessaires à leur population.

On peut dire qu'on a assisté, depuis une quinzaine d'années, à la création d'une série de noyaux isolés les uns des autres, sans plan d'ensemble et qui – maintenant que les espaces libres qui les entouraient ont été à leur tour remplis par d'autres bâtiments (l'existence d'une population importante attirant les spéculateurs à construire à proximité immédiate des magasins et des bâtiments à loyers) – disparaissent complètement dans la masse des autres constructions.

C

Cité à Maisons-Alfort,
Hummel et Dubreuil architectes.

La cité moderne est enserrée
entre le chemin de fer et
la route. On sent que le terrain
a été un «laissé pour compte».
Les habitations misérables
s'accolent au «château-fort».

Le Plessis-Robinson, Office d'HBM de la Seine, Payret-Dortail architecte.

Le choix judicieux du site, les protections naturelles des bois, l'aménagement large des espaces libres et la conception d'ensemble indiquent nettement la volonté de protéger, dans l'avenir, cette œuvre remarquablement réussie.

Ils sont devenus de véritables morceaux de ville, font partie de l'ensemble urbain ancien, avec tous ses défauts sans avoir aucun des avantages de celui-ci. Ce sont, en réalité, des habitations identiques aux autres mais à loyers moins élevés. Les habitants de ces îlots, noyés eux-mêmes la plupart du temps dans d'autres îlots d'habitations normales dont beaucoup sont des taudis, oublient très vite l'effort qui a été fait par la communauté ; ils sont gangrenés par la cohabitation immédiate des populations mal logées ; leurs enfants qu'on avait voulu préserver, jouent avec les enfants d'une population voisine mal logée, mécontente. Le problème n'est pas avancé d'un pas ; il semble même que l'on ait rétrogradé puisque l'argent qui a été dépensé et qui pèse lourdement sur les finances municipales, l'a été sans résultat appréciable. La vie ne s'est pas améliorée. Le problème est à reprendre.

Cependant, des exceptions heureuses existent. La création de la cité du Plessis-Robinson en est une en France. Largement conçue par l'Office d'habitations à bon marché de la Seine, bien disposée du point de vue urbanistique par son architecte, M. Payret-Dortail, elle semble aujourd'hui un modèle, quoiqu'encore trop influencée, à notre avis, par des considérations de plan traditionnel au détriment de l'orientation optima.

Malheureusement, des œuvres très importantes, comme celle de Drancy, risquent de voir l'effort de leurs créateurs, Beaudouin et Lods, annulé. C'est un îlot placé au milieu d'une plaine dans laquelle on ne sent aucun plan général reliant les nouvelles constructions à l'agglomération parisienne. Les espaces libres ne sont pas clairement indiqués. Aucune protection du site n'est prévue.

Il est à prévoir que d'ici peu de temps les terrains avoisinants seront à leur tour utilisés par les spéculateurs pour y installer des maisons dont les dispositions moins bien étudiées viendront étouffer peu à peu la création centrale qui aurait dû être à tout prix protégée.

C'est le cas également de la création magnifique de Maisons-Alfort, dont les architectes ont remarquablement traité la maison en soi. Cette cité qui, à l'intérieur, donne l'impression majestueuse de volonté, de clarté, semble, vue de l'extérieur, une forteresse qu'enserre déjà un réseau de rues privées qui commencent à se construire. Dans peu de temps, cette cité sera à son tour noyée dans la masse. Elle perdra alors peu à peu son intérêt, sa raison d'être.

En Angleterre et surtout en Allemagne, les mêmes erreurs ne semblent avoir pas été commises et les banlieues des deux villes qui peuvent être comparées à Paris, Londres et Berlin, ont été l'objet de plans d'aménagement qui ont permis de disposer harmonieusement les cités satellites aux emplacements optima déterminés par un site à proximité de lacs, de grandes forêts, rivières, etc.

Les conceptions anglaises sont peut-être moins intéressantes pour la France car elles ne constituent pas un ensemble aussi logique, répondant à notre caractère latin. Elles ont été peu à peu conçues et développées en une sorte de grand jardin anglais, exception faite des réalisations du XIXe siècle qui ont évidemment été une erreur.

En Allemagne, les conceptions d'urbanisme paraissent découler d'un esprit plus rigide mais plus logique qui a pu permettre la création du « Groß Berlin ».

On aurait pu, semble-t-il pour ne parler que du Département de la Seine, opérer de la même manière.

Deux ou trois conceptions totalement différentes auraient pu être prévues, une assez rigide et majestueuse aurait pu être réalisée par l'ensemble des bâtiments conçus sur l'arête de la voie triomphale (Champs-Élysées prolongés du rond-point de La Défense à Saint-Germain). L'effort actuellement un peu dispersé de l'Office d'Habitations à Bon Marché aurait pu se concentrer sur la réalisation de trois ou quatre cités satellites, l'une sur le plateau de La Défense, l'autre à proximité des deux traversées du fleuve et la dernière sur le plateau de Montesson.

On aurait pu, tout en assurant un ensemble architectural admirable qui se serait logiquement prêté à la construction en arêtes linéaires des nouvelles constructions, à la disposition logique des terrains de jeux et

même d'aéroports.

La concentration des moyens de communication sur l'arête principale aurait permis d'amener vers les quartiers du centre toute la population ouvrière ou semi-ouvrière qui aurait trouvé ses logements sur cette grande conception. En opposition avec cette réalisation rigide… une conception plus souple, déjà amorcée par le Plessis-Robinson, pourrait être prolongée dans la direction de la Vallée de Chevreuse. Elle n'est pas actuellement préparée. Il semblerait logique de lui donner comme axe la nouvelle autostrade projetée dans le Plan régional de la Seine.

Enfin, dans le Nord, l'aménagement des terrains libres de Saint-Denis (Champ de courses) et du Bourget aux alentours de l'aéroport en utilisant également la nouvelle autostrade permettrait d'éviter la construction désordonnée de toute cette banlieue Nord dans laquelle des îlots comme celui de Drancy disparaîtront étouffés.

Les mêmes principes devraient être appliqués immédiatement dans la plupart des grandes villes françaises.

Il serait à souhaiter à ce propos que la « loi sur les plans régionaux » qui n'attend, et cela depuis plusieurs années, que le vote du Sénat soit enfin passée et appliquée avec sérieux. C'est-à-dire que les moyens financiers qui seront nécessaires à son application fassent l'objet d'un additif à la loi. Il y aurait lieu de réviser également les lois

Cité de La Muette à Drancy,
Office d'HBM de la Seine,
Beaudouin et Lods architectes.

La cité a ici précédé l'aménagement régional. On cherche vainement les autostrades, les réserves boisées, les terrains de jeux. Il faut que cette magnifique réalisation soit sauvée de la gangrène qui l'enserre peu à peu.

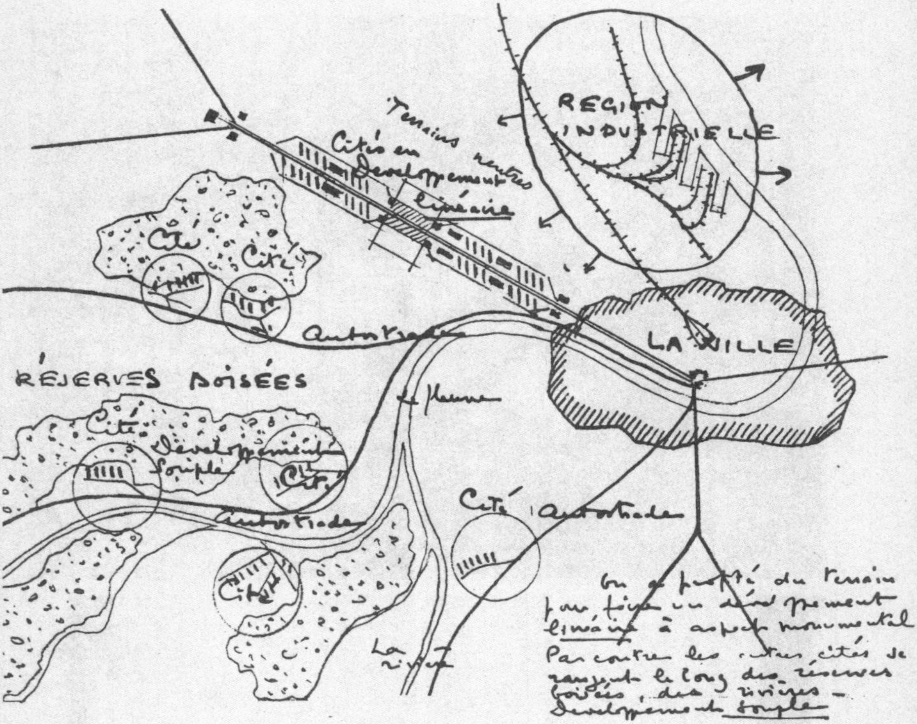

On a profité du terrain
pour faire un développement
linéaire à aspect monumental.
Par contre les autres cités
se rangent le long des
réserves boisées, des rivières.
Développements *souples*.

d'expropriation, d'aménagement de voirie routière, etc. Il faut moderniser notre attirail de lois en fonction des nécessités de la vie future. Si les lois sont constamment en retard sur la réalité elles deviennent de véritables freins au profit de la seule spéculation immédiate – c'est-à-dire la spéculation la plus sordide.

La loi sur les plans d'aménagement des villes, toute nécessaire qu'elle est, n'a qu'une faible importance pratique par suite de la quasi-impossibilité de l'appliquer. En effet les conceptions de reconstruction du centre des villes se heurtent à tellement d'intérêts acquis que les moyens financiers manquent pour réaliser la moindre opération. Quelles ont été les réalisations importantes à Paris depuis trente ans ? Les Halles sont toujours enserrées dans leur îlot insalubre, les Grands Boulevards ne traverseront bientôt plus que des quartiers en pleine décadence.

Et pendant ce temps des milliards sont dépensés par de petites gens, en banlieue sur une trame de rues qui ne sont que des ruelles sans un plan constructif, sans un moyen légal de discipliner ce magma. Aujourd'hui les aménagements nécessaires sont impossibles par suite de l'élévation du prix du terrain, par l'existence des intérêts particuliers s'opposant toujours à ceux de la collectivité. On a ajouté à la décadence normale de vieillesse de la ville celle prématurée de la banlieue !

Vite des conceptions d'ensemble, accélérons les études, intéressons les particuliers, les collectivités. Il faut procéder par voies de conférences, d'affiches au besoin, faire comprendre que l'intérêt particulier très compris est celui qui cadre avec l'intérêt général.

Les études ou réalisations actuelles d'aménagements régionaux permettent de comprendre comment les cités d'HBM pourraient se placer dans le plan général urbain. Du noyau central, la ville ancienne (qui, plus tard, lorsque la région aménagée aura attiré la population, se transformera à son tour), partiront les grandes voies autostrades vers les régions diverses définies par le zoning : industrielles, résidentielles bourgeoises, résidentielles ouvrières, etc.

Il faudra séparer nettement ces régions par des zones neutres qui permettront le développement de l'une sans nuire à l'autre.

Sur l'axe des grandes voies des résidences d'HBM se grefferont les embranchements menant aux cités. Celles-ci seront implantées d'avance sur des terrains aussi importants que possible, afin de réserver l'avenir, à proximité de réserves boisées, de parcs, de rivières. Rien n'empêche la collectivité d'acquérir ces terrains à l'avance tout en les laissant aussi longtemps qu'il sera nécessaire disponibles pour la culture, le fermage.

Les cités seront développées progressivement en fonction de leur distance des centres industriel ou urbain, en parallèle avec l'aménagement rationnel des moyens de transport.

C

Siemensstadt, Scharoun, Gropius, Haring, Forbat, Henning et Bartning architectes.

Cette réalisation montre clairement la conception moderne d'aménagement d'une cité: l'autostrade, la voie suburbaine électrique, les voies primaires et secondaires. Entre les files de maisons: les chemins tertiaires (ils ne sont pas indiqués sur le plan).

1800 logements sur lesquels 1040 construits; 30% de logements à 48 m²; 50% de logements à 62 m²; 10% de logements à 72 m²; 16 m de hauteur par bâtiment; distance minima: 28 m; rues secondaires réduites au minimum.

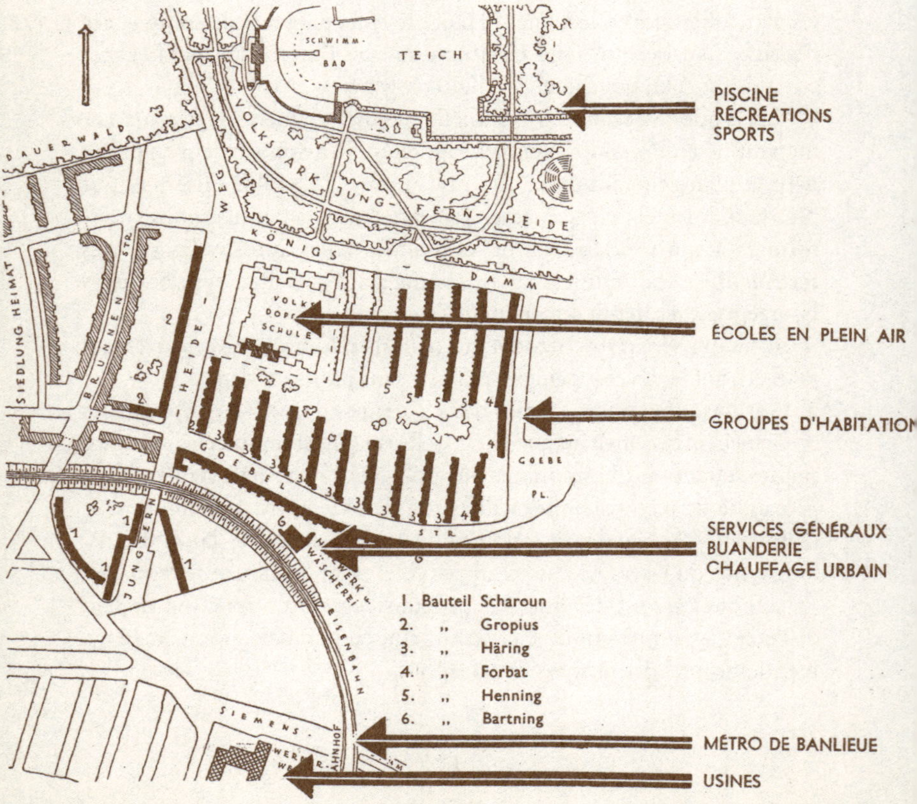

II. Aménagement d'une cité d'HBM

L'aménagement idéal d'une pareille cité a été rarement résolu en France, sauf à Plessis-Robinson par exemple. Mais nous en avons des exemples presque parfaits en Allemagne, en Angleterre et en Amérique.

Cet aménagement, qui se conçoit en embranchement sur une voie à grande circulation automobile, doit être si possible à proximité d'une voie ferrée électrique suburbaine ou du métropolitain urbain prolongé.

Du point de contact avec la grande voie qui, dans l'avenir, sera probablement une autostrade, c'est-à-dire traitée comme une véritable voie de chemin de fer, doit partir le réseau des voies primaires à grande densité de trafic automobile et aux abords desquelles devrait se construire le nodule commercial.

Ces nodules devraient avoir des gabarits très différents de ceux acceptables pour les habitations. Ils pourraient comporter des immeubles de 10 à 20 étages qui rassembleraient, dans le plus court espace possible, des services généraux de chacune des agglomérations d'HBM, c'est-à-dire : bureaux, mairie, logements de médecins, dentistes, ingénieurs, mécaniciens, architectes, etc.

Les étages inférieurs, plus étendus en surface, recevraient les coopératives d'alimentation, les grands garages, etc.

La conception d'ensemble permettrait de créer des gares d'autocars.

Ces dispositions sembleraient plus heureuses que celles qui consistent à mélanger dans des habitations à bon marché des tours et des habitations moins élevées, comme à Drancy par exemple. Ces tours – qui donnent à la conception d'ensemble un certain caractère architectural homogène – constitueraient des points de repères pour l'œil.

C'est ainsi, pour reprendre l'exemple de la voie triomphale, que celle-ci pourrait être jalonnée à chaque nodule correspondant à une cité satellite, de grandes tours, alors qu'au contraire, les habitations venant se répartir à droite et à gauche dans la campagne resteraient à une échelle plus réduite et viendraient elles-mêmes se noyer dans la verdure qui les entourerait et qui cernerait les espaces réservés aux sports et aux jeux.

En embranchement sur les voies primaires doivent directement s'étendre les voies secondaires qui sont le véritable réseau de distribution des lignes d'habitations.

Un bon urbanisme de la cité doit être prévu comme dans Siemensstadt, en Allemagne, par exemple, qui réduit au minimum le nombre de ses voies secondaires.

La grave erreur de conception ancienne d'HBM a été de se raccrocher, par tradition sans doute, aux conceptions urbaines qui prévoyaient une rue en bordure de chaque bâtiment, ce qui étend à l'infini le réseau de ses voies et en fait une réalisation fort coûteuse par suite de la nécessité d'établir les chaussées de roulement, les trottoirs, l'éclairage, etc.

Dans la conception moderne, les réseaux d'habitations doivent être desservis en principe perpendiculairement ou obliquement aux files d'habitations par ces voies secondaires ; les habitations étant desservies longitudinalement par des sentiers en dalles de ciment ou autres matériaux, le long des habitations.

Cette disposition permet de traiter l'espace compris entre les voies secondaires comme un très grand parc dans lequel sont plantées les lignes d'habitations.

Les avantages, en dehors de l'orientation optima et de la diminution sensible de la dépense de voirie, sont nombreux. Ils permettent d'utiliser au maximum les espaces libres entre les lignes d'habitations, de les planter d'arbres et de permettre aux enfants de circuler dans l'ensemble de la cité sans risquer d'être écrasés par les voitures.

En résumé, l'aménagement d'une cité idéale semblerait être celui-ci :

L'autostrade, la voie primaire à grand trafic et commerciale, les voies secondaires de service automobile des habitations et les chemins tertiaires permettant la distribution de chacune des unités d'escaliers.

Il est à remarquer d'ailleurs que ces chemins tertiaires sont en général prévus en Allemagne pour la circulation éventuelle des voitures de pompiers et des voitures de déménagements, afin d'assurer la livraison du mobilier à proximité immédiate des cages d'escalier.

En Allemagne, aux environs de Berlin particulièrement, certains espaces ont été prévus entièrement réservés à des jardins potagers, véritables îlots de verdure indépendants des maisons et dans lesquels se rendent les ouvriers, quelques heures de la journée, pour assurer la culture de leurs légumes tout en se distrayant.

Nous ne sommes pas extrêmement partisans de cette formule qui nous paraît être rétrograde. Il nous semblerait préférable d'occuper les heures de loisir des habitants de ces cités à l'instruction ou aux jeux, en réservant à une autre catégorie de population plus qualifiée la possibilité de faire à bas prix les légumes et différents produits d'alimentation.

La disposition des habitations, à l'intérieur du réseau de la cité, a varié sensiblement depuis un siècle.

Nettement influencée, au début, par l'esprit romantique du XIXe siècle, elle a cherché à copier les villages, la répartition des rues étant faite en fonction des lignes de niveau du terrain, l'urbaniste plaçant les bâtiments, villas, etc., en général suivant des orientations commandées presque uniquement par le dessin des rues.

Ce dessin étant essentiellement en courbe, il en est résulté que les orientations des maisons variaient presque constamment, ce qui a

Photos de Siemensstadt.

178

Lotissement de Haselhorst
Spandau (Berlin).
Architectes: Forbat et Société d'études et de recherches du Reich.

Plan rigide dont l'orientation parfaite est gâchée par le grand immeuble du fond barrant l'horizon et les espaces libres non prévus. Il est regrettable que cet effort remarquable soit ainsi imparfait et doive engendrer la tristesse. Par contre, bonne disposition par rapport à la croisée d'artères principales.

amené à avoir des maisons favorisées par l'orientation optima alors que la plupart d'entre elles se trouvaient disposées au hasard avec une orientation des pièces principales très défectueuse.

Il y a cependant des exceptions puisque, dès 1903, la cité de Letchworth à Pixmore Hill, par exemple, a permis de donner à la plupart des habitations des orientations optima. Il y a, dans cette cité, cependant, plus de 40 % de maisons orientées au hasard.

On retrouvera d'ailleurs ce défaut d'orientation dans la plupart des conceptions anglaises ou belges, ainsi que dans un très grand nombre de réalisations françaises.

Ce n'est qu'après la guerre, après des discussions nombreuses autour des études de Le Corbusier, Gropius, etc., que l'on s'applique à donner aux implantations des habitations une rigidité plus grande en fonction de l'orientation optima.

L'application stricte de ce principe amène naturellement la disposition des habitations en lignes parallèles à laquelle l'œil n'est pas encore habitué et qui sera sans doute critiquée du point de vue romantique, artistique, pendant encore fort longtemps.

Et pourtant, c'est cette disposition seule qui correspond aux caractéristiques de la vie actuelle. La discipline, librement consentie d'autre part, seule, permet, dans l'intérêt de tous, l'accroissement du bien-être individuel.

D'ailleurs, il devrait paraître surprenant que l'œil refuse de s'habituer à ces conceptions en ligne puisque les premières réalisations d'urbanisme au XVIIe siècle et au XVIIIe siècle ont cherché à uniformiser les façades des rues et places publiques.

C'est ainsi que l'on est arrivé à des ensembles qui ont été critiqués à l'époque d'ailleurs, comme la place Royale (des Vosges), la place Vendôme, la rue de Rivoli, l'avenue de l'Opéra, etc.

L'habitant des villes qui accepte sans aucune discussion à l'heure actuelle l'existence de ces ensembles dont il est fier oublie un peu vite que, derrière ces belles façades s'étendent en général des taudis, un enchevêtrement de rues mal éclairées, de maisons disposées dans tous les sens, sans lumière. Il devrait accepter, avec enthousiasme, ces grandes avenues modernes sur lesquelles viennent aboutir les angles des lignes d'habitations. L'œil n'est arrêté que par ces arêtes d'immeubles comme des tours, alors que dans les échancrures, à chaque instant, s'étendent des arbres et la verdure.

Il y a donc simplement une question d'adaptation, de même que l'habitant des XVIIIe et XIXe siècle, dont l'œil était fait à la petite rue étroite, tortueuse, très pittoresque, a mis du temps à comprendre la grande avenue monumentale bordée d'immeubles à multiples étages.

En haut: Le «Rundling», HBM
de Leipzig, Ritter architecte.

L'architecte a tout sacrifié: orientation, espaces libres, etc., à une conception purement cérébrale d'urbanisme. Si ce plan se comprenait au cœur d'une ville à la croisée des artères principales, des magasins commerciaux, il ne se comprend pas pour l'habitation heureuse. On aura du mal à raccorder cet ensemble au reste de la ville.

En bas: Le fer à cheval
de Berlin Britz, Bruno Taut
architecte (société Gehag).

Mêmes défauts du désir du grandiose au détriment de la logique. Mais l'erreur est limitée à une section. Les reste du lotissement est bien conçu.

En haut: Lotissement de Berlin-Treptow, Foerstner architecte (Gehag).

Le plan est très intéressant. En effet, il est fonction du plan d'urbanisme général de la banlieue berlinoise. On sort de la ville naturellement. L'artère bordée d'immeubles bien orientée, grandiose. Le plan prévoit les espaces libres, les jardins potagers réservés aux ouvriers, on aperçoit les stades et terrains de jeux. 805 appartements à 2 et 2 ½ pièces; 57 maisons individuelles entre mitoyens. Buanderie centrale, mais chauffage par poêle.

En bas: Lotissement «Oncle Tom», Wagner, Taut et Salvisberg architectes.

À part l'orientation regrettable des immeubles en bordure du métro (il eut été préférable d'entourer la tranchée d'arbres), le reste de la composition est remarquable. Noter la bande verte formant parc séparant le groupe des anciennes habitations et remarquer avec quel soin on s'est accolé au Grunenwald, immense réserve boisée.

Cité de La Muette à Drancy.

Système mixte: tour d'habitation
de 15 étages, grande cour
de 4 étages sur pilotis,
maisons en lignes de 3 étages.

III. Dispositions générales de construction

Les dispositions générales concernant l'implantation de la cité d'HBM et celles concernant la disposition des bâtiments à l'intérieur de cette cité, les dispositions générales concernant les voies étant fixées, il reste à déterminer en fonction du plan général les caractéristiques principales des bâtiments qui doivent correspondre aux plans adoptés.

Deux grandes tendances sont actuellement en lutte : l'une tend à maintenir les constructions d'HBM à une faible hauteur (4 ou 5 étages au maximum) ; l'autre au contraire tend à élever ces bâtiments au-delà de 10 étages.

Ce sont ces deux tendances qui ont été exprimées, rassemblées dans le même projet par MM. Beaudouin et Lods dans leur dispositif très intéressant de Drancy.

Il paraît difficile de trancher cette question à l'heure actuelle mais il est possible cependant dès maintenant de préciser que la construction à très grande hauteur n'est possible que si les espaces libres sont accrus en proportion de la concentration des logements dans une même superficie.

Il en résulte donc que la construction à très grande hauteur ne serait possible qu'à condition que le programme d'aménagement soit très vaste et qu'il couvre un très large espace de territoire. Autrement on arriverait à une exécution, qui pourrait paraître absurde, de tours semblant isolées au milieu de terrains relativement petits, lesquels resteraient entourés par la banlieue non transformable.

C'est précisément ce qui se passe à Drancy où le terrain nous paraît trop exigu pour prévoir ces tours. La cité semble être à l'heure actuelle enserrée entre les habitations libres de construction défectueuse qui détruiront peu à peu l'intérêt de l'opération réalisée.

Il semble donc qu'il soit préférable de conserver le principe de la construction à 4 étages ou 5 étages et, entre chaque file de maisons, l'espace correspondant à une ligne passant par le faîte d'un immeuble pour venir au pied de l'immeuble de la rangée suivante, cette ligne faisant avec l'horizontale un angle de 25° environ.

Cet angle de 25° qui a été adopté pour le Plessis-Robinson, pour le Buiksloot à Amsterdam, pour le Gagfah de Francfort, pour le Dammerstock de Karlsrhue, a été abaissé même à 15° dans beaucoup de réalisations recommandées récemment en Allemagne qui tendent à augmenter sensiblement de ce fait les espaces libres entre les files de maisons.

Il est intéressant de comparer ces chiffres avec ceux qui ont été en usage jusqu'à ce jour dans la plupart des réalisations européennes, celle par exemple de Bâle en 1890 où l'angle est de 38°, de Mailand, de 44°, etc.

Tout le problème au fond revient à déterminer quelle est la densité à l'hectare qui peut être admise.

La densité actuellement recommandée par la plupart des urbanistes en Allemagne et en Amérique semble tourner autour de 300 à 450 habitants à l'hectare.

Il est intéressant de noter qu'au Plessis-Robinson cette densité est de 272. Dans la construction à très grande hauteur telle qu'elle est préconisée par Le Corbusier par exemple, la densité grâce à la hauteur considérable des tours peut être portée à 1 000 habitants à l'hectare, ce qui correspond sensiblement à la densité urbaine actuellement admise dans les villes tout en conservant autour de ces tours des espaces libres considérables.

Nous pensons qu'il faut se tenir dans des chiffres relativement faibles afin d'obtenir dans une cité moderne des espaces libres importants sans avoir à augmenter trop la hauteur des bâtiments.

La proportion de la voirie par rapport au restant de terrain disponible ne doit pas dépasser 20 %. Par voirie, on entend la construction des routes primaires et secondaires à l'exclusion des chemins tertiaires qui, eux, font partie de la superficie réservée à l'habitation, promenades et jeux.

Dans certains plans très modernes établis pour Berlin on tend même à la suppression presque complète des routes secondaires et, par une disposition très régulière des files de bâtiments le long des routes primaires, on arrive à faire tomber la superficie totale de voirie à 4 % en réservant la partie habitation et jeux pour 96 %.

L'inconvénient de cette formule est évidemment que l'habitant est obligé de parcourir un assez long chemin à pied depuis l'artère primaire.

Nous pensons qu'il faut se tenir aux environs de 13 à 20 % pour la superficie maxima des routes primaires et secondaires.

On arrive ainsi à une économie très satisfaisante des dépenses générales de voirie. En dehors de ces dispositifs réservés aux parties habitation, on doit prévoir dans les cités modernes la concentration des bâtiments d'intérêt général, prévoir le chauffage urbain moderne à vapeur avec distribution dans chaque logement par compteur, des buanderies, crèches, services médicaux, etc.

Ainsi que tous les dispositifs réservés aux jeux : stades d'entraînement, pistes, courts de tennis, piscine, les très grands espaces libres qui sont prévus automatiquement dans un plan moderne permettront d'ailleurs, le cas échéant, d'augmenter facilement certains dispositifs de jeux qu'on pourra enserrer entre certaines files de bâtiments lorsqu'on le désirera dans l'avenir.

C'est ainsi par exemple qu'on pourra multiplier les courts de tennis.

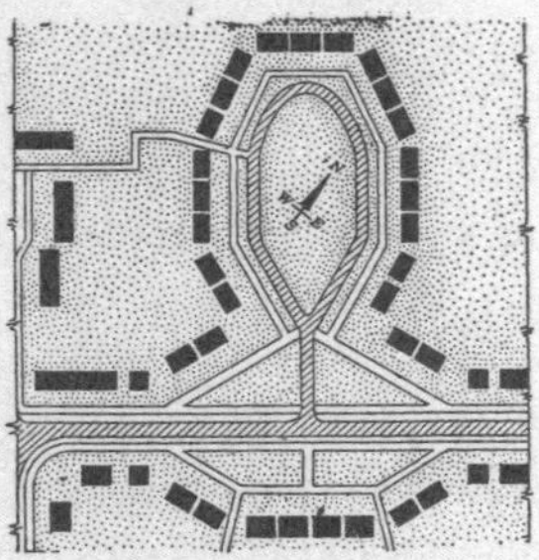

Welwyn, Angleterre.
Urbanisme en cul de sac. 200 maisons construites par l'autorité locale. Les maisons ont deux étages et leur densité est de 12 par acre.

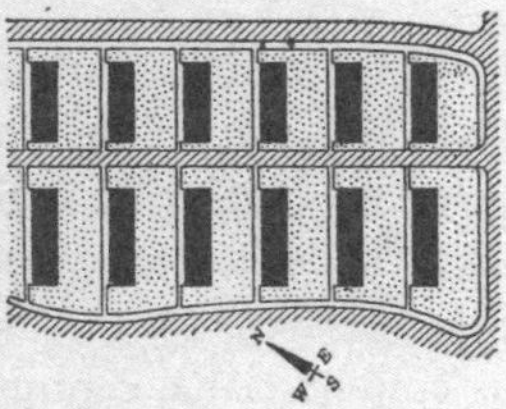

Neubuhl, Suisse.
Urbanisme en lignes ouvertes. Maisons à deux étages. 195 maisons construites par une société coopérative.

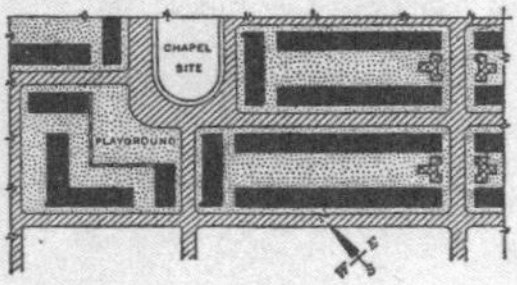

Kiefhoek, Hollande.
Le «slum» est réhabilité. En bordure des anciennes rues, 300 maisons minimum sont construites par la ville. Densité: 30 maisons par acre. 2 étages.

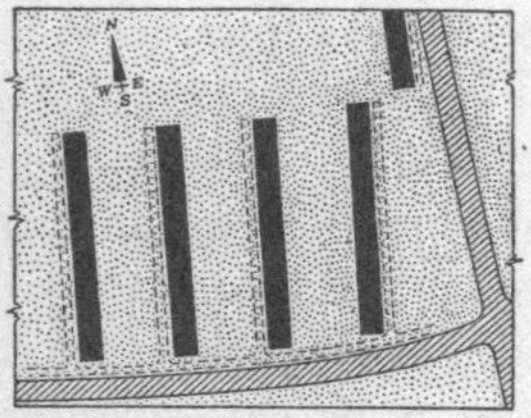

Siemensstadt, Allemagne.
Urbanisme en lignes ouvertes orientées nord-sud. Espaces libres entre les lignes. 1800 appartements construits par une société municipale d'HBM. Immeubles de 4 étages. 32 appartements par acre.

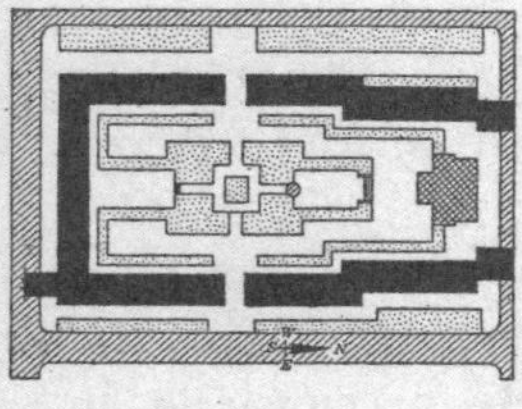

Karl-Marx-Hof, Vienne.
Partie d'un large complexe d'habitations comportant tous les services publics. 1400 appartements construits par la ville. 4 étages. 29 appartements par acre.

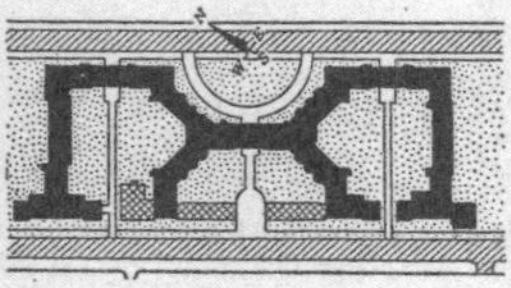

Ossulston Estate, Londres.
Partie d'un projet d'assainissement du centre de la ville, réalisé par le conseil d'arrondissement (Comity Council). 450 appartements. 5 étages. 52 appartements par acre.

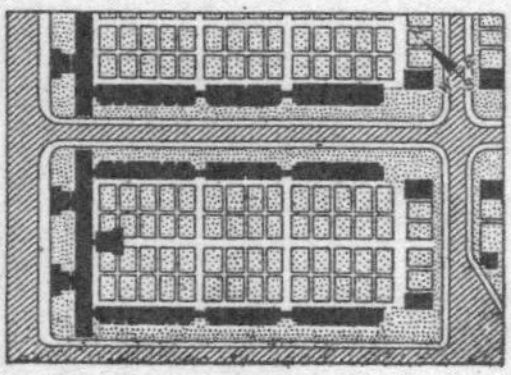

Le Plessis-Robinson, France.
Partie d'une ville satellite complète réalisée par l'Office Public d'HBM de la Seine. À chaque appartement appartient un lot de jardin. 5600 logements. 4 étages. 29 appartements par acre.

Conclusion

La conclusion que l'on peut tirer de l'étude des réalisations actuelles d'habitations à bon marché peut être résumée sommairement de la façon suivante :

1. Éviter dans l'avenir les réalisations partielles, fractionnées, noyées au milieu d'anciens quartiers de villes ou de banlieues mal aménagées afin de ne pas pourrir les constructions modernes au fur et à mesure de leur édification ;
2. Concentrer les programmes d'habitations à bon marché sur de grands plans d'aménagement régional suivant des axes soigneusement étudiés, autostrades, en fonction des richesses naturelles existantes, rivières, bois, vallées. Adapter les constructions et les cités modernes à des sites normalement protégés ;
3. Concentrer les services généraux, bâtiments commerciaux, centres d'affaires dans des nodules de construction élevée à proximité des autostrades. Dégager les cités de tous éléments commerciaux de nature à leur enlever leur caractère. Ne laisser, dans cette cité, que des routes secondaires circulant dans la verdure. Rendre l'habitation saine et agréable ;
4. Aménager des terrains de sports nombreux. Donner à la jeunesse tout ce qu'il faut sur place pour lui permettre de s'entraîner et se divertir sans avoir à regagner constamment la grande ville.

Il résulte de notre étude, si nous désirons l'appliquer à la région parisienne qui nous intéresse tout particulièrement, qu'il faudrait accélérer l'approbation du plan régional, en étudier soigneusement l'application à la création de villes nouvelles destinées aux HBM, de séparer nettement ces réalisations des agglomérations existantes. En un mot, poser sur la trame actuelle de la banlieue parisienne une nouvelle trame entièrement indépendante de la première qu'il faudrait pouvoir séparer de celle-ci par une véritable muraille de Chine.

Peu à peu les habitants comprendront l'intérêt des formules saines nouvelles et c'est à ce prix seulement que l'on parviendra à sauver la banlieue parisienne de la pauvreté tant matérielle que morale qui, insensiblement la gagne.

C'est ainsi, et ce n'est pas un des côtés le moins important de notre étude, que l'on parviendra à redresser le moral de la population laborieuse des grandes villes et que l'on évitera de transformer peu à peu les habitants en de véritables révoltés.

Article initialement paru
dans *L'Architecture d'aujourd'hui*,
nº 6, juin 1935, pp. 56-72.

C

Cité de Drancy, Office public d'HBM de la Seine, Beaudouin et Lods architectes.

L'habitation urbaine entourée de verdure. Mais cet aspect idéal n'est obtenu qu'en prenant la photo d'un champ voisin.

D

L'imaginaire métropolitain de Hugh Ferriss

New York, 1916-1962

NATHALIE ROSEAU

191

Hugh Ferriss, 1943.

L'imaginaire métropolitain de Hugh Ferriss

New York, 1916-1962

NATHALIE ROSEAU

À quoi ressemble le bâti ? Cela dépend considérablement
de la hauteur de votre point de vue […].

Du point de vue le plus bas, celui du piéton marchant dans la rue,
vous voyez des fragments d'immeubles resserrés –
une façade commerciale, l'entrée d'un hall.
Vous êtes dans le monde du détail architectural. Mais supposez
que vous observiez les choses depuis un hélicoptère,
volant lentement et à basse altitude, disons à 250 pieds.
Vous êtes ici dans le monde des masses architecturales.
Lors de la conception du siège des Nations unies, nous avons
étudié à un moment la situation depuis un tel point de vue :
elle nous a aidés à apprécier les masses et leurs formes.
Les vues d'hélicoptère sont précieuses pour représenter.
Et pour projeter.

Maintenant, supposez que vous vous trouviez à bord d'un avion,
volant à basse altitude, disons à 1 200 pieds. Vous voyez
encore nettement les bâtiments, mais ce qui apparaît plus
clairement, c'est leur intégration dans l'environnement immédiat,
avec le système viaire, les routes, les voies d'eau,
les trames vertes, etc.

Vous êtes entrés dans le monde de l'aménagement
du territoire et des quartiers d'habitation.
Un jour, un survol en avion de loisir à basse altitude,
à l'aplomb de la côte sud du Connecticut,
fut une révélation en terme de paysage.

Lorsque l'avion vole plus vite et plus haut, vous entrez
à plus de 5 000 pieds d'altitude dans un monde encore différent,
et bien que vous ayez embarqué au sol comme architecte,
vous avez maintenant l'impression d'être un urbaniste.

À plus de 5 miles, vous vous transformez en planificateur
régional ! Juste au-dessous de vous se déploie la région en entier,
et vous ne pouvez vous empêcher de la dessiner
ou de la redessiner.

Essayez un jour d'esquisser une série de croquis à main levée
en couleur, et vous verrez combien les choses changent
et se simplifient au fur et à mesure que vous vous élevez. Il m'est
arrivé de ne plus distinguer, vu d'en haut, que trois tons :
bleu ardoise pour la mer et les flots, vert pré pour les terres
cultivées, bleu vert pour les forêts. Et puis des fils éclairés gris
montrant les autoroutes (qui restaient visibles pendant
un temps surprenant). Quant à l'architecture : seulement des
petits points, minuscules.

Du braille imprimé sur une large page verte de Nature.
Si légèrement imprimé ! – et bientôt, dans cette ascension,
il disparaîtrait entièrement [...].

Parlez aujourd'hui de « formes monumentales »
et vous serez sans doute incompris : ils pensent que vous parlez
forcément de maçonnerie – quelque chose de lourd
et pesant. Alors devrions-nous parler de formes mémorables ?
Expressives ?

Il y eut des temples, des cathédrales, dont on se souvenait avec
admiration, pas seulement parce qu'ils étaient lourds
et pesants, mais surtout parce qu'ils étaient expressifs.
Il peut y avoir des bâtiments de métal, de verre, de plastique,
des bâtiments qui ne seraient en aucun cas pesants et lourds,
des bâtiments translucides ou transparents, qui seraient
à la fois mémorables et expressifs.

Les matières changent, les apparences changent,
les styles changent, et les architectes peuvent encore atteindre
l'expressif et le mémorable.

Hugh Ferriss, *Random Thoughts*, fin des années 1940.[1]

En 1916, la municipalité du Greater New York édicte sa première Zoning Law[2]. Face à l'hystérie immobilière qui règne à Manhattan, la nouvelle loi est destinée à rationaliser la course aux hauteurs et l'hyperdensification, en évitant que les édifices ne privent d'air et de lumière les constructions adjacentes. À partir d'une hauteur fixe, l'immeuble devra avoir un retrait au fur et à mesure de son élévation. Progressivement les architectes matérialisent la loi en imaginant les formes architecturales à même d'incarner ces règles. Naît le système à redans dont les variations marqueront durablement le paysage new-yorkais. La loi ne bride pas le marché de la construction. Bien au contraire, en la réglementant, elle stimule la réflexion architecturale et l'inventivité urbaine. Théorisé par

Rem Koolhaas dans *New York délire*[3], le manhattanisme s'invente, porté par des figures majeures de la scène architecturale new-yorkaise, au rang desquelles on trouve Harvey Wiley Corbett, Raymond Hood et Hugh Ferriss, perspectiviste qui officie pour les plus grandes agences d'architecture de la ville.

Visuelle et textuelle, l'œuvre de Ferriss est foisonnante. Elle *préfigure* le tournant métropolitain dont fait l'objet la cité new-yorkaise, de la mutation de Manhattan au déploiement de la *suburbia* à l'échelle des deux États qui composent l'aire métropolitaine, en passant par les réalisations massives des infrastructures – ouvrages d'art, *parkways*, aéroports – qui feront la fierté de la Port of New York Authority[4]. En *représentant* la métropole en devenir, dans ses productions libres comme dans les projets auxquels il apporte son concours, Ferriss cristallise et extrapole, projette et transforme. Témoin et acteur, il contribue à l'édification du paysage à la fois imaginaire et réel de la ville. Jusqu'à sa mort en 1962, la trajectoire de Ferriss travaille un certain nombre d'énoncés qui marqueront la construction de la métropole et les changements d'échelle qui la façonnent. L'agrandissement de la cité, la controverse entre métropole et région, l'aménagement de la périphérie ou le statut architectural et urbain de l'infrastructure : autant de questions qui traversent l'œuvre de Ferriss et résonnent avec acuité aux oreilles des métropoles contemporaines.

1 Archives Hugh Ferriss, boîte 7, dossier 2, Drawings and Archives, Avery Architectural and Fine Arts Library, Columbia University, New York.

2 Le Greater New York est créé par la loi d'annexion votée en 1898, qui scelle la fusion de Manhattan et Brooklyn. À ces deux *boroughs* sont annexés ceux du Queens, du Bronx et de Staten Island, l'ensemble formant le périmètre de la nouvelle municipalité de New York. Conçue par George B. Ford et Robert Whitton, la Zoning Law est approuvée en 1916 par le New York City Board of Estimates and Appointment ; elle élabore un zoning pour Manhattan. Plus que les prescriptions du zoning, c'est la règle géométrique de hauteur des immeubles par rapport aux dimensions des voies qui attira l'imagination des architectes au tournant des années 1920. Les immeubles de l'Empire State Building, du Chrysler Building mais aussi l'ensemble du Rockefeller Center en seront des incarnations. Voir Carol Willis, « Zoning and Zeitgeist, The Skyscraper City in the 1920s », *Journal of the Society of Architectural Historians*, vol. 45, 1986, pp. 47-60.

3 Rem Koolhaas, *New York délire. Un manifeste rétroactif pour Manhattan* [1978], Marseille, Parenthèses, 2002.

4 La Port of New York Authority, agence gouvernementale placée sous l'autorité des deux États de New York et du New Jersey, est créée en 1921 pour les besoins du développement du port de New York.

I. THE ENVELOPE AS DEFINED BY LAW.

Assumed a city block 200 x 800 feet. The number and position (but not the volume) of the Dormers, likewise the shape and position (but not the area) of the tower, are optional with the designer. Otherwise this perspective is simply a pictorial representation of the maximum mass allowed by the present laws.

II. THE ENVELOPE MODIFIED BY A PLAN.

Its appearance after having assumed a plan, and having passed this downward through the original envelope.

III. THE MODIFIED ENVELOPE FILLED WITH RECTILINEAR FORMS.

Its appearance after having substituted for the sloping planes, set-backs occurring at every second floor; tentative limitation being placed upon the tower.

IV. THE MASS MODIFIED BY THE STEEL CONSTRUCTION.

Its appearance after conforming the set-backs to the steel grillage and truncating the pinnacles to the highest floor level, which contains a practicable area. The mass is now ready for architectural articulation.

Hugh Ferriss, «Evolution of a City Building Under the Zoning Law», *The New York Times*, 19 mars 1922

Une figure de la scène new-yorkaise

Né en 1889 à Saint Louis, Hugh Ferriss se forme comme architecte à l'université de Washington. Très tôt il décide de se consacrer entièrement au dessin plutôt qu'à l'acte de construire. Arrivé à Manhattan en 1912, il met ses talents de perspectiviste au service de Cass Gilbert, concepteur du Woolworth Building, alors le plus haut immeuble en construction. Sa volonté d'embrasser pleinement l'art de la perspective le conduit à se mettre à son compte dès 1915, date à laquelle il crée son propre studio. Un événement urbain capital – l'adoption en 1916 de la Zoning Law – et une rencontre décisive – celle de Corbett, auteur du très remarqué Bush Terminal Sales Building (1917), gratte-ciel de trente étages réalisé à proximité de Times Square – lancent sa carrière dans l'arène new-yorkaise[5].

Corbett et Ferriss s'associent pour étudier les incidences architecturales de la loi. Ils publient en 1922 dans le *New York Times*, les *Four Drawings of the Evolution of the Set-Back Building*, plus communément appelés les *Four-Stage Drawings*[6]. Déployant une vision en quatre temps, leurs propositions esquissent les formes architecturales des futurs gratte-ciel s'inscrivant dans l'épure de la Zoning Law. Les limites légales de la *Zoning Envelope* sont d'abord figurées en un volume dessiné comme un bloc d'argile qui est ensuite modelé pour donner naissance à un immeuble viable. Les visions de Ferriss sont saluées par les critiques et les architectes, à l'instar de John Mead qui déclare que « la matière s'est cristallisée quand Hugh Ferriss a fait ces quatre dessins de "l'enveloppe de zone" pour un bloc urbain[7]. » Car loin d'être contraint, l'espace ouvert par la règle d'urbanisme offre de nouvelles perspectives, comme le proclame Ferriss : « Nous ne voyons pas ici la nouvelle architecture d'une ville, nous voyons la nouvelle architecture d'une civilisation[8]. »

5 Nous nous appuierons en particulier sur deux essais consacrés à la trajectoire professionnelle de Hugh Ferriss : l'essai de Carol Willis, « Le dessein de Metropolis », in Hugh Ferriss, *La Métropole du futur*, Paris, Centre Georges-Pompidou, coll. « Monographie », 1987, pp. 152-183 ; ainsi que l'introduction de Jean Ferriss Leich à son ouvrage *Architectural Visions: The Drawings of Hugh Ferriss*, New York, Whitney Library of Design, 1986, pp. 16-33.

6 Hugh Ferriss, « The New Architecture, Evolution of a City Building Under the Zoning Law », *The New York Times*, 19 mars 1922, pp. 54-55. Harvey W. Corbett, « High Buildings on Narrow Streets », *The American Architect*, 8 juin 1921, pp. 603-619. À propos des *Four-stage Drawings*, voir Nadia Amoroso, *The Exposed City: Mapping the Urban Invisibles*, Londres/New York, Routledge, 2010, pp. 3-40.

7 John Mead Howells, « The Verticality of the Skyscrapers », *The American Architect*, nº 134, 20 décembre 1928, p. 727.

Corbett fait écho à son optimisme : « Un nouveau genre de ville est en train de germer avec ses innombrables flèches, tours et dômes en retrait de la ligne de corniche. Ils produiront une vision fascinante[9]. » Alors que le marché de la construction connaît une croissance fulgurante[10], le pouvoir conféré par la législation de remodeler la ville remet en selle les architectes. Ferriss s'engouffre dans la brèche, observant et façonnant tel un sculpteur « la ville en fusion ». Au-delà des immeubles qu'il met en perspective, c'est à la structure urbaine dans son ensemble qu'il s'adresse, réinterrogeant la taille du block, les contours de la voie, les fonctions du quartier, le plan de la ville, l'horizon de sa périphérie.

Pour exercer son art, Ferriss s'installe en 1923 dans un atelier situé sur le toit de l'Architect's Building, à l'angle nord-est de Park Avenue et de la 40e rue, un bâtiment aujourd'hui démoli qu'il occupera jusqu'à sa mort. Le panorama qu'il découvre chaque matin du haut de sa terrasse constituera l'une de ses sources d'inspiration majeures. La réflexion du perspectiviste se cristallise tout d'abord dans plusieurs expositions et ouvrages de nature prospective, que Ferriss produit en son nom propre et qui ont un retentissement majeur. « Titan City » (1925), « The Metropolis of Tomorrow » (1929), « Remold Metropolis » (1932) : ces trois moments artistiques, architecturaux et urbains jalonnent la maturation de sa pensée, la dernière exposition étant marquée par les

conséquences de la crise de 1929. Au fil de ces événements fort médiatisés, Ferriss élabore progressivement une théorie dessinée de la métropole, dessein qu'il pense être plus à même d'accomplir que ses collègues architectes praticiens, nécessairement plus préoccupés par les bâtiments sur lesquels ils œuvrent[11].

Parallèlement à ses productions personnelles, le visionnaire est associé à une entreprise de planification régionale inédite par son ampleur et la mobilisation qu'elle suscite : le *Regional Plan of New York and its Environs* dont l'élaboration s'engage en 1923 sous l'égide de la Russell Sage Foundation, pour s'achever en 1931. Corbett, qui préside le comité consultatif des architectes, associe Ferriss à cette nouvelle scène de confrontation entre les visions régionalistes et métropolitanistes du futur de New York. Ses idées et ses représentations trouvent place

8 Hugh Ferriss, « The New Architecture », art. cit., p. 54.

9 Harvey W. Corbett, « What the Architect thinks of zoning », *The American Architect*, 125, février 1924, p. 150.

10 Entre 1913 et 1929, le nombre d'immeubles de plus de vingt étages passe de 51à 188. Voir François Weil, *Histoire de New York*, Paris, Fayard, 2000, p. 185.

11 C'est ce qu'il explique dans une lettre qu'il écrit à son père Franklin Ferriss, en 1923, citée in Jean Ferriss Leich, *Architectural Visions*, *op.cit.*, p. 23.

Hugh Ferriss sur la terrasse
de son atelier vers 1926.

dans les rapports du Plan régional. Du plan au projet, le perspectiviste fait également l'objet de maintes sollicitations de la part de la municipalité de New York ainsi que des grands maîtres d'ouvrage de la ville pour participer à la conception d'opérations métropolitaines structurantes : pour n'en citer que quelques-unes, le Rockefeller Center inauguré en 1934, la World's Fair organisée en 1939-1940, l'aéroport d'Idlewild qui ouvrira ses portes en 1948 et dont il suivra les développements futurs, le siège des Nations unies achevé en 1951.

Financé par les commandes des agences d'architecture, de grandes entreprises de construction et des fondations mécènes, Ferriss enregistre, tel un sismographe, les variations sensibles des frontières de la ville, produisant et publiant inlassablement nombre de vues et esquisses. Toujours identifiables, la plupart de ses dessins ont été reproduits. Son dernier ouvrage, en forme d'autobiographie professionnelle, *Power in Buildings*, paraît en 1953[12]. Actif dans nombre de projets métropolitains, Ferriss est une figure incontournable de la scène publique. Avec les expositions et les ouvrages qu'il produit, ses visions illustrent les tribunes que les grands quotidiens de la ville consacrent aux questions urbaines new-yorkaises. Par l'intermédiaire de la presse encore, il engage des joutes oratoires avec ses détracteurs – Lewis Mumford, qui formule des critiques acerbes sur ses travaux et leurs représentations « funestes » –, mais aussi des confrères avec lesquels il noue des liens d'estime en dépit des divergences exprimées – Frank Lloyd Wright au premier chef dont la maquette de Broadacre City est présentée dans le Radio Hall du Rockefeller Center un an après son ouverture. Il participe enfin aux débats dans les pages des revues d'architecture et de design, sur des questions vibrantes, parmi lesquelles le futur de la métropole et sa représentation. Ce dernier sujet le préoccupe de manière persistante, d'autant qu'il soulève une question cruciale pour le perspectiviste : comment figurer les processus, visibles et invisibles, qui travaillent la ville contemporaine ?

Dessiner le futur

Pour décrypter la contribution de Ferriss, il nous faut comprendre son rôle de perspectiviste dans la scène new-yorkaise et la façon dont son œuvre de papier lui permet de révéler et de projeter la réalité de la ville à venir. Son travail bénéficie d'abord d'une médiatisation qui procède à la fois du caractère visionnaire de ses projections et de son génie propre à saisir de manière dramatique, avec son jeu de clair-obscur,

12 Hugh Ferriss, *Power in Buildings: An Artist's View of Contemporary Architecture*, New York, Columbia University Press, 1953.

la monumentalité des formes qu'il dessine. Comme le formule Adolf Placzek, alors directeur de la bibliothèque Avery à l'université de Columbia, ses perspectives cristallisent « le pouvoir et la fascination irrésistible pour l'espace illimité[13] ». De fait, la presse grand public et professionnelle diffuse régulièrement les œuvres de celui que l'on qualifie de Piranèse des temps modernes, épithète si fréquente que la revue *Architectural Forum* opère une inversion en qualifiant Piranèse de « Ferriss du XVIIIe siècle[14] ». Mais c'est surtout au travers des expositions et des ouvrages que le perspectiviste marque de son empreinte l'actualité urbaine.

Décrite comme « une prophétie picturale de New York de 1926 à 2026 », « Titan City » est inaugurée en octobre 1925 par Harvey Corbett dans le nouveau grand magasin new-yorkais John Wanamaker[15]. Au milieu des vêtements pour hommes et femmes, l'exposition présente les fresques gigantesques conçues par l'artiste hongrois Willy Pogany, une scénographie dramatique autour d'un « grand canyon » présentant des modèles miniatures de gratte-ciel exécutés par Harvey Corbett, ainsi qu'une série de panneaux muraux monochromatiques de très grande taille (quatre mètres de haut) dessinés par Hugh Ferriss qui consacrent le processus de verticalisation de la cité. L'artiste y dessine une métropole intensément centralisée, densément construite. Au niveau du sol, une cité commerciale rugit des clameurs de la foule et des affaires, tandis que plus haut, les résidents, perchés comme les dieux de l'Olympe sur leurs balcons et toitures, habitent les étages supérieurs. Figurent également quelques dessins que les pages de la presse new-yorkaise ont déjà commentés : des agrandissements des quatre variations de l'esquisse des *Zoning Envelopes*, mais aussi des perspectives qui illustrent toutes les possibilités architecturales que pourrait encore développer le block manhattanien[16]. La médiatisation intense de l'exposition en fait un succès populaire que le critique Leon Solon salue comme la preuve que « le futur de l'architecture est devenu un sujet d'intérêt public[17] ».

13 Note d'Adolf Placzek dans le catalogue de la « Bicentennial Exhibition of Renderings » : « Architects for a New Nation, 1776-1976 », New York, Avery Library, Columbia University, 1996.

14 Note sur une exposition sur Piranèse à la Morgan Library, *Architectural Forum*, mars 1949, p. 64.

15 Ouvert à l'angle de la 9e avenue et de Broadway, il sera plus tard détruit par un incendie.

16 Carol Willis, « The Titan City, Forgotten Episodes in American Architecture », *Skyline*, octobre 1982, pp. 26-27.

17 Leon Solon, « The Titan City Exhibition », *The Architectural Record*, n° 59, janvier 1926, p. 92.

Couverture de Hugh Ferriss,
The Metropolis
of Tomorrow [1929],
Princeton Architectural
Press, 1986.

Hugh Ferriss dans son atelier
du Midtown, préparant les
peintures murales de l'exposition
«Titan City», 1925.

L'échelle et la composition des panneaux épousent pleinement, dit-il, les ambitions des villes américaines et « Titan City » constitue à ses yeux « la première expédition professionnelle vers le futur [...] et la preuve qu'aucun problème, si vaste soit-il, n'excède les limites de l'imagination des architectes américains[18]. » Ferriss est aussi vivement critiqué par Lewis Mumford. L'historien fustige les perspectives « désincarnées » de l'artiste, prédisant que « d'innombrables vies humaines seront sans aucun doute sacrifiées sur l'autel de la circulation, du commerce et des hauteurs réglementées par le Zonage, à une échelle telle que Moloch à côté paraîtra une petite sœur des pauvres[19]. »

Quatre ans après, la vision a mûri et se concrétise dans l'ouvrage manifeste *The Metropolis of Tomorrow*, que Ferriss publie chez l'éditeur new-yorkais Ives Washburn[20]. Point d'orgue de sa réflexion, *Metropolis* consacre le rôle de visionnaire que se donne l'artiste sur la scène new-yorkaise. Composé selon une perspective triple – critique, prospective et projectuelle –, l'ouvrage projette la fabrique de Manhattan. Les dessins représentent les tendances exacerbées du réel, celles des possibilités offertes par la loi, celles des bâtiments en cours de construction que Ferriss isole comme des exemples à suivre, ou encore celles des études qu'il a réalisées comme les Bridge Homes de Raymond Hood[21]. Ce dernier est l'auteur de l'American Radiator Building (1924) et du Tribune Tower à Chicago (1925), dont le concours a marqué le débat sur le futur du gratte-ciel. C'est en s'appuyant sur cette prospective du réel que Ferriss ébauche sa « métropole imaginaire » : une ville basse et horizontale ne dépassant pas six étages, quadrillée de larges avenues d'où jaillissent à intervalles réguliers de hautes flèches assises sur des bâtiments piédestaux d'une dimension inédite[22]. La réception de *Metropolis* par la critique est très positive, mises à part les attaques cinglantes que lui adressent les partisans du Regional Planning, mouvement naissant

18 *Ibid*, p. 94.

19 Lewis Mumford, « The Sacred City », *The New Republic*, n° 45, 27 janvier 1926, pp. 270-271.

20 *The Metropolis of Tomorrow* [1929], New York, Princeton Architectural Press, 1986. Nous nous réfèrerons dans la suite de l'article à la traduction française de Claude Farny publiée par le Centre Georges-Pompidou : *La Métropole du futur, op. cit.*

21 Qui accueilleraient de 10 à 15 000 personnes et dont les immeubles de 50 à 60 étages s'égréneraient sur les trois kilomètres du franchissement de l'Hudson. Lire « Bridge Homes: A new vision for the city », *The New York Times Magazine*, 22 février 1925, p. 5.

22 Mumford critique l'irréalisme de cette proposition, qualifiant Ferriss de naïf lorsque celui-ci pense que le marché ne s'attaquera pas aux 800 mètres qui séparent ses gratte-ciel. Lewis Mumford, « Skyscrapers in the city of the future », *The New Republic*, 23 avril 1930, p. 275.

des villes américaines confrontées à la suburbanisation croissante, et bien sûr Lewis Mumford qui condamne «le banal rêve mégalopolitain[23]».

Après *Metropolis*, les projections urbaines de Ferriss marquent toutefois un tournant, avec l'épisode dramatique de la crise de 1929 qui le frappe directement – son carnet de commande se réduit sensiblement – et provoque une prise de conscience des revers du capitalisme urbain, après l'euphorie de la folie constructive. Avec *Remold Metropolis*, Ferriss se plonge dans le projet d'un second livre de spéculations futuristes. Les effets de la crise auront raison du projet mais Ferriss en expose toutefois quelques dessins en février 1932 à l'International Art Center du Roerich Museum situé dans le Master Building conçu par Corbett. L'exposition présente des rendus commandés de gratte-ciel récents, des études et projets personnels figurant déjà dans *Metropolis* et de nouvelles images consacrant comme idée centrale la séparation des flux. Des dessins de voies rapides, d'aéroports, de boulevards piétonniers en hauteur, de ponts gratte-ciel, façonnent une «ville remodelée» dont le gratte-ciel reste, en dépit de la crise, une figure dominante[24]. «Les villes américaines sont en fusion. J'ai en tête le moyen de les remodeler[25].» Sa fascination pour les flux de circulation, qui dévorent en même temps qu'ils remodèlent la ville, lui permet d'aller au-delà du cadre que *Metropolis* s'était fixé. La ville s'étend à l'horizon, la représentation de la vitesse et des médias dans le champ de l'image permettant de projeter son extériorité.

La perspective comme projet

À ce stade d'une production déjà très féconde, l'artiste développe une réflexion originale sur l'art du rendu perspectif, qu'il exprime dans un certain nombre d'entretiens et d'articles, en particulier l'entrée «Rendering, Architectural» de *l'Encyclopaedia Britannica*, dont il rédige la première version en 1929 et qu'il réactualisera jusqu'à sa mort. Ferriss y dévoile les trois principaux objectifs du rendu perspectif:

23 Lewis Mumford, «The City of Tomorrow», *The New Republic*, 12 février 1930, p. 332.

24 L'exposition présente notamment une série de douze dessins produits dans le cadre d'une commande publicitaire adressée par l'American Institute of Steel Corporation, et publiés dans la revue *The American Architect* d'avril 1930 à mars 1931. Parmi eux on trouve notamment: *Airport of Tomorrow*, *The American Architect*, août 1930; *Steel Seaport*, *The American Architect*, octobre 1930; *Skyscraper Hangar in a Metropolis*, *The American Architect*, janvier 1931. À propos de *Remold Metropolis*, lire de Carol Willis, «Le dessein de Metropolis», *op. cit.*, pp. 179-180.

25 «Man and Machine parted in Plans for City of the Future», entretien avec Hugh Ferriss, *The New York World Telegram*, 15 février 1932.

Deux perspectives de Hugh Ferriss:
- en haut, «Skyscraper Hangar in a Metropolis», *The American Architect*, 1931;
- en bas, «La ville à l'aube, vue aérienne», *The Metropolis of Tomorrow*, 1929.

« Donner une réalisation anticipée d'un projet, aider l'architecte à cristalliser ses idées, dégager la signification des édifices déjà existants[26] ». Loin d'être un simple décorateur travaillant les façades des immeubles, Ferriss se définit comme un « façonneur ». Le fusain de Ferriss est l'instrument de sa vision qui lui permet de donner à voir ce qui n'existe pas encore mais dont les germes sont là en train d'éclore sous ses yeux[27].

> D'habitude je commence par mettre des lignes ou des nuances légères qui figurent peu à peu à mes yeux un espace en trois dimensions. Progressivement, j'accentue le tracé de ces lignes [...] et je me donne l'illusion de la formation d'une masse dans l'espace. En général, je m'imagine le résultat final comme émergeant peu à peu, et globalement, de l'arrière-plan[28].

Metropolis marque un aboutissement de la réflexion de Ferriss et de sa pratique de perspectiviste. La progression de l'ouvrage dévoile la démarche réflexive de l'artiste qui lui permet de glisser subrepticement de l'observation à la représentation, de la description à la projection. L'image qu'il peint est celle du réel en même temps qu'elle projette *au-delà* du réel. *Metropolis* entremêle la réalité observable, la réalité exacerbée, la réalité en construction, et c'est à partir de ces différents réels pensés que l'artiste construit progressivement sa métropole imaginaire, préfiguration des lendemains intimement mêlée au réel[29].

Pour saisir la totalité du drame humain qu'il scrute du haut de son balcon, l'artiste figure d'abord la ville comme une scène. « Quelqu'un d'imaginatif pourrait se croire installé dans une loge en plein ciel pour

26 Hugh Ferriss, « Rendering, Architectural » in *The Encyclopaedia Britannica*, 14e édition, 1929, p. 47 (revu après 1961 et retitré « Architectural rendering », 1961-1973).

27 À l'instar de Ferriss, Corbett entend le terme de « perspectif » au sens de celui qui voit au-delà : « L'imagination se définit comme étant la capacité de voir au-delà de la réalité, le pouvoir de peser l'impondérable, d'atteindre l'intangible, de faire émerger l'insondable, de mesurer l'infini », Harvey W. Corbett, « Architectural imagination in City Building », *City Planning*, vol. 1, n° 1, avril 1925, p. 37.

28 Lettre du 29 septembre 1926 à Gordon W.C. Holt, spécialiste des techniques de rendu. Cité in Jean Ferriss Leich, *op. cit.*, p. 16.

29 Cette fusion du réel et de l'imaginaire prêtera d'ailleurs à confusion comme l'atteste la réception de sa perspective *Overhead traffic-ways* par Mumford qui la condamne comme une ode cynique à la réalité sauvage en construction alors que Ferriss l'avait conçue comme une critique du réel par son exacerbation. L'ambivalence subsiste toutefois : s'il s'agit bien d'une violente critique de la congestion, le dessin la rend comme réelle. Voir Alain Guiheux, « Introduction », in Hugh Ferriss, *La Métropole du futur*, *op. cit.*, p. 9.

assister à un spectacle gigantesque, à une dramaturgie de formes cyclopéennes. Le rideau n'est pas encore levé[30]. » Son dispositif d'observation et de travail – la terrasse et le chevalet – dont le dessin inaugure *Metropolis*, révèle l'importance du point de vue aérien qui lui permet, par la mise à distance, de reprendre possession du monde dans lequel il vit. Perché sur son balcon comme sur une coursive de l'avant-scène, l'homme de l'art observe l'homme des foules, anonyme dans les rues de la ville, « créature microscopique » submergée par les « colossales formes inanimées[31] ». Il regarde le spectacle vers le bas – « Descendons dans les rues[32] » – sans hésiter à y plonger pour mieux comprendre les ressorts de la ville qu'il analyse.

L'usage de la métaphore joue également un rôle déterminant pour souligner la dramaturgie de *Metropolis*. Il marque les liens étroits que nouent le texte et l'image et les jeux d'inversion qu'ils opèrent l'un vers l'autre. L'image se substitue au texte comme discours tandis que le texte se substitue à l'image comme évocation. Ferriss dit chercher « l'inspiration dans les masses du Grand Canyon ou dans les pics et les espaces du Sud californien plutôt que dans le passé européen, [croyant] qu'il y a là quelque chose de beaucoup plus américain[33] ». Il poursuit ses parallèles naturalistes en dessinant ses immeubles comme des « montagnes » ou en figurant son archipel urbain comme « un monde minéral d'étincelantes stalagmites[34] ».

La dramaturgie de *Metropolis* est enfin redoublée par la dimension narrative de l'ouvrage. Revenant à ses hauteurs, Ferriss s'extrait à nouveau des rues basses, de la foule, et cette élévation qu'il salue en ouverture de la troisième partie de l'ouvrage consacrée à sa métropole imaginaire inaugure le récit qu'il trace du futur :

> Retournons à ce balcon qui nous a permis de découvrir le panorama de la ville actuelle. C'est à nouveau l'aurore et la brume matinale dissimule entièrement le paysage. Cette fois encore, voilée par le brouillard, une métropole s'étend à nos pieds, le rideau va à nouveau se lever. Faisons-le se lever cette fois-ci non sur la ville existante, mais sur une cité imaginaire[35].

30 *Ibid.*, p. 24.
31 *Ibid.*, p. 21.
32 *Ibid.*, p. 23.
33 Hugh Ferriss, « Project of the Skylines », entretien avec Nina Purdy, *Personality*, novembre 1928, p. 38.
34 Hugh Ferriss, *La Métropole du futur*, *op. cit.*, p. 130.
35 *Ibid.*, p. 115.

Hugh Ferriss, *The Metropolis of Tomorrow*, 1929:
- en haut à gauche: *La tentation de la grande ville*;
- en bas à gauche: *La métropole imaginaire, Nuit sur le secteur des sciences*;
- ci-dessus: *Une métropole imaginaire.*

Dans cette prise de hauteur littérale et métaphorique, Ferriss clarifie le sujet urbain et projette un nouvel état qu'il nous offre à voir, d'abord en grandes masses comme un horizon – « un paysage de montagnes, de collines, de plaines, un panorama[36] » – puis, alors que nous nous en approchons – « nous sommes suffisamment près[37] » –, comme une vision ordonnée qu'il décrit comme une utopie *ex-novo*, aboutissement ultime de son périple.

De l'anticipation à la fiction, la projection de la métropole s'opère donc par une série de mises en perspective théâtrales et littéraires qui jouent sur la spectacularisation, la métaphore, la narration, forgeant la dimension cinématographique de la vision métropolitaine. En prenant possession de la scène, l'artiste conserve par là même son caractère pensable à un moment où sa figurabilité échappait à l'entendement. La figure du panorama à laquelle recourt Ferriss anticipe les futurs dioramas urbains qui formeront les attractions majeures de la World's Fair de 1939 consacrée au « Monde du futur » dont il participe à la conception dès 1936. L'une des vues les plus saisissantes sera celle de la périsphère de 55 mètres de diamètre à l'intérieur de laquelle on peut voir l'immense maquette d'un centre urbain projeté en l'an 2039, intitulée *Democracity* et conçue par le designer industriel Henry Dreyfuss. C'est d'en haut que les visiteurs, circulant sur deux passerelles superposées et tournant en sens inverse, découvriront le futur de la ville moderne. Norman Bel Geddes, l'auteur du *Futurama*, proposera quant à lui aux 28 000 visiteurs quotidiens du pavillon de la General Motors un parcours dans un train de fauteuils sonorisé, surplombant une maquette de 3 000 m² détaillant un fragment de la ville suburbaine du futur telle que projetée en 1960[38]. Au cours de ce voyage wellesien, un récit enregistré tiendra en haleine ces voyageurs du futur : « Dans un instant, nous arriverons à ce carrefour [...]. Pour entrer dans cette scène du monde de demain, [...] du monde merveilleux de 1960 [...]. OUVREZ VOS YEUX SUR LE FUTUR[39]. »

36 *Ibid.*

37 *Ibid.*, p. 118.

38 La dernière séquence du voyage offrait la maquette d'un carrefour à plusieurs niveaux en grandeur réelle.

39 Cité in Folke T. Kilhstedt, « L'utopie réalisée. Les expositions universelles des années trente » in Joseph Corn (dir.), *Culture technique*, n° 28, « Rêves de futur », 1993, p. 111.

Deux dioramas urbains
présentés à la World's Fair
de New York en 1939:
- en haut: Henry Dreyfuss,
  Democracity;
- en bas: Norman Bel Geddes,
  Futurama.

Hugh Ferriss, *De l'acier*,
publié dans *The Metropolis*
of Tomorrow, 1929.

L'agrandissement de la cité

Quels sont les énoncés qui émergent de cette théorie dessinée de la métropole qui place Hugh Ferriss *dans* et *à côté* du faire ? Et comment cet imaginaire qu'il déploie dans l'arène new-yorkaise agit-il sur le réel ?

Le premier énoncé porte sur l'agrandissement de la cité, processus que le perspectiviste explore en projetant la distension du block urbain. Les enveloppes de zone prescrites par la Zoning Law encouragent la réunion de plusieurs lots permettant de respecter la règle du retrait tout en profitant d'une superficie intérieure plus importante pour développer des immeubles de très grande hauteur[40]. L'idéal, pensent certains, serait que les immeubles s'élèvent comme des monolithes sur un block urbain entier, voire même sur plusieurs blocks. Avec le *superblock* naît le *superskyscraper*, tour immense posée sur un bâtiment socle de plusieurs étages. D'une règle juridique, le projet s'oriente vers la transformation du *grain* architectural. Ce faisant, il impose à la structure urbaine une transformation radicale, comme le souligne Ferriss : « Si la disposition de tours plus hautes à des intervalles plus grands n'indique qu'un simple accroissement des dimensions, la rupture d'échelle produit un résultat – à la fois pratique et esthétique – radicalement différent de ce que nous avons vu précédemment[41]. »

Les projections ferrissiennes consacrent de fait l'indissociabilité de l'architecture et de l'urbanisme : « Il a parfois été suggéré qu'un architecte qui dessine un immeuble pour abriter dix mille âmes devrait estimer qu'il lui incombe de s'assurer que des moyens ont été prévus pour permettre à ces gens de quitter et de réintégrer leurs dix mille foyers respectifs[42]. » De l'immeuble à la voie, l'extension du domaine construit scelle les liens étroits que nouent l'architecture et l'infrastructure : « C'est précisément à l'intersection de ces avenues que se dressent les immeubles-tours. On peut en conclure qu'il s'agit d'un réseau d'autoroutes pour la circulation rapide et que les tours sont des gares routières[43]. »

En même temps qu'elle se dilate au sol, la ville s'étire vers le haut et offre à ses habitants la possibilité d'habiter une ville supérieure dont le sol, révélé par l'agencement des toits de la métropole, offre une cinquième façade pour l'architecte :

40 Une tour couvrant moins du quart de son terrain pouvait grimper jusqu'à une hauteur illimitée.

41 Hugh Ferriss, *La Métropole du futur*, *op. cit.*, p. 115.

42 *Ibid.*, p. 60.

43 *Ibid.*, p. 116.

> Dans l'avenir, quand la ville aura évolué, les New-Yorkais vivront réellement dans le ciel. Il y aura des avenues de jardins aériens et des terrains de golf en hauteur. Au lieu d'aller à la campagne, les gens n'auront qu'à « monter » pour respirer le bon air. Les terrasses en haut des tours de la partie résidentielle permettront aux enfants de pouvoir à nouveau jouer dehors. Il y aura des hangars d'aviation et l'on prendra l'aéroplane comme aujourd'hui sa voiture[44].

La logique d'agrandissement de l'immeuble, du block, de la voie, s'accompagne progressivement d'une quête de l'intégration en un seul volume des éléments constitutifs de la ville : « Chacun de ces immeubles-tours abrite tout ce qui facilite le travail quotidien et, outre les bureaux proprement dits, une poste – indispensable –, une banque, des magasins, des restaurants, des gymnases, etc. Chaque immeuble-tour est en soi, dirons-nous, une ville en elle-même[45]. »
Agrandissement, dilatation, intégration : le *superblock* construit et transforme l'ensemble de la structure urbaine, incarnant une centralité dans la ville, un nœud infrastructurel :

> Le centre urbain s'est agrandi. [...] Une question incidemment se pose à propos de ces immeubles-tours. [...] Chacun domine un quartier et nous pouvons supposer qu'il en est le centre de contrôle. Le mot « immeuble » est-il encore et définitivement le bon ? Par souci de simplicité, nous lui préférerons le terme de « centre »[46].

La position est ici radicale, affirmant la possibilité de contenir la ville dans une architecture totale et autonome, et ce faisant soulevant la question de ce qui resterait de la ville lorsque l'architecture s'empare de tout[47].

44 « City Yearns to the Sky in Architect's Vision: New York to Scorn Gravity », entretien avec Hugh Ferriss, *The New York Evening Post*, 14 avril 1925, p. 31.

45 Hugh Ferriss, *La Métropole du futur*, *op. cit.*, p. 134.

46 *Ibid.*, p. 117.

47 Robert Stern souligne ainsi le paradoxe apparent selon lequel ces espaces ont aussi inauguré l'internalisation de l'espace public qui a marqué durablement la ville américaine depuis la Deuxième Guerre mondiale, menaçant sérieusement le futur de la rue comme espace public. Robert A.M. Stern avec Thomas P. Catalano, *Raymond Hood*, New York, Rizzoli, 1982.

Hugh Ferriss, *The Metropolis of Tomorrow*, 1929:
- en haut: *Des terrasses en plein ciel;*
- en bas: *La métropole imaginaire, À l'ouest du centre d'affaires.*

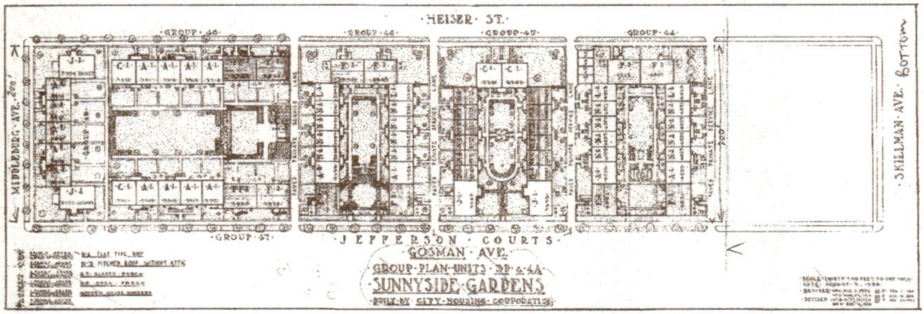

Clarence Stein, Sunnyside gardens,
New York, plans d'unités, 1926.

Les membres de la RPAA, vers 1930.

La métropole contre la région

Au-delà de sa quête d'un dispositif qui serait à même de condenser la ville-monde dans une architecture totale, Ferriss s'interroge sur les frontières même du territoire de la métropole, dont il sait qu'elles dépasseront les berges de l'Hudson. L'élaboration du Plan régional de New York, sous la houlette de Thomas Adams, le general Director of Plans and Surveys pour la Russell Sage Foundation, lui offre un cadre d'action privilégié qui lui permet d'éprouver ses visions au contact d'autres pratiques. Ferriss est régulièrement sollicité par Corbett pour produire des vues permettant d'incarner les propositions du Plan régional. Jusqu'à ce numéro de *Creative Art* d'août 1931 qui offre une synthèse du Plan (le numéro est publié à l'initiative de ses auteurs) et où l'on trouve plusieurs vues de Ferriss[48].

Surtout, l'entreprise du Plan régional confronte les métropolitanistes à des voix plus discordantes, comme celles de Lewis Mumford et de la Regional Planning Association of America, que ce dernier fonde avec Clarence Stein et Henry Wright en 1923. L'association s'impose très vite comme contre-pouvoir, tenant d'un mouvement régionaliste qui lutte avec ardeur contre la survalorisation de l'hypercentre. Mumford et ses amis pensent que les nouveaux modes de communication, physique et virtuelle, ceux-là même qui aux yeux des métropolitanistes légitiment la transformation densifiée de l'épicentre de la ville, favoriseront au contraire la décentralisation urbaine et la reconfiguration de l'agglomération en une ville-région dissolvant l'hypercentre et structurée autour de communautés urbaines, dont Radburn et Sunnyside Gardens sont les premiers prototypes[49]. Si Ferriss alerte sur les dangers de la concentration urbaine, dont il propose des voies de rationalisation, l'artiste ne partage pas cette vision décentralisée : « Appelez cela de l'instinct grégaire ou une nécessité économique ; la tendance première, avec laquelle nous devons composer dans toute formulation de la ville future, réside dans une tendance vers la centralisation[50]. » La métropole contre la région : c'est dans le contexte d'une lutte idéologique farouche entre métropolitanistes et régionalistes qu'il faut comprendre ce deuxième énoncé.

Les auteurs du Plan régional soulignent maintes fois la dimension utopique de la *skyscraper city*, défendue par les métropolitanistes,

48 « New York of the Future », *Creative Art*, août 1931, pp. 128-167, les vues de Ferriss figurent pp. 154-159.

49 Clarence Stein et Henry Wright sont les concepteurs du plan des cités-jardins de Sunnyside Gardens et Radburn.

50 Hugh Ferriss, *La Métropole du futur*, *op. cit.*, p. 65.

ou de la *garden city*, portée par les régionalistes partisans de Mumford. Toutefois, le caractère extrême et entier de ces visions ne les exclut pas du débat. Si les concepteurs du Plan en relativisent la portée, les qualifiant d'« utopies impossibles », ils leur offrent une tribune, acceptant leur part de réalité : « Il est probable [...] que la croissance urbaine future de la région de New York sera influencée au moins autant par l'utopie de la parfaite *garden city* que par celle de la parfaite *skyscraper city*, et que l'expansion de la région urbaine se fera selon un processus qui tentera de concilier le meilleur des deux[51]. »

Dans cet exercice périlleux, Thomas Adams recherche un compromis respectant les intérêts économiques en présence tout en cherchant à maîtriser les forces puissantes qui travaillent de manière parfois sauvage la métropole new-yorkaise : augmentation de la valeur foncière de son hypercentre d'une part, produisant la congestion et condamnant nombre de citadins au mal-logement ou à l'exil suburbain ; desserrement de l'urbanisation sous le nom de *sprawl* d'autre part, soulevant des questions aigues sur la viabilité d'une urbanisation de lotissements[52]. Si le Plan s'impose comme une alternative à l'hyperconcentration spéculative qui affecte l'île de Manhattan, l'expansion de la cité new-yorkaise, telle qu'envisagée par Thomas Adams et ses équipes, ne doit pas conduire pour autant à suburbaniser la région urbaine. Dans l'esprit des auteurs du Plan, cette dimension régionale à construire plaide en faveur de la « recentralisation diffuse » au contraire des tenants de la « décentralisation » emmenés par Mumford, et doit s'accorder avec la géographie naturelle et humaine de la métropole[53].

La périphérie comme frontière

Ces réflexions croisent celles de Frank Lloyd Wright qui, tout comme Ferriss, explore la double question de la grande hauteur architecturale et des formes de la ville à venir. L'architecte projette dès 1930 un ensemble de trois tours d'habitation à New York, dites St. Mark's-

51 Thomas Adams avec Harold M. Lewis et Lawrence M. Orton, « The Making of the City », *The Building of the City, Regional Plan of New York and its Environs*, vol. 2, 1931, p. 108.

52 Pour une analyse des perspectives en présence, voir Andrew A. Meyers, « Invisible Cities: Lewis Mumford, Thomas Adams, and the Invention of the Regional City, 1923-1929 », *Business and Economic History*, vol. 27, n° 2, hiver 1998, pp. 292-306.

53 « Les caractéristiques naturelles des environs de la ville, les larges rivières qui séparent la ville de ses territoires adjacents, en îles et péninsules, les magnifiques Palisades [falaises qui bordent l'Hudson à l'ouest] et collines boisées de la vallée de l'Hudson, lui confèrent un cadre naturel idéal pour composer l'art et la nature dans la grande ville », in Thomas Adams, « The Making of the City », *Creative Art*, août 1931, p. 130.

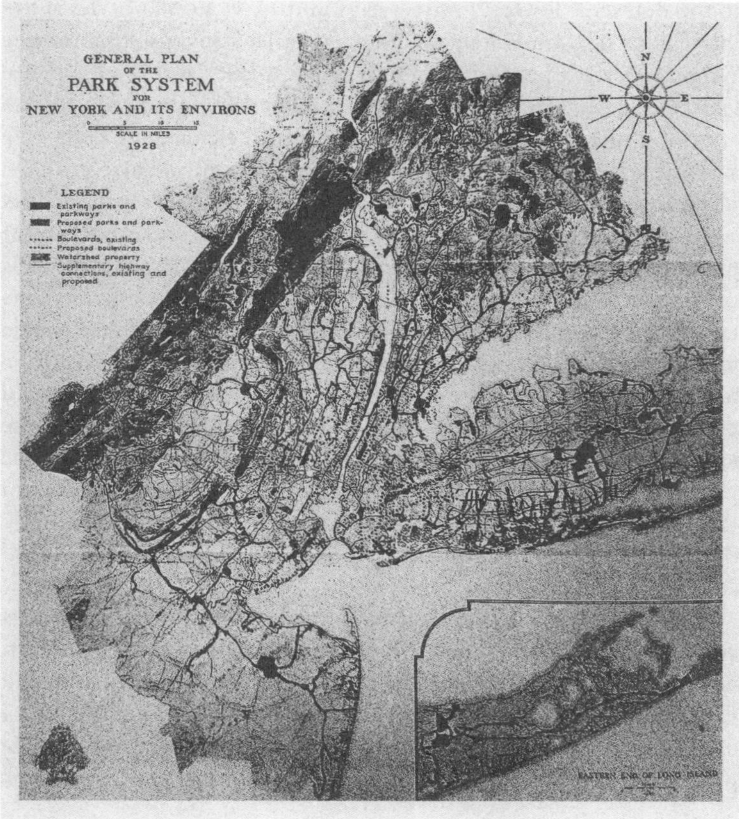

Plan général
du système de parc,
plan régional
de New York, 1928.

in-the-Bouwerie Towers[54], situées dans un parc et à distance des autres immeubles de grande hauteur pour éviter les canyons sombres que Wright exècre. Il poursuivra l'étude de ce thème, avec à son apogée le dessin du Mile High Illinois, d'une hauteur de 1 mile, conçu en 1956 et dont il projette la duplication comme grain élémentaire de la ville à venir: « 130 000 personnes abritées dans chacun d'entre eux. On n'aurait qu'à balancer New York dans l'Hudson, puis en construire deux à Central Park, et ce serait la ville[55]. » Sa vision d'un gratte-ciel autosuffisant, portant en lui-même les germes de la ville et libérant le sol de la congestion, rejoint en certains points celle de Ferriss. Dans le même temps, le théoricien d'Usonia rejette, comme Mumford, la métropole telle qu'elle s'édifie chaque jour à New York ou à Chicago. Sa dénonciation des noirceurs de la ville capitalistique est explicite dès l'article qu'il publie en 1932, « America Tomorrow », illustré par Ernest Born[56]. Il offre ici une première vision d'un modèle de territoire habité que l'Amérique pastorale pourrait inventer en réponse aux impasses de l'hyperconcentration destructrice. Dans son refuge de Taliesin se dessine déjà Broadacre City, dont il présentera en avril 1935 une maquette de 10 m^2 au Rockefeller Center[57].

Déjà inscrit dans la réalité, le mouvement de déconcentration s'est amplifié. L'appel de la frontière, consacré par la construction des tunnels sous-marins et autoroutes surélevées par la Port Authority, se traduit par une nouvelle migration hors de la ville dense. Ferriss, dont la foi dans la nature irrésistible des processus de concentration a été ébranlée par les méfaits de la spéculation immobilière[58], explore ce troisième

54 « Saint-Mark's Tower, Saint Mark's-in-the-Bouwerie, New York City », *Architectural Record*, n° 67, janvier 1930, pp. 1-4.

55 Cité dans Brigitte Raschke, *Frank Lloyd Wright, The Mile High Illinois, Utopie oder Architekturkritik*, Munich, Scaneg, 1996, p. 68, d'après une discussion avec des étudiants de l'université de Fayetteville-Arkansas, 15 avril 1958.

56 « America Tomorrow », *The American Architect*, n° 141, mai 1932, pp. 14-17 et 76. Voir aussi « Frank Lloyd Wright and Hugh Ferriss discuss this modern architecture », *Architectural Forum*, novembre 1930, pp. 535-538. Il s'agit de la retranscription d'une émission de radio qui avait fait dialoguer les deux hommes. Wright entretient également une correspondance régulière avec Lewis Mumford.

57 Dans le cadre de l'exposition nationale des arts et de l'industrie organisée sous les auspices de la National Alliance of Arts and Industry, et qui ouvre ses portes le 15 avril 1935. Voir Catherine Maumi, *Frank Lloyd Wright, Broadacre City, la nouvelle frontière*, Paris, La Villette, 2015.

58 « Toutes ces tours massives paraissaient des monuments au rude individualisme de la période […] ; leurs longues ombres sur les taudis à leur pied, symboles de l'exploitation. Toute la scène montrait les effets du laisser-faire, de la concurrence – et des plans à long terme, plus trace », Hugh Ferriss, « Power of America », *Pencil Points*, n° 23, juin 1942, p. 61.

Frank Lloyd Wright avec la maquette
de Broadacre City qui sera
exposée au Rockefeller Center, 1935.

Frank Lloyd Wright,
«Today, Tomorrow, America»,
The American Architect, 1932,
illustration de Ernest Born.

Hugh Ferriss, dessins publiés dans *Pencil Points* en avril et décembre 1943:
- en haut: *A highway system of tomorrow;*
- en bas: *A modern home of tomorrow.*

énoncé, travaillant ce couple en tension qui lie la ville à sa périphérie, l'urbain au suburbain. Entre 1943 et 1944, l'artiste réalise pour la Trinity Portland Company une série de dessins à vocation publicitaire. Ferriss y renouvelle ses réflexions, au point que l'hyperdensité consacrée par *Metropolis* passe à l'arrière-plan, voire disparaît. L'artiste se projette dans le futur de la *suburbia*, prenant appui sur les nouveaux modes de communication dont la démocratisation est en marche. Des autoroutes filent vers l'infini. L'hélicoptère figure comme moyen de transport naturel associé à la maison ou au block. Des aéroports associent en un seul complexe les nouvelles figures de la banlieue américaine : cinéma, centre commercial, hôtel, théâtre[59].

Un article publié le 6 février 1949 dans le *New York Times* est particulièrement révélateur des positions exprimées dans l'immédiat après-guerre. Il témoigne de la persistance de la controverse entre les tenants d'une métropole qui gouvernerait l'avenir de la cité et ceux d'une région qui changerait la donne de l'agglomération :

> New York en 1999 – 5 prédictions. Les architectes et les urbanistes [*planners*] regardent leur boule de cristal pour nous dire ce qu'il en sera. D'ici à 50 ans, à quoi ressemblera New York ? Sera-t-elle un dédale de super gratte-ciel et d'autoroutes aériennes, ou sera-t-elle plus aérée et plus verte ? Le *Times* s'est adressé à cinq des architectes et des urbanistes les plus renommés du pays[60].

Hugh Ferriss, qui intervient ici comme « *visual consultant* », figure aux côtés de Harvey Corbett, Wallace Harrison, Eliel Saarinen et Robert Moses. Les cinq hommes se connaissent et s'apprécient. Harrison a œuvré aux côtés de Hood et Corbett à la réalisation du Rockefeller Center et coordonne la conception du siège des Nations unies sur lequel travaille également Ferriss. Auteur du remarqué campus de l'Academy of Arts de Cranbook, Eliel Saarinen force l'admiration de Ferriss, qui a dessiné cette réalisation lors d'un voyage et n'a cessé de louer la perfection du projet de gratte-ciel de Saarinen (second primé)

59 Cette série de douze dessins est publiée dans la revue bimensuelle *Pencil Points* de février 1943 à décembre 1944. Parmi les dessins, on trouve notamment : *A highway system of tomorrow*, *Pencil Points*, avril 1943 ; *A modern home of tomorrow*, *Pencil Points*, décembre 1943 ; *Post-war planned neighborhood*, *Pencil Points*, août 1944 ; *International airport*, *Pencil Points*, décembre 1944.

60 « New York in 1999 », *The New York Times Magazine*, 6 février 1949, pp. 18-19, 51 et 53.

New York in 1999—Five Predictions

Architects and city planners look into the crystal ball and tell what they see.

In 1999—fifty years from now—what will New York be like? Will it be a Wellsian maze of superskyscrapers and aerial highways, or will it be more open and more green? For a symposium on this subject The Times asked five of the country's best-known architects and planners —Harvey Wiley Corbett, Robert Moses, Eliel Saarinen, Wallace K. Harrison and Hugh Ferriss for their views. They are presented here.

A SORT OF MODERN VENICE

By HARVEY WILEY CORBETT
Director of Planning, U. N. Headquarters.

WHEN I was asked to write, within the limits of some five hundred words, what New York City would be like fifty years hence, I put the question to a friend—one of those comparatively rare specimens, a dweller in Manhattan who was also born here—and he said at once, "You don't need five hundred words, you only need five, namely: The same, only more so!" This cryptic answer may be true in essence, but we dwellers in this congested and overcrowded metropolis are curious to know how the present situation could be "more so."

We must assume, I think, that just as many strange, new and unforeseen things will come upon us in the next fifty years as came in the last fifty; in fact, the ever-increasing speed at which this world is moving should bring upon us many more changes in the future than took place in the past.

We know that a city, by its very nature, is an overcrowded area and will always remain so because it is the gathering together of many people (too many, in fact), who sustain and support the conveniences and comforts which make a city attractive—the small, near-by shops of every conceivable sort, the great department stores, the little and the big food markets, the neighborhood cinema, the incomparable music halls, the wide choice of theatres, and the endless cultural possi- ... with museums, art galleries, col- ... universities, and many others ... to mention.

... future city will, of course, have all ... these things and many more, but will it have, necessarily, more confusion, more congestion, more dirt, more noise?

I AM, personally, enough of an optimist to believe that the city, fifty years hence, will have eliminated most of these objections. This great metropolitan area, radiating thirty to forty miles from City Hall, comprising a population of something around thirteen million people, is really a part of New York City, although not within its legal boundaries. It is still this great group of people that makes New York what it is.

During the last twenty-five years, very largely through the activity, first, of the Regional Plan, under the sponsorship of ... and then the Re- ..., as it is function- ... deeper and more understand- ... appreciation of the value of ... has been spread ... or-ganization. Many meetings, largely attended, have taken place for discussion and deeper understanding of the town and city planning idea.

This fact, carrying on throughout the years, should insure the ultimate elimination of the objectionable features of city life. With very little stretch of the imagination, we could visualize some major changes in the appearance and arrangement of New York of the future. The flow of traffic is the lifeblood stream of any city. To do something about this is the most obvious problem confronting us today. We talk of "off-street parking." City regulations now call for such parking in connection with new buildings in proportion to the size of the building to be erected. Assuming this to become the general practice, motor cars would be crossing the sidewalks to reach the "off-street parking" space, and the dangers to pedestrian life would be almost as great as they are now in the middle of a traffic lane.

LET us suppose that we put the central business zone of the city on stilts or, in other words, clear the ground floor to facilitate this "off-street parking," then, certainly, we would have to establish an upper level for pedestrians, and with them would go the shopping and store level for business. If these upper sidewalks could then be arcaded within the building line, across the streets at block intersections on all-pedestrian levels, you would have a sort of modern Venice, in which the pedestrians could move with safety and comfort, looking down on the canals below, filled, not with water, but with freely moving motors.

This idea is not original with me, although I proposed it as a solution of New York City's traffic problem over twenty-five years ago. The idea was actually suggested by a well-known figure in the period of the Renaissance, one Leonardo da Vinci; only, in his suggestion, it was not to be a division between pedestrian and vehicular traffic but a division between the peasants and the aristocrats!

Another idea, which is a very immediate and pressing problem concerning life in a great city, is the enormous waste of time and effort and expense of moving a million or more people every day from home to office and from office back to home. We know that in the old city, a century ago, the most economical arrangement of living and working was a two-story house, in which the shop was on the ground floor and the family on the second. It would be ridiculous, of course, to try to restore this situation, but to attempt to do something which would bring people, their place of business and their home closer together is certainly an idea to be worked out. England is now doing this ... on quite an extensive scale, by ... cities where industry and housing are brought closer together.

Perhaps an idea even better than this, and not making it necessary to decentralize the city, would be to build great buildings, each a block or more in extent, in the form of terraced domes and covered on the outside with living quarters, like frosting on a great cake, each family unit with its terraced balcony out in the fresh air and sunshine, and within this great structure, below, would be set the great stores, business, theatres, athletic club facilities and many other things not needing outside light in view of the developments which have already occurred in the use of artificial light and air-conditioning, and keeping the people living on the outer crust in closer contact with their work as it goes on inside this great structure.

Solving these two ideas—namely, traffic and the bringing of people nearer to their work—would, of themselves, be rev... tionary in getting an answer for tw... our major difficulties. This picture ... be visionary, but it is not impossible ... only needs greater cooperation on ... part of the citizens themselves, and ... could come through increased underst... ing of intelligent and properly dire... city planning.

* * *

When Hugh Ferriss, architect and artist, a "Visual Consultant" to the United Nations o... permanent home, was asked to participate in this symposium, he sent in this drawing.

"NOT SO DIFFERENT"

By ROBERT MOSES
Commissioner of Parks, New York C...

FIRST, Mr. Editor, tell me how I c... to be tapped for these proph... bones, and made the list of regist... and accredited oracles, sybils, pale aug... witches, wizards, callers of spirits f... the vasty deep, crystal gazers, medi... men, seventh sons of seventh sons, w...

Ferriss envisions it: "Fifty years from now New York will be a capital city in a united ...ld. A city of several levels, of glass and light, with building masses set wide apart and separated by tree-lined malls. It will, I hope, be run by atomic power, working for peace, not war. That, of course, is the hope on which the future of the city, and the world, depends."

...of the rabbit's foot, and poll casters ... foretell the future with deadly accu... for I am only a Great South Bay ...man in a fog, trying to discern a few ...s and landmarks. Nevertheless, on ...shore, dimly seen through the mists ...e deep, I can see, a half century off, ...orange, white and blue of the flag of ...metropolis still flying.

...hat will the town look like in another ... century? Bless your prophetic souls, ...so different in its broader aspects and ...s, not so changed in its life and spirit, ... in the vanguard of our brash and ...hful rivals of the South and West, ... certainly not unrecognizable by a ... Rip Van Winkle rubbing his eyes ... a long snooze in the Palisades.

...ATURE, not man, will still be pre...inant, and the air photographer in his blimp or helicopter will still see the rolling ocean, the relatively unspoiled ocean beaches, Jamaica Bay, the Long Island Sound, the lordly Hudson, and their tributaries, and Liberty guarding our magnificent harbor. The great arteries of travel will stand out. The hills of Revolutionary fame will still boast their monuments and citadels; the parks, large and small, will still be conserved for all the people. The great Palisades reservation will still be five times as large as all of Manhattan Island; Jamaica Bay and its shores, reclaimed and dedicated to recreation and air travel, will constitute one-third of Brooklyn; a fourth of the Bronx will remain field, forest and stream; Queens will still be suburban, and Staten Island largely rural.

There will be more people, industry, shipping, trade and business, and better housing. There will be better planning and zoning, some of it perhaps too late to satisfy the perfectionists. The worst of the old slums will be gone, and new forms of obsolescence, neither as extensive nor as troublesome, will give another set of reformers something to worry about. There will be other new and as yet unimagined problems, but who wants to live in an age without its challenges?

IN ten years, one person out of ten will be living in public or otherwise subsidized housing. In fifty years, it may be one out of six or seven—not an altogether pleasant prospect for those who must pay not only their own way but that of their less fortunate or hard-working brothers.

Traffic will flow freely in 95 per cent of the city and suburbs, and our successors will continue to curse the generations who selfishly overbuilt and overcrowded the other 5 per cent largely in midtown Manhattan, but I doubt whether they will go as far as to tear out enough monstrosities to change materially an area which will still have its fascination for millions of visitors.

As to the spirit, the enterprise, the magnetism which made the metropolis great, there is not a shred of evidence that their force will lessen. There is no sign of decrepitude, decay or resignation. It will be a great town so long as it is genuinely hospitable to talent, rejoices in competition, takes pride in achievement, and insists upon a fair distribution of benefits.

A lot has happened since the first city fathers decorated its shield with the windmill, the beavers and flour barrel, and more fame awaits *(Continued on Page 51)*

«New York en 1999 - 5 prédictions. Les architectes et les urbanistes regardent leur boule de cristal pour nous dire ce qu'il en sera. D'ici à 50 ans, à quoi ressemblera New York? Sera-t-elle un dédale de super gratte-ciel et d'autoroutes aériennes, ou sera-t-elle plus verte. Le *Times* s'est adressé à cinq des architectes et des urbanistes les plus renommés du pays.» *The New York Times Magazine*, 6 février 1949, pp. 18-19. Dessin de Hugh Ferriss.

conçu pour le concours du Tribune Tower à Chicago. Quant à Moses, le puissant commissaire aux parcs de la municipalité de New York, qui a longuement officié comme bras armé du maire Fiorello LaGuardia, il a déjà à son actif la réalisation d'un gigantesque programme d'aménagement de parcs et de plages, de *parkways* et de *highways*, traduction opérationnelle des attendus du Plan régional[61].

Sous le titre bannière de « Decentralized City », Eliel Saarinen prône la décentralisation organique de la ville à l'échelle régionale, seule réponse possible, selon lui, à la congestion urbaine :

> À quoi pourrait ressembler un New York décentralisé d'ici 50 ans ? [...] Un *parkway* côtier et une ceinture verte pourraient encercler complètement Manhattan, qui transformerait l'East Side et le West Side en autoroutes. À Manhattan, il y aurait moins et non pas plus de gratte-ciel, et ceux qui resteraient baigneraient dans plus d'air et d'espace libre. Tout ceci pourrait se faire, à condition qu'on le conçoive de manière organique[62].

Les désurbanistes ont leurs détracteurs, parmi lesquels Wallace Harrison : « Nous devrions laisser aux rêveurs le plaisir de planifier des Broadacre, et espérons que nous continuerons à utiliser ce qu'il nous restera de nos

capacités et de notre énergie pour embellir le centre-ville de New York[63]. » La métropole de Harrison est à la fois concentrée et élargie :

> Le centre de la ville deviendra sans aucun doute bien plus concentré, et de ce fait nous devons anticiper la planification et l'exploitation des voies de communication, garantir la fluidité des lignes de communication de la ville grâce à une planification et un contrôle adéquats. En dépit des perspectives utopiques de décentralisation, New York et Manhattan continueront de s'agrandir et de s'intensifier dans les cinquante prochaines années[64].

61 À propos de l'action de Robert Moses à New York, voir l'ouvrage très critique de Robert Caro, *The Power Broker: Robert Moses and the Fall of New York*, New York, Vintage, 1975, et la rétrospective plus récente que lui ont consacrée Hillary Ballon et Kenneth T. Jackson : *Robert Moses and the Modern City: The Transformation of New York*, W.W. Norton & Company, 2007.

62 « New York in 1999 », art. cit., p. 51.

63 *Ibid.*, p. 53.

64 *Ibid.*

Pour Harvey Corbett également, Manhattan reste l'essence de New York, mais l'architecte élargit son échelle spatiale pour projeter sa vision : « Rayonnant à trente ou quarante miles du centre de la ville, comprenant dans sa périphérie une population d'environ 13 millions d'habitants, cette nouvelle aire, bien qu'en dehors de ses frontières administratives, est réellement une partie intégrante de New York City. » L'ouverture vers la décentralisation permet à Corbett de revenir aux dispositifs métropolitains que Ferriss illustre dans une large perspective. Couronnés de terrasses habitées, de larges bâtiments-cités accueillent, outre les résidences, des grands magasins, bureaux, théâtres, clubs de sport, et devraient permettre de garder l'emploi à proximité des habitants. « Résoudre ces deux problèmes – c'est-à-dire le trafic et le rapprochement des personnes de leur travail – serait révolutionnaire [...]. Ce dessein est peut-être visionnaire, mais pas impossible[65]. » La vue de Ferriss témoigne de cet agrandissement du centre dont les masses construites, hautes et basses, bordent de larges avenues, dalles plantées de plusieurs niveaux qui entendent répondre à la question de la congestion par l'élargissement des voies et la séparation des flux.

Dernier à s'exprimer, Robert Moses défend, lui, les grands espaces ouverts environnant la cité dense, qu'il entend dédier à une nature urbaine et récréative. Plages, parcs et *parkways* : la création de ces grandes aménités régionales constitue pour lui le contrepoint indispensable à l'hyperdensité du centre. Sa proposition s'intitule « Not so different », témoignant de sa position stratégique aux affaires de la métropole[66].

Les métamorphoses de l'infrastructure

Les nouveaux artefacts de l'aménagement du territoire régional et national offrent à Hugh Ferriss un horizon inédit :

> L'accent étant aujourd'hui mis sur des constructions qui n'étaient pas auparavant nommées comme « architecturales » – tels les pistes d'atterrissage, les autoroutes, les chantiers navals, les complexes industriels –, le terme même de « rendu architectural » peut désormais paraître inapproprié. Toutefois, ce qui permettait de visualiser un Empire State Building peut toujours permettre de visualiser l'aéroport de LaGuardia, un East River Drive, une nouvelle cale sèche ou une future usine de munitions[67]...

65 Harvey W. Corbett, *ibid.*, pp. 18-19.

66 Robert Moses, *ibid.*

67 Hugh Ferriss, « Re-Renderings », *Pencil Points*, juillet 1940, p. 401.

Hugh Ferriss,
Grand Coulee Dam
(Snake River,
Washington), 1942.

Dans ce nouvel article, « Re-renderings », qu'il publie en 1940, Ferriss reconnaît la valeur architecturale de ces monuments de la technique. Ce faisant, il renverse le point de vue : « La transformation du construit implique sans doute une transformation de la représentation du construit[68]. »

Financé par une bourse de la Brunner Foundation, un voyage exploratoire réalisé en 1941-1942 lui permet de découvrir des ouvrages, bâtiments, aménagements récents, témoignant à la fois de l'agrandissement et du glissement des échelles des réalisations : le barrage de la Tennessee Valley Authority, une aciérie d'Albert Kahn à Détroit, l'Academy of Arts de Cranbook par Eliel Saarinen, le Johnson Wax Building de Frank Lloyd Wright. Les dessins qu'il ramène de son périple américain sont présentés en 1942 à l'Architectural League puis sous la forme d'une exposition au Whitney Museum. Le lyrisme dont Ferriss faisait preuve lorsqu'il dessinait les gratte-ciel de *Metropolis* s'exprime désormais dans les grands monuments héroïques de l'aménagement du territoire national. Au contact de nouvelles commandes, Ferriss revient à la question de l'infrastructure, élargissant la signification de son acception.

Ce quatrième énoncé – le statut architectural et urbain de l'infrastructure – figurait déjà à l'agenda de *Metropolis*. Ferriss y magnifiait la puissance des flux tout en stigmatisant les maux qu'ils engendraient :
« Dans la mesure où, écrivait-il alors, les avenues et les rues d'une ville ne sont autres que ses artères et ses veines, on peut se demander quel médecin oserait promettre la santé à un organisme dont le flux sanguin s'épaissit régulièrement[69]. » Toutefois l'image, naturelle ou sanguine, des fleuves et des canaux, des artères et des veines, ne pouvait à elle seule qualifier les espaces dédiés aux flux de circulation. *Metropolis* figurait de nouvelles typologies infrastructurelles. Jouant sur une tectonique des plaques, le sol de la ville se soulevait, créant une strate surélevée formée de voies aériennes se croisant au droit des stations de trafic des *superskyscrapers*.

La pensée urbaine de l'infrastructure dans l'œuvre de Ferriss peut se lire de manière explicite au travers de sa contribution à la conception des aéroports de New York. Ferriss publie en août 1930 un premier projet d'*Airport of Tomorrow*[70], qui s'inscrit dans le contexte de la grande consultation internationale d'idées lancée fin 1929 par la

68 *Ibid.*, p. 402.

69 Hugh Ferriss, *La Métropole du futur*, *op. cit.*, p. 24.

70 Hugh Ferriss, *Airport of tomorrow*, *The American Architect*, vol 138, août 1930, p. 67.

Deux perspectives de Hugh Ferriss publiées
dans *The American Architect* en avril et août 1930:
- ci-dessus: *Vue aérienne d'une ville imaginaire;*
- à droite: *Airport of Tomorrow.*

Lehigh Portland Cement Company sur la question aéroportuaire, encore balbutiante dans sa définition pratique. Le champ des possibles s'ouvre alors aux visionnaires. Corbett qui, avec Raymond Hood, préside le jury de la consultation, dessine en parallèle un projet d'aéroport du futur, prédisant que : « Dans cent ans, le centre de la ville standard sera confondu avec le centre de son principal aéroport. [...] L'aéroport sera le lieu universel de diffusion[71]. » Les dessins de Ferriss et Corbett ont en commun de figurer l'aéroport comme dispositif constitutif du milieu urbain. Ce faisant, ils entendent démontrer la viabilité des innovations urbaines qu'ils proposent par ailleurs, en les cristallisant dans cette nouvelle typologie. Corbett intègre et superpose en un unique ensemble les fonctions de transit, les activités commerciales, les rampes et la plateforme d'atterrissage, agrandissant par là même la taille du block qu'elles programment. Ferriss pose son aéroport sur l'une des toitures intermédiaires de ses gigantesques gratte-ciel, consacrant la nouvelle dimension du *superblock*. L'immeuble devient terminal, tandis que l'infrastructure devient superstructure.

Cette acception du *terminal* constitue le deuxième axe de la pensée de Ferriss sur l'infrastructure. L'occasion lui est donnée de la développer encore plus concrètement au travers de sa contribution aux projets du nouvel aéroport de LaGuardia (inauguré en 1939 pour la tenue de la World's Fair), puis après-guerre en participant à la conception de l'aéroport d'Idlewild dont il suit la réalisation jusqu'à la fin des années 1950[72]. Ces deux projets consacrent le déplacement de l'aéroport hors la ville et sa reconfiguration parallèle comme « ville en soi » projetée sur les terrains vierges ouverts par l'expansion suburbaine. Missionné en 1945 avec les architectes Delano et Aldrich par Robert Moses et Fiorello LaGuardia, Ferriss projette une première esquisse de la future aérogare d'Idlewild. La matière première qui lui sert à définir l'architecture du terminal est celle des flux de circulation, automobiles et aériens. L'artiste fait littéralement pénétrer la vitesse dans ses bâtiments, intégrant rampes et voies intérieures au sein même de la construction. Pour le restaurant panoramique, Ferriss incline la grande façade vitrée transparente, spectacularisant le face-à-face des foules de visiteurs urbains avec le ballet aérien des pistes et donnant ainsi l'illusion qu'intérieur

71 Harvey W. Corbett, « The Airport of the Future », *Architectural Forum*, janvier 1930, pp. 71-74.

72 La construction de l'aéroport d'Idlewild débute officiellement en avril 1942. L'aéroport ouvrira définitivement ses portes en 1948, la réalisation de son infrastructure se poursuivant au-delà de son inauguration. Il changera de nom le 24 décembre 1963 suite à l'assassinat du président Kennedy pour devenir l'aéroport John-Fitzgerald-Kennedy.

Hugh Ferriss, vues du projet
de l'Airport Authority pour le New York
International Airport, 1946:
- en haut: restaurant panoramique;
- en bas: bâtiment d'entrée de l'aéroport.

Hugh Ferriss, vue perspective de la
Terminal City de l'aéroport d'Idlewild, 1955.

Couverture de Hugh Ferriss,
Power in Buildings:
An Artist's View of Contemporary
Architecture [1953],
Santa Monica (Californie),
Hennessey and Ingalls, 1998.

et extérieur ne font qu'un. De leur côté, les ingénieurs Clarke, Rapuano et Holleran superposent *taxiways* et autoroutes, faisant écho aux villes imaginaires dessinées par Corbett et Ferriss dans les années 1920.

Ce projet ne se concrétisera pas, du fait notamment d'un conflit important entre différents acteurs new-yorkais pour prendre le contrôle des aéroports de la ville. L'éphémère City Airport Authority, créée par Moses pour contrer les velléités de la Port Authority d'intégrer dans son giron ces nouvelles infrastructures, céde le pas en 1947 à l'autorité portuaire qui rafle la concession des aéroports de la métropole[73]. Mais en dépit de ce changement de pilote, Ferriss poursuit son travail sur Idlewild. Associé à Wallace Harrison qui a été désigné par la Port Authority urbaniste en chef du projet de Terminal City, le perspectiviste préfigure en 1955 la structure urbaine qui sera réalisée : un système d'aérogares indépendantes disposées en ovale autour d'un grand espace central aménagé en *plaza* et ponctué de parcs, de promenades et de parkings[74]. Une promenade supérieure relie le terminal des arrivées à la tour de contrôle, conduisant à un belvédère surplombant les réseaux routiers d'où l'on peut admirer l'envol des avions. L'ensemble de la perspective figure une ville suburbaine et ludique, réintégrant les attributs modernistes : séparation des flux et superposition des espaces publics, lignes nettes et épurées des bâtiments, le tout baignant dans un parc aéré.

L'investissement de Hugh Ferriss dans la conception aéroportuaire montre de quelle façon l'artiste renouvelle, au fil des mutations de la ville et de son infrastructure, ses visions et la façon dont il les représente. L'idée de « ville aéroportuaire » autonome et extra-urbaine naît de l'impossibilité de refonder la ville constituée pour accueillir les mobilités contemporaines. D'un dispositif urbain intégré à la cité – l'Airport of Tomorrow qui réinterrogeait les notions d'immeuble, de block et de réseau –, l'aéroport ferrissien glisse vers le projet suburbain – la Terminal City –, renouvelant *in vivo* les thèmes métropolitanistes[75].

L'héritage de Ferriss

Dernier manifeste de son œuvre littéraire et picturale, qui reprend et prolonge le romantisme exacerbé des opus précédents, l'ouvrage ultime

73 Jameson W.Doig, *Empire on the Hudson, Entrepreneurial Vision and Political Power at the Port of New York Authority*, New York, Columbia University Press, 2002.

74 Wallace K. Harrison, texte de présentation du concept de Terminal City pour la Port Authority, 16 février 1955 (Archives de Wallace K. Harrison, boîte 3, Drawings and Archives, Avery Architectural and Fine Arts Library, Columbia University, New York).

75 Sur l'histoire des relations entre l'urbanisme et la mobilité aérienne, voir Nathalie Roseau, *Aerocity, Quand l'avion fait la ville*, Marseille, Parenthèses, 2012.

44 General View, United Nations Headquarters

This picture, based on blueprints and on a sketch made from a helicopter poised over the site, was published on the day the cornerstone was laid. There are only a few details in which it does not agree with the shapes of the buildings as later erected. To watch a dream come true, to see rising in metal and stone what had existed in imagination only, this is an experience well known to all who are in any way connected with the practice of architecture.

In this book I have not been concerned with prophecies, but one will be ventured here. In 1958 or thereafter, when not only the buildings will have been completed but also the carefully planned landscaping, if you will go to the extreme northeast corner of the terrace overhanging the East River, lean against the shipshape railing, and look back at this world capital standing before you in its entirety, you will get (what the premature talk during construction did not give, and what drawings can never give) an understanding of the simple and strong conception that the Director of Planning and the Planning Staff have had in mind from the beginning.

Hugh Ferriss, *Power in Buildings: An Artist's View of Contemporary Architecture* [1953]: double page présentant la vue aérienne du projet de siège des Nations unies de Hugh Ferriss, *Power in Buildings*, est publié en 1953, deux ans après l'achèvement du siège des Nations Unies, projet auquel Ferriss participe activement : comme consultant d'abord, dans un contexte de complexité et de sophistication croissante de la construction urbaine ; comme perspectiviste toujours, l'artiste finalisant un dessin qui montre comment le terrain de 17,5 acres pourrait être transformé en un parc aéré pour le futur siège de l'institution ; comme créateur enfin, impliqué dans le processus même de la conception et de l'accouchement du projet. En qualité de *design consultant*, Ferriss est étroitement associé au *design board* qui s'installe en janvier 1947 dans la suite 2 700 du RKO Building du Rockefeller Center. « Architecte » en charge de tous les dessins des présentations réalisées, il devient l'*interprète* simultané du projet en train de se faire, enregistrant, opposant, réconciliant les positions des dix équipes internationales qui œuvrent sur la conception de l'opération :

> Cette image, inspirée des esquisses et d'un croquis réalisé depuis un hélicoptère survolant le site, fut publiée le jour où la première pierre fut posée. Il n'y a que très peu de détails qui ne correspondent pas aux formes des immeubles tels qu'ils ont été érigés depuis. Voir le rêve devenir réalité, regarder s'édifier en métal et en pierre ce qui n'avait existé que dans l'imagination, c'est une expérience bien connue de tous ceux qui ont été d'une façon ou d'une autre plongés dans la pratique de l'architecture[76].

Jusqu'à sa mort en 1962, Ferriss accompagne et anticipe les mutations métropolitaines. Peu avant sa disparition est adoptée en 1961, la deuxième Zoning Law qui remet en cause celle qu'avait défrichée Ferriss à l'aube de sa carrière, en investissant cette fois-ci la question de l'espace public. Au sein de Manhattan, l'immeuble Ziggourat cède la place à l'immeuble Plaza, pendant que se poursuit le formidable déploiement suburbain de la métropole. C'est aussi dans cette tension entre l'hypercentre et la périphérie sans fin que se construit le futur new-yorkais, autour de cette aporie d'une ville en croissance qui mise sur son icône flamboyante pour la représenter, tout en s'appuyant sur son milieu élargi pour la servir.

L'œuvre de Hugh Ferriss est plus que présente aujourd'hui. D'abord les rétrospectives et la diffusion de son œuvre ont eu un impact majeur, témoignant de l'actualité de ses travaux. En 1978, Rem Koolhaas nous fit ainsi redécouvrir les dessins du perspectiviste en s'en faisant l'exégète

76 Hugh Ferriss, *Power in Buildings*, *op. cit.*, ill. 44.

dans *New York délire*. D'autres lui emboîtèrent le pas, contribuant à rediffuser l'imaginaire ferrissien dans l'iconographie urbaine contemporaine. Jean Ferriss Leich, sa fille, publia en 1986 un premier ouvrage intitulé *Architectural Visions : The Drawings of Hugh Ferriss*. La même année, Carol Willis réédita l'ouvrage manifeste de Ferriss, *The Metropolis of Tomorrow*, aussitôt donné en traduction française dans le catalogue d'une exposition consacrée à l'artiste au Centre Georges-Pompidou en 1987. Créé en 1996 par l'historienne Carol Willis, spécialiste de l'architecture métropolitaniste new-yorkaise, le Skyscraper Museum, situé au Sud de Manhattan face à Battery Park, a depuis exposé à plusieurs reprises l'œuvre de Hugh Ferriss[77].

Enfin l'actualité new-yorkaise continue les thèmes explorés par Ferriss : la rationalisation de l'hypercentre, la régionalisation de la métropole, l'aménagement de la périphérie, la consolidation de grandes structures métropolitaines. La bataille entre métropolitanistes et régionalistes n'a pas cessé, se prolongeant ainsi dans les débats entre historiens, comme l'atteste la critique que Carol Willis adressa en 1986 à l'attention de Francesco Dal Co et Mel Scott à propos de leur analyse du zoning new-yorkais dans l'entre-deux-guerres, fortement marquée selon elle par leur proximité avec Stein, Mumford et d'autres membres de la RPAA[78]. Peu avant, elle avait aussi contesté l'analyse de Manfredo Tafuri qui, dans son article « The Disenchanted Mountain », soutenait qu'il y avait eu en Amérique une absence de considération pour le rôle urbain des gratte-ciel. L'existence même de la « Titan City » conçue par Hugh Ferriss constituait alors une preuve du contraire aux yeux de la directrice du Skyscraper Museum qui plaidait pour la reconnaissance d'une « New York School »[79]. Même si pour l'heure la postérité n'a semble-t-il retenu de l'œuvre de Ferriss que les dessins des enveloppes de zones et son ouvrage *The Metropolis of Tomorrow*, le débat autour des questions que le perspectiviste avait investies avec vigueur nourrit encore la construction imaginaire et pratique de la métropole.

77 « New York Modern », exposition 2007-2008, Skyscraper Museum, New York. www.skyscraper.org/EXHIBITIONS/FUTURE_CITY/new_york_modern.htm.

78 Lire de Carol Willis, « Zoning and Zeitgeist », art. cit., et de Francesco Dal Co, « From Parks to the Region: progressive ideology, the reform of the American city », in Giorgio Ciucci, Francesco dal Co, Mario Manieri-Elia et Manfredo Tafuri (dir.), *The American City: From the Civil War to the New Deal*, Cambridge (Mass.), MIT Press, 1979, pp. 143-297 ; Mel Scott, *American City Planning since 1890: A History Commemorating the Fiftieth Anniversary of the American Institute of Planners*, Berkeley, University of California Press, 1969.

79 Manfredo Tafuri, « The Disenchanted Mountain: The Skyscraper and the City », in Giorgio Ciucci *et al.* (dir.), *op. cit.*, p. 400 ; Carol Willis, « The Titan City, Forgotten Episodes in American Architecture », art. cit., p. 26.

E

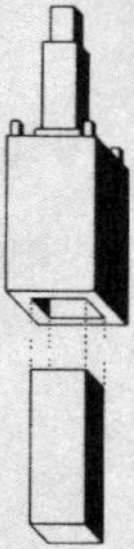

PAMPHLET

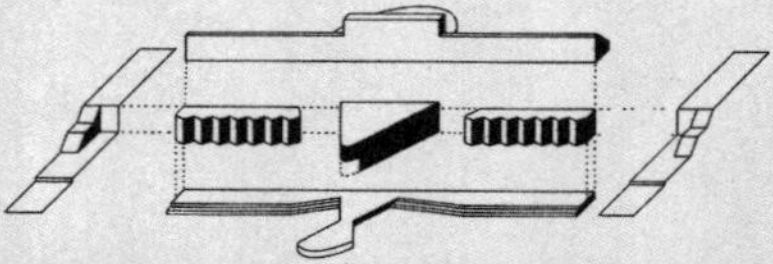

ARCHITECTURE

HYBRID BUILDINGS

№ 11

Bâtiments hybrides

JOSEPH FENTON

Avant-propos
Steven Holl

> En Amérique, nous sommes libres de toute tradition artistique. Notre liberté engendre des excès, c'est vrai. Nous fabriquons des choses choquantes, nous produisons des architectures irrémédiablement mauvaises ; nous nous livrons à des expériences brutales qui tournent au désastre. Et pourtant, dans cette masse d'énergies incontrôlées git le principe de la vie.
>
> John Wellborn Root

Quelles pressions spécifiques la combinaison de programmes impose-t-elle à la forme architecturale au XXe siècle ? La concentration d'une grande quantité d'activités sociales dans une forme architecturale unique déforme et altère le type des bâtiments. Certaines formes d'associations de fonctions autrefois négligées ont été précipitées dans la ville moderne et ont engendré des bâtiments qui peuvent apparaître, si on les considère à l'aune des critères théoriques en vogue aujourd'hui, comme des antitypologies. Dans le catalogue qui suit, les fonctions des bâtiments sont mélangées, et des usages disparates sont combinés ; les structures rassemblées ici sont des « bâtiments hybrides » du point de vue de l'usage. Bien que l'histoire ait toujours fourni des exemples de bâtiments à fonctions mixtes (l'habitation au-dessus du magasin est présente dans un grand nombre de cultures et d'époques), les bâtiments hybrides se sont développés très rapidement au XXe siècle. La ville moderne a agi comme un puissant fertilisant en poussant l'architecture à passer de l'homogénéité à l'hétérogénéité fonctionnelle. Les densités urbaines et l'évolution des techniques de construction ont eu un impact sur la mixité des fonctions en les empilant les unes au-dessus des autres, défiant les critiques qui défendent l'idée qu'un bâtiment devrait « ressembler à ce qu'il est ».

L'étalement géographique a eu un effet centrifuge sur les villes américaines. Cet étalement, évident dans un nombre incalculable de villes déformées par les autoroutes, a été le mode de développement typique depuis une trentaine d'années. Les sièges sociaux d'entreprises, les « parcs » industriels, les centres commerciaux et les lotissements suburbains sont aujourd'hui dispersés dans ce qui était autrefois le territoire rural. Les conséquences négatives de ce type de développement sont aujourd'hui manifestes : les centres-villes dilués, vidés de leurs activités, ont besoin d'être revitalisés. De nouvelles concentrations d'activités pourraient revitaliser socialement les villes et fournir l'architecture physique nécessaire pour reconstruire des espaces publics. De ce point de

vue, ce catalogue représente une recherche sur les moyens de clarifier la distinction entre l'urbain et le rural. Dans une tentative désespérée d'attirer du commerce, les autorités municipales de beaucoup de villes provinciales américaines en déshérence ont transplanté sans débat ce modèle suburbain dans leurs villes, oblitérant les tracés originaux et détruisant tout leur potentiel d'authentique développement urbain. Clarifier la distinction entre l'urbain et le rural est une tâche urgente pour lutter contre la destruction des paysages naturels et pour la reconstruction physique et programmatique de la ville américaine. De quels modèles disposons-nous pour cet urbanisme ? Faut-il se tourner vers la ville européenne des XVIIIe et XIXe siècle ?

Voici une collection de bâtiments issus de la dynamique de la culture moderne et du développement des techniques. Les bâtiments hybrides sont indéniablement les fruits de la modernité, étroitement liés qu'ils sont au développement de l'ascenseur et aux techniques de construction en charpente métallique et en béton. Plutôt que de se concentrer sur la technique ou de développer de nouveaux arguments pour l'expression de la fonction, l'objet de ce *Pamphlet* est la construction et la concentration urbaines d'activités. Le terme d'« hybride » se démarque clairement de la notion de « multifonctionnalité », fréquemment employé pour décrire les mégastructures proliférantes du milieu de ce siècle. Chacune de ces structures a une forme individuelle, en phase avec le motif sous-jacent de la grille urbaine.

C'est le troisième volet d'une série de *Pamphlets* consacrés à l'essence de l'architecture américaine et destinés à stimuler un débat sur le renouvellement spatial et programmatique des villes américaines. « La Ville alphabétique » (*Pamphlet* n° 5, 1980) adoptait une approche morphologique en explorant la corrélation entre les types de bâtiments et le dessin de la grille urbaine. « Types d'habitations rurales et urbaines en Amérique du Nord » (*Pamphlet* n° 9, 1982) rassemblait des types de maisons simples et spécifiquement américaines, présentées comme autant d'alternatives aux lotissements suburbains. Dans « Bâtiments hybrides », l'approche est urbaine, programmatique et nécessairement formelle. Ces bâtiments offrent d'encourageantes leçons pour comprendre l'architecture à partir de ses raisons programmatiques, pour réinstaurer une diversité d'activités, et pour concentrer les ingrédients les plus essentiels de la ville au lieu de les disperser.

Architecture hétérotique
Kenneth L. Kaplan

> Qu'aucune loi d'application générale, régissant la formation et le développement des hybrides, n'ait été formulée jusqu'à présent avec succès ne surprendra guère quiconque connaît l'ampleur de la tâche, et sait ainsi les difficultés auxquelles ces expériences font face.
>
> Gregor Mendel, *Experiments in Plant-Hybridization*, 1866.

> Les anciens hybrideurs ne disposaient toutefois pas du matériau dont disposent les hybrideurs modernes pour travailler.
>
> Auteur inconnu, 1882.

> En mêlant vérité et mensonge, on peut donner une idée de l'effet que produisait cet hybride.
>
> James Joyce, *Finnegans Wake*.

L'HYBRIDE, comme concept génétique, remonte à Aristote et à ses conjectures sophistiques sur l'origine de certaines espèces animales qui seraient le résultat d'un croisement spontané. Par exemple, le chameau et le léopard auraient engendré la girafe, tandis que le chameau et le moineau auraient donné l'autruche. Toutefois, ce n'est qu'aux XVIIIe et XIXe siècles que les grands pionniers de la génétique Kölreuter et Mendel conduisirent les premières expériences scientifiques sur la

244

dynamique de l'« hybridation » des formes de vie, jetant ainsi les bases biologiques et même mathématiques de ce processus (lois de Mendel). Kölreuter fut aussi le premier scientifique à observer et décrire la VIGUEUR HYBRIDE, ou HÉTÉROSIS, définie comme « [...] la tendance du croisement à produire des plantes ou des animaux doués d'une vigueur et d'une capacité de croissance plus fortes que celles de chacun de leurs parents ». Depuis Kölreuter, le pendant de cette vigueur a également été bien démontré, à savoir la STÉRILITÉ HYBRIDE, l'incompatibilité des chromosomes des parents causant l'infertilité de l'individu hybride. À ce jour, la nature de chacun de ces deux processus, la VIGUEUR et la STÉRILITÉ HYBRIDE, n'a toujours pas été éclaircie.

Les BÂTIMENTS ont eux aussi, d'une certaine manière, été « croisés », comme des plantes et des animaux, pour produire une architecture hybride. Les combinaisons des souches sont infinies, comme le montrent les exemples excentriques et hétéroclites qui font virtuellement de ce catalogue un *Manual de zoología fantástica* (titre original du bestiaire littéraire de Borges) ! Cependant, malgré leurs aspects étranges et idiosyncrasiques, tous ces bâtiments manifestent cette HÉTÉROSIS OU VIGUEUR HYBRIDE. Tous, quels que soient les éléments formels, fonctionnels et urbanistiques qui prédominent en eux, accèdent à une intégrité plus riche et plus élémentaire, stimulée par l'union poétique de leurs parties. Curieusement, comme sa cousine génétique, l'« hybridation » architecturale peut également entraîner la STÉRILITÉ de ses rejetons : ces trop familières et inutiles mégastructures multifonctionnelles qui ont envahi notre paysage urbain et rural. La ligne de démarcation entre VIGUEUR et STÉRILITÉ échappe à notre maîtrise. Peut-être la contemplation humble et prolongée des édifices présentés dans ce numéro 11 de *Pamphlet* – le genre de posture mentale que recommandent souvent les moines ZEN fatigués par des journées entières passées à ratisser sans but leur jardin de pierres noires et sphériques – permettra-t-elle de dégager des méthodes capables d'assurer une nouvelle vie à l'ARCHITECTURE HÉTÉROTIQUE !

Bâtiments hybrides
Joseph Fenton

Histoire

Les bâtiments hybrides n'ont jamais été inventoriés comme tels. Ils sont restés enfouis dans le corpus des études historiques, chronologiques, formelles et stylistiques consacrées aux édifices américains. Les bâtiments hybrides, intrinsèquement multifonctionnels et ouverts aux contraintes de la grille urbaine, peuvent être proposés comme modèles pour stimuler et revitaliser les villes américaines. Ce catalogue examine la relation complexe entre la forme, la fonction, la technique, le contexte urbain et la société, toutes choses entre lesquelles les bâtiments hybrides établissent un équilibre cohérent.

La combinaison de fonctions multiples à l'intérieur d'une même structure est une stratégie récurrente au cours de l'histoire. Les habitations au-dessus des magasins, les ponts habités et les bains antiques romains sont autant d'exemples qui combinent au moins deux fonctions dans les murs d'une même structure.

Il est cependant crucial de souligner que les bâtiments hybrides se distinguent d'autres bâtiments multifonctionnels par leur échelle et leur forme. L'échelle est déterminée par la dimension de l'îlot inscrit dans la grille orthogonale. La forme résulte directement des innovations techniques de la fin du XIXe siècle telles que les ossatures métalliques, l'ascenseur, le téléphone, le câblage électrique, le chauffage central et les systèmes de ventilation. La mobilité accrue des populations, due notamment au tramway et aux systèmes de production à flux tendu, encouragea la densification des centres-villes. Le type hybride fut une réponse aux pressions métropolitaines provoquées par l'augmentation de la valeur foncière et la contrainte de la grille urbaine. À cause des limites strictes imposées à l'étalement horizontal, le tissu urbain s'élança vers le ciel. Les bâtiments devinrent plus hauts et plus grands que jamais auparavant, les seules contraintes à respecter étant les règlements d'urbanisme et la grille orthogonale elle-même. Parce qu'il était impossible d'occuper ces nouveaux volumes, immenses, avec un programme unique, les fonctions furent combinées. Le bâtiment hybride émergea. En relativement peu de temps, les bâtiments hybrides intégrèrent une grande partie des programmes qui constituaient la ville du XIXe siècle : habitations, bureaux, théâtres, musées, palais de justice, prisons, usines, ponts et gares.

Le bâtiment hybride connut un développement riche et varié depuis son apparition dans les années 1880 jusqu'à la crise de 1929 qui stoppa quasiment l'industrie de la construction. Après cette crise économique, le Congrès international d'architecture moderne (CIAM) IV préconisa une séparation systématique de l'habitation, du travail et des loisirs, que la *Charte d'Athènes* propagea. Ces théories filtrèrent dans la reconstruction des centres-villes américains après la Seconde Guerre mondiale, contraignant le bâtiment hybride à un déclin prématuré. Depuis cette époque, les bâtiments hybrides n'ont connu qu'une fortune limitée. Mais aujourd'hui, ces politiques de planification urbaine ségrégationnistes sont remises en questions, et l'on observe donc un regain d'intérêt pour le bâtiment hybride, qui se traduit par une révision des réglementations urbaines et par l'émergence effective de nouveaux exemples.

Copenhague : maquette des valeurs foncières. L'augmentation du prix des terrains a stimulé le développement des bâtiments hybrides.

Ponte Vecchio, Florence, 1345 : logements, commerces, pont.

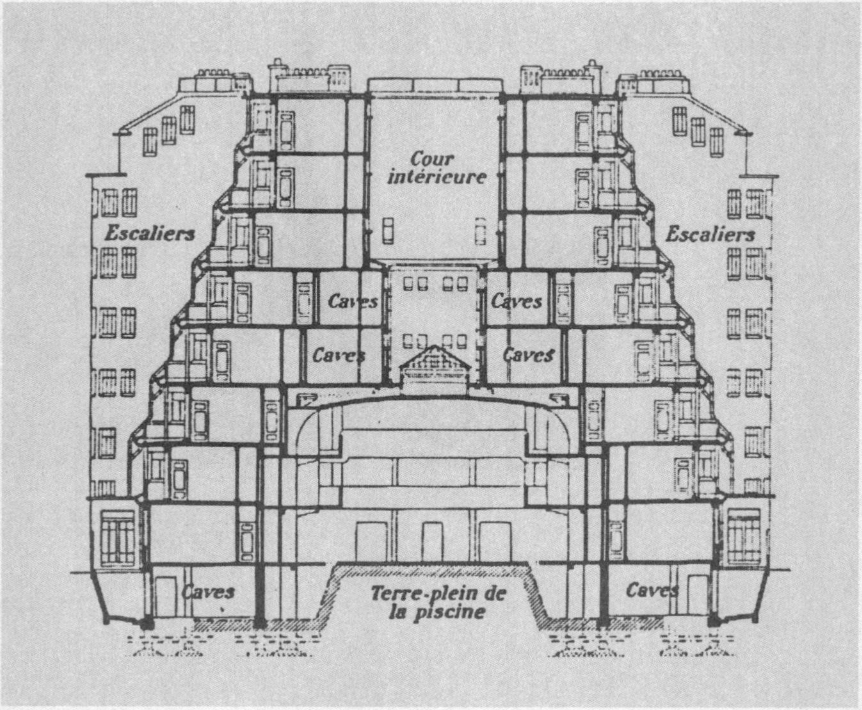

Henri Sauvage, Habitations à bon marché,
13, rue des Amiraux, Paris, 1922.

Programme

> – C'était un sacré architecte. J'ai chez moi tout un jeu de plans et des descriptions de ce qu'il appelait un immeuble collectif […] : soixante-quinze étages en gradin, formant des terrasses avec des espèces de jardins suspendus à chaque niveau, et puis des hôtels, des théâtres, des bains turcs, des piscines, des grands magasins, une chaufferie, un système de climatisation, et un marché, tout ça dans le même bâtiment.
> – Et il prenait de la coke ?
> John Dos Passos, *Manhattan Transfer*.

Le programme des bâtiments hybrides prit toutes sortes de formes. Deux catégories de programmes principales sont cependant aisément identifiables : le programme thématique et le programme disparate. Tous deux sont basés sur une combinaison et une interaction entre les différentes composantes du programme. Les combinaisons thématiques exploitent la dépendance entre composantes, en encourageant l'interaction des éléments, tandis que les combinaisons disparates laissent coexister leurs composantes dans des alliances souvent improbables, mettant en valeur l'aspect fragmenté et presque schizophrène de la société et de l'époque.

La viabilité économique était un déterminant fondamental du programme. « Autrefois, les hommes construisaient pour eux-mêmes et un peu pour les autres. […] Aujourd'hui ils spéculent », écrivait Harvey Wiley Corbett. Ce sont la sécurité économique, l'efficacité fonctionnelle et les explorations visionnaires qui poussèrent à recourir au bâtiment hybride. Avec la hausse des valeurs foncières, l'équation de la construction devint l'enveloppe maximale autorisée, seulement contrainte par les règlements d'urbanisme. Le gabarit extérieur étant ainsi déterminé, il ne restait plus qu'à sélectionner les fonctions et à les combiner et les recombiner jusqu'à ce que le volume soit plein.

Les combinaisons thématiques eurent pour leur part souvent tendance à souligner l'unité de fonction entre les différents éléments assemblés. Dans le Dade Courthouse and Miami City Hall (p. 283), les types traditionnellement liés de la mairie, du tribunal et de la prison furent réunis dans la même structure. Des universités et des hôpitaux furent également investis par des programmes hybrides thématiques. La Cathedral of Learning de l'université de Pittsburgh (p. 278) regroupa des bibliothèques, des salles de conférences, des salles de cours, des laboratoires et des équipements sportifs sous un même toit. Quant au New York Hospital (p. 282), il inclut, en plus des fonctions habituelles d'un hôpital, des logements pour les internes ainsi que des salons et un gymnase.

De leur côté, les programmes disparates eurent souvent tendance à exploiter un certain avantage économique. Une église, par exemple, put gagner à s'étoffer de fonctions commerciales. Dans le Chicago Temple (p. 274), les rentes provenant de la location des surfaces de bureaux situées au-dessus de l'espace sacré subvenaient aux besoins de l'église. Des théâtres comme l'Auditorium Building (p. 259) augmentèrent souvent leurs revenus en tirant parti de l'espace constructible qui restait libre autour et au-dessus de leurs salles, celles-ci étant placées au centre du site. L'association de parkings et de bureaux, comme dans le Pure Oil Building (p. 260), offrit un nouveau service aux habitants des métropoles et augmenta d'autant la valeur marchande des espaces commerciaux.

D'autres combinaisons disparates encouragèrent une relation symbiotique. Une formule courante était la superposition d'appartements au-dessus d'un socle de commerces afin que ces derniers soient proches des transports de surface et que les logements dans les étages profitent du soleil et de l'air. L'Olympic Tower (p. 279) et la 500 Park Tower (p. 273) superposèrent des appartements à des bureaux. De la même façon, le Terrace Plaza (p. 275) empila des chambres d'hôtel sur un socle commercial de sept étages, et le Downtown Athletic Club (p. 267) plaça ses chambres d'hôtel au-dessus d'un club de gym de dix-sept niveaux.

La forme des bâtiments hybrides disparates résulta la plupart du temps de l'ambition économique de construire le volume maximal autorisé et de le remplir ensuite par une combinaison de fonctions indépendantes. Dans le John Hancock Center (p. 280), des magasins, des parkings, des restaurants, des appartements et un studio de télévision furent ainsi empilés les uns au-dessus des autres.

Le schème visionnaire de l'hybride disparate fut même poussé un cran plus loin pour forcer le bâtiment hybride individuel à fonctionner comme ville à part entière. Dans le One Hundred Story Building (p. 281), on engloba dans une même structure des activités industrielles, des marchés, des bureaux, des théâtres, des résidences, un hôtel et même un parc d'attractions. Souvent incapables de tenir dans la grille, ces programmes finirent par outrepasser leurs limites et donnèrent lieu à la forme diluée du complexe multifonctionnel.

Forme

> Ce n'est pas seulement dans les détails qu'un architecte peut se tromper. Des problèmes bien plus délicats peuvent émerger lorsqu'il se demande quel style et quel ordonnancement le projet d'ensemble devrait adopter. Doit-il produire un édifice bâtard, hybrider une église avec un bâtiment commercial en conservant le meilleur des deux types ? Doit-il camoufler la partie commerciale en lui donnant un vernis ecclésiastique ? Ou doit-il au contraire laisser cette composante commerciale dicter le style de l'édifice, en absorbant et en escamotant l'église à l'intérieur ?
>
> « Davantage d'églises construites dans un but lucratif », *The New York Times Magazine*, 3 juin 1928.

Au cours du dernier siècle, les bâtiments hybrides ont donné lieu à tout un éventail de variantes formelles, produisant une richesse d'expression architecturale qui a percolé dans l'environnement bâti américain. Les formes résultantes sont aussi nombreuses que les combinaisons possibles de programmes. Les fonctions qui composent le programme d'un bâtiment hybride peuvent être exprimées ou refoulées. Elles peuvent être empilée verticalement, greffées horizontalement ou, dans certains cas, englouties par la membrane extérieure du bâtiment.

Sur les parcelles urbaines exigües, l'empilement des fonctions était la solution habituellement adoptée pour les combinaisons hybrides. Des bureaux et un club surmontent l'auditorium du Schiller Building (p. 262), et les imprimeries, les bureaux et le studio de radio qui composent le Chicago Daily News (p. 284) sont empilés les uns sur les autres au-dessus des voies de chemin de fer. Une juxtaposition plus immédiate est produite par la greffe horizontale d'appartements et de bureaux dans la Price Tower (p. 271), ainsi que dans le Pure Oil Building (p. 260) où un parking est situé au cœur d'un bâtiment de bureaux.

L'expression ou l'inhibition du programme renvoie à la façon dont l'enveloppe extérieure donne ou non à lire les différentes composantes de celui-ci. L'expression peut résulter de la combinaison directe de types architecturaux monofonctionnels, créant ainsi un expressionnisme fonctionnel. Dans la United States Custom House (p. 268), une tour de bureaux a été clairement greffée au bâtiment public existant dans le souci de conserver à chacun son identité. De même, dans le Manhattan Apartment Bridge et le San Francisco Bay Bridge (p. 265), des appartements et des commerces sont associés à des ponts tout en conservant leur intégrité fonctionnelle. Mais l'expression de la fonction peut aussi être ténue ou trompeuse, comme dans le cas du Chicago Temple (p. 274) où la relation entre la forme et la fonction se résume à une allusion symbolique.

Un changement dans la coupe ou le plan peut exprimer un changement de fonction via un traitement différent du volume ou de l'élévation. Les composantes fonctionnelles du Downtown Athletic Club (p. 267) se distinguent grâce à la réduction de la surface des étages qui, en créant un retrait en coupe et en élévation, marque la transition entre les vastes surfaces du club de sport et celles plus réduites qui accueillent les chambres d'hôtel. Selon le même principe, dans le Philadelphia Savings Fund Society (p. 272), le hall de la banque et les bureaux sont distingués en plan et en coupe. Pourtant, une troisième composante greffée horizontalement à l'arrière du bâtiment ne correspond pas à un élément programmatique mais à une circulation verticale, faisant de ce bâtiment un simulacre de greffe.

L'inhibition favorise le remplissage volumétrique du tissu existant de la ville. Une architecture inhibée ne donne aucune indication sur les fonctions qu'elle abrite. Le Missouri Atheltic Club (p. 261) et le Penn Athletic Club (p. 264) sont des exemples d'inhibition fonctionnelle. L'imbrication du gymnase, des piscines, des bibliothèques, des salles de bal et des chambres se conforme au volume rectangulaire induit par le tissu urbain environnant. La fonction est inhibée d'une manière similaire dans la Chicago Tower (p. 287), où neuf programmes différents (des bureaux, un magasin d'habillement, une fabrique de lampes, un hôtel, des clubs, des salles de congrès, un parking, un entrepôt et des halls d'exposition) sont combinés tous ensemble derrière l'enveloppe à gradins.

Bien que tous les bâtiments inclus dans cette étude aient été sélectionnés à partir de critères fonctionnels, les classifications que nous en proposons sont issues de l'analyse de leur forme. On peut classer empiriquement les bâtiments hybrides en trois catégories : îlot, greffe et monolithe. L'hybride-greffe exprime ses composantes fonctionnelles en volumétrie ou en élévation. Dans l'hybride-îlot et l'hybride-monolithe, les éléments programmatiques sont intégrés dans une enveloppe homogène.

Comme avec tout système de classification, ces catégories sont parfois mises en défaut par d'occasionnels chevauchements ou par de trompeuses ambiguïtés. La classification n'est qu'un moyen pratique de rendre intelligible un bâtiment hybride. Mais au bout du compte, c'est l'image claire de ce bâtiment qui parle d'elle-même.

Les bâtiments qui combinent différentes fonctions offrent des solutions pratiques aux exigences modernes.

1. Hybrides-îlots

Les hybrides-îlots sont caractérisés par l'affirmation d'une forme et de son enveloppe, et la relégation corrélative du programme, qui se trouve escamoté derrière l'aspect d'ensemble du bâtiment. Quelle que soit leur situation dans le tissu environnant, la plupart de ces exemples se calent scrupuleusement sur les limites de la parcelle, sur les lignes de corniche et sur le traitement des façades voisines. Des variations discrètes dans les élévations, comme la proportion des fenêtres et le choix des matériaux, peuvent correspondre à des transitions programmatiques internes. Dans le cas des hybrides-îlots, ces modifications passent au second plan, derrière l'aspect d'ensemble prégnant de la masse bâtie. D'une manière générale, et bien que leur aspect extérieur soit parfois terne et sans intérêt, ces hybrides-îlots peuvent abriter les combinaisons programmatiques les plus innovantes.

2. Hybrides-greffes

Les hybrides-greffes se distinguent par l'expression claire de leur programme, souvent apparent du fait de la greffe directe de plusieurs types simples les uns aux autres. Stimulés par l'expansion urbaine des villes américaines au début du xxe siècle, les architectes ont été poussés à souder et télescoper des types traditionnels de bâtiments pour s'adapter

simultanément à l'impératif d'augmenter la masse bâtie et aux contraintes de la grille urbaine. L'exercice a donné lieu à une profusion de nouveaux types d'« hybrides », comme l'église-commerce et l'aquarium-restaurant, mais aussi à la renaissance de vieux «hybrides» tels que les logements-ponts. Dans de nombreux cas, les fonctions se lisent distinctement par leur parenté symbolique avec des types de bâtiments reconnaissables. Grâce à des variations apportées au plan ou à la coupe, les architectes et constructeurs se sont employés à exprimer la structure anatomique des fonctions contenues dans l'édifice.

3. Hybrides-monolithes

Les hybrides-monolithes sont fondamentalement des produits de la ville industrielle du xxe siècle. Par leur échelle monumentale, ils ont un impact substantiel sur l'esprit de la ville. Et par leur puissante présence, ils concentrent souvent sur un seul îlot une véritable encyclopédie de la vie métropolitaine. Leur symbolique propre supplante aussi l'équation simpliste qui lie forme et fonction. Avec sa capacité d'associer les fonctions les plus opposées, l'hybride-monolithe a manifesté une très grande polyvalence dans la ville moderne.

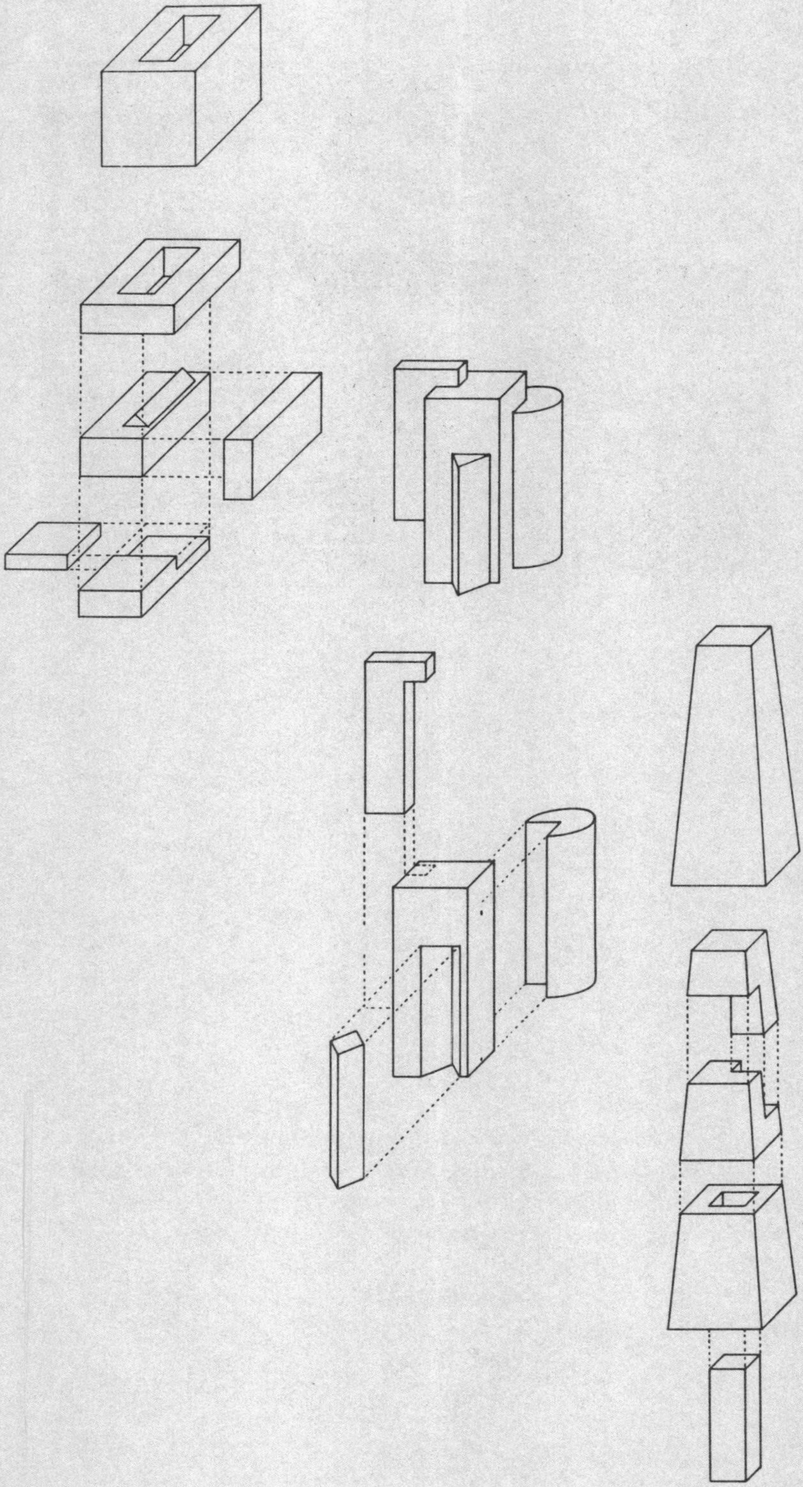

Vue de Chicago, 1893.

1. Hybrides-îlots

Jarmlowsky's Bank
New York, État de New York, 1873.
Programme : banque, logements.

La Jarmlowsky's Bank se situe à l'angle de Canal et Orchard Streets dans le Lower East Side de Manhattan, un quartier qui accueillit beaucoup d'immigrés européens au XIXe siècle et au début du XXe. Construit au pic de cette vague d'immigration, ce bâtiment de huit étages juxtaposait un établissement bancaire au rez-de-chaussée à des étages de logements locatifs, qui étaient alors très recherchés. Avec cette combinaison apparemment hétérogène, M. Jarmlowsky s'était assuré une source stable et commode de clientèle. Mais malgré ce tour d'ingéniosité, la banque finit par faire faillite.

Bozeman City Hall & Opera House
Bozeman, Montana, 1887.
Architecte : Byron Vreeland.
Programme : hôtel de ville, théâtre, prison, caserne de pompier, bureaux.

En 1887, la ville frontière et minière de Bozeman demanda que son hôtel de ville soit construit en association avec un théâtre, une prison, une caserne de pompiers et des bureaux locatifs. L'impact de ces programmes municipaux et culturels fut augmenté par leur intégration au sein d'une même structure d'échelle relativement grande. Contemporain de l'Auditorium Building (Adler et Sullivan, 1887, p. 259) à Chicago, le Bozeman City Hall and Opera House démontre la capacité des bâtiments hybrides à s'adapter à toutes sortes de contextes et d'échelles.

Yale Center for British Art
New Haven, Connecticut, 1977.
Architectes : Louis I. Kahn, Pellecchia & Meyers.
Programme : musée, bibliothèque, auditorium, commerces.

Le Yale Center for British Art combine un musée avec une bibliothèque spécialisée, un auditorium, des bureaux, des laboratoires et des magasins. Thématiquement liées, à l'exception des magasins, ces fonctions sont logées dans une structure de quatre niveaux, de 36 par 70 mètres, qui prolonge l'alignement de la rue.
Les surfaces requises par les différents programmes sont réparties autour de deux cours intérieures. La première cour sert de hall d'accueil et est entourée par les trois niveaux de galeries du musée. La deuxième cour est occupée par l'auditorium au rez-de-chaussée et au sous-sol, couverte au premier étage, et entourée des deux niveaux de la bibliothèque et de galeries en partie supérieure. L'espace commercial au rez-de-chaussée ajoute de la vitalité à la rue et apporte des revenus complémentaires à l'université et à la ville.

Christodora House
New York, État de New York, 1928.
Programme : salle de concert, bibliothèque, théâtre, gymnase, piscine, salles de cours, hôtel, restaurant.

La Christodora House, également située dans le Lower East Side à New York, était elle aussi destinée à loger la population immigrée de ce quartier. La structure en brique de seize étages contenait une salle à manger, un solarium et un jardin au dernier étage ; un hôtel résidentiel dans les étages supérieurs, et, dans les étages inférieurs, une salle de concert, une bibliothèque, une piscine, un théâtre, un gymnase et des salles de cours. Dans la Christodora House, la combinaison thématique des programmes a produit une structure impressionnante, symbole de l'idéalisme philanthropique qui l'a inspirée et portée.

Stuart Building
Lincoln, Nebraska, 1929.
Architectes : Davis and Wilson.

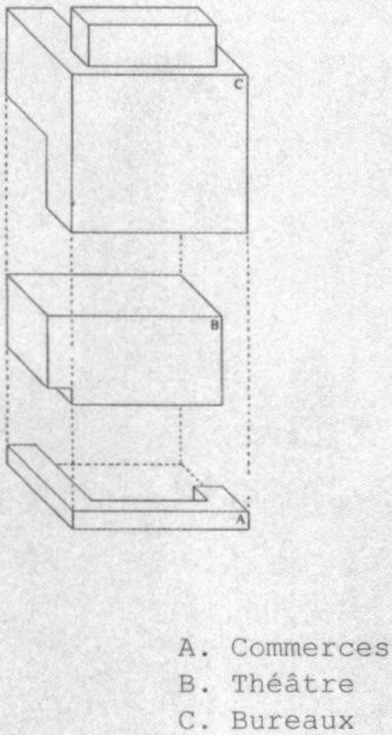

de

Auditorium Building
Chicago, Illinois, 1887.
Architectes : Adler and Sullivan.

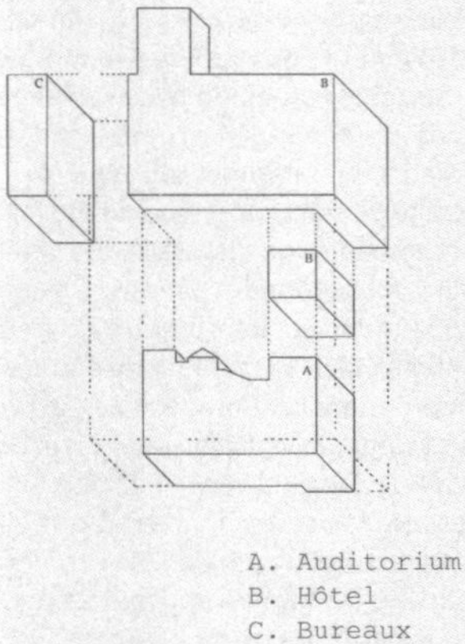

Depuis le xixe siècle, on a souvent associé théâtres et commerces afin de garantir aux premiers une stabilité et une indépendance économiques. Dans le cas de l'Auditorium Building, le théâtre est totalement entouré par l'hôtel et les bureaux situés à l'alignement des rues, tandis qu'une salle de banquet, une salle de concert et des chambres complémentaires sont suspendues aux poutres de la toiture. Cet hybride précurseur, le bâtiment le plus grand et le plus complexe de son temps en Amérique du Nord, était innovant par l'emploi de caissons fondation, de poutres treillis de grande portée, et par son système d'air conditionné. Au sujet de la disposition des programmes, Adler écrivit que « ces chevauchements et interpénétrations forment un casse-tête chinois ». Contrairement à l'Opéra de Paris (Charles Garnier, 1875), son contemporain, le rôle de monument culturel de l'Auditorium fut subordonné au tissu urbain. De même, le Stuart Building, en absorbant son théâtre dans une coquille de bureaux et de commerces, n'indique en rien la fonction culturelle de l'intérieur.

Pure Oil Building
Chicago, Illinois, 1924.
Architectes : Thielbar and Fugard, Glaver and Dinkelberg.

Title Insurance Building
Los Angeles, Californie, 1928.
Architectes : John and Donald B. Parkinson.

Le Pure Oil Building fut le premier bâtiment de bureaux de Chicago à intégrer un parking. Inséré au cœur d'un immeuble traditionnel de bureaux, le parking, avec son système automatique d'ascenseurs et de planchers mobiles, permettait à l'usager de stationner son véhicule à l'étage de son propre bureau. Du fait de l'augmentation de la taille des véhicules et de la fréquence des pannes, le système fut abandonné et les cages d'ascenseur comblées. Mais le « retour » du bâtiment à un programme homogène ne s'exprime pas davantage en façade que son hybridité initiale. Le Title Insurance Building fut une autre structure pionnière à combiner des bureaux et un parking. En l'occurrence, le parking était inséré horizontalement, dans la partie arrière du bâtiment. Aujourd'hui, les bâtiments avec parkings intégrés sont une trivialité.

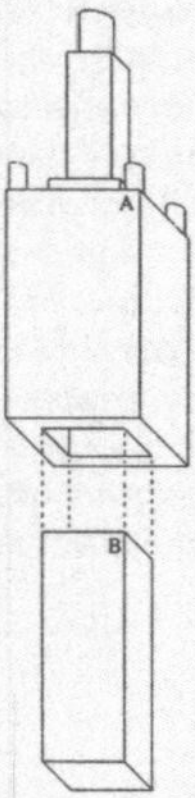

A. Bureaux
B. Parking

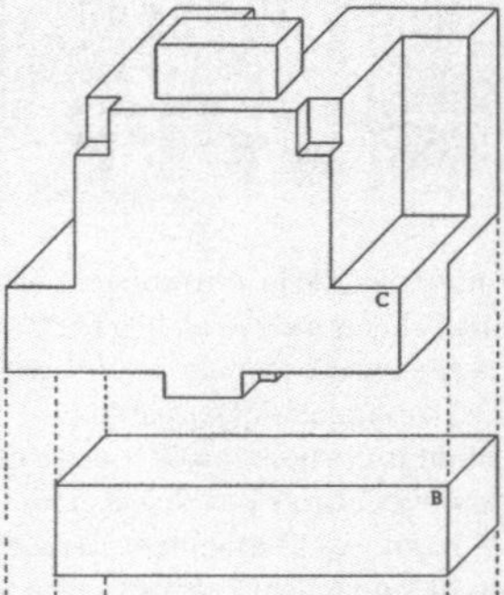

A. Commerces
B. Parking
C. Bureaux

Missouri Athletic Club
Saint Louis, Missouri, 1916.
Architectes : William B. Ittner
& Brueggeman Assoc.
Programme : banque, restaurant,
club de sport, chambres.

A. Hall
B. Banque
C. Salle
à manger
principale
D. Gymnase
E. Terrains
de handball
F. Piscine
G. Chambres

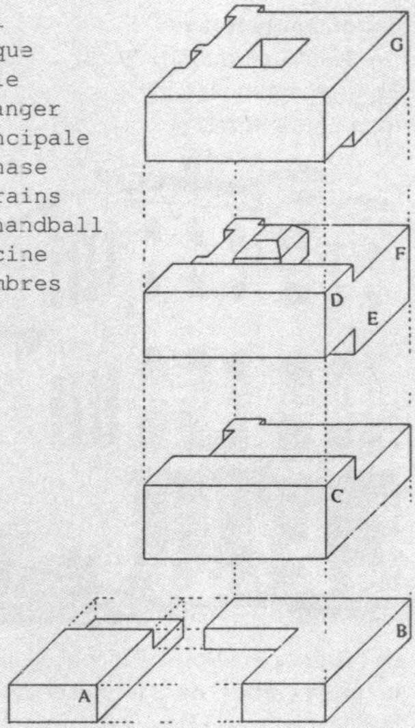

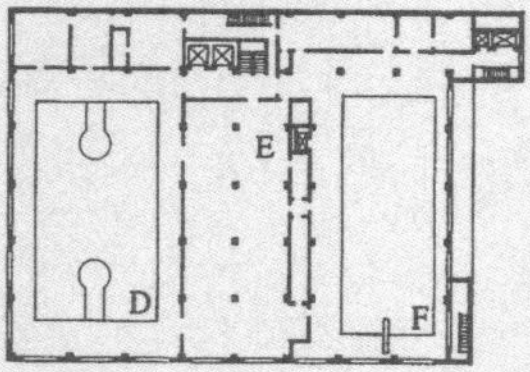

Plan du
quatrième étage.

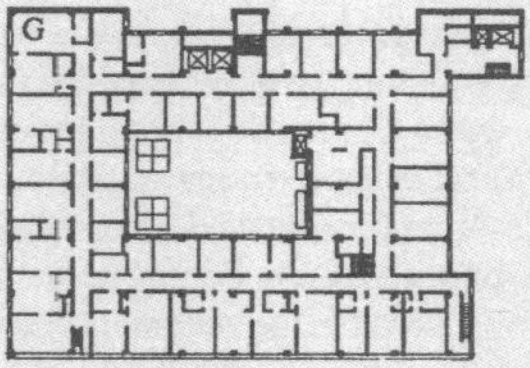

Plan d'étage courant
des chambres.

Le club de sport, comme la banque avec des bureaux au-dessus, est un type de bâtiment qui fait tellement partie intégrante de notre vocabulaire culturel qu'il en est devenu banal. Pourtant ces deux structures ont clairement fait leurs débuts en tant que bâtiments hybrides. Le Missouri Athletic Club occupe une parcelle d'angle de 34 par 45 mètres, et ses neuf niveaux s'inscrivent dans un volume cubique. Les cinq premiers niveaux couvrent la totalité de la parcelle, alors que le plan et la coupe des étages supérieurs s'organisent autour d'une cour lumineuse et ventilée en forme de « O ». Les trois fonctions sont réparties verticalement : les salles à manger et les salles de banquet en bas, le gymnase et la piscine au milieu, et les chambres de l'hôtel en haut. Les changements fonctionnels sont dissimulés derrière une façade d'îlot monolithique qui n'exprime pas la présence de cours intérieures. L'expression des fonctions internes est subordonnée à l'ordonnancement classique tripartite de la façade, lui-même souligné par un étagement de matériaux : pierre calcaire en partie inférieure, brique au milieu, et terre cuite en haut. En faisant directement écho au tissu de la ville existante, l'architecte a choisi d'inhiber l'expression fonctionnelle d'une combinaison extrêmement ingénieuse d'espaces à simple, double, et triple hauteurs.

Tabor Opera House
Leadville, Colorado, 1879.
Programme : opéra, bar,
logements, hôtel.

Le Tabor Opera House fut conçu comme le centre culturel de la région entourant la ville minière de Leadville. La salle de 850 places située à l'arrière du bâtiment s'étend jusqu'au premier étage, tandis que les loges sont situées au sous-sol. Dans la partie avant, un bar et un commerce donnant sur la rue sont surmontés par un appartement. La totalité du deuxième étage est composée de chambres destinées à accueillir les troupes de théâtres et à augmenter la capacité d'accueil de l'hôtel Clarendon, accessible via une passerelle. Même si elle est essentiellement thématique, l'association entre l'opéra et un bar illustre le potentiel de coexistence de deux programmes très différents au sein d'un bâtiment hybride.

Schiller Building
Chicago, Illinois, 1892.
Architectes : Adler and Sullivan
Programme : théâtre, bureaux.

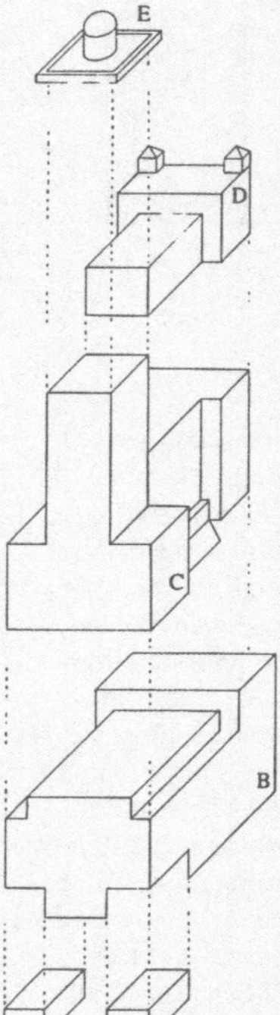

A. Commerces
B. Auditorium
C. Bureaux
D. Club
E. Belvédère

Le Schiller Building combine un théâtre à des bureaux et à un club privé. En raison de l'étroitesse de la parcelle (23 mètres de large sur 52 mètres de profondeur) enclavée au cœur d'un îlot de Chicago, les éléments du programme sont répartis verticalement. Le Garrick Theater, sa salle, son foyer et ses coulisses se déploient du sous-sol jusqu'au cinquième étage. La salle, au centre, est enjambée par des poutres treillis métalliques d'une hauteur de deux étages, qui portent six niveaux d'espaces commerciaux. Le German Club occupe le treizième étage avec une salle de réunion en double hauteur et un théâtre disposé transversalement à l'arrière. La partie bureaux en façade se prolonge en une petite tour surmontée d'un belvédère de huit mètres de haut.

La diversité fonctionnelle du Schiller Building est masquée depuis la rue derrière une façade qui présente une répartition conventionnelle de fenêtres. La relation innovante entre le plan et la coupe d'une part et les fonctions contenues dans le bâtiment d'autre part tient en partie au système structurel utilisé pour résoudre les différentes contraintes programmatiques. La transition en plan et en coupe entre le volume du théâtre qui occupe toute la parcelle et la forme en I de l'espace commercial situé au-dessus correspond aux lignes de forces des poutres et permet le recul nécessaire au bon éclairage et à la bonne ventilation de ces locaux. Le Schiller Building est un excellent exemple du niveau d'intégration qui peut être atteint entre un programme hybride et une technique de construction.

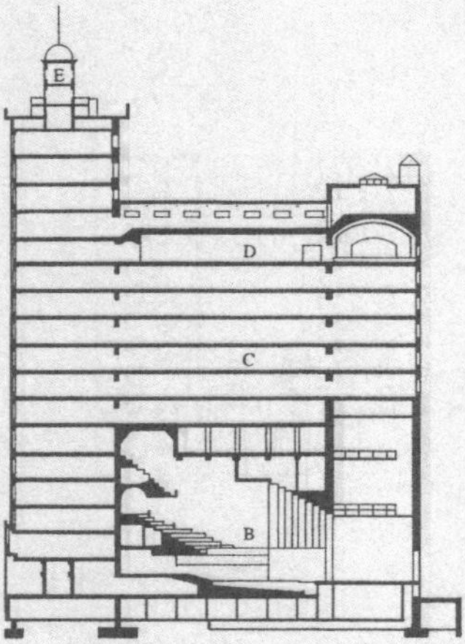

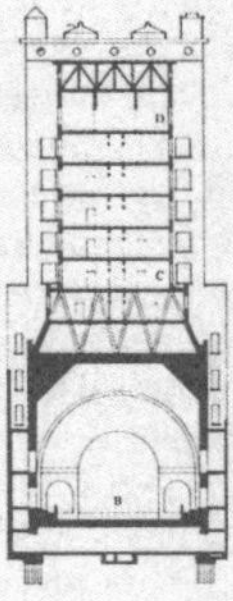

Coupe transversale.

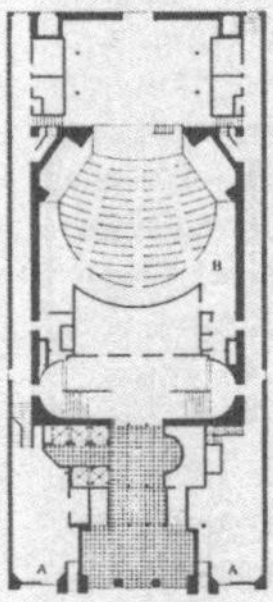

Plan du rez-de-chaussée.

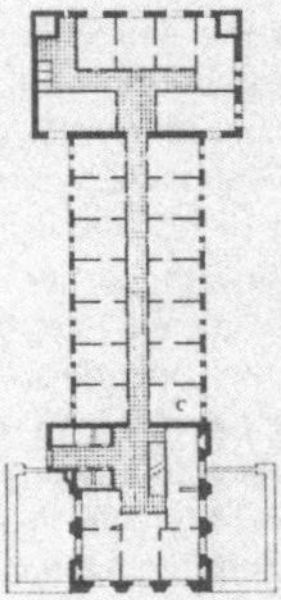

Plan du neuvième étage.

Penn Athletic Club
Philadelphie, Pennsylvanie, 1928.
Architectes : Zantzinger, Borie and Medary.
Programme : commerces, club de sport, chambres.

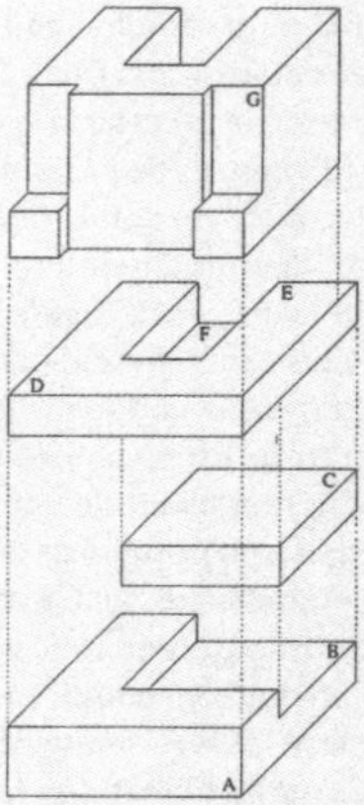

A. Commerces
B. Salle de bal
C. Gymnase
D. Vestiaire
E. Piscine
F. Court de tennis extérieur
G. Chambres

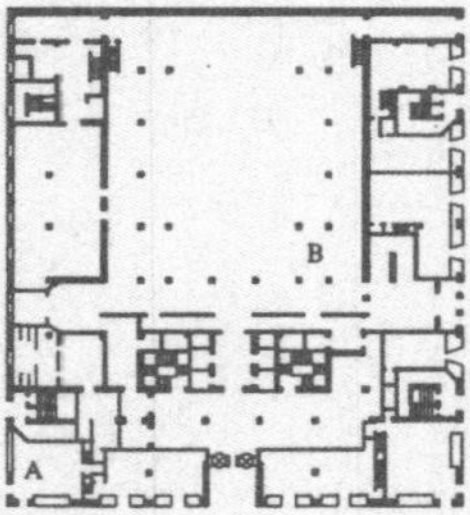

Plan du quatrième étage.

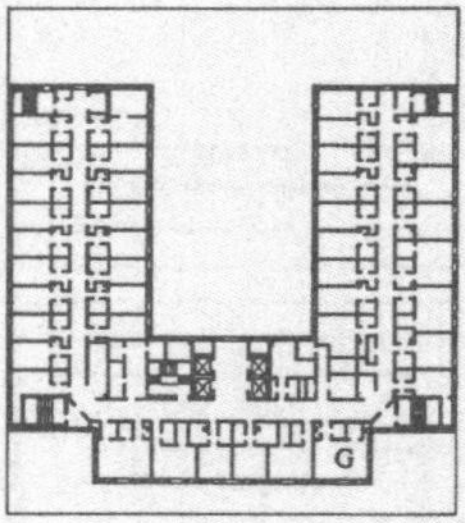

Plan d'étage courant des chambres.

Le Penn Athletic Club occupe toute une parcelle de 53 par 61 mètres, bordée sur trois côtés par des rues et adossée à une limite mitoyenne à l'arrière. Son empreinte au sol semble se prolonger sans interruption sur quatorze étages. Cependant, après le quatrième niveau, le plan se modifie en ouvrant le centre du bâtiment sur la limite parcellaire pour créer une configuration en « U ». La distinction architecturale entre espaces majeurs et mineurs, exigée par le programme de club, est réalisée en scindant le bâtiment en deux zones structurellement distinctes : un immeuble périmétrique et un socle de plus grande ampleur. Les espaces mineurs, tels que les chambres à coucher et des espaces de service (vestiaires, salons, bibliothèques et cuisines), sont contenus dans la grille structurelle périphérique de 15 mètres d'épaisseur, tandis que les fonctions qui réclament de plus grandes portées, comme la salle de bal et le gymnase, occupent le cœur du bâtiment. Au-dessus du quatrième étage, le plan en « U » exprime le caractère résidentiel des chambres qui, réparties de part et d'autre d'un couloir central, profitent du puits de lumière ainsi créé. Mais comme ces variations en plan et en coupe se produisent à l'arrière de la parcelle, la composition programmatique complexe du bâtiment est masquée sur la façade principale au profit d'une correspondance directe avec le tissu urbain.

Biltmore Hotel
New York, État de New York, 1914.
Architectes : Warren and Wetmore.
Programme : hôtel, gare terminus.

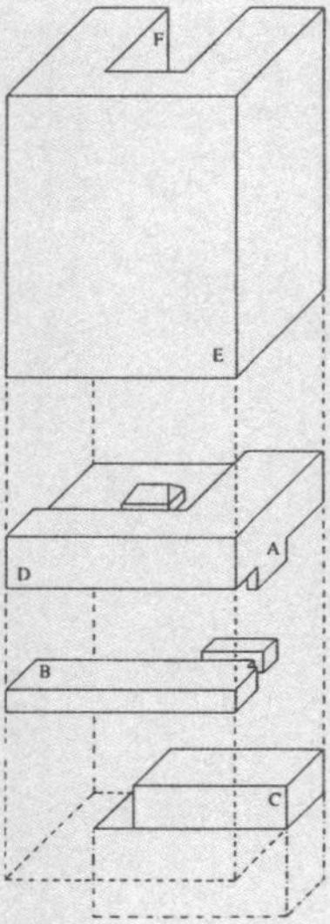

A. Hall de l'hôtel
B. Commerces
C. Hall des arrivées de la gare (niveau supérieur)
D. Restaurants
E. Chambres
F. Salle de bal

Le Biltmore Hotel, situé dans le complexe de Grand Central Terminal, combine un hôtel en « U » avec une gare de chemin de fer. Insérée au-dessus des quais, la salle des pas perdus de la gare pénètre dans le hall d'accueil de l'hôtel, profitant de la lumière et de la ventilation de la cour. Suite à la banalisation du transport ferroviaire après la Seconde Guerre mondiale, le volume de la gare fut divisé en deux horizontalement, et sa partie supérieure réaffectée à l'hôtel. Puis, lorsque l'hôtel a été transformé en bureaux en 1980, sa cour, devenue inutile, fut comblée et convertie en surfaces de plancher supplémentaires.

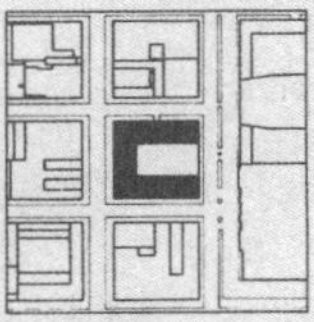

Plan du site.

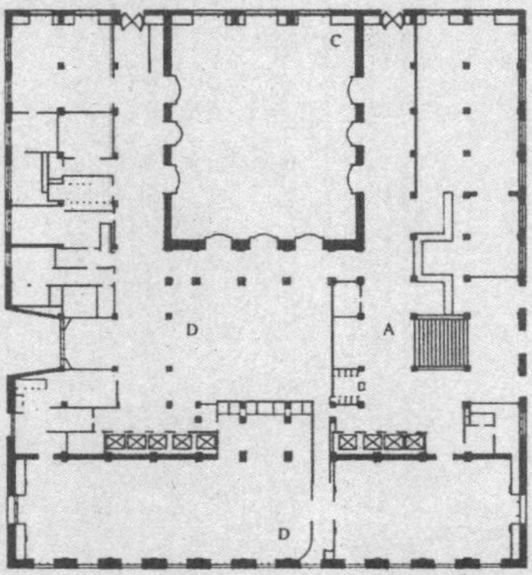

Plan du rez-de-chaussée.

Hollywood Terminal Storage Warehouse
Hollywood, Californie, 1926.
Architectes : Morgan, Walls and Celements.
Programme : entrepôt, studio de radiodiffusion.

2. Hybrides-greffes

Downtown Athletic Club
New York, État de New York, 1931.
Architectes : Starrett & Van Vleck, Duncan Hunter.
Programme: club de sport, restaurant, hôtel.

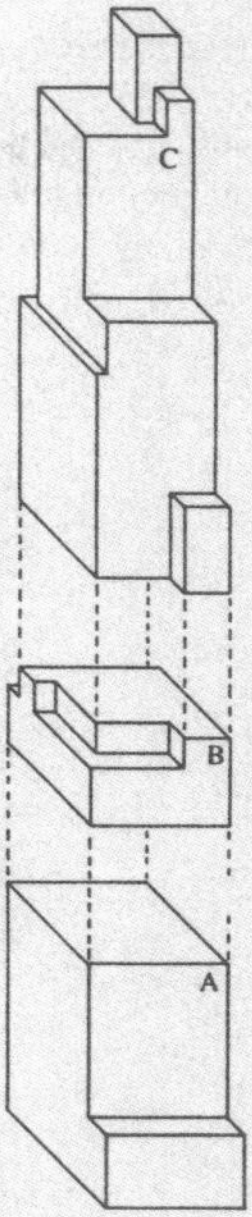

A. Club de sport
B. Restaurant
C. Hôtel

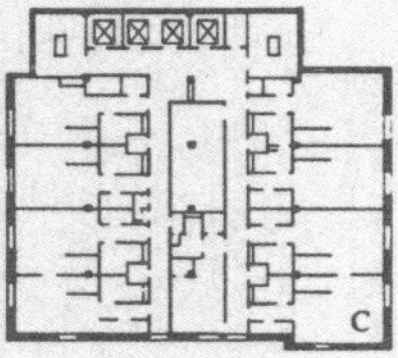

Plan du trente-cinquième étage.

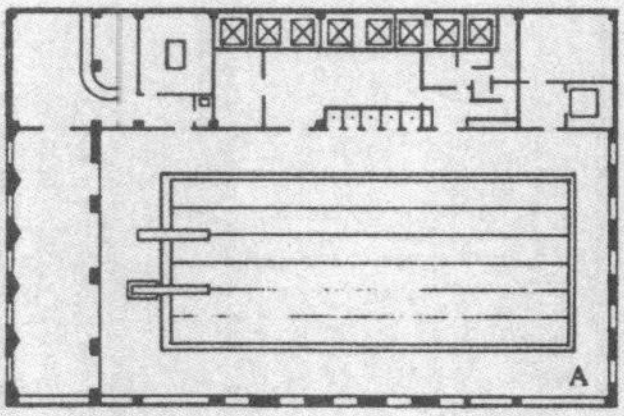

Plan du onzième étage.

Le Downtown Athletic Club occupe la partie centrale d'un îlot, de 24 mètres de large sur 55 mètres de profondeur, au sud de Manhattan. Le bâtiment s'élève en prolongeant son empreinte au sol, puis se recule progressivement sur les côtés est, ouest et sud, pour culminer au trente-huitième étage en une tour de 14 par 15 mètres de côté. Les deux fonctions principales du bâtiment, le club de sport et l'hôtel, sont séparées verticalement et reliées par une batterie d'ascenseurs.
Le club de sport, situé dans la partie inférieure de l'édifice, est composé de pièces de simples et doubles hauteurs qui accueillent des salles de jeu et de billard, de squash et de handball, un golf miniature, un bowling, un gymnase, une piscine et des bains. Les chambres de l'hôtel, qui est situé dans la partie supérieure du bâtiment, sont réparties sur sa périphérie. Leur taille varie à mesure des retraits successifs des étages.
Les restaurants, cuisines et salons, situés dans la partie intermédiaire du bâtiment, sont partagés par le club et l'hôtel.
La volumétrie de ce bâtiment correspond aux principales sections de son programme ; tandis que les niveaux inférieurs, vastes et libres, accueillent les fonctions sportives, le bâtiment s'affine au 15e étage afin que les chambres d'hôtel de la tour bénéficient toutes de la lumière et de la ventilation adéquates.

United States Custom House
Boston, Massachusetts, 1915.
Architectes : Peabody and Stearns.
Bâtiment initial : Ammi B. Young.
Programme : douane, bureaux.

Custom House initiale
Ami B. Young, 1837-1847.

La United States Custom House est le résultat de la greffe de deux bâtiments : la Boston Custom House d'origine, de deux étages, conçue par Ammi B. Young en 1837, et la tour de bureaux de 152 mètres construite au-dessus par Peabody and Stearns près d'un siècle après. Les ascenseurs, les escaliers et les piliers structurels dans les angles perforent la périphérie de la rotonde en laissant le dôme intact. La décision de greffer une tour de bureaux au-dessus de la maison des douanes d'origine fut motivée par l'envolée de la valeur foncière d'un terrain qui avait une position centrale et qui était occupé par un bâtiment historique et reconnu. Dans cet exemple de surélévation, la solution hybride illustre sa capacité à renouveler des structures existantes au sein même du tissu urbain.

A. Douane
B. Bureaux

Apartment Bridge
New York, État de New York, 1929.
Architecte : Raymond Hood.
Programme : logements, pont.

San Francisco Bay Bridge
San Francisco, Californie, 1925.
Architecte : Louis Christian Mullgardt.
Programme : pont, usines, logements, bureaux.

A. Quais de débarquement
B. Usines
C. Logements
D. Bureaux
E. Pont

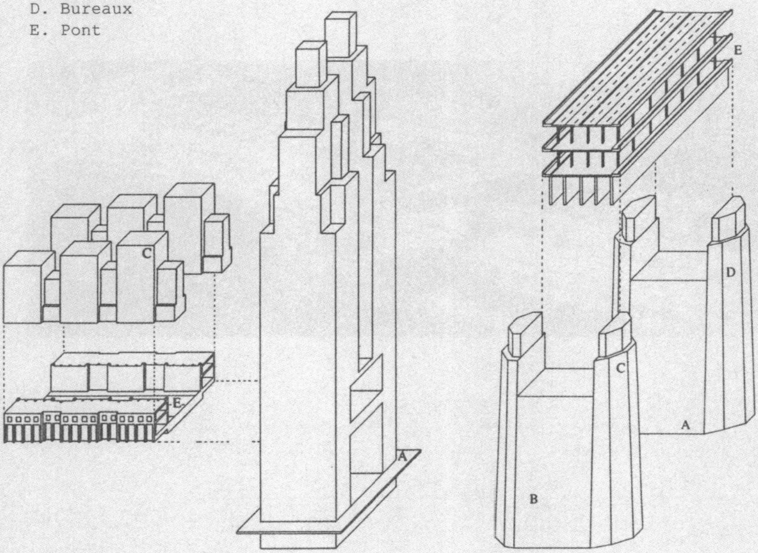

Aquarium Restaurant
Chicago, Illinois, 1929.
Architecte : Norman Bel Geddes.
Programme : barrage, aquarium, restaurant.

Certains ponts, conçus comme des prolongements de la matrice viaire des villes, ont autrefois accueilli des fonctions hybrides, comme le London Bridge et le Ponte Vecchio. Dans l'esquisse de Raymond Hood, la combinaison du pont et des logements offre aux résidents des conditions de vue et de ventilation inédites. Desservis par des routes, des quais de débarquement et des mâts pour dirigeables, le pont de Mullgardt élargit son programme à des bureaux et des usines. Quant à l'Aquarium Restaurant de Bel Geddes, il illustre le potentiel illimité du bâtiment hybride lorsqu'il est ingénieusement pensé. Chacun de ces exemples exprime la notion de pont d'une manière unique et pertinente.

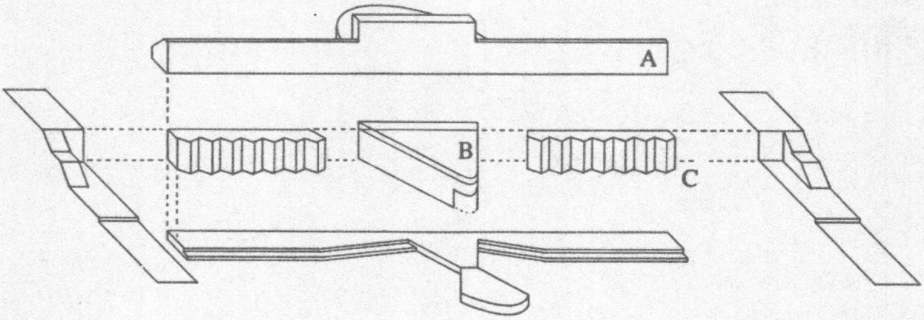

A. Barrage
B. Aquarium
C. Restaurant

H.C. Price Company Tower
Bartlesville, Oklahoma, 1953.
Architecte : Frank Lloyd Wright.
Programme : logements, bureaux.

La Price Tower, construite dans les plaines de l'Oklahoma, combine des logements et des bureaux dans une tour de cuivre et de verre, haute de dix-huit niveaux et composée de quatre parties en angles. Greffées horizontalement, les fonctions sont distinguées par l'orientation des brise-soleil en cuivre qui protègent la façade-rideau en verre : horizontale pour les trois angles de bureaux, verticale pour les logements. Le ratio de un pour trois entre appartements et bureaux générait une asymétrie depuis l'extérieur qui ne laissait pas de surprendre. Cette étroite combinaison de bureaux et d'appartements fut une réaffirmation précoce de l'efficacité de l'hybridation au moment où la vogue du « town planning » était à son sommet. Wright considérait ce gratte-ciel « village » comme une sorte de rue « verticale » offrant des espaces amples pour se loger et travailler, à une échelle adaptée aux petites villes.

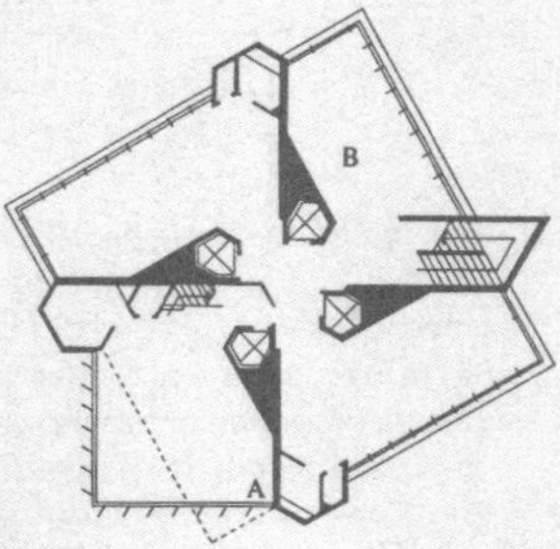

Plan d'étage courant.

Plan du niveau supérieur de logements.

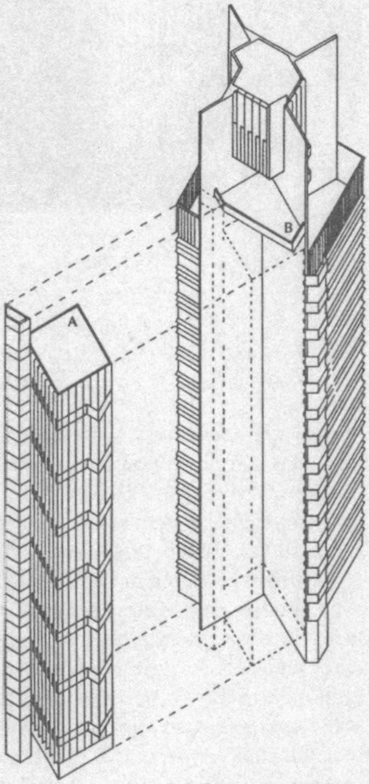

A. Logements
B. Bureaux

Philadelphia Savings Fund Society
Philadelphia, Pennsylvanie, 1932.
Architectes : Howe and Lescaze.
Programme : banque, bureaux.

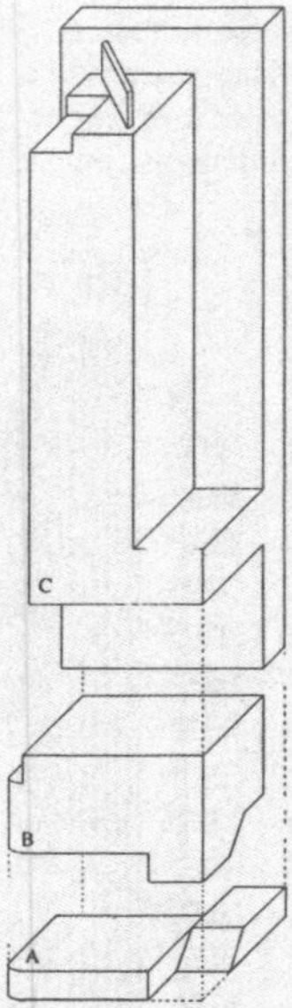

A. Commerces
B. Banque
C. Bureaux

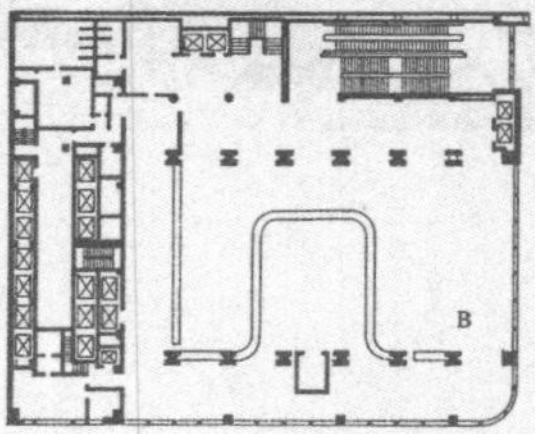

Plan du niveau de la banque.

Le PSFS révèle ses composantes programmatiques et fonctionnelles aussi bien en plan qu'en coupe et en élévation. Dans cet édifice précurseur des gratte-ciel modernistes, le « fonctionnalisme » du Mouvement moderne des années 1920 est manifeste. Des commerces au niveau de la rue, une banque surélevée au deuxième étage, et trente étages de bureaux sont greffés ensemble verticalement. La banque et les commerces, enveloppés dans un mur-rideau de verre courbe, fonctionnent comme un piédestal pour la structure en maçonnerie des bureaux, qui est en retrait par rapport à la limite parcellaire et portée par des poutres métalliques en treillis intégrées dans le plafond de la banque. Un troisième élément formel, qui résulte non du programme mais de l'articulation des ascenseurs et des escaliers, est introduit. Ce volume rectangulaire en brique noire apposé à l'arrière de l'immeuble apparente le PSFS à un « simulacre » d'hybride-greffe : on voit ici les propriétés compositionnelles de l'hybride-greffe, vidées de leur sens programmatique d'origine, commencer à être assimilées par la nouvelle architecture moderne.

500 Park Tower
New York, État de New York, 1983.
Architectes : James Stewart
Polshek and Partners.
Programme : bureaux, logements.

La 500 Park Tower est l'un des exemples les plus récents de bâtiment hybride. Le bâtiment occupe une parcelle bordée par la rue et mitoyenne du Pepsi Cola Building haut de onze niveaux (SOM, Gordon Bundschaft, 1960). Il combine des bureaux dans les onze premiers étages avec des logements du douzième au quarantième étage. Il ne s'agit pas d'une greffe pure, car la peau du bâtiment est utilisée pour suggérer plutôt qu'exprimer les fonctions : la stratification de maçonnerie, de métal et de verre vise à faire écho aussi bien aux immeubles d'habitation traditionnels de Park Avenue qu'au bâtiment de bureau des années 1960. Faute d'une correspondance terme à terme entre fonction et expression, ce bâtiment peut être lu soit comme un hybride-îlot, soit comme un hybride-greffe.

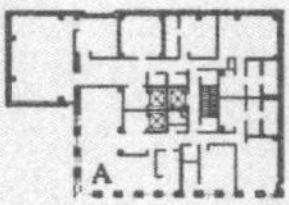

Plan d'étage
courant des logements.

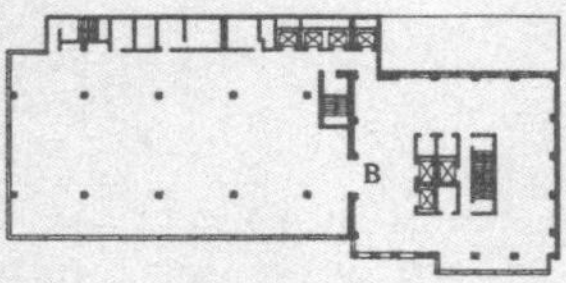

Plan d'étage
courant des bureaux.

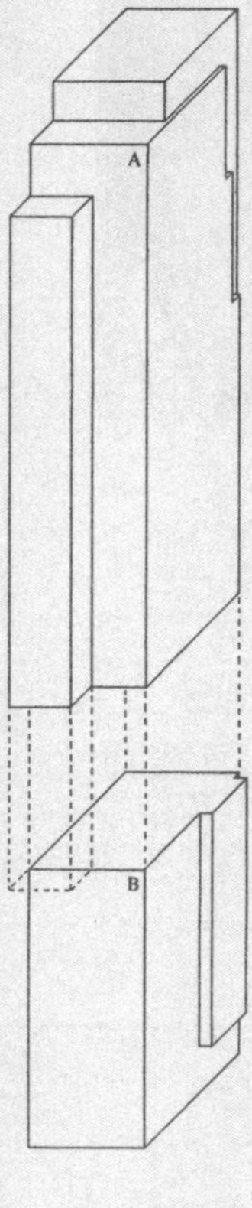

A. Logements
B. Bureaux

Chicago Temple
Chicago, Illinois, 1924.
Architectes : Holabird and Roche.
Programme : église, bureaux.

Afin d'assurer son indépendance économique, la First Methodist Church of Chicago a intégré des espaces de bureaux dans son église située au centre de la ville. Une flèche posée sur la structure commerciale standard connote la nature ecclésiastique de l'immeuble ; l'espace de culte est en fait situé au rez-de-chaussée. La « greffe » sert ici d'allusion symbolique plutôt que d'expression fonctionnelle. La juxtaposition de ces deux fonctions, d'altruisme et d'avidité, illustre la schizophrénie endémique de la vie urbaine moderne. Cette juxtaposition permit cependant à la congrégation de passer de 35 à 1 200 fidèles en trois ans.

A. Commerces
B. Église
C. École du dimanche
D. Bureaux
E. Chapelle haute

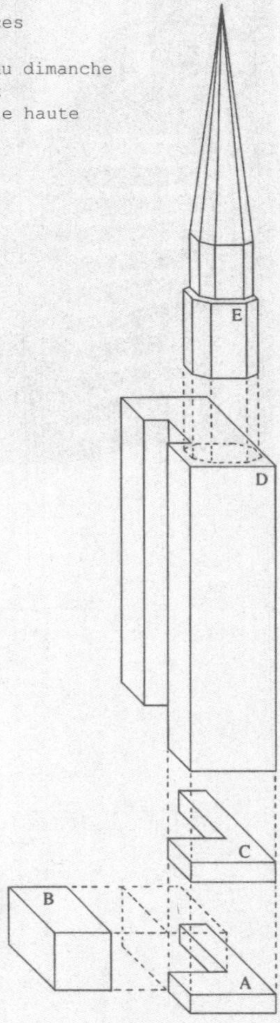

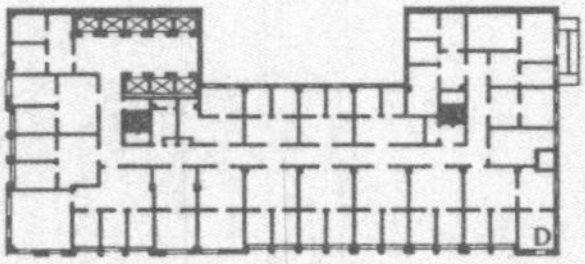

Plan d'étage courant
des bureaux.

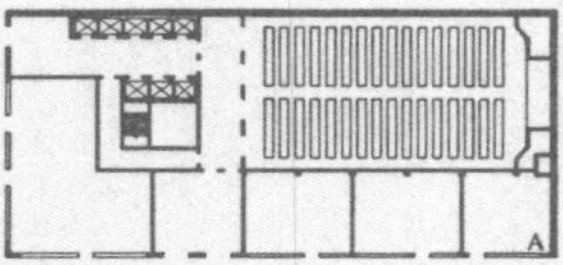

Plan du rez-de-chaussée.

Terrace Plaza
Cincinnati, Ohio, 1948.
Architectes : Skidmore, Owings and Merrill.
Programme : grands magasins, bureaux, hôtel.

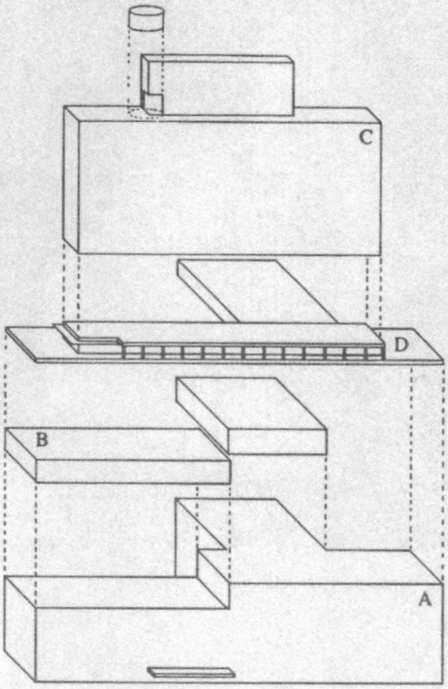

A. Grands magasins
B. Bureaux
C. Hôtel
D. Restaurant

Dans le Terrace Plaza de Cincinnati, un hôtel de 350 chambres a été associé à deux grands magasins. Les contraintes spécifiques de chacun des programmes furent combinées pour parvenir à une solution unique. Les hôtels contiennent aussi bien des espaces publics qu'un grand nombre de chambres individuelles qui réclament un maximum d'éclairage et de ventilation naturels. Quant aux grands magasins, ils fonctionnent mieux avec de grandes surfaces de plancher libre facilement accessibles depuis la rue. Dans le Terrace Plaza, chaque magasin occupe la moitié de la surface du socle de sept étages, qui mesure 27 mètres par 122, sur lequel est greffé un hôtel qui mesure 15 mètres par 92. Le septième étage, qui abrite le hall d'accueil de l'hôtel, est accessible directement depuis la rue grâce à un ascenseur rapide. En plus de l'accueil, du bar à cocktail, du restaurant et des cuisines, ce septième étage dispose d'une terrasse extérieure qui fait office de patinoire pendant l'hiver. Des solutions innovantes furent déployées pour maximiser la flexibilité des chambres. À un étage sur deux, les chambres individuelles pouvaient se transformer en chambre double grâce à un système de parois métalliques motorisées qui glissaient verticalement dans des châssis fixes intégrés à l'étage supérieur. Grâce à un mécanisme dissimulé, les lits pouvaient se replier pour libérer la chambre durant la journée. Enfin, sur le toit, le restaurant gastronomique pivotant offrait un panorama dynamique de la ville et agissait comme le symbole ultime de la mécanisation intérieure du bâtiment.

Carew Towers
Cincinnati, Ohio, 1931.
Architectes : Walter Ahlschlager, Delano and Aldrich.
Programme : grands magasins, bureaux, hôtel, parking.

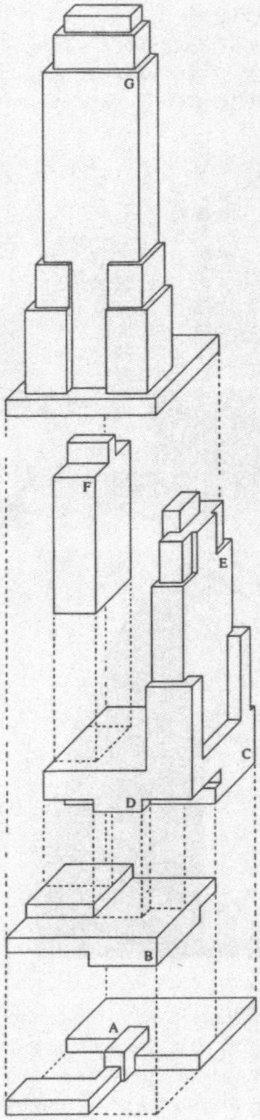

A. Arcades commerciales
B. Grands magasins
C. Restaurant
D. Salle de bal
E. Chambres d'hôtel
F. Parking
G. Bureaux

La Carew Tower, située à quelques îlots du Terrace Plaza (page ci-contre), combine également des grands magasins et un hôtel. Conçu deux décennies plus tôt par le même promoteur, son programme fut étendu pour intégrer des bureaux et un parking dans un îlot de 61 mètres par 122. Un socle de cinq niveaux qui occupe la totalité de la surface du site contient une galerie commerciale traversante, deux grands magasins à l'avant du bâtiment et les espaces collectifs de l'hôtel à l'arrière en partie supérieure. Aux angles de ce socle s'élèvent trois tours : une tour de bureaux de quarante-neuf étages, un hôtel de trente-cinq étages et un parking de vingt-cinq niveaux. Construit pendant la crise de 1929, ce projet fut le seul bâtiment hybride de Walter Ahlschlager à être réalisé. (Voir Chicago Tower, p. 287.)
Bien que la composition de l'édifice soit monumentale et cohérente en termes de proportions, elle est fondée sur la greffe des éléments entre eux, chacun conservant une relation directe entre forme et programme. Seul le socle de cinq niveaux, lié à l'échelle du tissu urbain existant, différencie la Carew Tower des complexes multifonctionnels et non hybrides qui émergèrent dans les décennies suivantes.

Braddock Carnegie Library
Braddock, Pennsylvanie, 1888-1893.
Architecte : William Halsey Wood.
Programme : bibliothèque, opéra, gymnase.

La Braddock Carnegie Library fut le premier des nombreux centres culturels construits par Andrew Carnegie dans des petites villes industrielles. Le bâtiment fut construit en deux étapes : la partie à l'est contient une bibliothèque, avec un gymnase au-dessus et des bains en dessous, tandis que l'extension construite cinq ans plus tard est constituée d'un opéra superposé à une piscine. Ces deux bâtiments, relevant des hybrides-tissu par leur composition interne, furent à leur tour greffés horizontalement l'un à l'autre. Mais ce programme ne se révéla pas très porteur. Faute de revenus substantiels, ce geste philanthropique végéta dans une crise financière permanente, jusqu'à ce qu'il soit contraint de fermer en 1974. En tant que foyer d'activité communautaire, la Carnegie Library reste cependant un modèle pour revitaliser le centre des petites villes et lutter contre la dispersion suburbaine.

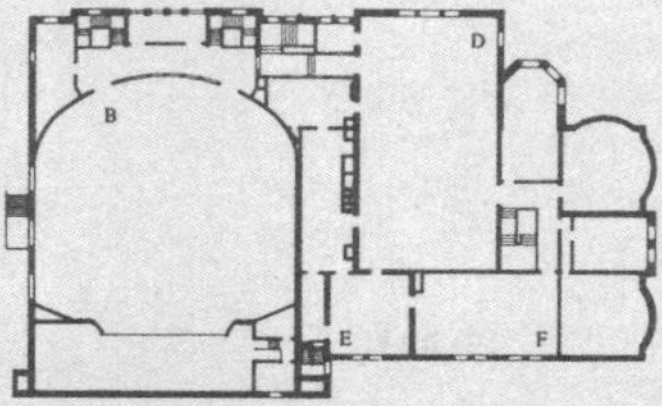

Plan du deuxième étage.

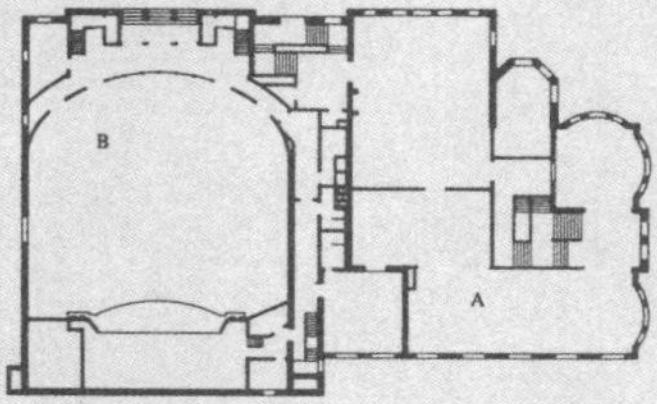

Plan du premier étage.

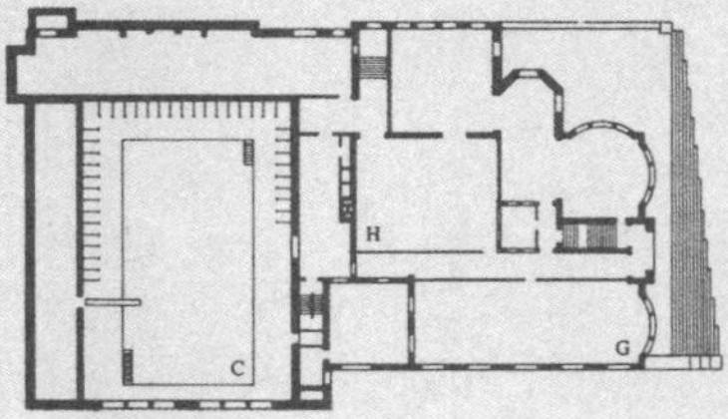

Plan du rez-de-chaussée.

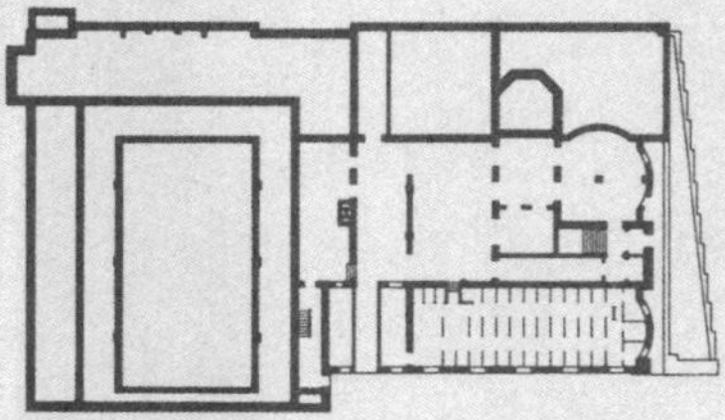

Plan du sous-sol.

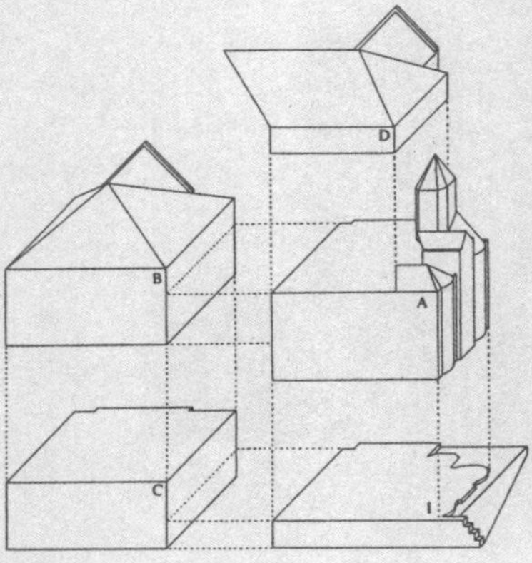

A. Bibliothèque
B. Opéra
C. Piscine
D. Gymnase
E. Salle de boxe
F. Salle de musique
G. Salle de billard
H. Salle de rassemblement
I. Bains publics
J. Coiffeur

Cathedral of Learning
University of Pittsburgh, Pittsburgh, Pennsylvanie, 1926.
Architecte : Charles Z. Klauder.
Programme : bibliothèques, salles de classe, bureaux, laboratoires, centre de santé, clubs.

3. Hybrides-monolithes

United Nations Plaza
New York, État de New York, 1976.
Architectes : Roche et Dinkaloo.

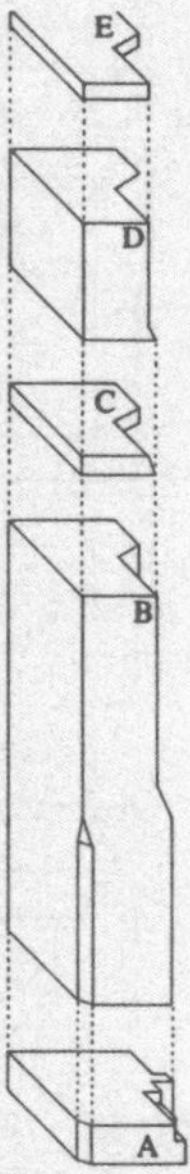

A. Halls, banque.
B. Bureaux
C. Club de sport
D. Hôtel
E. Terrains de tennis

Olympic Tower
New York, État de New York, 1976.
Architectes : Skidmore, Owings and Merrill.

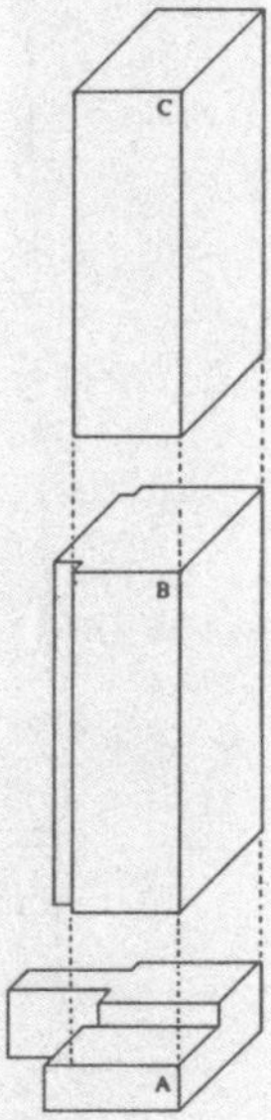

A. Commerces
B. Bureaux
C. Logements

John Hancock Center
Chicago, Illinois, 1968.
Architectes : Skidmore, Owings and Merrill.

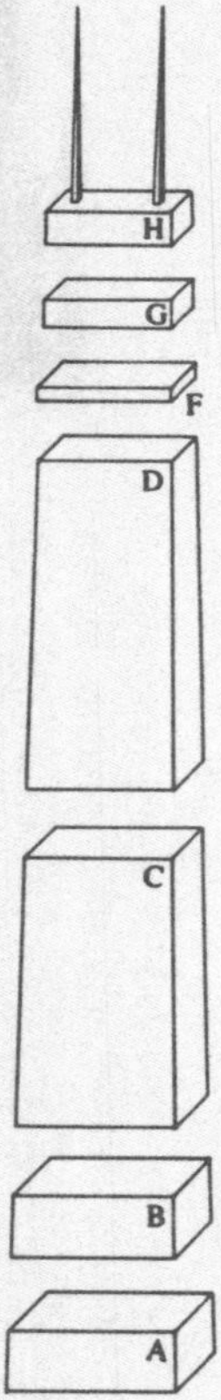

A. Commerces
B. Parking
C. Bureaux
D. Logements
F. Observatoire
G. Restaurant
H. Studios de télévision

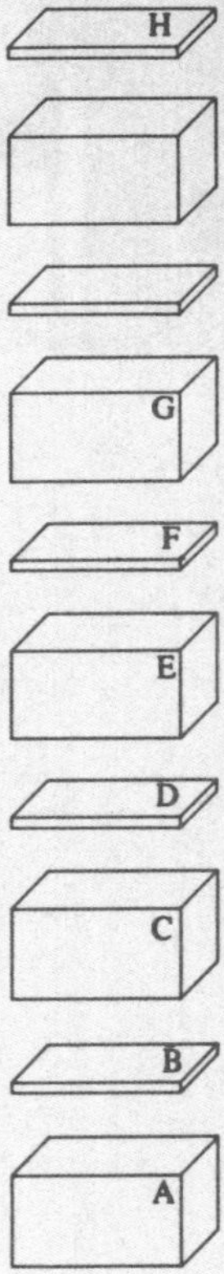

A. Industrie
B. Marché général
C. Bureaux
D. Théâtres
E. Résidences
F. Commerces
G. Hôtel
H. Parc d'attractions

3. Hybrides-monolithes

One Hundred Story Building
New York, État de New York, 1906.
Architecte : Theodore Starrett.

Le bâtiment hybride de très grande échelle devint une ville dans la ville. Une structure unique sur un seul îlot a pu constituer le noyau de vie unique de la population qu'elle accueille. Les objectifs extrêmement ambitieux de ces structures étaient de purifier la ville en réduisant la congestion urbaine, en augmentant l'efficacité, et en améliorant la vie humaine. Grâce à la mise en œuvre humaine de l'éthique de la machine, la ville dans la ville pouvait offrir un niveau de vie élevé à toutes les classes de la société. Ces bâtiments avaient tendance à être introspectifs et inexpressifs. Du fait de leur forme et de leur échelle, ils étaient monolithiques. Mais l'introduction du zoning en 1916 a entraîné le déclin du bâtiment hybride en imposant la ségrégation et la dispersion de l'habitat, des usines, des entreprises et des loisirs.

La Ville radieuse
A. Logements
B. Hôtels, ambassades
C. Centre d'affaires
D. Usines, entrepôts
E. Industries lourdes
F. Ville-satellite
G. Bâtiments gouvernementaux
H. Gare et aéroport

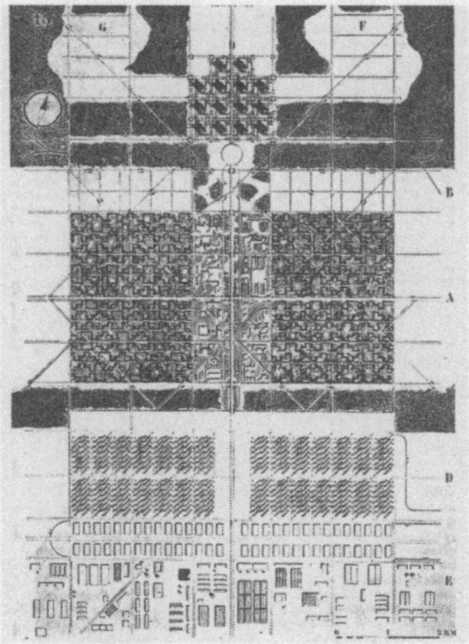

New York Hospital
New York, État de New York, 1929.
Architectes : Coolidge, Shipley, Bulfinch and Abbott.
Programme : hôpital, logements, gymnase.

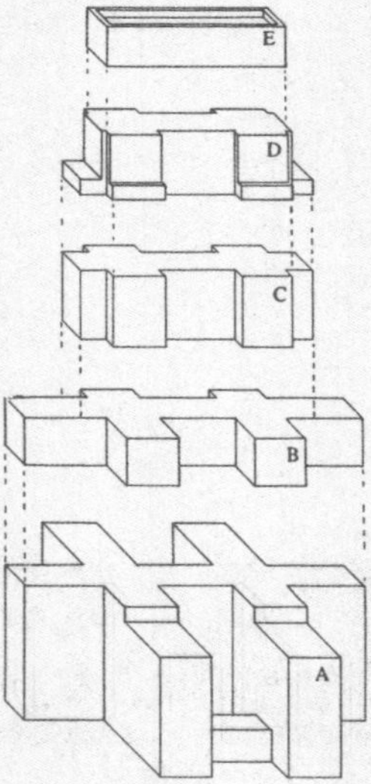

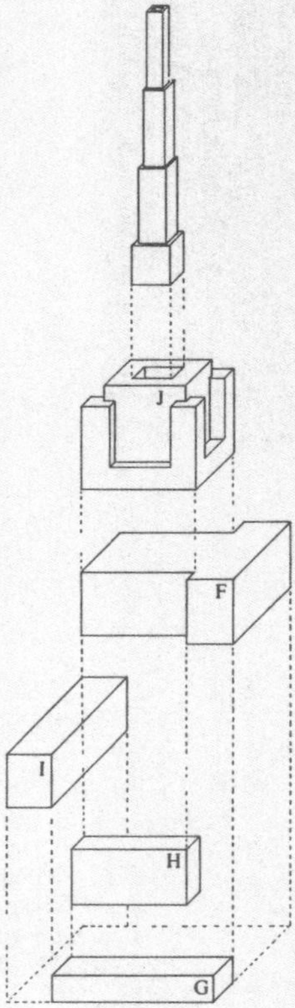

A. Laboratoires
B. Salles d'opération
C. Pavillons privés
D. Résidences
E. Gymnase
F. Chaufferie
G. Services techniques
H. Blanchisserie
I. Parking
J. Résidences

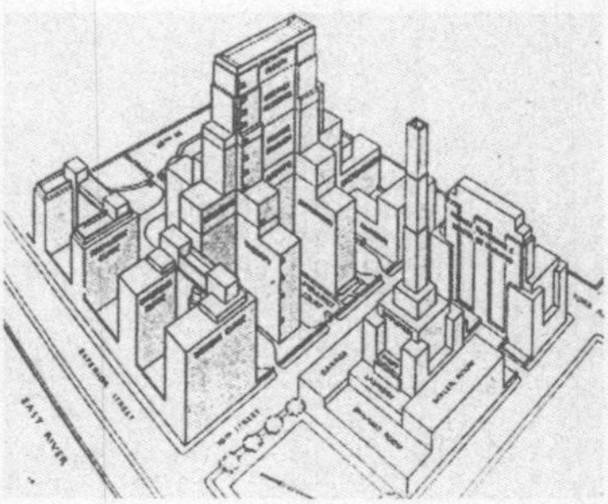

Un complexe de bâtiments hybrides.

3. Hybrides-monolithes

Dade County Court House and Miami City Hall
Miami, Floride, 1928.
Architecte : A. Ten Eyck Brown.
Programme : hôtel de ville, palais de justice, prison.

A. Hôtel de ville
B. Salles d'audience
C. Bureaux
D. Prison municipale
E. Prison du comté

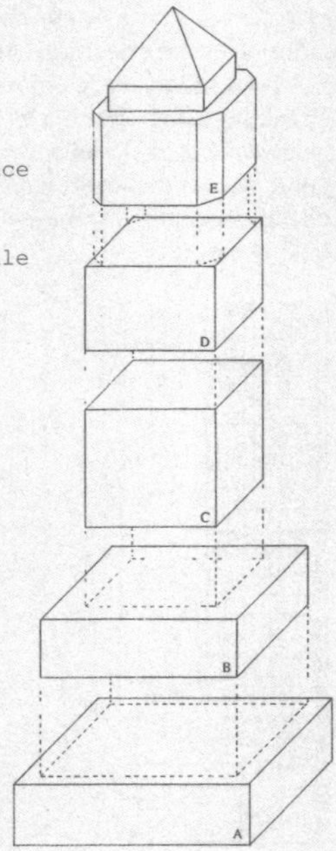

Le Dade County Courthouse and Miami City Hall incorpore trois institutions dans un bâtiment carré de 43 mètres de côté et de vingt-six étages qui occupe tout un îlot de la ville. Ces institutions sont regroupées dans trois volumes empilés et de tailles décroissantes. L'hôtel de ville est situé dans le socle. Le palais de justice, avec une série de salles d'audiences sur un ou deux niveaux, des bibliothèques, des salles pour les jurés et les cabinets des juges, occupe le deuxième volume. Le troisième contient des bureaux municipaux en partie inférieure, la prison de la ville au-dessus et la prison du comté au sommet. À la manière d'une greffe, les trois volumes paraissent évoquer les trois éléments de programme. En réalité, aucune différence n'est faite entre les fonctions les plus hétérogènes : les bureaux et la prison. Les quatre niveaux de cellules de la prison municipale n'ont eux non plus aucun rapport avec les trois niveaux de fenêtres en façade. A. Ten Eyck Brown appréhenda la conception des installations du gouvernement comme une démonstration d'efficacité. En empilant les éléments verticalement selon leur degré d'accessibilité publique, il parvint à la circulation la plus efficace possible. Cette efficacité fut également étendue à la procédure pénale : on pouvait amener l'accusé depuis le parking au sous-sol, le garder à vue dans les niveaux bas, le juger dans les salles d'audiences au-dessus, et, s'il était reconnu coupable, l'incarcérer dans la prison au sommet.

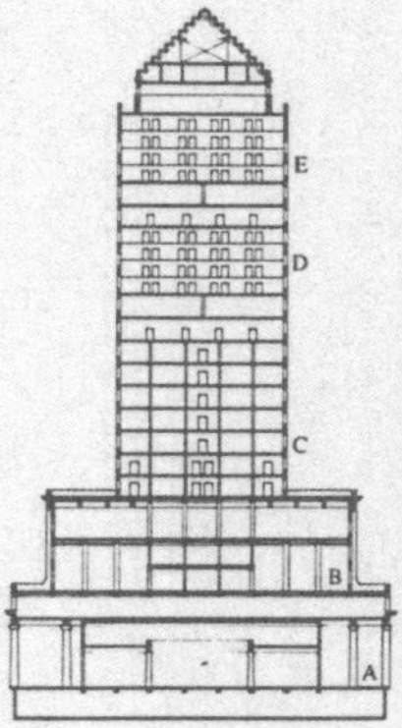

Daily News Building
Chicago, Illinois, 1928.
Architectes : Holabird and Root.
Programme : bureaux et imprimeries d'un journal, bureaux d'une compagnie de chemin de fer, studio de radiodiffusion.

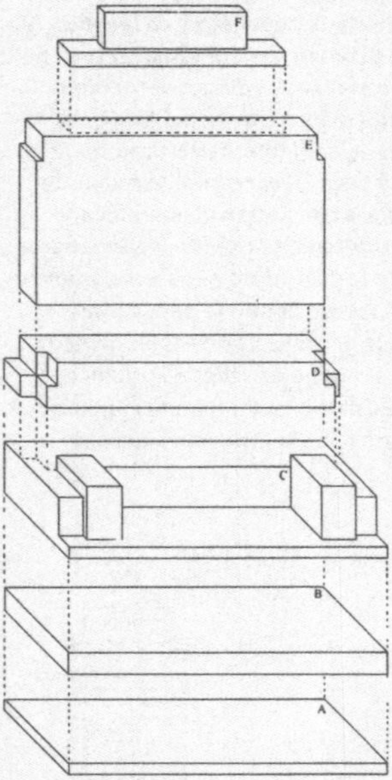

A. Routes, chemins de fer et quais
B. Stockage
C. Imprimerie
D. Bureaux du journal
E. Bureaux de la compagnie de chemin de fer
F. Studio de radiodiffusion

Le Daily News Building fut le premier bâtiment de Chicago à être construit sur les droits aériens des voies ferrées. Situé sur une bande de terrain de 76 mètres de large entre la North Western Station et la Chicago River, le bâtiment s'élève sur son parvis sous la forme d'un bloc de 31 mètres par 119. Il contient, dans les sept premiers niveaux, l'imprimerie du journal et les services d'éditions, dans les vingt-trois niveaux suivants, les bureaux de la compagnie de chemin de fer, et au sommet, dans les trois derniers niveaux, les studios de diffusion de la radio.
Un ingénieux système de désenfumage, qui recueillait les émanations dans des volumes situés sous le parvis de l'immeuble et les canalisait dans des conduits jusqu'au toit, permit de construire au-dessus des voies ferrées. Ce système, associé à des fondations en caissons atteignant la roche à 27 mètres de profondeur, à des poutres treillis métalliques distribuant les fortes charges sur les poteaux répartis de manière irrégulière entre les voies, et à des tampons antivibratiles, permit au journal de tirer pleinement parti du potentiel économique et civique du site. L'emplacement judicieux du bâtiment, au-dessus des voies ferrées et à proximité de la rivière, permettait une diffusion efficace des nouvelles. L'information pouvait être reçue par les ondes en toiture, puis traitée par les journalistes et les rédacteurs travaillant en dessous, imprimée dans les étages inférieurs, et distribuée depuis les sous-sols par camion, train et bateau.

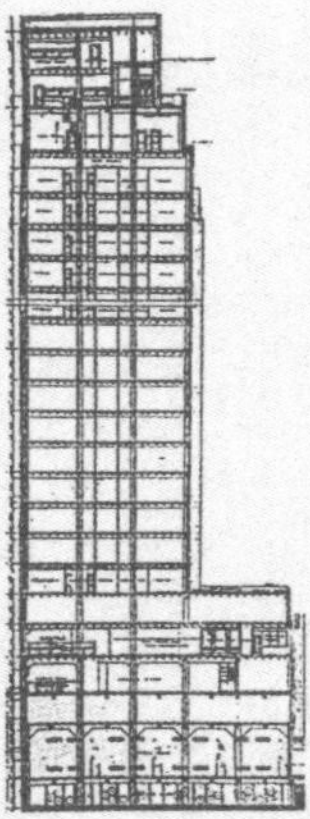

Civic Opera Building
Chicago, Illinois, 1929.
Architectes : Graham, Anderson, Probst and White.
Programme : opéra, théâtre municipal, bureaux.

De l'autre côté de la rivière, en face du Chicago News Building, se dresse le Civic Opera Building, qui abrite des salles de théâtre et des bureaux dans une structure de quarante-cinq niveaux étagée en plusieurs volumes successifs. Le site mesure 119 mètres par 58 (s'effilant à 46 mètres). Le corps principal de bureaux se trouve sur une rue parallèle à la rivière et est flanqué de deux ailes perpendiculaires de vingt-deux étages contenant des bureaux au-dessus des foyers dans l'une et le petit théâtre municipal dans l'autre. Entre ces deux éléments, dans la partie restante du « U », se loge l'opéra municipal. Pionnier d'un projet d'aménagement du quartier des berges, ce bâtiment, comme le Daily News Building, fut contraint de surmonter des difficultés techniques considérables. Les volumes intérieurs requis par les théâtres, libres de porteurs intermédiaires, mais placés sous la structure des bureaux, obligèrent à déployer un système compliqué de poutres treillis et de poteaux qui portaient des charges allant jusqu'à 3 400 tonnes, transmises à des caissons de trois mètres trente-cinq de diamètre. Avec un mur du théâtre directement mitoyen de la rivière, les travaux de fondation durent être réalisés à l'aide de batardeaux étanches, et le mur de dix étages dut être contreventé pour résister au choc éventuel d'un bateau à la dérive. Les techniciens accédaient à la chaufferie via la connexion ferroviaire de la Chicago Tunnel Company située 8,5 mètres au-dessous du niveau moyen de l'eau.

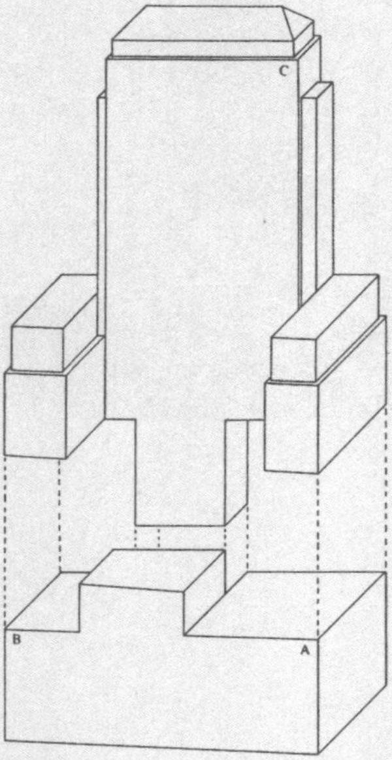

A. Opéra
B. Théâtre municipal
C. Bureaux

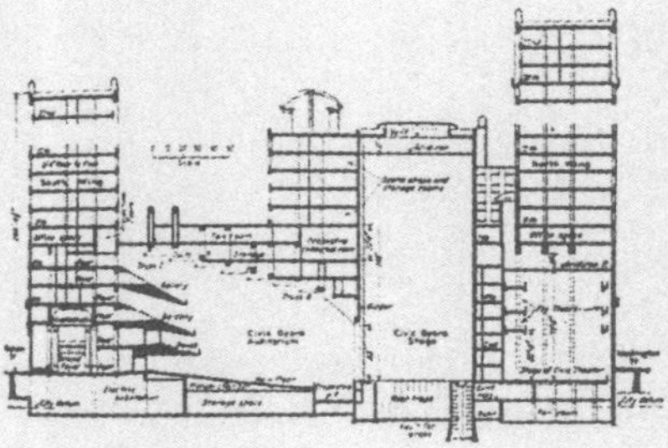

Riverside Church
New York, État de New York, 1929.
Architectes : Allen and Collens,
Henry C. Pelton.
Programme : église, bureaux.

Un bâtiment de bureau incorporé dans le clocher de l'église.

Chicago Tower
Chicago, Illinois, 1929.
Architecte : Walter B. Ahlschlager.

Soixante-cinq étages et 268 mètres de haut, sur une parcelle carrée de 122 mètres de côté. Le volume total du bâtiment est de 1 791 965 mètres cubes. Le bâtiment sera érigé sur les droits aériens avec des fondations reposant sur 260 caissons. Son squelette est composé de 74 000 tonnes d'acier pour les descentes de charge et de 12 000 tonnes d'acier pour le contreventement. Surface brute de plancher : 548 850 mètres carrés. Superficie locative : 338 084 mètres carrés. Il y a plus de dix types de plans d'étage. Superficie du premier niveau : 14 226 mètres carrés. Superficie du soixante-cinquième étage : 860 mètres carrés. Transport vertical : 66 ascenseurs disposés sur les bords et 28 monte-charge. La Chicago Tower représente une innovation dans l'économie de la construction, car elle aura neuf catégories de locataires. On y trouvera : le bâtiment de bureau de la Chicago Tower ; le magasin de vêtement Chicago Apparel Mart, proposant des espaces de vente, d'exposition et de fabrication destinés à l'habillement masculin ; le Chicago Tower Hotel avec 440 chambres ; deux clubs, deux salles de congrès ; un parking automatique de vingt-trois étages ; un espace de stockage ; un magasin ; et un espace d'exposition permanente. Le parking mécanique sera capable de gérer 1 026 voitures. L'opération sera entièrement mécanique grâce à des plateformes suspendues à une chaîne les unes au-dessus des autres. Chaque voiture sera mise sur une plateforme qui sera ensuite levée par un ascenseur hydraulique.
On a calculé que, grâce à ce système, une voiture peut être garée en six secondes.
Le temps nécessaire pour rendre une voiture sera au maximum de trois minutes et demie. La Chicago Tower aura neuf entrées principales et un système de rues à double niveau sur ses quatre côtés. Une rue traversera le centre du premier niveau.
Extérieur moderne : l'aspect de ses grandes masses dessine une silhouette en gradin qui ne rompt ni avec les lignes verticales de ses différents volumes, ni avec celles de la tour qui s'élance clairement depuis la base de l'édifice.

Les bâtiments hybrides commencèrent à conquérir les délaissés urbains.

Notes finales

Le bâtiment hybride est un baromètre qui enregistre l'évolution de notre société. Chaque nouvelle juxtaposition reflète une volonté de se confronter au présent et d'explorer le futur. Beaucoup de programmes hybrides, autrefois issus d'une étincelle programmatique provoquée par la densification urbaine, comme ceux qui combinent bureaux et parkings, sont devenus des tubards de la production architecturale. La Braddock Carnegie Library, révolutionnaire en son temps par son insertion dans une petite ville ouvrière, continue d'être un modèle pour la revitalisation des centres urbains isolés. D'autres édifices hybrides restés à l'état de projet, comme le One Hundred Story Building et le Manhattan Apartment Bridge, paraissent avoir été trop en avance sur leur temps et avoir nargué l'imagination de la société par des visions d'un monde plus efficace et plus audacieux. Tous restent cependant des symboles du croisement programmatique qui les engendra.

Le témoignage empirique de ce catalogue entend défier les conceptions contemporaines de la ville. L'urbanisme américain trouve ses fondements dans le plan en grille et dans la diversité programmatique de la ville du XIXe siècle. Une stratégie de revitalisation de nos villes doit proposer une forme de bâtiment qui soit compatible avec la poursuite de la grille orthogonale, mais aussi capable d'accueillir les activités diverses et

à première vue incompatibles de la ville. Les bâtiments hybrides, qui sont intrinsèquement multifonctionnels et correspondent aux contraintes de la grille, peuvent être proposés comme modèles pour la stimulation et la revitalisation des villes américaines.

En considérant cette collection de bâtiments hybrides construits ou projetés, on voit clairement que le principe moderniste d'une correspondance terme à terme entre la forme de l'édifice et sa fonction n'est pas toujours pertinent. Manifestement, des bâtiments hybrides composés de fonctions similaires trouvèrent à s'exprimer dans des formes différentes. L'Olympic Tower et la Price Tower combinent toutes deux des bureaux et des logements, mais avec des résultats totalement différents. De même, des bâtiments de formes similaires intègrent souvent une variété de fonctions différentes, comme on le voit en comparant ces trois hybrides-tissu que sont le Bozeman City Hall and Opera House, le Yale Center for British Art et le Missouri Athletic Club. La stricte adéquation entre programme et forme préconisée par les modèles typologiques de l'environnement urbain paraît purement nostalgique en présence des bâtiments hybrides qui s'opposent à la catégorisation des édifices par leur type.

Aussi les bâtiments hybrides répertoriés ici ne sont-ils pas présentés comme des « types » ou des « modèles » que l'on pourrait reproduire au prix de menus ajustements. Ils sont l'expression du triomphe de l'ingéniosité et de l'audace de leurs concepteurs. La contribution personnelle de l'architecte est évidente par la spécificité avec laquelle chaque édifice répond à son programme et à son site. Les combinaisons possibles sont illimitées. Ce qu'offre d'abord le bâtiment hybride, c'est un remarquable outil de praticien pour appréhender les dédales de la ville du XXe siècle.

Texte initialement publié sous le titre « Hybrid Buildings », *Pamphlet Architecture*, n° 11, 1985. Traduction de l'anglais par Mathieu Mercuriali, révisée par Sébastien Marot.

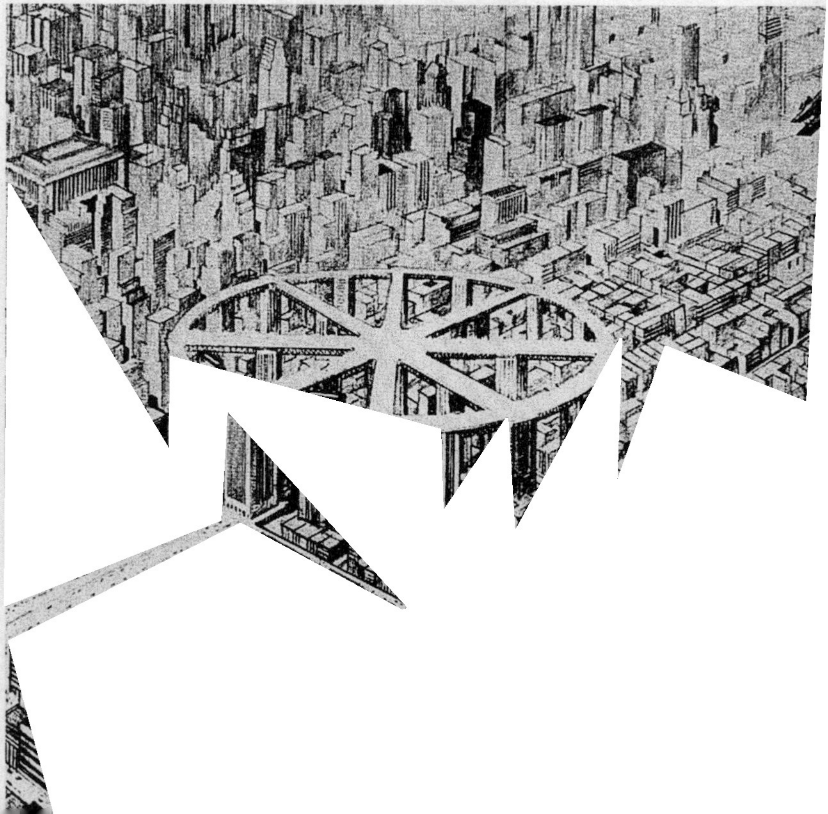

Monstre hybride
«Giraille», Maïc Batmane

Les apories de l'hybride

Pour une nouvelle relation entre architecture et infrastructure

ÉRIC ALONZO

HYBRIDE adj. et n. m. est un mot emprunté au latin classique *ibrida* « bâtard, de sang-mêlé », et spécialement « produit du sanglier et de la truie », devenu *hybrida* par rapprochement avec le grec *hubris* « excès ». Hybride signifie d'abord « qui provient de deux espèces différentes » [...]. Dès le XVIIe siècle, l'adjectif s'utilise dans *mots hybrides* pour parler de mots formés d'éléments issus de deux langues différentes [...]. Il est employé depuis le XIXe siècle pour qualifier ce qui est composé de deux éléments de nature différente anormalement réunis [...].

Le Robert, Dictionnaire historique de la langue française

Depuis une trentaine d'années, le terme « hybride » est à la mode. Dans la sphère technique, « l'hybride » qualifie les matériaux associant des éléments très différents comme l'organique et l'inorganique, ou encore les véhicules qui utilisent deux sources d'énergie. En philosophie, Bruno Latour propose de considérer les « objets hybrides », mélanges d'humain et de non-humain, dans une remise en cause de l'existence de la société moderne[1]. Dans le champ de l'architecture, c'est Joseph Fenton qui intronise le terme en 1985 dans son essai « Hybrid Buildings[2] ». Il désigne par là les édifices de grande échelle contenant une mixité fonctionnelle nés à la fin du XIXe siècle de la pression foncière et de la rigidité de la grille des métropoles américaines. La même année, pour décrire les agents de « la splendeur terrifiante du XXe siècle » que sont par exemple l'entrelacs de routes et de rampes des quartiers de dalle, Rem Koolhaas ne parle pas encore d'« hybrides », mais de « bâtards » (sens du mot latin *ibrida*). Preuves manifestes de l'impuissance des doctrines architecturales, ils ne pourraient être aujourd'hui réintégrés dans le récit du concepteur que par le truchement d'une généalogie idéalisée :

> S'il y a dans ce travail une méthode à suivre, ce serait celle de l'idéalisation systématique ; une surestimation automatique de l'existant ; un bombardement spéculatif qui, avec des

Construction of Cherbourg interchange, La Défense, early 1950s.

> charges conceptuelles et idéologiques rétroactives, investit même ce qu'il y a de plus médiocre. Les bâtards sont ainsi dotés d'arbres généalogiques et la moindre suggestion d'idées est traquée avec l'obstination d'un détective investiguant un adultère croustillant[3].

Les écheveaux infrastructurels des années 1950 et 1960 comptent parmi ces bâtards qui auraient entièrement échappé au contrôle de l'architecte. Dix ans plus tard, pour illustrer ce même texte, Koolhaas reproduit dans *S, M, L, XL* la photographie aérienne d'un échangeur autoroutier en construction à La Défense[4]. Dans cette même compilation, il publie un projet de centres d'échanges multimodaux pour le Benelux (1989 et 1991) où il propose de « concevoir de vastes villes bâtardes » dont l'accès est à la fois protégé et facilité par d'énormes édifices. Construits dans « le mou [*slack*] imprévu des toiles d'araignées infrastructurelles », ils sont destinés à absorber les divers flux circulatoires des banlieusards et à développer, en leur sein, des « formes de vie urbaine[5] ». En 1994, c'est cette même vision qui lui inspire les préceptes d'un « nouvel urbanisme [qui] ne cherchera plus à séparer et à identifier des entités, mais à découvrir des hybrides innombrables ; il ne sera plus obsédé par la ville mais par la manipulation des infrastructures[6] ». Si Koolhaas troque ici le bâtard contre son synonyme, l'hybride – moins péjoratif –, il s'agit toujours de qualifier le rapport qu'entretient la ville moderne avec ses infrastructures. Les « entités » distinctes et élémentaires qui forment ces mélanges improbables sont dénombrées dans son essai sur la ville générique : « trois éléments entrent en jeu : les routes, les bâtiments, la nature[7] ». Il prônerait ainsi l'hybridation entre ces trois composants,

1 *Nous n'avons jamais été modernes. Essai d'anthropologie symétrique*, Paris, La Découverte, 1991.

2 *Pamphlet Architecture*, n° 11, 1985, pp. 5-41. *Supra* pp. 240-289.

3 Rem Koolhaas, « Le contexte : la splendeur terrifiante du xxe siècle », *L'Architecture d'aujourd'hui*, n° 238, avril 1985, p. 15.

4 Rem Koolhaas, « The Terrifying Beauty of the Twentieth Century », in OMA, Rem Koolhaas, Bruce Mau, *S, M, L, XL*, Rotterdam/New York, 010 Publishers / The Monacelli Press, 1995, p. 204.

5 *Id.*, « Dolphins. Transportation Exchange Centers for Benelux, 1989, 1991 », in *ibid.*, pp. 990-1007.

6 Rem Koolhaas, « Qu'est-il arrivé à l'urbanisme ? » [1994], *Criticat*, n° 8, septembre 2011, p. 82.

7 Rem Koolhaas, « La ville générique » [Guide, 1994], in Rem Koolhaas, Harvard Project on the City, Stefano Boeri, Multiplicity, Sanford Kwinter, Nadia Tazi, Hand Ulrich Obrist, *Mutations*, Bordeaux/Barcelone, Arc en rêve/Actar, 2000, p. 730.

tout en considérant leur différence comme irréductible. Ainsi, le recours au terme « hybride » – au lieu de synthèse, mariage, composition ou intégration – ne relève pas chez Koolhaas d'une coquetterie rhétorique, mais bien d'un usage rigoureux qu'il fonde sur la différence essentielle des entités amalgamées.

Juxtaposition des contraires

Inscrit ou non dans une référence explicite à la doctrine koolhaassienne, l'usage de l'hybride pour penser la cohabitation entre architecture et infrastructure est actuellement très répandu[8]. Comme souvent chez les concepteurs, l'emploi d'un tel concept signale l'intention de mêler étroitement un système d'interprétation de la réalité à des intentions projectuelles. Sur le premier point, on peut facilement s'accorder sur le constat : les logiques de spécialisation survenues au cours du XXe siècle ont creusé le fossé entre l'architecture et le génie civil jusqu'à produire une sorte d'« éloignement des espèces ». En revanche, on doit s'interroger sur le recours à l'hybridation comme concept opératoire pour penser le rapprochement souhaitable de l'architecture et de l'infrastructure. Car l'emploi du concept oriente le projet de manière très spécifique. Pour l'architecte Giacomo Delbene, la conception d'une infrastructure hybride procède ainsi de « l'accentuation volontaire d'un

croisement d'éléments issus de langages différents [...], produit d'une combinaison arbitraire ou d'une juxtaposition incongrue[9] », tandis que Marc Angelil et Anna Klingmann, dans une filiation koolhaassienne explicite, parlent d'une « juxtaposition de contraires[10] ». L'hybride utilisé

8 Par exemple, Antoine Picon qualifie les œuvres de Santiago Calatrava de « sorte d'hybride de formes aux qualités sculpturales et de prouesse d'ingénieur » (*La Ville, territoire des cyborgs*, Besançon, L'Imprimeur, 1998, p. 94), idée reprise dans l'« Éloge de l'hybride » qui introduit la monographie consacrée à Marc Mimram pour désigner notamment le croisement de l'art de l'architecte et de celui de l'ingénieur (Antoine Picon, *Hybrid[e]. Marc Mimram architecte-ingénieur*, Gollion, Infolio, 2007, p. 3).

9 Giacomo Delbene, « Next Generation Infrastructures. Approssimazione all'infrastruttura ibrida » [extrait de « Next Generation Infrastructures. Hybrid Infrastructures : Reading and Design in the Contemporary Territory », thèse de doctorat en Science et service pour le transport et la logistique, sous la direction de Bruno Gabrielli, université de Gênes, 2005], *Area, rivista di architettura e arti del progetto*, mars-avril 2005, p. 13.

10 Cette idée est issue de leur lecture des textes de Koolhaas sur la « Ville des différences exacerbée » (Rem Koolhaas, « Pearl Delta River. The City of Exacerbated Difference© », in Catherine David et Pierre Chevrier, *Politics/Poetics, Documenta X, The Book*, Ostfildern-Ruit, Cantz, 1997, pp. 557-592), Marc Angeli et Anna Klingmann, « Hybrid Morphologies. Infrastructure, Architecture, Landscape », *Daidalos*, n° 73, 1999, p. 18.

pour concevoir la rencontre entre l'objet architectural et l'objet technique rétroagit donc sur ces deux éléments : il conduit à souligner leurs différences, à exacerber les incohérences, voire à mettre en scène – comme en écho au grec *hubris* – l'anormalité des monstres architectoniques ainsi enfantés. D'un point de vue esthétique, il se matérialise souvent de manière littérale, voire parfois expressionniste, dans des formes sculpturales où les télescopages sont parfois adoucis par un vocabulaire formel inspiré de la biologie (domaine auquel renvoie communément le terme).

Enfin l'hybride peut aussi désigner non pas les édifices ou les aménagements, mais la discipline qui les conçoit. Le paysagiste James Corner définit ainsi le *Landscape Urbanism* – qui revendique les infrastructures comme l'un de ses principaux objets[11] – en utilisant ce concept pour imager ce qu'il nomme une « collusion disciplinaire » entre le paysagisme et l'urbanisme. Cet argumentaire l'amène logiquement à caricaturer les manques supposés de ces deux ancêtres afin de mettre en avant la supériorité de la nouvelle « pratique hybride » qui les absorberait. C'est cependant dans un précédent lointain, le projet de Back Bay Fens, réalisé à la fin du XIXe siècle à Boston par Frederick Law Olmsted, que Corner voit une glorieuse illustration par anticipation du *Landscape Urbanism*, au motif que ce projet répond aussi bien à des enjeux esthétiques qu'écologiques[12]. Mais, si cette réalisation d'un autre temps paraît pouvoir inspirer les pratiques actuelles, pourquoi ne pas s'intéresser au mode de conception d'alors, qui n'avait lui-même rien d'hybride ?

Plus fondamentalement, on peut s'interroger sur les limites d'une doctrine qui entend asseoir le dépassement du clivage architecture/génie civil sur la réaffirmation, voire la réhabilitation des catégories établies par l'urbanisme fonctionnaliste. Car, quand Koolhaas énumère les trois éléments qui forment les entités de la ville générique (les routes, les bâtiments, la nature), il paraphrase sciemment la division entre « Circuler, Habiter/Travailler, Se divertir » de la Charte d'Athènes. Ainsi, l'hybride qui résulterait du rapprochement entre les routes et les bâtiments – deux entités préalablement distinguées et maintenues dans une certaine autonomie – ne pourrait se produire que dans le cas, relativement exceptionnel, où l'on peut croiser une infrastructure de

11 Selon James Corner, l'un des thèmes principaux du *Landscape Urbanism* est « l'organisation des surfaces horizontales [...] considérée à travers une grande variété d'échelle, du trottoir à la rue, à la matrice entière des infrastructures urbaines ». « Terra Fluxus », in Charles Waldheim (dir.), *The Landscape Urbanism Reader*, Princeton Architectural Press, 2006, p. 30.

12 *Ibid.*, p. 24.

1879
PARK DEPARTMENT. CITY OF BOSTO
PROPOSED IMPROVEME
OF
BACK BAY.
— FIGURES SHOW INTENDED ELEVATION OF SURFACE ABOVE MEAN LOW WATER
— WATER IS REPRESENTED AS INTENDED TO BE MAINTAINED UNDER ORDINARY C
ELEVATION OF EIGHT FEET ABOVE THE SAME DATUM. DURING FRESHETS AND
TIDES, IT WOULD RISE AND SPREAD OVER ALL THE SEDGY GROUND.
SCALE OF FEET
SCALE OF METERS
J.P.DAVIS,
CITY ENGINEER.
F.L.OLMS
LANDS
CHARLES.H.DALTON,
WILLIAM GRAY JR.,
HENRY LEE,
COMMISSIONERS.
BROOKLINE AVENUE
RUGGLES STREET
AS PROPOSED TO BE EXTENDED
INGTON AVENUE AS PROPOSED TO BE EXTENDED

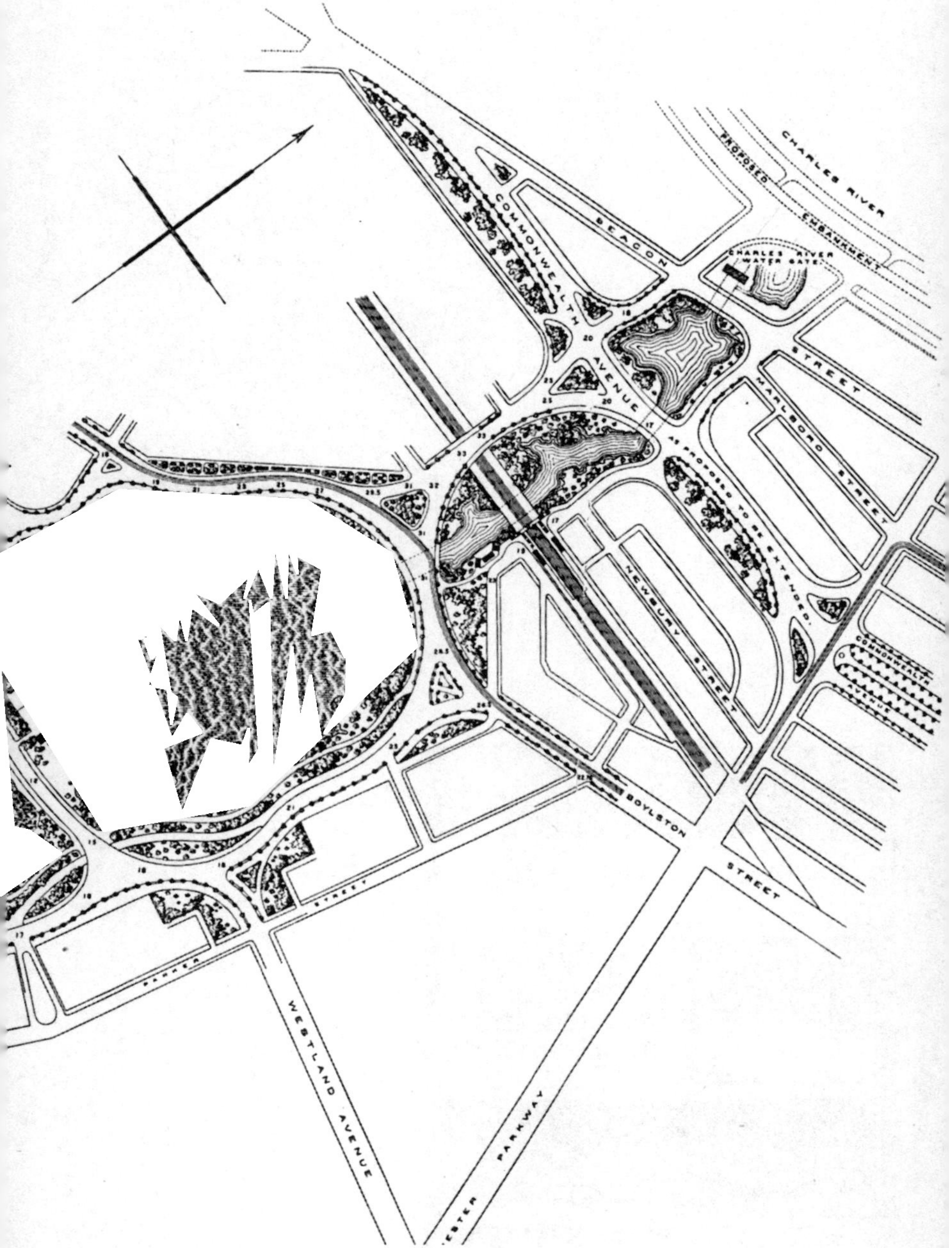

Joseph Phineas Davis et Frederick Law Olmsted,
Back Bay Fens (Boston), 1879.

L'Architecture et art de bien bastir du seigneur Leon Baptiste Albert, 1553, p. 214: «Des cisternes, ensemble de leur usage et utilité».

Des ciſternes, enſemble de leur vſage & vtilité.

Cloaca Maxima, Piranèse, *Della Magnificenza ed Architettura de Romani*, 1748, planche III.

transport avec un (grand) édifice : gare, pôle multimodal, parking, etc. Cette doctrine renonce ce faisant à toute tentative de modifier la conception de l'infrastructure en elle-même – autrement que contaminée par des bâtiments ou imbriqués dans ceux-ci –, puisqu'elle est enfermée dans son statut d'ingrédient de l'amalgame, objet *as found*, pur produit d'une logique d'ingénieur extérieure à l'architecture.

L'infrastructure comme architecture

Nous voudrions proposer une alternative à cette doctrine de l'hybridation en choisissant de partir du postulat inverse : il n'y a pas de différence de nature entre les bâtiments et les infrastructures ; ils relèvent tous deux de l'architecture. Cette hypothèse interroge autant la nature de l'infrastructure comme édifice que de celle de l'architecture comme discipline à travers les objets sur lesquels elle entend régner. Si le périmètre du domaine de l'architecture a sensiblement varié au cours du temps, rares sont cependant les fois où les infrastructures en furent exclues. Sans se référer au *De architectura* de Vitruve, qui va généreusement jusqu'à traiter des machines de guerre ou de mesure du temps, on peut observer dans le *De re ædificatoria* d'Alberti, qui fonde les bases théoriques modernes de l'architecture sur l'héritage antique, que les ponts, égouts, canaux, ports, aqueducs et surtout les voies y occupent une place fondamentale. Ces dernières sont même considérées comme le summum de « l'édifice public[13] ». Trois siècles plus tard, pour réhabiliter la supériorité du modèle romain mis à mal par un engouement pour l'architecture grecque, Piranèse met en avant la magnificence des infrastructures. Égouts, aqueducs et voies pavées démontreraient la supériorité évidente de l'architecture romaine au regard des trois canons vitruviens : la solidité (meilleure que celle de bon nombre de bâtiments), l'utilité (leur vocation principale) et même la beauté. Celle-ci, proche du « sublime », serait fondée sur la robustesse, l'austérité fonctionnelle et le caractère héroïque des ouvrages d'art dont l'esthétique serait bien plus puissante que la beauté parfois ornementale des édifices[14]. Ce qui peut apparaître aujourd'hui comme un renversement des valeurs catégorielles de l'architecture – l'infrastructure serait supérieure aux bâtiments –, culmine alors avec Francesco Milizia qui opposera la laideur de la sacristie de Saint-Pierre à la réussite incomparable de la Cloaca Maxima, le grand égout de Rome[15].

13 Leon Battista Alberti, *L'Art d'édifier* [*De Re Ædificatoria*, 1485], texte traduit du latin, présenté et annoté par Françoise Choay et Pierre Caye, Paris, Le Seuil, 2004.

14 Giambattista Piranesi, *Della Magificenza ed Architettura de' Romani*, Rome, 1761, chapitre XXXIV, pp. 47 et suiv.

15 Francesco Milizia, *Roma delle belle arti di disegno*, Bassano, Remondini, 1787.

À la même époque, le *Dictionnaire* d'Augustin-Charles d'Aviler présente un « système figuré de l'architecture » qui réunit encore bâtiments, jardins et infrastructure, même si une fissure est en train d'apparaître entre l'architecture civile et l'architecture hydraulique[16]. Cette première catégorie serait l'apanage de l'architecte, tandis que la seconde serait celle de l'ingénieur. Entre les deux, les infrastructures sont écartelées : les canaux, aqueducs, ponts, etc., passent dans les mains des ingénieurs, mais la voirie reste dans le giron de l'architecte. Cette distinction disciplinaire est malgré tout très relative tant cette science émergente de l'ingénieur apparaît encore comme une branche de l'architecture. Celle-ci entame alors un lent processus d'autonomisation qui ne s'accomplira que vers la fin du XIXe siècle. Mais sitôt ce démembrement achevé, qui sépare la conception des infrastructures de celles des bâtiments, des figures pionnières comme l'ingénieur Ildefonso Cerdà ou l'architecte Camillo Sitte réunissent à nouveau ces objets dans une nouvelle discipline que l'on appellera l'urbanisme. C'est dans ce nouveau cadre inclusif que l'architecte Eugène Hénard modélisera au cours de la première décennie du XXe siècle la plupart des dispositifs infrastructurels de la ville moderne : carrefour à voies superposées et giratoire, plateforme multimodale (« place de transbordement »), sol artificiel surélevé, etc.[17]

Tout au long de ce siècle, d'autres mouvements ou théories issus de l'architecture permettront de repenser conjointement les différentes catégories d'objets bâtis : le *Townscape* (promu par *The Architectural Review* dès la fin des années 1940) ; l'*urban design* (à partir des premières conférences de José Lluis Sert à Harvard en 1956) ; *L'Architecture de la ville* d'Aldo Rossi (1966) – inspiré sur cette question par les écrits du philosophe Carlo Cattaneo (1801-1850) – ; ou encore l'architecture du territoire de Vittorio Gregotti (*Le Territoire de l'architecture*, 1966). Ce dernier consacrera en 1989 un numéro de *Casabella* à l'infrastructure routière afin de la restituer « au règne de l'architecture[18] ».

16 Augustin-Charles d'Aviler, *Dictionnaire d'architecture civile et hydraulique*, Paris, Charles-Antoine Jombert, 1755.

17 Eugène Hénard, *Études sur les transformations de Paris & autres écrits sur l'architecture et l'urbanisme* [1902-1909 et 1891-1911], Paris, La Villette, 2012.

18 Vittorio Gregotti, « La strada : tracciato i manufato », *Casabella*, n° 553-554 : « Sulla strada », janvier-février 1989, p. 5.

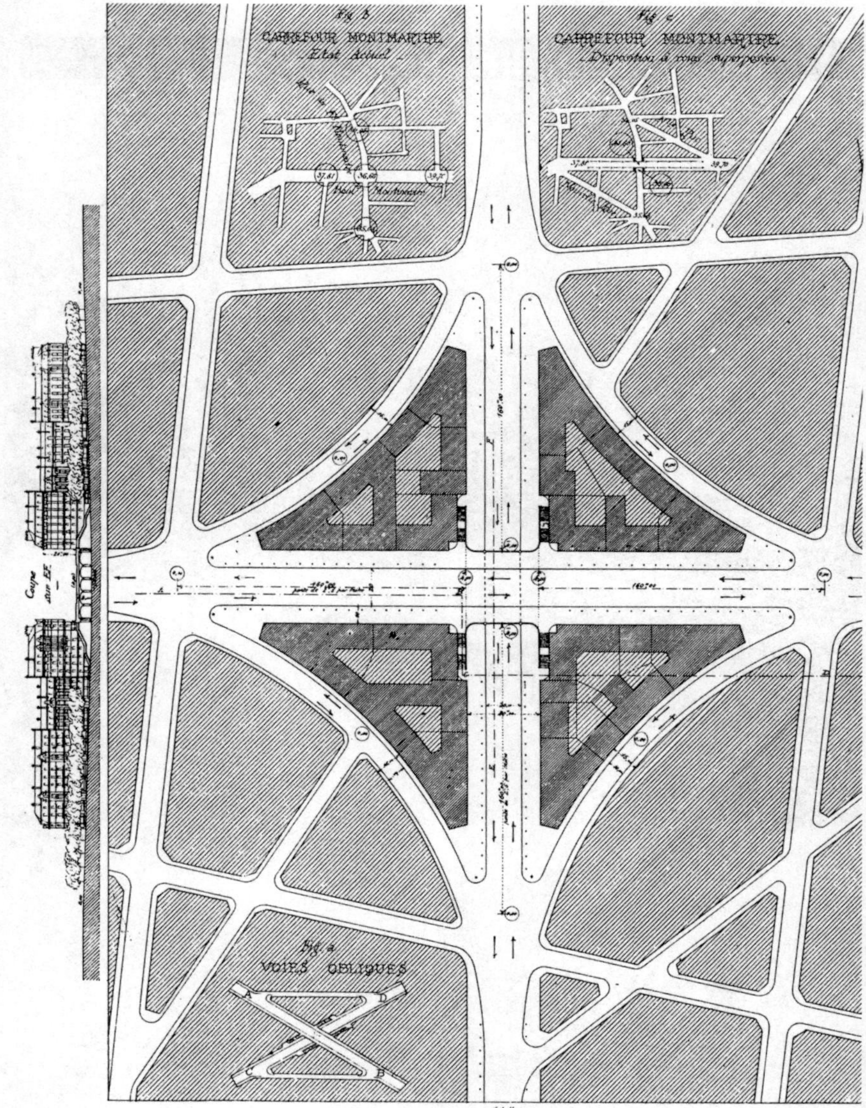

Eugène Hénard, «Plan d'un carrefour à voies superposées», *Études sur les transformations de Paris*, 31 mai 1906.

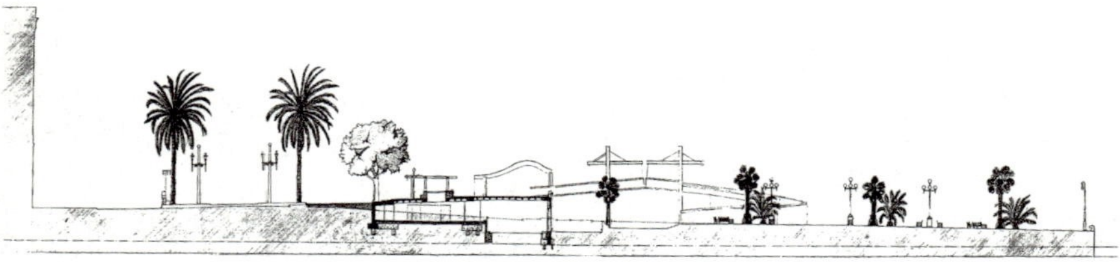

Manuel de Solà Morales, le Moll de la Fusta (Barcelone, 1981-1984): couverture de *Lotus international*, n° 56, 1987 et coupe transversale: le boulevard du front de mer, la promenade-belvédère (sur le parking et l'autoroute), la passerelle, le quai.

Trois œuvres architecturales

Cette longue tradition de l'architecture qui reconnaît d'emblée l'infrastructure comme un de ses objets fondamentaux pourrait aujourd'hui avoir comme manifeste construit le Moll de le Fusta réalisé par l'architecte Manuel de Solà Morales à Barcelone de 1981 à 1984. Inspiré notamment par l'Adelphi Terrace des frères Adam à Londres et le boulevard de l'Impératrice à Alger – deux « stimulants atemporels » que Colin Rowe venait de réunir dans *Collage City* –, ce projet consiste en la création d'une autoroute urbaine et d'un parking conçus comme la composante d'un nouveau front de mer. La promenade belvédère aménagée en surplomb repose sur un portique en béton dressé sur la bande médiane de l'autoroute. Un mur en maçonnerie rustique percé d'arcades absorbe la structure porteuse, comme pour mieux affirmer l'appartenance de l'infrastructure au domaine de l'architecture. Ce projet précurseur inaugure un mode de conception des infrastructures routières qui se généralisera en 1992 à l'occasion des grands travaux urbanistiques destinés à accueillir les Jeux olympiques. L'influence de Solà Morales n'est alors pas tant le fait de cette seule réalisation que du travail de fond qu'il mène depuis les années 1970 au sein de l'école d'architecture de Barcelone pour rebâtir un enseignement de l'urbanisme. À l'appui d'une réévaluation critique de l'héritage disciplinaire – notamment du XXe siècle – et de l'histoire urbanistique de Barcelone, il avait mis en évidence les vertus opératoires de l'infrastructure, au croisement de l'architecture et de la ville, au sein d'une nouvelle tradition du « projet urbain[19] ».

En 2007, dans une autre grande ville de la Méditerranée, Nice, l'architecte Marc Barani livre une œuvre également soumise à la rationalité technique incontournable d'une infrastructure de transport : une gare de tramways. Il s'agit de combiner en un même lieu une station terminus, un parking-relais, un centre de maintenance, des bureaux et des commerces. Adossé à la montagne, au pied d'un quartier de barres et de tours d'habitation, le site est cerné par les voies d'accès à l'autoroute A8. Toutes les conditions semblent réunies pour permettre, voire imposer, une conception hybride où l'architecture viendrait s'amalgamer à l'infrastructure technique sans chercher une quelconque intégration. On imagine aisément comment l'expression de l'édifice pourrait

19 Manuel de Solà Morales, « La seconde histoire du projet urbain » [*Ur*, n° 5, 1987], *Marnes, documents d'architecture*, vol. 1, 2011, p. 257. Dans le même volume, voir aussi : Éric Alonzo, « Revisiter la modernité. Une doctrine pour le projet urbain », pp. 229-236.

Marc Barani, pôle multimodal de Las Planas (Nice, 2007): le poste de commandement vu depuis le boulevard Comte de Falicon, les quais, maquette du projet.

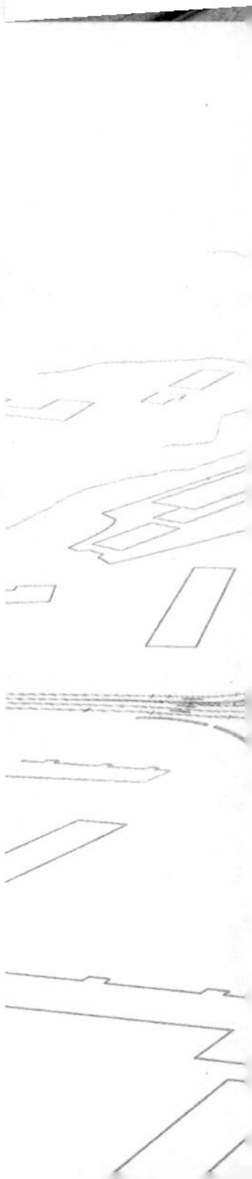

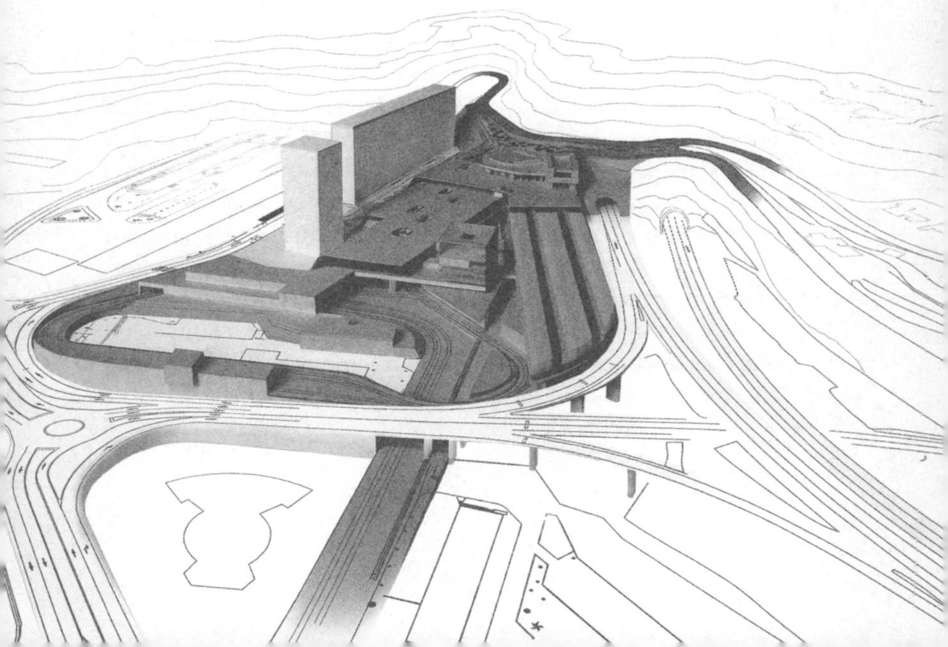

alors reposer sur l'intensification de la rencontre entre les ramifications du faisceau ferré et les formes molles de la bretelle autoroutière, éventuellement perturbée par l'insertion d'une nouvelle géométrie plus spécifiquement architecturale. Or l'édifice de Barani, sans négliger les impératifs techniques propres à l'infrastructure qui déterminent partiellement sa forme, relève ordinairement du projet d'architecture. Les enjeux sont de même nature que dans les autres réalisations de l'architecte : le rapport au sol et à la pente, la fabrication d'un espace public en liaison avec les quartiers environnants, l'intégration des contraintes techniques et fonctionnelles dans un principe d'ensemble, ou encore la qualité spatiale et matérielle des différents éléments du programme. Ainsi, depuis la ville, ce nœud infrastructurel se signale par le volume cubique de la « tour de contrôle », placé traditionnellement en fond de perspective du boulevard. Depuis l'intérieur, un grand balcon offre aux visiteurs, au sortir du parking, un vaste panorama sur la ville. Au niveau inférieur, en partie excavé, les murs de soutènements en béton, doublés d'un mur de pierre, possèdent un fruit important, tandis que le plafond est couvert de lattes de bois, aux antipodes d'une ostentation radicale de l'âpreté de l'ouvrage de génie civil.

À une autre échelle et hors de la pression des contraintes urbaines, l'ingénieur suisse Jürg Conzett développe également une œuvre infrastructurelle – peut-être plus fondamentale – où la frontière entre architecture et science de l'ingénieur semble abolie. L'esthétique de ses ouvrages de franchissement – ponts et passerelles situés en majorité dans le canton des Grisons – se démarque de celle fondée sur l'expressivité de la prouesse structurelle. Comme le manifeste l'exposition qu'il réalise en 2010 pour le pavillon de la Suisse à la Biennale de Venise, il s'agit pour Conzett de révéler et de poursuivre une tradition helvétique des infrastructures – ferroviaires, routières et autoroutières –, moins caractérisée par une succession d'innovations techniques que par de grandes permanences, moins par l'exceptionnalité héroïque d'œuvres individuelles que par une répétition de types de constructions ordinaires savamment inscrites dans le paysage. La série photographique en noir et blanc réalisée par Martin Linsi présentait sur un même plan (sans considération chronologique) près de soixante ponts, passerelles, tunnels et murs de soutènement conçus depuis le XVIIIe siècle autant par des architectes et des ingénieurs de renom que par des anonymes[20]. Parmi ces constructions se trouve le Valserrheinbrücke réalisé en 2010 par Conzett au débouché de la place centrale du village de Vals.

20 Jürg Conzett, *Landschaft und Kunstbauten / Landscape and Structures*, Zurich, Scheidegger & Spiess, 2010.

Les deux parapets, constitués de lames de gneiss disposés de champ, forment une imposante maçonnerie supportée par une structure en béton en partie dissimulée. Le pont, dans sa présence architectonique, ne procède pas d'une quelconque opposition entre la vigueur structurelle de l'objet technique pur, optimisée par le calcul, et la pesanteur matérielle et historique des rives qu'il relie, mais cherche plutôt à s'apparenter aux autres édifices du village. Lors d'une conférence donnée quelques années plus tôt au Bündner Heimatschutz, Conzett avait théorisé cette appartenance de l'infrastructure au domaine de l'architecture à travers le cas spécifique des murs de soutènement, « parents pauvres » de la culture héroïque des ouvrages d'art. À l'appui de trois précédents historiques – une ligne de chemin de fer réalisée dans les années 1840 par l'ingénieur Isambard Kingdom Brunel qui traverse les Sydney Gardens à Bath, les routes des années 1930 conçues par l'architecte et paysagiste Alwin Seifert dans les Alpes autrichiennes et bavaroises, et l'autoroute du Tessin dont les ouvrages d'art ont été dessinés par l'architecte Rino Tami à partir des années 1960 –, il montrait que ces infrastructures, que d'aucuns jugent mineures ou prosaïques, « posent clairement des questions architecturales (tracé, matériau, forme, etc.)[21] ».

L'urbaniste catalan, l'architecte niçois et l'ingénieur des Grisons montrent ainsi comment pourrait encore se concevoir l'infrastructure, à rebours des doctrines de l'hybridation, en explorant les capacités de l'architecture à constituer le cadre d'une conversation ordinaire entre l'art, l'usage et la technique.

Cet article reprend et prolonge la première partie de la conclusion de l'ouvrage *L'Architecture de la voie*, à paraître fin 2016.

21 Jürg Conzett, « Murs de soutènement », *infra* pp. 310-345.

Jürg Conzett, Valserrheinbrücke (Vals, 2010).

310

Mur de soutènement de la route du Gothard
dans le Tessin, début XIXe siècle.

Murs de soutènement

JÜRG CONZETT

Deux raisons m'ont conduit à m'intéresser aux murs de soutènement. La première est la profonde fascination qu'exercent sur moi les ouvrages techniques. Elle va de pair avec un ressentiment pour la façon dont les ouvrages de génie civil peuvent détruire les valeurs culturelles et paysagères. J'éprouve donc le besoin de critiquer l'art de construire courant aujourd'hui, et de servir ainsi un but, à savoir la recherche en matière d'architecture des ouvrages d'ingénierie. La seconde relève de l'histoire : il n'existe pas un seul problème dont quelqu'un ne se soit déjà occupé au moins une fois par le passé. Et la question de la conception des murs de soutènements ne fait pas exception à la règle. Par exemple, au début du XXe siècle, les mouvements allemands et suisses du Heimatschutz se sont attaqué à cette question dans des écrits aussi bien que dans des projets entrepris avec des ingénieurs. Je veux dire qu'il est très intéressant d'étudier cette tradition à partir d'un point de vue contemporain.

Au contraire des ponts et des tunnels, les murs de soutènement sont un peu les parents pauvres des ouvrages d'ingénierie et on en parle peu. Accompagnant les routes alpines sur des kilomètres, ils ont pourtant une présence majeure dans le paysage. Par leur anonymat, ils expriment clairement l'art de bâtir de leur temps et semblent illustrer l'idée de John Ruskin, selon laquelle le moindre détail peut servir à illustrer des interrelations plus générales[1]. Les murs construits par Karl Emanuel

Müller (1804-1869) le long de la route Axen montrent les idéaux classiques des Lumières vers le milieu du XIXe siècle, avec leurs contours précis, leurs surfaces lisses, leurs plaques de couvertures étroites et leurs trous de drainage en demi-lune[2]. Le romantisme national du tournant du XXe siècle, avec son goût pour les robustes structures rurales, se reflète dans les bossages protubérants des maçonneries en rocailles des chemins de fer rhétiques. Les murs des années 1930, influencés par le Heimatschutz, expriment le goût de l'époque pour les paysages artificiels, partagé aussi bien par les architectes que par les constructeurs de routes. Les puissants contreforts et le surplomb des murs de soutènements à Malabarba, sur l'éperon méridional de la route San Bernardino, renvoient à l'expressionnisme structurel des années 1960. Aujourd'hui, les constructeurs de route sont confrontés aux mêmes problèmes que les architectes : un large éventail de possibilités constructives détaché des conventions traditionnelles. Un public toujours plus critique se trouve écartelé entre sa nostalgie d'une proximité avec la nature et son addiction aux avantages des techniques modernes. Ce conflit trouve son expression schizophrène dans les routes modernes de Graubünden où l'on a disposé des blocs de pierre brute côté montagne, et de massifs murs de béton côté vallée.

Dans un premier temps, qu'on pourrait intituler « Mouvements de protection et murs de soutènement », je souhaite examiner, à travers trois exemples historiques, ce rapport entre protestation, tradition et conception des ouvrages techniques. Ces exemples sont empruntés à des époques et à des lieux différents : le premier à l'Angleterre des années 1840, le deuxième aux Alpes autrichiennes et bavaroises des années 1930, et le troisième au Tessin des années 1960. Dans un second temps, je chercherai à formuler, sous le titre d'« Éléments de conception des murs de soutènement », des « règles » pour la construction desdits ouvrages.

L'Angleterre dans les années 1840

Dès le début, les chemins de fer furent très controversés : les gens qui vivaient à proximité se plaignaient du bruit et de la pollution, les propriétaires terriens refusaient de céder leur terre, et les sociétés de

1 «On peut tenir pour règle universelle que plus l'esprit a de la hauteur, moins il méprisera ce qui semble petit et sans importance » (John Ruskin, *Modern Painters*, vol. I, Londres, Smith, Elder & Co., 1848, p. 319) cité par Wolfgang Kemp, *John Ruskin, Leben und Werk 1819-1900*, Francfort, Fischer, 1987, p. 185.

2 Walter Zschokke, *Die Strasse in der vergessenen Landschaft: Der Sustenpass* [La route dans le paysage oublié. Le col du Susten], Zurich, GTA / ETH Zürich, 1997, p. 54.

Route Axen, murs construits par Karl Emanuel Müller, XIXe siècle.

Chemin de fer rhétique, maçonnerie en rocaille, vers 1900.

Route à Malix, années 1930.

Isambard Kingdom Brunel, traversée des Sydney Gardens à Bath par la ligne du Great Western, 1841.

conservation se mobilisaient pour protéger les monuments historiques et archéologiques importants. Alors que les premiers réseaux de transport industriel, les canaux, avaient été construits sans véritable opposition, la construction des chemins de fer confrontait les gens aux changements irréversibles de la révolution industrielle.

John Ruskin, l'un des critiques les plus influents de la culture et de la société anglaise du XIXe siècle, s'opposa de façon véhémente au chemin de fer. En 1874, il refusa la médaille d'or du Royal Institute of British Architects pour protester contre le «*Railway's vandalism*» qui détruisait les ruines de l'abbaye de Furness par une nouvelle ligne de chemin de fer. Surtout, il dénonçait la géométrisation du paysage par les lignes droites et horizontales des voies ferrées, de leurs excavations et de leurs remblais, en opposition fondamentale avec les «*winding lanes*» qui suivent les contours du paysage.

Le jeune ingénieur Isambard Kingdom Brunel (1806-1859) était soucieux d'éviter ce type d'accusation lorsqu'il fut amené à construire la ligne du Great Western à travers la ville de Bath. Site romain remarquable, connu depuis l'Antiquité pour ses eaux curatives, Bath est restée l'une des plus belles villes d'Angleterre. De grands parcs ornent son centre, et l'un d'eux, Sydney Gardens, devait être traversé par le chemin de fer, entreprise difficile à une époque où les effets destructeurs de l'ingénierie ferroviaire commençaient à être pointés du doigt.

La ligne de chemin de fer de Brunel est placée dans un ravin au pied d'une pente naturelle. Elle est bordée d'un côté – l'amont – par un long mur de soutènement, et de l'autre par une pente douce. Ainsi engravée, la voie ferrée échappe d'abord au regard, et ce n'est que lorsque l'on est juste à côté qu'elle se découvre courant derrière un parapet en maçonnerie avec des balustrades. L'effet rappelle les jardins anglais et français. La coupure créée par la voie fut tempérée par de nombreux franchissements – routes et passerelles alternées – qui évitaient les pénibles montées et descentes à travers la vallée. Ce qui était initialement apparu comme un obstacle au mouvement représentait à présent une amélioration de la situation d'origine.

Le long mur de soutènement, caractéristique de Brunel, combinait les dernières méthodes de l'ingénierie des structures avec des formes architecturales historiques. La face visible du mur est incurvée dans le sens vertical, avec une courbe plus forte à la base (cette forme est d'ailleurs le résultat des calculs de stabilité mis au point par le scientifique français du XVIIIe siècle Charles-Augustin Coulomb (1736-1806) à qui l'on doit le premier traité sur les pressions internes des terrassements). Afin de réduire l'impact environnemental de l'intervention, Brunel employa des matériaux et une ornementation que l'on trouve communément dans la région : le mur original était entièrement construit en grès, alors que les corniches et les pilastres sur les structures tiraient leur inspiration des villas géorgiennes de la ville.

La grandeur de l'agencement des Sydney Gardens n'est pas seulement due à ces détails soignés, mais à une combinaison de facteurs incluant le tracé des lignes, le relief du terrain et la conception des structures individuelles. Les murs de soutènement sont une part importante du concept d'ensemble.

Les Alpes bavaroises et autrichiennes des années 1930

En Allemagne, la révolution industrielle commença relativement tard, après la naissance du IIe Reich en 1871. Aussi ses progrès furent-ils d'autant plus rapides et perturbants. Comme en Angleterre, de nombreuses sociétés furent créées pour contrer ses effets destructeurs. Deux de ces mouvements furent le Deutscher Werkbund, qui se concentra sur le design industriel, et le Bund Heimatschuz, attaché à promouvoir une conception des bâtiments qui corresponde aux styles locaux et à l'anonymat de l'« environnement bâti ». Toutefois, contrairement à leurs équivalents anglais, qui cinquante ans plus tôt avaient regardé l'industrialisation et le capitalisme comme des formes provisoires de folie, les critiques allemands, comprenant leur importance pour le dévelop-

pement de l'économie, firent en général bon accueil aux conquêtes de la technique.

Le terme de *Heimatschutz*, qui désigne la « préservation de l'environnement indigène », fut forgé par le professeur de musique berlinois Ernst Rudorff (1840-1916). Le « Bund Heimatschutz » fut fondé en 1904, avec le peintre et architecte Paul Schultze-Naumburg (1869-1949) comme président et l'ingénieur Werner Lindner (1886-1964) comme secrétaire. Dès son origine, ce mouvement parvint à éveiller un fort intérêt pour l'architecture vernaculaire et artisanale dans un large éventail de la société. Le Bund édita de nombreux livres destinés au grand public, dont les neuf volumes des *Kulturarbeiten*[3] [Travaux culturels] de Schultze-Naumburg, qui atterrirent dans les bibliothèques de la plupart des foyers allemands de la classe moyenne. Ces grands livres illustrés contenaient des photographies prises par l'auteur, qui, reprenant une méthode efficace déjà utilisée par l'entourage de Ruskin, juxtaposaient de manière polémique les « bons » et « mauvais » exemples d'architecture. L'œil expérimenté du peintre de paysage est évident dans la mise en scène soignée de ces photographies, conçues pour mettre en exergue un point spécifique. Le volume VII, intitulé *Die Gestaltung der Landschaft*

3 Édités à Munich, ils paraissent de 1901 à 1917.

durch den Menschen [L'aménagement du paysage par l'homme], contient des photographies de scènes rustiques avec de sinueuses routes bordées d'arbres, des volées de marches en pierre ou des murs couverts de verdure. Ces séries d'illustrations devinrent des standards, créant une image du paysage idéal pour toute une génération d'architectes et de constructeurs de route.

Le secrétaire de la société, Werner Lindner, était également un écrivain prolifique qui enchaîna des livres tels que *Die Ingenieurbauten in ihrer guten Gestaltung* [Le génie civil bien conçu], *Bauten der Technik. Ihre Form und Wirkung* [Constructions techniques, leur forme et leur effet], *Ingenieurwerk und Naturschutz* [Ouvrage d'art et protection de la nature], ou *Das Technische Kulturdenkmal im Bild der Heimat* [Le monument culturel technique dans l'environnement domestique][4]. Lindner s'efforçait de brouiller les distinctions entre culture savante et culture populaire. Ses descriptions des structures fonctionnelles (souvent en collaboration avec l'architecte Georg Steinmetz) – des entrepôts aux phares, des hauts-fourneaux aux tours de refroidissement – étaient juxtaposées avec des illustrations de bâtiments monumentaux et traditionnels. Ses photographies de paysages industriels européens étaient associées, par exemple, à un complexe de temples indiens ou aux clochers de San Gimignano. Loin d'exiger que les lignes à haute tension soient enterrées, Lindner louait l'apparence améliorée des pylônes. Avocat convaincu des possibilités de la technique, il parlait de la « beauté et solide simplicité » des machines, des « grues fabuleuses », etc. Mais en même temps, il fut l'un des premiers environnementalistes : perturber l'équilibre naturel revenait selon lui à détruire l'héritage des générations actuelles et futures. Pour lui, il était primordial qu'une planification à l'échelle nationale prévale sur les intérêts privés à court terme.

Les principes du mouvement Heimatschutz furent directement appliqués à la construction routière par l'architecte munichois Alwin Seifert (1890-1972), « avocat du paysage » dans les années 1930. Le premier virage en tête d'épingle sur le côté ouest de la route d'Arlberg, au-dessus du village de Langen, exprime parfaitement l'approche de Seifert. La route suit le relief du paysage, débordant de la montagne avec, côté amont, un mur bas, et, côté vallée, un haut mur de soutènement, parfois

4 Les deux premiers sont des livres édités chez Ernst Wasmuth à Berlin, respectivement en 1923 et en 1927, le troisième est édité en 1926 par Hugo Bermühler à Berlin. Le dernier est paru dans : Werner Lindner et Conrad Matschoss (dir.), *Technische Kulturdenkmale*, Munich, F. Bruckmann AG, 1932. Une thèse dédiée à Lindner a été menée dans le département de Bauwesen de l'université de Dortmund : Barbara Banck, *Werner Lindner, Industriemoderne und regionale Identität*, 2008.

Paul Schultze-Naumburg,
Kulturarbeiten, vol. VII:
«Die Gestaltung der Landschaft
durch den Menschen», 1916,
planche entre pp.280 et 281.
et p.74.

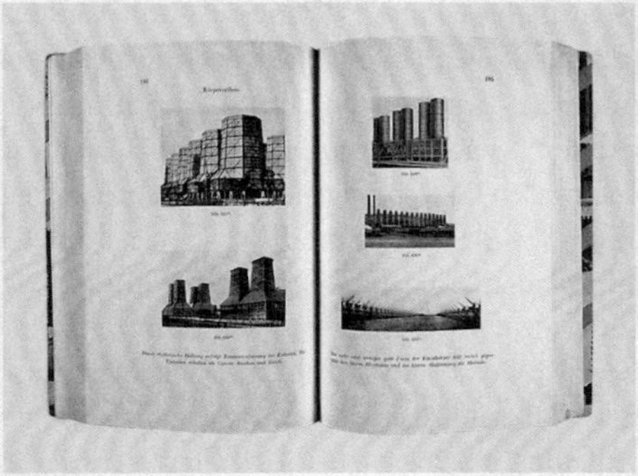

Georg Steinmetz,
Grundlagen fur das Bauen in Stadt und Land,
vol. 1: «Körper und Raum»,
1928.

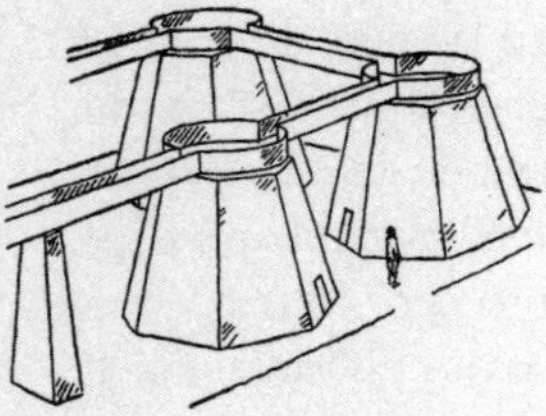

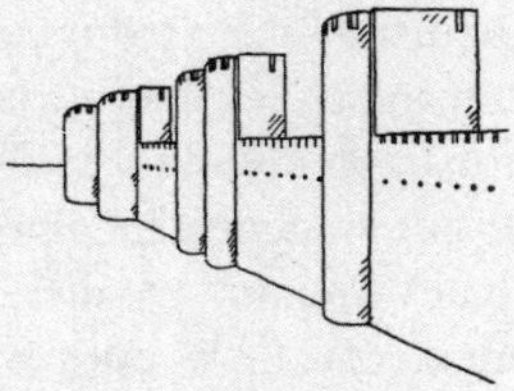

Werner Lindner,
Bauten der Technik, 1927.

avec arcades. Un équilibre est cherché dans le profil en long de la route, les déblais issus de la coupe horizontale dans la pente de la montagne servant de matériaux de remblai pour la route elle-même. Les ouvrages d'art sont faits d'un seul et même matériau : une maçonnerie de blocaille admirablement appareillée dans les murs. Les niveaux des murs sont rendus aussi simples que possible : l'arase du mur amont reste parallèle à la route, alors que le parapet aval est bas (60 cm) mais substantiel (45 cm de large). Typiquement, un mur de soutènement amont commence comme un mur d'aile, avec des retours à angle droit. Il a l'aspect solide d'un bloc qui aurait été là depuis toujours. Les principes promus par Seifert se répandirent rapidement. En Suisse, la route du col de Susten est un excellent exemple d'adaptation des principes allemands pour une route importante (notamment sur le plan touristique).

Alors que la mission de Seifert dans le cas de la route d'Arlberg était d'améliorer un itinéraire existant, il eut l'occasion de créer un nouveau tronçon à travers le Sudelfeld, sur l'itinéraire des Alpes bavaroises (la « Bayrische Alpenstrasse »). Dans cette région touristique, on accorda une grande importance à la préservation des plantations existantes. Des arbres adultes bordaient la route, lui donnant un air d'ancien chemin. Les murs de soutènement étaient voûtés pour éviter d'endommager les racines des sapins. Les branches furent tendues au-dessus de la route

pour créer une canopée verte qui rendait la conduite plus agréable. Des points de vue fréquents encourageaient le voyageur à s'arrêter pour admirer la vue. On retrouve ici les dispositifs familiers de la maçonnerie en blocaille, du parapet massif et des murs avec marches intégrées pour donner accès aux prés attenants. Les viaducs de la Bayrische Alpenstrasse forment un prolongement sans couture des murs de soutènement, dont la course se poursuit sans interruption jusqu'à la voûte du pont, le pont lui-même formant un segment de la courbe. Abstraction faite du matériau, on se croirait presque en face d'une œuvre de Robert Maillart. Pour les longs murs de soutènement amont, Seifert adopta le principe de garder leurs lignes toujours parallèles : le bord supérieur du mur court parallèlement au côté de la route et les variations de hauteur sont négociées par des lignes obliques de gradients égaux. Au début, certaines d'entre elles étaient assez raides, mais à la fin, on adopta un angle d'environ 30°. Les murs suivaient tranquillement la course de la route. Ce principe fut bientôt adopté en Suisse pour l'amélioration des routes de Julier, d'Oberalp et d'autres grands passages alpins, mais fut également mis en œuvre dans des routes locales comme entre Coire et Praden.

Seifert fut également impliqué dans la construction des premières autoroutes allemandes. La section de Munich à Salzbourg est un parfait

Alwin Seifert, construction
d'une route à travers le Sudelfeld
(*Die Strasse*, 1936).

Alwin Seifert, virage en tête d'épingle
sur la route d'Arlberg au-dessus de Langen.

Viaduc de la Bayrische Alpenstrasse,
prolongement «sans couture» du mur
de soutènement.

Route de Julier: l'arase du mur
est parallèle à la route.

exemple de cette nouvelle philosophie du projet : les deux chaussées de cette prétendue route « swinguante » ressemblent à des rubans de béton directement coulés dans le paysage, sans aucun fossé de drainage ni glissières de sécurité pour les séparer de leur environnement. De larges bandes de terre bombées, disposées de part et d'autre de la route, ménagent une transition douce entre la géométrie de l'autoroute et le site d'origine. Les arbres dans la bande centrale ont été préservés, renforçant l'impression que l'on se déplace dans un grand parc : le but n'est pas d'aller de A à B le plus rapidement possible, mais de prendre plaisir à voyager en automobile, avec des points de vue intégrés dans le paysage. La démarche de Seifert en matière de construction des routes avait une dimension presque mystique :

> Il n'y a pas d'indication plus claire, de marque plus évidente de la structure d'une région – de sa vibration, de sa fertilité ou au contraire de sa stérilité, de l'âme et de la parenté de ses habitants – que ses anciennes routes. Le pouvoir féodal, les fiers paysans qui travaillent la terre, d'une persévérance résolue, en tirant le meilleur de ce qui est disponible… mondanité et foi religieuse – toutes ces choses sont plus loyalement reflétées dans des routes antiques, et c'est la raison de leur beauté, qui nous transporte aujourd'hui encore. Ces routes sont belles non parce qu'elles sont ornementées – leurs constructeurs ne pensaient pas aux ornements – et ce qui nous apparaît comme romantique est quelque chose que nous lisons en elles, en rapport à notre propre goût. Tout ce qui fut construit et planté en liaison avec une route antique le fut par nécessité et non en vertu d'un but. Ces routes sont belles parce qu'elles étaient techniquement parfaites à leur époque ; elles sont belles parce que les nécessités techniques, le savoir-faire technique et les sentiments artistiques sont combinés dans une harmonie parfaite, qui s'apparente à celle inhérente à un oiseau ou à un arbre[5].

Alwin Seifert était, comme il le dit lui-même, rebuté par « le matérialisme sans âme et destructeur, aussi bien occidental que bolchevique », un sentiment exprimé dans son recueil d'essais *In Zeitalter des Lebendigen* [À l'âge du vivant]. Dans l'introduction, il évoque la grande

5 Alwin Seifert, « Naturnahe Technik des Deutschen Strassenbaus » [Technique et nature dans la construction routière allemande], in *Im Zeitalter des Lebendigen. Natur – Heimat – Technik*, Dresde, Müllersche Verlagshandlung, 1941, p. 15.

réévaluation des valeurs qui avait alors lieu en Allemagne, dont il espérait qu'elle créerait une société « dans laquelle les sujets de cœur et les valeurs de l'âme prendraient leur juste place à côté de l'esprit de vengeance ». On ne s'étonnera donc pas vraiment que Seifert soit devenu un suiveur – et même un partisan – idéaliste du national-socialisme et qu'il n'ait pas réalisé que cet « âge du vivant » était une terrible illusion. Il n'était pas le seul : en 1933 le Bund Heimatschutz fut intégré dans l'officiel Reichsbund Volkstum und Heimat [Union du Reich pour l'ethnicité et l'environnement domestique]. Schultze-Naumburg alla même jusqu'à exiger une protection spéciale pour ce qu'il appelait « l'homme attaché à son sol » et devint un promoteur des idées racistes.

Ce point est significatif car l'association avec le national-socialisme allait plus tard entacher toute la culture de l'ingénierie allemande. Toute tentative d'incorporer des motifs régionaux dans des structures techniques devint suspecte après la Seconde Guerre mondiale. Dans les années 1950 par exemple, lorsque les murs et les entrées de tunnel pour la nouvelle route de Viamala étaient en chantier, des observateurs notèrent leur ressemblance avec le style disgracié de « l'environnement domestique » et firent tout un esclandre. Le béton remplaça vite la maçonnerie de blocaille, et le look moderne fit son apparition. Ce que très peu de gens réalisèrent sur le moment, c'est que toute une philoso-

phie des structures fut ainsi jetée avec l'eau du bain. Le professeur Edwin Thomann, de l'École polytechnique fédérale de Zurich, exprima la nouvelle ligne officielle :

> Je pense que tous les ingénieurs routiers seront d'accord avec moi quand j'exprime l'opinion que nous devons considérer un itinéraire de circulation [...] d'abord et avant tout comme remplissant une fonction, c'est-à-dire comme une structure qui doit satisfaire un besoin pratique précis. L'itinéraire de circulation devrait donc être conçu et construit de manière à satisfaire ce besoin de façon optimale. Comme cette exigence implique [...] une construction et des exigences techniques très précises, l'adapter parfaitement au paysage naturel peut s'avérer très difficile. Plus un projet de construction de route est important, plus il sera difficile d'harmoniser ses exigences propres avec les autres types d'exigences[6].

6 Edwin Thomann, « Die Nachkriegsgestaltung unserer Verkehrswege » [La conception de nos voies de circulation après la guerre], *Strasse und Verkehr*, tome 28, 1942, p. 423, cité par Zschokke, *op. cit*, p. 141.

Ces phrases ont un ton de résignation, en particulier quand on les compare aux envolées euphoriques de Seifert. On considérait désormais l'adaptation d'une route au paysage comme une cause perdue. Et de nouvelles idées se substituèrent à cette ambition : capacité et vitesse accrues, distances et temps de voyage plus courts. La rupture avec une tradition de plusieurs décennies était consommée.

Le Tessin dans les années 1960

En février 1961, l'architecte et historien italien Bruno Zevi publia dans le journal *L'Espresso* une critique acerbe de la construction de l'autoroute de Bologne à Florence :

> Il suffit de regarder un instant la douzaine de ponts construits le long de cette route pour constater qu'ils ont été conçus individuellement, avec des résultats difformes et contradictoires. Personne ne s'est soucié de créer un minimum de cohésion artistique ou technique entre les structures individuelles. Les entrées de tunnel sont, sans exception, mal conçues – à vrai dire, elles ne sont même pas conçues. La chaussée, les ponts, les murs et les tunnels se succèdent les uns aux autres sans aucune relation conceptuelle. Tout cela révèle une procédure qui est tout à la fois architecturalement insensée et économiquement inutile[7].

L'un des résultats positifs de cette critique fut la décision de Franco Zorzi, président du département tessinois des ouvrages publics, d'engager l'architecte Rino Tami (1908-1994) en tant que « conseiller artistique » pour la construction des autoroutes de son canton. Tami élabora un concept projectuel en sept points, dont les trois premiers concernent directement notre sujet (les autres traitent de la cohérence de vocabulaire des culées des ponts, des entrées de tunnel et des stations-service) :

1. L'autoroute devrait être considérée comme un tout, et non comme la somme de ses parties, et devrait manifester une unité formelle dans tous ses éléments.
2. Ce principe est renforcé par l'utilisation d'un seul matériau – le béton armé – pour toutes les structures.
3. Tous les murs de soutènement doivent être caractérisés par le principe des lignes parallèles.

7 Bruno Zevi, « Autostrade italiane. I dittatori dell'asfalto » [Autoroute italienne. La dictature de l'asphalte], *L'Espresso*, 16 février 1961.

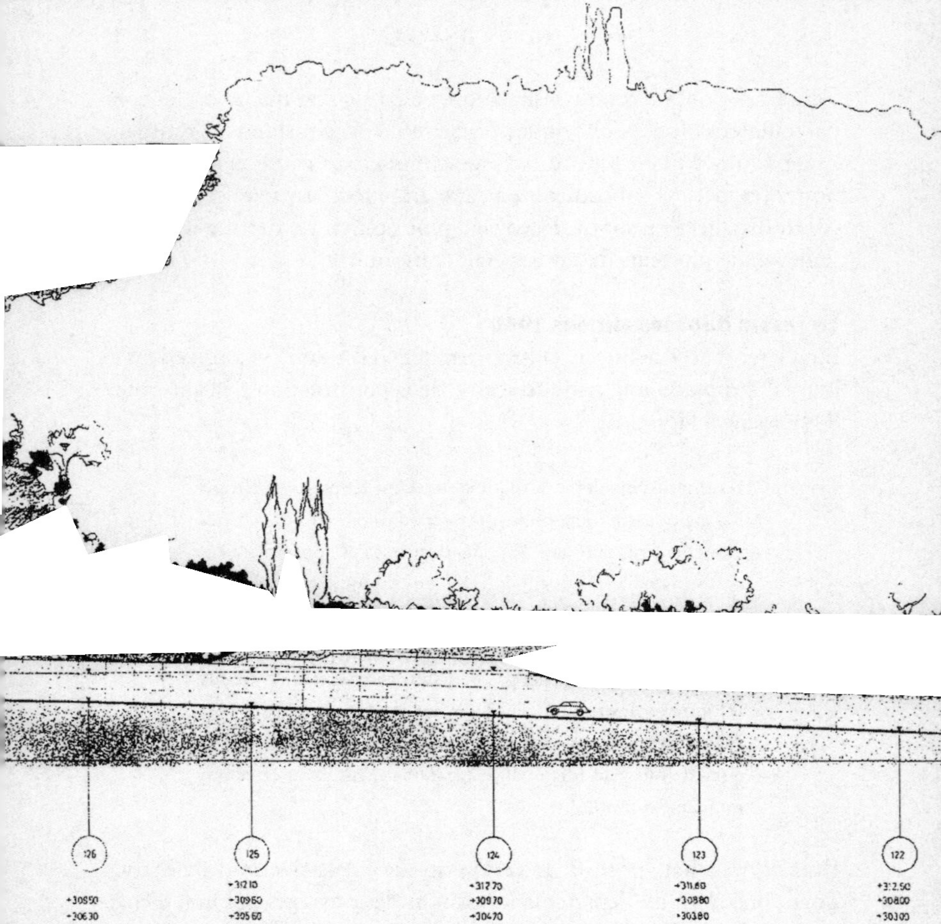

126
+309.50
+306.30
125
+312.10
+309.60
+305.60
124
+312.70
+309.70
+304.70
123
+311.60
+308.80
+303.80
122
+312.50
+308.00
+303.00

Rino Tami (1908-1994), autoroute du Tessin (1963-1983). Le principe des lignes parallèles: entrée sud de Lugano, section en encorbellement près de Capolago, et mur à Lugano qui intègre un passage piéton d'une route d'accès à l'autoroute.

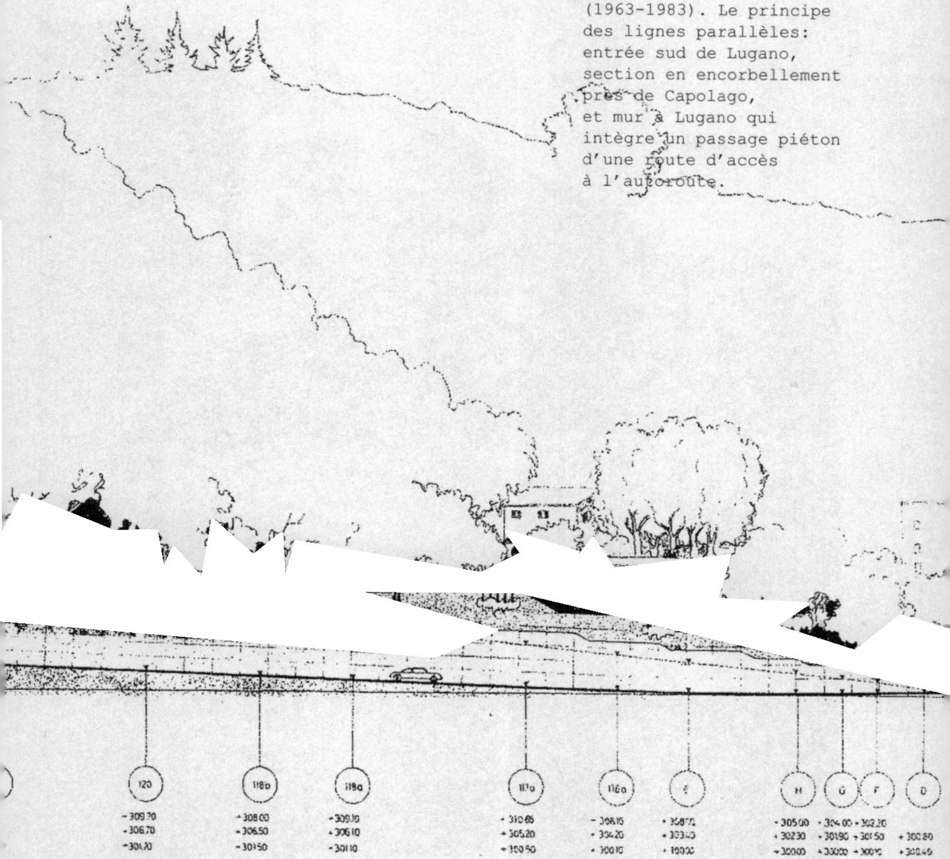

Contre-exemple: Virage au-dessus de Passugg: un autre tracé aurait pu permettre d'éviter ce mur de soutènement.

Contre-exemple: Entrée du tunnel en béton près de Crap-Ses: utilisation incongrue de pierres de parement et de béton.

Le portail nord du tunnel de Maroggia, au bord du lac de Lugano, illustre les principes de Tami : les différents tronçons de murs, qui correspondent à un nombre entier de plaques de coffrage, sont implantés parallèlement à la route. Des portions d'arase à trente degrés permettent de raccorder leurs différences de hauteurs. Ce principe de « parallélisation » se retrouve pour les murs au-dessus de la route près de Capolago, laquelle, afin de réduire la hauteur apparente de ces murs, est placée en léger encorbellement. Enfin, ce mur de route à Lugano, qui intègre un passage piéton, montre la grande adaptabilité de ce principe formel d'arases parallèles à la surface de la route. L'utilisation de béton de parement et le rejet de tout ornement signalent l'approche moderniste de Tami. Mais le concept formel du parallélisme des murs de soutènement démontre qu'il était aussi familier avec les méthodes de construction traditionnelles. La solution de Tami adapte élégamment une technique plus ancienne à un nouveau matériau : le béton.

Trois exemples : Brunel, Seifert, Tami. Un ingénieur, deux architectes. La tradition des jardins européens dans le premier cas, la référence aux murs alpins dans le deuxième, l'architecture moderne enfin. Je vous prie de bien retenir ces références pour la seconde partie de mon propos.

Éléments de conception des murs de soutènement

Je vais parler des éléments constitutifs des murs. Je les ai groupés par thèmes : « tracé », « matériaux », « forme », « surface » et « transitions ».

Tracé

Chaque mur de soutènement est une composante du système de référence global qu'est le tracé de la route. Cette géométrie décide souvent s'il est raisonnable ou non de construire un mur. Par exemple, la position de la route sur la pente d'une montagne est déterminée par le tracé. Rappelons le contraste entre la hauteur des murs aval de la route d'Arlberg et la modestie de ses murs amont. En guise de contre-exemple, considérons cet imposant virage en épingle à cheveux sur une route locale au-dessus de Passugg. Le tracé de la route est ici extrêmement pauvre, car il ouvre un précipice près d'une maison existante – chose que même le mur de soutènement le mieux étudié n'aurait pu éviter. L'élément principal d'un mur est donc le tracé de la route.

Matériau

La première chose que l'on attend d'un ingénieur est la capacité à penser systématiquement. La pensée systématique implique le recours au moins de matériaux possible. Quand on regarde le tunnel en béton près de Crap-Ses et son portail, également en béton, on comprend mal pourquoi un matériau différent (la pierre de parement) a été choisi pour les retours du mur de soutènement. On dirait presque que l'ingénieur commençait à avoir quelques scrupules à utiliser tant de béton. Le fait que le béton soit d'une haute qualité et ait une finition soignée rend cette contradiction d'autant plus regrettable.

Derrière la gare de Tiefencastel, on peut voir un magistral mur de pierre sèche. Avec l'intention d'imiter les méthodes de construction traditionnelle, on a construit un nouveau mur à l'amont de la gare avec de gros blocs de pierre qui semblent flotter dans le béton. Mais sur le côté ouest de la gare, au-dessous d'un nouveau saut-de-mouton, le mur de soutènement abandonne les blocs bruts au profit d'un parement en pierre de taille produit à partir d'un grand nombre de petites pierres, certaines posées sur champ, d'autres à plat. Le saut-de-mouton lui-même est fait de béton de parement, avec des piles couronnées de bandes hautes en béton, et équipé d'une glissière en acier galvanisé. L'impression qui en résulte est une confusion de formes et matériaux différents. C'est particulièrement douloureux parce que Tiefencastel est une gare importante sur une ligne importante et qu'à l'époque où elle fut construite, on aurait soigneusement veillé à préserver l'uniformité des matériaux.

C'est une partie de l'attraction du chemin de fer d'Albula que ses murs de soutènement reflètent les variations géologiques du paysage

qu'il traverse. Le dur calcaire des gorges de Schinschlucht, qui se fend de manière ordonnée en morceaux réguliers, a été employé pour construire des murs lisses et réguliers. La pierre des Dolomites à Landwasser ou de Verrucano dans le Stulsertobel est semblable. Le calcaire triasique trouvé sous Bergün est lui un matériel têtu qui tend à se casser en morceaux ronds. En conséquence, les murs de soutènement sont ici fortement bosselés et ont une apparence rugueuse qui renforce le caractère sauvage du paysage montagneux. C'est une illustration de la transition entre les basses terres civilisées et les régions haut-alpines.

Au vu de ces relations, il est assez bizarre de trouver un beau granit vert dans les profondeurs de Schanfigg, une région autrefois fameuse pour ses réalisations pilotes en matière de structure en béton (à cause de l'absence de pierres utilisables en maçonnerie).

Forme

Dans la brochure *Landschaft, Siedlung + Strassenbau*[8] [Paysage, habitat et construction des routes] publiée par l'Institut suisse pour la protection de l'environnement, j'ai lu qu'un mur de soutènement fait de

8 Peter Hartmann, *Landschaft, Siedlung + Strassenbau*, Berne, Shweizerische Stiftung für Landschaftsschutz und Landschaftspflege, 1984.

Mur en pierre sèche originel et «imitation» contemporaine à Tiefencastel.

Les murs du chemin de fer d'Albula expriment les variations géologiques du paysage traversé: appareillages régulier (calcaire dur de Schinschlucht) et rustique (calcaire triasique de Bergün).

Le principe de
parallélisme des lignes:
un bon exemple
(mur en béton à Poschiavo),
une exception pertinente
(mur à Castiel)
et un contre-exemple
(mur près de l'église
de St Peter).

« béton nu et lisse » sera toujours une présence étrangère dans la nature. Et le volume *Strassen als Baudenkmäler*[9] [Les routes comme monuments] fait des remarques du même genre. Aucune de ces deux publications ne paraît s'intéresser au problème de la forme. Pour ma part, je considère le profil formel d'un mur – le fait qu'il paraisse plat ou en trois dimensions, sa façon de commencer et de finir – comme étant des questions tout aussi importantes que le choix du matériau.

Le mur en béton de Poschiavo est un bon exemple de recours au parallélisme des lignes : les marches sont proportionnées aux dimensions du coffrage, et une matrice détermine ces dimensions, donnant au mur un caractère rationnel et affirmé. Le profil fait meilleure impression qu'une limite supérieure large et ondulante. Mais alors que je tiens ce principe pour vrai en règle générale, il y a des exceptions qui confirment cette règle – par exemple le profil supérieur courbe d'un mur à Castiel, qui projette un virage de la route sur le talus qu'elle sectionne dans la pente. La courbe est douce et continue, elle donne l'impression d'être l'épure d'une fonction mathématique. Dans ces deux exemples, la forme du mur ne paraît pas accidentelle – au contraire sa conception est entièrement délibérée.

Le mur près de l'église médiévale de St Peter a donné lieu à de vives discussions. Est-ce le béton qui rend le mur et le clocher incompatibles, ou bien serait-ce la forme, cette silhouette oblique désagréable qui jurerait à côté de la forme élémentaire de la tour romane ? Le principe du parallélisme aurait abouti à un meilleur résultat si la référence avait été le clocher – l'objet principal – et non pas la route inclinée. L'architecte autrichien Otto Wagner (1841-1918) concevait toujours les murs de soutènement du métro viennois avec une arase horizontale qui prenait parfois la forme de la volée de marches d'un escalier à pente douce. Dans le cas des ponts métalliques où le métro est en pente, il dissimulait l'inclinaison du tablier derrière les poutres treillis latérales qui le portent, comme pour le viaduc de la Wienzeile où c'est l'horizontale qui est donnée à voir.

Finitions de surface et exécution

Les murs en pierres sèches traditionnels ont des joints très étroits et une surface lisse. Les pierres doivent être assemblées en lits, ou sur le mode cyclopéen. La taille des pierres n'est pas spécialement importante. Dans un mur en pierres sèches moderne près de Calfreisen, les joints sont béants, et créent, à première vue, une impression dérangeante qui peut faire douter de la sûreté de l'ouvrage. Pourtant, cette manière d'empiler

9 Arne Hegland, Jürg Simonett, *Strassen als Baudenkmäler, Kommerzialstrassen des 19. Jahrhunderts in Graubünden*, Berne, Inventar Historischer Verkehrswege der Schweiz (IVS), 1988.

Otto Wagner, murs du métro viennois (années 1890). Les pentes sont contenues dans une géométrie de lignes horizontales.

les blocs de pierre, les uns sur les autres, est récemment devenue une mode très répandue. Un contre-exemple est le mur de l'accès méridional au col de Bernina, qui semble confirmer le préjugé selon lequel les bons maçons parlent italien. Les interstices entre les gros blocs sont calés par des petites pierres pour créer un ensemble cohérent et stable.

En raison de ses joints très étroits, la maçonnerie de mortier traditionnelle le long de la route des Alpes bavaroises ne diffère pas à première vue d'un mur en pierres sèches (après tout, le mortier était à l'origine un matériau cher et devait être utilisé avec économie – et ce n'est que récemment que la situation s'est inversée). Les bandes horizontales sont produites par les lignes de niveau en pierres plus petites.

Si le mur, partiellement crépi, est dressé de manière lisse, on parle de finition *rasa-pietra*. De toute évidence, un mur en maçonnerie de blocaille doit être construit en utilisant une ligne, sans quoi il finirait par ressembler à un empilement irrégulier, comme dans le cas du mur de Surava. Je devrais mentionner ici que je considère les joints de dilatation dans les murs en pierre naturelle comme une erreur. Les Romains ne les utilisaient pas, ni les constructeurs du chemin de fer rhétique, et je les ai moi-même évités jusqu'ici sans problèmes. Un automobiliste de passage remarquera à peine les morceaux de rocher essuyés avec du lait de ciment, ou les drains en polyuréthane dans les murs de Clasaurer Tobel. Un piéton, en revanche, ne pourra que constater le déclin des valeurs de la maçonnerie traditionnelle, et déplorera peut-être la fin d'une forme d'art.

L'art du maçon doit s'apprendre. Aujourd'hui, il est encore possible de trouver des gens ambitieux, capables d'assembler ou de réparer des murs en pierre. On est heureux de voir les deux maçons qui, pendant des semaines, s'occupent des murs à sec à Versam. Et même avec de gros blocs, il est possible de créer un appareil ordonné, si l'on arrête la machine posant les blocs à quatre heures de l'après-midi pour remplir à la main les parties creuses avec des pierres plus petites jusqu'à une ligne définie. Pendant la nuit, le mortier peut durcir avant que la maçonnerie soit à nouveau éprouvée par la machine le lendemain.

La mauvaise réputation du béton est due largement aux mauvaises finitions des surfaces, car les structures hasardeuses des coffrages, avec leurs trous de fixation aléatoires et leurs traces noires de saleté n'aident pas les choses. Cependant le coffrage du mur de soutènement à l'entrée du tunnel de Calfreisen a des lignes propres et simples et, contrairement aux murs en parpaings qui se trouvent au-dessus, ne laisse rien à désirer.

La gamme de traitements de surface pour le béton n'a nullement été épuisée. Par exemple, le béton peut être granulé pour à peu près le même prix qu'un coffrage de béton exposé. Ou bien on peut donner à un mur une finition à granulats apparents en utilisant des agrégats

Joints béants d'un mur moderne en pierres sèches à Calfreisen.

Interstices entre les gros blocs calés par des petites pierres, mur à Bernina.

Maçonnerie de mortier traditionnelle le long de la route des Alpes bavaroises.

Exemple de déclin de la maçonnerie traditionnelle
à Clasaurer Tobel. Le lait de ciment et drains
en polyuréthane dans les murs sont perceptibles pour le piéton.

Finition *rasa-pietra*,
le mur doit être construit
en utilisant une ligne:
bon exemple à Praden,
mauvais exemple à Surava.

Mur à Mezzaselva composé de gros blocs posés par la machine et remplissage à la main par des pierres plus petites suivant une superposition de lignes.

Les contours arbitraires, les mauvaises finitions des surfaces et traces de salissures expliquent la mauvaise réputation du béton. À l'inverse, le coffrage du mur à l'entrée du tunnel de Calfreisen, avec ses lignes propres et simples, ne laisse rien à désirer.

locaux qui lui confèrent un aspect de conglomérat artificiel. À l'inverse, la surface peut être rendue extrêmement lisse, comme pour les supports de toit de la nouvelle école d'ingénieurs construite à Coire. Peut-être, avec plus d'imagination dans cette voie, sera-t-il possible de surmonter la tendance plus ou moins automatique à condamner ce matériau.

Transitions

J'aimerais finir avec quelques commentaires sur les « transitions ». Avec les vieux murs en pierre, il était courant de permettre à l'arase du mur d'être colonisée par la végétation, de sorte que la maçonnerie se fondait dans son environnement. Du côté de la vallée, le mur était dressé pour former un parapet, évitant les problèmes liés au renforcement de la balustrade sur la structure maçonnée. Le parapet employait une gamme de matériaux : les blocs d'humus le long de la route Alpine, les pierres de butées le long de la Sustenpass – une innovation qui est devenue un modèle pour les routes de montagne suisses pendant des décennies. Sur la Sudelfeldstrasse, Seifert avait conçu une sorte de glissière de sécurité primitive, en utilisant des socles de maçonnerie ou de béton et des palissades en bois. Malheureusement celles-ci ont été détruites et remplacées par des rails métalliques qui sont visuellement beaucoup plus intrusifs, avec des socles maladroits et des plaques de couvertures en tous genres. C'est un autre exemple du diable qui se cache dans les détails, et de la façon dont un changement relativement mineur peut malheureusement altérer le caractère d'une route. Aujourd'hui, une bande en béton est la solution usuelle pour un parapet, mais à mon avis ce n'est pas toujours la meilleure solution. Les exemples mentionnés ici prouvent qu'il est possible de créer une impression de sécurité sans que le parapet soit excessivement haut. Ne pensez-vous pas qu'il serait temps de nous débarrasser du rail latéral (glissière de sécurité) et d'élever le mur de quelques décimètres ? Je suis convaincu que le mur ne s'en inscrirait que plus naturellement dans le paysage.

Ce texte est une version revue par Jürg Conzett de la conférence « Stützmauern » donnée dans le cadre de l'association Heimatschutz des Grisons le 13 novembre 1992 à Coire. Une version abrégée et peu illustrée a paru en anglais : « Retaining walls », in Moshen Mostafavi (dir.), *Structure and Space: Engineering and Architecture in the Work of Jürg Conzett and his Partners*, Londres, AA publications, 2006, pp. 261-265. Traduit de l'anglais et de l'allemand par Éric Alonzo et Sébastien Marot.

Transitions maçonnerie-végétation.

344

Le mur de soutènement devient parapet.
Route entre Surava et Brienz.

F

Caruso St John, Victoria and Albert Museum of Childhood, Londres, 2002-2007. Vue de la nouvelle entrée.

Caruso St John : l'ornement, vecteur d'une continuité culturelle ?

LAURENT KOETZ
& ESTELLE THIBAULT

Les productions récentes de l'atelier Caruso St John témoignent de leur intérêt pour la question ornementale. Cet intérêt traduit-il une nouvelle conception de l'ornement, nourrie de références artistiques contemporaines ? Doit-il à l'inverse être rapporté à la volonté affirmée des architectes de renouer avec des « traditions[1] » ? Nous reviendrons dans un premier temps sur l'abondante littérature qui a accompagné le retour de l'ornement sur la scène architecturale lors des dernières décennies. En effet, si une partie de la critique met en exergue la radicale nouveauté des pratiques ornementales actuelles, l'important renouveau historiographique qu'ont connu les études sur l'architecture et les arts appliqués du XIXe siècle semble avoir joué un rôle non négligeable dans la réhabilitation de l'ornement[2]. Dans un second temps, c'est au prisme de ces travaux que nous interrogerons deux réalisations emblématiques de Caruso St John : la rénovation du Victoria and Albert Museum of Childhood de Londres (2002-2007) et le Nottingham Contemporary (2004-2009).

Actualité de l'ornement

La réappropriation de la culture ornementale par les architectes n'est plus tout à fait un phénomène récent. Vu d'aujourd'hui, le refus de l'ornement, tel que théorisé par le programme moderniste, pourrait

Caruso St John, Nottingham Contemporary, 2004-2009.
Vue de l'édifice dans son contexte urbain.

même apparaître comme une courte parenthèse dans le temps long d'une histoire architecturale foncièrement liée à celle de cet « artifice nécessaire[3] ». Considéré jusqu'alors comme un supplément essentiel à la définition de l'architecture, l'ornement a connu, dans les premières décennies du XXe siècle, un renversement de perspective radical, quand il est désigné comme superflu par rapport à l'efficacité fonctionnelle et constructive de l'édifice. En 1908, Adolf Loos opère une rupture subtile dans *Ornament und Verbrechen*[4], puisque, tout en soutenant que l'évolution moderne va dans le sens d'une évacuation de l'ornement dans les objets d'usage, il en reconnaît parallèlement la valeur culturelle. Ce texte, aussi ambivalent que l'attachement aux folklores traditionnels dont témoigne *L'Art décoratif d'aujourd'hui* de Le Corbusier, appuiera la diffusion de l'idée selon laquelle l'architecture moderne trouve son identité dans « l'absence de toute décoration surajoutée[5] », l'une des caractéristiques mises en avant par Henry Russell Hitchcock et Philip Johnson pour définir le style international lors de l'exposition « Modern architecture » de 1932. En prenant à rebours les condamnations formulées par les avant-gardes, les architectes postmodernistes comme Robert Venturi, Charles Jencks ou Michael Graves invitent dans les années 1960-1970 à réinvestir une écriture historiquement codifiée, mais aussi à s'approprier les signes de la culture populaire et du vernaculaire commercial. Tout en maniant l'ironie et la provocation de manière inédite, ils insistent sur la charge symbolique de la forme ornementale, et affirment la fonction de communication de celle-ci, indépendante des déterminations constructives et utilitaires.

Dans quelle mesure le regain d'intérêt des architectes pour la question ornementale a-t-il trouvé de nouvelles motivations au cours des deux dernières décennies ? En première approche, l'importante littérature professionnelle consacrée à ce thème permet-elle de cerner le périmètre d'une délicate réinvention de l'ornement ? Soucieuses qu'elles sont d'expliciter ces approches en soulignant leurs aspects inédits, les principales revues d'architecture lui ont consacré plusieurs dossiers[6].

1 Voir Adam Caruso, « Traditions », *OASE*, n° 65, 2004, pp. 76-89.

2 Cet article développe certaines des hypothèses présentées dans Laurent Koetz et Estelle Thibault, « Ornement architectural et expression constructive : concepts d'hier et débats d'aujourd'hui », *Images Re-vues*, n° 10, « Inactualité de l'ornement », 2012 [http://imagesrevues.revues.org/2386].

3 Joseph Rykwert, *The Necessity of Artifice*, New York, Rizzoli, 1982.

4 Pour une traduction française, voir Adolf Loos, *Ornement et crime et autres textes*, Paris, Payot et Rivages, 2003.

5 Henry Russell Hitchcock et Philip Johnson, *Le Style international* [1932], trad. fr. Marseille, Parenthèses, 2001, p. 61.

Toutefois, dans le panorama contemporain que dessinent ces publications, l'extrême diversité des attitudes conceptuelles regroupées derrière le terme générique d'ornement laisse perplexe. L'ornement s'y conjugue aux notions de surface, de matière, de texture, de motif ou de détail constructif, affirmant tantôt un statut de signe, tantôt l'autonomie graphique d'un décor, tantôt la reconquête d'une forme d'expressivité tectonique. Cette diversité renvoie, plus largement, au flou définitionnel qui entoure aujourd'hui le terme d'ornement dans le langage courant des architectes. Loin de se présenter comme le concept partagé qu'il a pu recouvrir à certains moments de l'histoire de l'architecture, le terme s'avère imprécis. Utilisé en son sens le plus large, il recouvre à la fois la catégorie du décoratif, entendu comme un registre visuel de surface, et celle de l'ornemental, plus localisé et entretenant avec son support des relations plus intimes et plus complexes.

Certains commentaires insistent sur le caractère inédit des pratiques ornementales contemporaines, émancipées de l'anathème moderniste autant que des nostalgies historicistes postmodernes. En ce sens, Farshid Moussavi, dans l'introduction de l'ouvrage *The Function of Ornament*[7], réfute l'idée prônée par Robert Venturi et Denise Scott Brown d'éléments décoratifs assimilés à des systèmes de signes susceptibles d'être compris d'un large public. Selon l'auteur, l'ornement gagne en pertinence lorsqu'il délaisse toute charge symbolique pour répondre à une *fonction* technique et produire des effets perceptifs dépourvus de significations. Le recours à l'ornement est alors présenté comme une réponse aux conditions actuelles du projet d'architecture, conséquence des transformations récentes qui en ont profondément transformé la nature. Le déplacement de l'effort architectural vers la surface découlerait de la nécessité d'autonomiser l'enveloppe externe de l'édifice par rapport à son organisation interne, selon des distinctions qui renvoient à un partage des tâches de conception et à des fonctions différentes : performance thermique, structure constructive, temporalités d'évolution

6 *L'Architecture d'aujourd'hui*, nº 333, mars-avril 2001, pp. 40-123 ; *Architectural Design*, nº 2, dossier « Surface Consciousness », mars-avril 2003, pp. 1-92 ; *Archithese*, nº 2, mars-avril 2004, dossier « Neue Ornamente », pp. 2-57 ; *OASE*, nº 65, dossier « Ornament. Decorative Tradition in Architecture », 2004 ; *Werk, Bauen + Wohnen*, nº 11, novembre 2007, dossier « Ornament », pp. 2-43. Voir également l'exposition « Ornament neu aufgelegt / Re-sampling Ornament » organisée au Musée suisse d'architecture de Bâle en 2008.

7 Farshid Moussavi et Michael Kubo (dir.), *The Function of Ornament*, Barcelone, Actar, 2006. L'ouvrage, présenté comme un « guide graphique », est le produit du travail d'étudiants en architecture de la Graduate School of Design de l'Université de Harvard.

différenciées. La surface gagnerait ainsi son propre régime d'organisation compositionnelle, visant la production d'affects inédits. Les effets graphiques sont également fréquemment associés aux possibilités nouvelles de l'outil informatique, qui amplifient le champ des explorations formelles. Comme l'a souligné Antoine Picon, la reconquête du territoire ornemental, à l'âge des préoccupations environnementales, de la révolution numérique et de la mondialisation, s'opère selon des modalités très différentes de celles qui prévalaient dans les théories classiques de l'architecture[8]. De nombreuses démarches ont pu ainsi être analysées comme l'expression, à l'ère digitale, d'un rapport radicalement nouveau à la matérialité.

Pour autant, l'hypothèse d'une rupture avec une conception de l'ornement comme vecteur de significations symboliques est loin d'être généralisable. Dénonçant la « tyrannie du nouveau[9] », Adam Caruso fait du travail sur l'ornement le vecteur d'un dialogue pacifié avec la tradition architecturale. Il s'agit moins de chercher un réalignement sur des valeurs historiques normatives que de se réapproprier un héritage formel et conceptuel. Il est vrai qu'au-delà du champ de l'architecture, l'ornement a réinvesti quantité de pratiques, estompant les frontières entre savant et populaire, centre et périphérie, monumental et ordinaire, masculin et féminin, art et industrie. Il a parallèlement fait l'objet d'analyses renouvelées en histoire de l'art[10].

Prolongeant un mouvement de relecture engagé dès les années 1970 au voisinage du postmodernisme anglo-saxon, des historiens de l'architecture tels que David van Zanten, Harry Mallgrave, Fritz Neumeyer, ou Barry Bergdoll ont affiné la compréhension d'un XIXe siècle auparavant très négligé, voire banni par l'historiographie moderniste[11]. Ils ont

8 Antoine Picon, « Ornement et subjectivité, de la tradition vitruvienne à l'âge numérique. L'ornement hier et aujourd'hui : discontinuités et continuités », *Le Visiteur*, n° 17, 2011, pp. 66-75 et *Ornament : the Politics of Architecture and Subjectivity*, Chichester, John Wiley and Sons Ltd, 2013.

9 Adam Caruso, « The Tyranny of the New », *Blueprint*, n° 150, mai 1998, pp. 24-25. Trad. fr. : « La tyrannie de la nouveauté », *Le Moniteur Architecture AMC*, n° 107, mai 2000, pp. 48-49.

10 Pour un état de la question, voir notamment *Perspective. La revue de l'INHA*, n° 1, 2010-2011.

11 En particulier Harry F. Mallgrave, *Gottfried Semper. Architect of the XIXth Century*, New Haven, Londres, Yale University Press, 1996 ; David van Zanten, *Louis Sullivan's City. The Meaning of Ornament for Louis Sullivan*, New York, W.W. Norton, 2000 ; Roberto Gargiani, « La question de la polychromie : aux origines du *Prinzip der Bekleidung* de Gottfried Semper », *Matières*, n° 5, 2002, pp. 62-75 et « "Le style" de Gottfried Semper : vers la construction incorporelle », *EAV, École d'architecture de Versailles*, n° 4, 4e trimestre 1997, pp. 70-81.

mis en avant le rôle central joué par les architectes Gottfried Semper, Owen Jones[12] ou Louis Sullivan, non seulement dans le développement des hypothèses constructives du xxe siècle, mais aussi, aux côtés d'Aloïs Riegl ou de Wilhelm Wörringer, dans la constitution d'une pensée moderne sur l'ornement. L'interaction entre ce renouveau historiographique et les réalisations architecturales est cependant difficile à mesurer. Il est sans doute excessif de postuler que l'on assiste à une intériorisation par les architectes de certains des questionnements inhérents aux pensées ornementales du XIXe siècle. Néanmoins l'intérêt renouvelé qui leur a été porté a indéniablement contribué à réhabiliter l'ornement, à en restaurer les enjeux.

Nous voudrions développer l'hypothèse selon laquelle ces théories anciennes peuvent fournir un appareil analytique pour la compréhension de certains édifices contemporains, dont ceux de l'atelier Caruso St John. Elles suggèrent en effet des outils conceptuels applicables à un vaste spectre de productions. Elles interrogent les évolutions technologiques, les interactions entre les déterminations fonctionnelle, technique et symbolique de la forme. En ce sens, elles préfigurent des questions qui travaillent les pratiques ornementales actuelles.

Une première interrogation concerne la manière dont l'ornement médiatise la réalité constructive de l'édifice. L'ornement s'invente dans

l'intervalle qui existe entre d'un côté, les conditions matérielles de la mise en œuvre, de l'autre, les attendus d'une expression visuelle qui possède ses propres raisons. L'une des fonctions qui lui est traditionnellement affectée est de révéler, sur un mode plus ou moins poétisé, les articulations tectoniques et les principes constructifs. Sur ces aspects, les *Studies in Tectonic Culture* de Kenneth Frampton[13] ont remis en lumière des réflexions initiées par Karl Bötticher dans son ouvrage *Die Tektonik der Hellenen* (1843-1852), qui analyse les différents éléments constitutifs du temple grec[14]. Bötticher distingue deux notions : la

12 Voir à ce sujet dans le présent volume « Observations glanées à la Grande Exposition de 1851 », traduction française d'un texte écrit par Owen Jones à propos de l'ornementation d'objets présentés dans les sections indienne, tunisienne, égyptienne et turque de la Grande exposition de Londres de 1851.

13 Kenneth Frampton, *Studies in Tectonic Culture. The Poetics of Construction in Nineteenth and Twentieth Century Architecture*, Cambridge (Mass.), MIT Press, 1997 ; Fritz Neumeyer, « Tectonique : le théâtre de l'objectivité et la vérité du jeu de l'architecture », *Faces*, nº 47, hiver 1999-2000. Sur les débats autour de cette notion, voir également : Réjean Legault, « La trajectoire tectonique », in Jean-Pierre Chupin, Cyrille Simonnet, Kenneth Frampton (dir.), *Le Projet tectonique*, Gollion, Infolio, 2005, pp. 25-42.

14 Karl Bötticher, *Die Tektonik der Hellenen*, Potsdam, Ferdinand Riegel, 1843-1852.

Werkform (forme œuvrée) et la *Kunstform* (forme artistique) traduisent respectivement les déterminations constructives et les intentions esthétiques qui définissent conjointement la forme. L'ornement, qui s'inscrit à l'articulation de ces deux catégories, confère une vitalité artistique à la raison constructive. Bötticher propose de privilégier un registre iconographique qui évoque le comportement structurel, écartant les références trop étrangères aux questions d'édification. L'auteur condamne ainsi l'interprétation vitruvienne de l'origine des cannelures qui imiteraient le plissé des robes, préférant évoquer la tige des ombellifères, un modèle naturel qui présente une réelle adéquation de la forme aux sollicitations physiques. En leur temps, les développements de Bötticher répondent aux interrogations liées à l'émergence de l'industrie et à l'éclectisme stylistique.

Une deuxième thématique récurrente concerne la relation entre ornement et mémoire, notamment dans les travaux sur Gottfried Semper[15]. Son monumental ouvrage *Der Stil*[16] fait de cette dimension mémorielle une composante majeure de l'ornement, repérable dès les origines des industries d'art. Analysant les produits des techniques primitives, Semper pointe certains phénomènes de permanence formelle, en dépit des évolutions que connaissent les procédés de fabrication ou même les usages des objets. Des motifs initialement liés à des procédés de façonnage archaïques – nœuds, points de tissage, empreinte céramique, assemblages de bois – se seraient peu à peu chargés d'une valeur symbolique et rituelle suffisamment forte pour contaminer des formes d'art plus élevées. À la diffusion de ces motifs se superpose leur survivance d'un matériau à l'autre, d'une technique à une autre. Dans ce processus, les changements de matériaux, d'usage ou de lieu, loin d'impliquer un renouvellement radical, se confrontent à la permanence de caractéristiques formelles antérieures, lorsque celles-ci ont acquis une valeur culturelle. Dans l'évolution des formes de l'art monumental, il faudrait alors distinguer, d'un côté les mutations formelles liées aux transformations des usages et des modes constructifs, de l'autre la longévité de certains motifs ornementaux empreints d'une charge mémorielle.

15 Harry F. Mallgrave, *Gottfried Semper Architect of the Nineteenth Century, op. cit.*, pp. 290-302.

16 Gottfried Semper, *Der Stil in den technischen und tektonischen Künsten oder praktische Ästhetik*, vol. 1, Francfort, Verlag für Kunst und Wissenschaft, 1860. Quelques extraits sont traduits en français dans *Du style et de l'architecture. Écrits 1834-1869*, Marseille, Parenthèses, 2007, p. 303. Pour une traduction complète en anglais, voir *Style in the Technical and Tectonic Arts or Practical Aesthetics*, Los Angeles, Getty Research Institute, 2004.

Ces développements permettent d'éclairer certaines démarches actuelles où la matérialité constructive de l'édifice éveille des imaginaires et des contenus mémoriels. Dans ces deux conceptions l'ornement assume une fonction d'indice, c'est-à-dire qu'il est perçu comme un signe désignant paradoxalement un objet caché ou absent. Bötticher assigne au détail ornemental le rôle d'indiquer le principe constructif de l'édifice, mais en tant que forme élaborée artistiquement, il doit également sublimer l'aspect trivial de la mise en œuvre, ce qui implique le plus souvent de masquer cette réalité. Dans la conception de Semper, l'élément ornemental exprime un mode de fabrication originaire mais qui, en raison de l'évolution technique, n'est plus celui employé pour réaliser l'édifice. Ces conceptions de l'ornement comme indice ne sont pas sans évoquer certaines analyses de l'art contemporain où la trace, l'empreinte, l'effet de présence et d'absence conjointes, constituent des axes majeurs de réflexion[17]. C'est à partir de ce thème de l'ornement comme indice, éclairé à la fois par des références du XIXe siècle et des travaux plus actuels, que peut être menée l'analyse des projets d'Adam Caruso et de Peter St John.

Expérience immédiate et associations mémorielles

Les premiers projets et réalisations de l'atelier Caruso St John ont fait l'objet d'études mettant notamment en avant le caractère « phénoménologique[18] » de leur approche. Leurs travaux différeraient de la recherche d'une vérité constructive par la place accordée à une expérience perceptive complexe de la matérialité. Dans cette perspective, l'activité récente de l'atelier Caruso St John révèle une réelle montée en puissance du thème ornemental, comme en témoignent les restructurations de la Tate Britain (2006-2013) et de la Cathédrale de Saint-Gall (2011-2013), le concours remporté pour le ZSCLV Stadium à Zurich (2012) et perdu pour l'Ozeanium de Bâle (2012). En amont, la rénovation du Victoria and Albert Museum of Childhood (2002-2007) et le Nottingham Contemporary (2004-2009) ont certainement joué un rôle majeur dans le développement d'une démarche qui conjugue l'effet sensible de la

17 En particulier Rosalind Krauss, « Notes sur l'index », in *L'Originalité de l'avant-garde et autres mythes modernistes*, Paris, Macula, 1993, pp. 63-91. L'auteur se réfère à la notion d'indice (ou d'index) problématisée par le logicien Charles Sanders Pierce.

18 Voir à ce sujet Éric Lapierre, « Caruso St John: the Phenomenology of Construction », in *As Built. Caruso St John Architects*, Vitoria Gasteiz, A+T ediciones, 2005, pp. 158-163.

19 Adam Caruso, « Traditions », art. cit. Sur ce même thème voir également *Gardens of Experience*, Amsterdam, SUN, 2000. Trad. fr. : « Jardins d'expérience », *Marnes, documents d'architecture*, vol. 3, 2014, pp. 19-49.

matière et la référence à des images inscrites dans la mémoire collective. Ces édifices illustrent la volonté, exprimée dans un article de 2004[19], de renouer avec des traditions architecturales qui ont su, en particulier au XIXe siècle, maintenir un équilibre entre continuité disciplinaire et conditions nouvelles de pratique. En ce sens les concepteurs se sont explicitement référés aux démarches de Gottfried Semper, de Hendrik Petrus Berlage ou encore de Louis Sullivan, tout en citant des travaux d'artistes contemporains[20]. Ainsi, questionnant la notion de représentation, Caruso renvoie volontiers à l'œuvre de Joseph Beuys, évoquant plus particulièrement son approche de la matérialité[21]. C'est par ce biais que l'artiste allemand sollicite fortement l'imaginaire du spectateur, provoquant chez lui un afflux d'images ou d'impressions reliées à son expérience. Le travail de Beuys se distingue ainsi de la démarche minimaliste où la réduction de l'œuvre à sa réalité concrète s'oppose à l'illusionnisme des représentations. C'est au contraire la possibilité de susciter des images mémorielles qui intéresse les artistes auxquels se réfère Caruso, Katharina Fritsch notamment, dont les travaux visent à provoquer chez le spectateur une réaction émotionnelle complexe. Selon cette artiste, l'œuvre doit révéler une multiplicité de significations latentes dont l'intuition se place en deçà de la conceptualisation : « Pourquoi tout cela devrait-il revenir aux concepts ? Être perturbé visuellement, expérimenter l'ambivalence – pourquoi cela devrait-il aller directement dans la cage du langage[22] ? »

Les édifices du Victoria and Albert Museum of Childhood et du Centre d'art contemporain de Nottingham sollicitent à la fois l'expérience immédiate et l'association mémorielle, tout en dialoguant avec l'histoire de l'architecture et de ses théories. Par-delà les motifs immédiatement reconnaissables, reliefs cubiques ou broderies, ils convoquent un ensemble d'images inscrites dans la mémoire collective – façades

20 Le mémoire de master de Tristan Chadney et Vivien Camus, *Surfaces critiques* (sous la direction de Jacques Lucan et l'assistance de Benjamin Persitz, École d'architecture de la ville & des territoires, filière de master Théorie & Projet, 2013) aborde la question de l'enveloppe, notamment dans les travaux de Caruso St John, en relation avec certaines réflexions et œuvres d'architectes des XIXe et XXe siècles.

21 Adam Caruso, « The Feeling of Things », *A+T*, n° 13, 1999, pp. 48-51.

22 Katharina Fritsch, citée par Adam Caruso, « The Feeling of Things », art. cit. (traduction des auteurs). Par ailleurs les architectes collaborent régulièrement avec l'artiste Thomas Demand. Ils ont notamment réalisé la scénographie de son exposition à la Nationalgalerie de Berlin (2009) et conçu ensemble le projet de « Nagelhaus » pour Escher Wyss Platz à Zurich (2007-2010) qui a été exposé à la Biennale de Venise (2010). Les architectes ont également mis en forme l'installation de l'exposition « Relics » de Damien Hirst à Doha (2013-2014).

polychromes de la Renaissance pour l'un, parements agrafés des immeubles nord-américains pour l'autre – formant l'arrière-plan mental de leur réception sensible.

Victoria and Albert Museum of Childhood (2002-2007)

Le bâtiment du Victoria and Albert Museum for Childhood possède une histoire singulière. La halle métallique qui constitue la plus ancienne partie de l'édifice provient du South Kensington Museum, une institution destinée à abriter certains éléments de l'Exposition universelle de Londres 1851 ainsi que le Departement of Practical Art dirigé par Henry Cole. La construction de 1856-1857 se compose de trois nefs recouvertes de tôles ondulées. Il est rapidement question de démanteler cette structure, surnommée « Brompton Boilers » en raison de sa facture industrielle, pour la reconstruire sur un autre terrain. Ainsi commence à partir de 1867-1868, sur le site de Bethnal Green, l'installation d'un musée destiné à l'éducation populaire. L'architecte James William Wild[23] compose alors de nouvelles élévations en brique et pierre afin de donner au bâtiment un statut plus approprié à sa destination. Des façades d'inspiration romano-byzantine devaient s'adapter à la silhouette des toitures de la halle métallique, mais elles ne purent être réalisées suivant le dessin de Wild faute de moyens financiers. Inauguré en 1872, le musée s'oriente à partir de 1922 vers la thématique de l'enfance. Le projet de rénovation confié à l'atelier Caruso St John s'est d'abord concentré sur la halle puis dans un second temps sur la construction d'une nouvelle entrée.

La façade proposée par Caruso St John représente un portique. L'intervalle entre les pilastres est occupé par un décor polychrome déclinant des motifs hexagonaux. Chaque figure associe trois losanges de couleur ou de valeurs différentes afin de donner l'impression d'un cube mis en lumière, il se crée ainsi l'illusion d'un relief sur l'ensemble de la surface. Le choix de ce thème graphique emprunte aux décors de la Renaissance italienne. Il rappelle en particulier les motifs polychromes de la façade de la chapelle Colleoni à Bergame[24]. Si cette élévation offre un contraste assez marqué entre la planéité de la paroi et les modénatures

23 James William Wild (1814-1892), fils du peintre aquarelliste Charles Wild et beau-frère d'Owen Jones. Il réalise l'église de Streatham en 1841, achève en 1852 la Grimsby Dock Tower, et devient à partir de 1878 responsable du Sir John Soane's Museum.

24 Bartolomeo Colleoni, commandant général de l'armée vénitienne, décide en 1472 de construire son propre mausolée. Il en confie le projet à Giovanni Antonio Amadeo.

Victoria and Albert Museum.
Détail de l'élévation de la nouvelle entrée.

Chapelle Colleoni à Bergame, vers 1472.
Détail de l'élévation.

Victoria and Albert Museum.
Détail des motifs ornementaux.

saillantes accompagnant les ouvertures, la proposition de Caruso St John ne présente en revanche aucun relief. Le portique ne se distingue du reste de l'élévation que par le changement de teinte du matériau. L'absence d'épaisseur est encore renforcée par la position des vitrages, placés au nu extérieur de la façade. Ce choix permet de maintenir la continuité de la paroi en minorant les interruptions causées par les baies. Une autre différence avec la chapelle Colleoni peut être remarquée dans la distribution des motifs. Dans l'édifice du XVe siècle, les motifs hexagonaux évoquent, avec trois valeurs, des cubes dont les faces sont plus ou moins éclairées. Les figures se répètent systématiquement pour former un décor homogène. Dans l'élévation du musée, la trame subit au contraire des variations. Les teintes de pierre, plus nombreuses qu'à la chapelle Colleoni, se combinent librement, donnant par endroits le sentiment d'un aplatissement du motif. Par ailleurs, la coloration du portique introduit une illusion de profondeur : les lignes sombres des piles et de l'entablement apparaissent virtuellement plus en avant que les parties de remplissage en pierres plus claires. Toutefois les panneaux à motifs hexagonaux contredisent l'impression précédente en ramenant visuellement la surface au niveau du portique. Cette recherche de l'effet d'aplat n'est pas sans évoquer certaines questions soulevées par les avant-gardes picturales. Dans l'après-guerre, le critique américain Clement Greenberg[25] insiste sur la négation de la profondeur, moyen par lequel la peinture moderne s'émancipe de l'illusionnisme hérité de la Renaissance. Le progrès en peinture, de Paul Cézanne à Jackson Pollock, se caractériserait par l'abandon de la fiction naturaliste de l'espace et par la reconnaissance de la réalité bidimensionnelle du tableau. La façade du Victoria and Albert Museum for Childhood joue avec ambivalence de ces références : d'un côté le décor hexagonal évoque de toute évidence la tradition renaissante, de l'autre la planéité s'apparente aux pratiques picturales avant-gardistes.

Si l'ornementation développée par Caruso St John emprunte à différentes sources, le dessin de l'élévation s'éclaire également au regard de la construction. Les coupes montrent l'application du mince revêtement de pierre sur des panneaux d'aluminium en nid d'abeille. Ces éléments viennent ensuite se fixer sur la paroi en béton formant l'enceinte du bâtiment. L'aspect pelliculaire du revêtement correspond à la nature du support. Pour reprendre la terminologie proposée par Bötticher, la « forme œuvrée », représentée par la paroi structurelle, oriente la « forme artistique » vers l'expression de la planéité. Ici également s'engage

25 En particulier Clement Greenberg, *Art and Culture: Critical Essays*, Boston, Beacon Press, 1965. Trad. fr. : *Art et culture : essais critiques*, Paris, Macula, 1989.

un dialogue avec la tradition renaissante. Dans le *De re aedificatoria*, Leon Battista Alberti utilise la métaphore des os pour expliquer la présence de parties rigides dans les murs[26]. L'auteur distingue les éléments représentant la structure résistante de ceux traduisant les remplissages. Ce schéma peut-il se transposer à la construction de murs en béton armé ? Dans le cas du béton, les renforts constitués de ferraillages se placent à l'intérieur de la paroi au lieu de former des cadres contenant des remplissages. Immergée dans la substance du mur, la structure devenue invisible répond à une logique différente de la partition albertienne. Comment alors représenter un portique à partir de ce contexte constructif? La réponse apportée par les architectes semble fondée sur une recherche d'abstraction. En réduisant le portique à un dessin sans épaisseur, ils introduisent un écart par rapport aux significations gravitationnelles souvent associées à cet élément. Dépourvu de connotations structurelles, le portique ne saurait désigner symboliquement la différence entre ossature et remplissage. En revanche l'absolue planéité du revêtement indique bien la nature du support, en particulier l'absence d'expressivité tectonique qui caractérise la surface du voile en béton. Ce mécanisme indiciel fonctionne également sur des aspects plus locaux de la composition. La ligne de couronnement, d'une épaisseur peu conventionnelle, correspond approximativement à l'isolant et

aux dalles de couvertures placées derrière. De manière également inattendue, le dessin des piles, situées au niveau des portes d'entrée, s'interrompt abruptement en sous-face. Visuellement l'observateur s'attend à ce qu'elles se poursuivent par des solives d'une largeur comparable. Toutefois cette hypothèse s'avérerait en contradiction avec la relative minceur de la couverture, d'où, certainement, le choix d'exprimer une surface continue et non compartimentée. Par ailleurs, en assumant ce qui pourrait être compris comme une faute de syntaxe, les architectes laissent entrevoir, là également, la nature fictive du décor développé en élévation.

26 Leon Battista Alberti, *De re aedificatoria*, Florence, N. di Lorenzo, 1485. Trad. fr. : *L'Art d'édifier*, Paris, Seuil, 2004. L'analogie au squelette est principalement développée dans le livre III consacré à la construction. Sont assimilés aux os les angles, les piles, les colonnes insérées, les jambages des baies.
Suivant la même métaphore, les linteaux et les arcs sont décrits comme des colonnes posées horizontalement et des poutres courbes. L'ensemble se distingue des parties de remplissage et de l'enveloppe externe du mur qu'Alberti appelle « peau » ou « écorce ». Pier Nicola Pagliara et Pierre Caye mettent en relation cette thématique avec les connaissances pratiques d'Alberti concernant les systèmes structurels de l'époque impériale romaine et du Moyen Âge.

Vue du porche d'entrée.

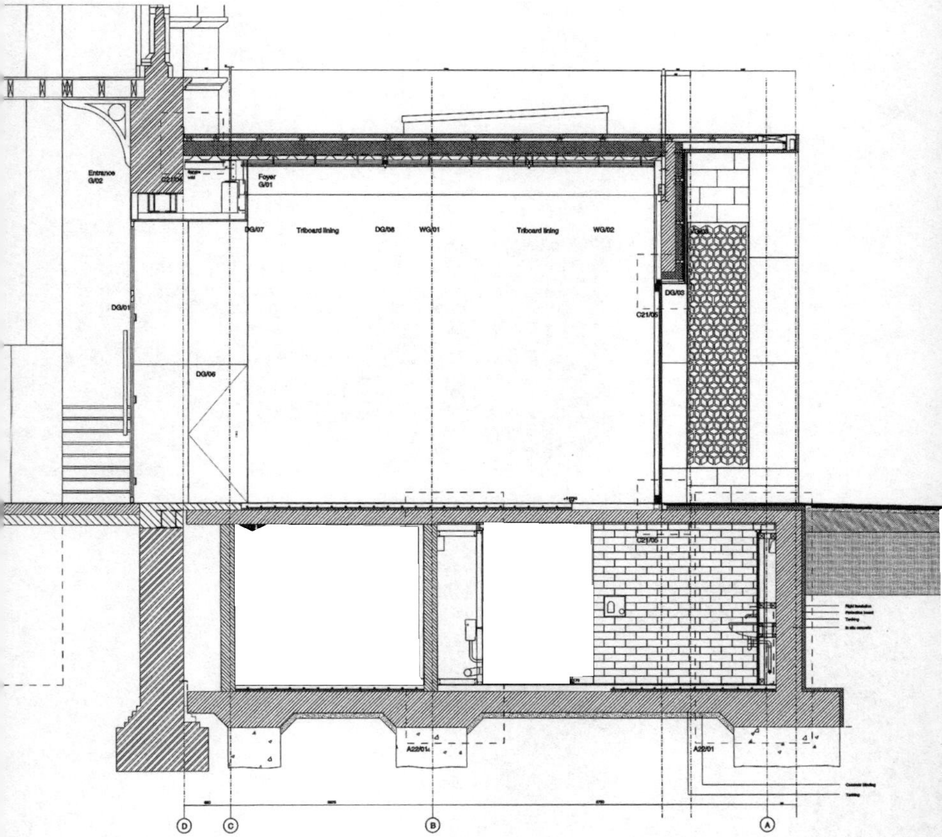

Victoria and Albert Museum. Coupe transversale sur l'entrée.

Vue du quartier du
Lace Market à Nottingham.

Klas Anshelm, Konsthall,
Malmö, 1974. Vue d'un
des espaces d'exposition.

Louis Henry Sullivan
et Dankmar Adler, Guaranty
Building, Buffalo, 1893-1896.
Détail de la corniche.

Nottingham Contemporary (2004-2009)

L'atelier Caruso St John remporte en 2004 le concours pour un centre d'art contemporain à Nottingham. Ce programme, l'un des plus grands de ce type au Royaume-Uni, comprend principalement quatre galeries d'exposition et une salle multifonctionnelle pour les performances, la vidéo ou les concerts. La réponse des architectes s'adapte parfaitement aux limites d'un terrain à la topographie accidentée. Le projet entend établir un lien avec les immeubles industriels du quartier de Lace Market à proximité. Caruso et St John proposent de développer un lieu d'exposition s'inspirant des manufactures du XIXe siècle. Ces espaces ont souvent été investis par les artistes et les institutions culturelles pour y installer leurs locaux. Les architectes voient dans ces lieux l'opportunité d'un contact immédiat avec les œuvres ainsi qu'une grande flexibilité d'usage. Adam Caruso cite à ce propos l'exemple du Konsthall de Malmö réalisé en 1974 par l'architecte Klas Anshelm, un édifice directement inspiré de l'architecture industrielle des hangars d'autobus[27]. Concernant l'ornementation, le Guaranty Building de Louis Henry Sullivan constitue la référence majeure[28]. Dans cet édifice, le principe d'une façade accrochée à une ossature métallique introduit une situation contrastée entre la liberté du plan et l'expression de la façade. Tout en reconnaissant la nécessaire adéquation entre structure et enveloppe, Sullivan insiste sur le rôle spécifique de l'ornementation. Le décor doit servir à exprimer le caractère essentiel de l'édifice. Porté par une vitalité organique, l'ornement se diffuse à la manière d'un voile transparent enveloppant l'ensemble de l'élévation[29]. Dans la continuité de ces références, Caruso et St John développent un principe d'élévation fondé à la fois sur la répétitivité industrielle et sur le caractère précieux du décor. Dès la phase du concours, l'idée est avancée de travailler avec un motif de dentelle, une production représentative de l'activité industrielle de la ville aux XIXe et XXe siècles. Entrant en contact avec des historiens spécialisés, les architectes prennent connaissance d'un intéressant livret découvert lors de travaux sur un terrain voisin. Ce document daté de 1847 contient plusieurs exemples de dentelle réalisés

27 Adam Caruso, « The Malmö Konsthall », AA *Files*, n° 41, 2000, pp. 30-34.

28 Le Guaranty Building a été réalisé à Buffalo avec Dankmar Adler entre 1893 et 1896.

29 À propos de la relation entre fonction et expression artistique, voir en particulier Louis Henry Sullivan, « The Tall Office Building Artistically Considered », *Lippincott's Monthly Magazine*, mars 1896, trad. fr : *Form follows function. De la tour de bureaux artistiquement considérée*, Paris, B2, 2011. Enseignant à l'ETH de Zurich, Adam Caruso a consacré un semestre en 2012 à la problématique de l'immeuble de bureaux « artistiquement considéré ».

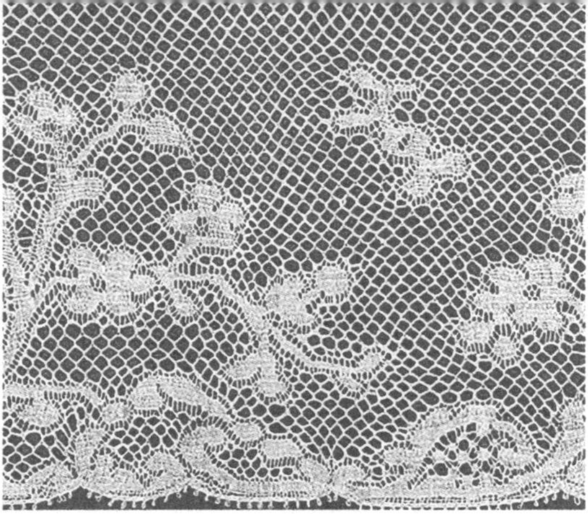

Échantillon de dentelle de la société Richard Birkin.
Ce motif est reproduit sur les panneaux
formant l'enveloppe du Nottingham Contemporary.

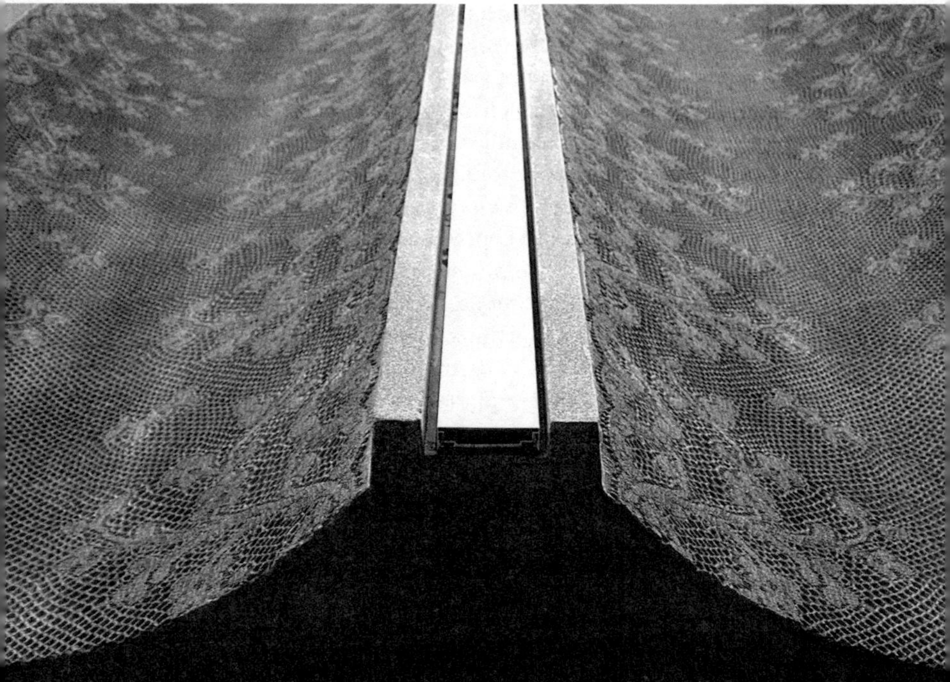

Caruso St John, Nottingham Contemporary.
Ci-dessus, détail du couvre-joint. À droite, détail de l'élévation.

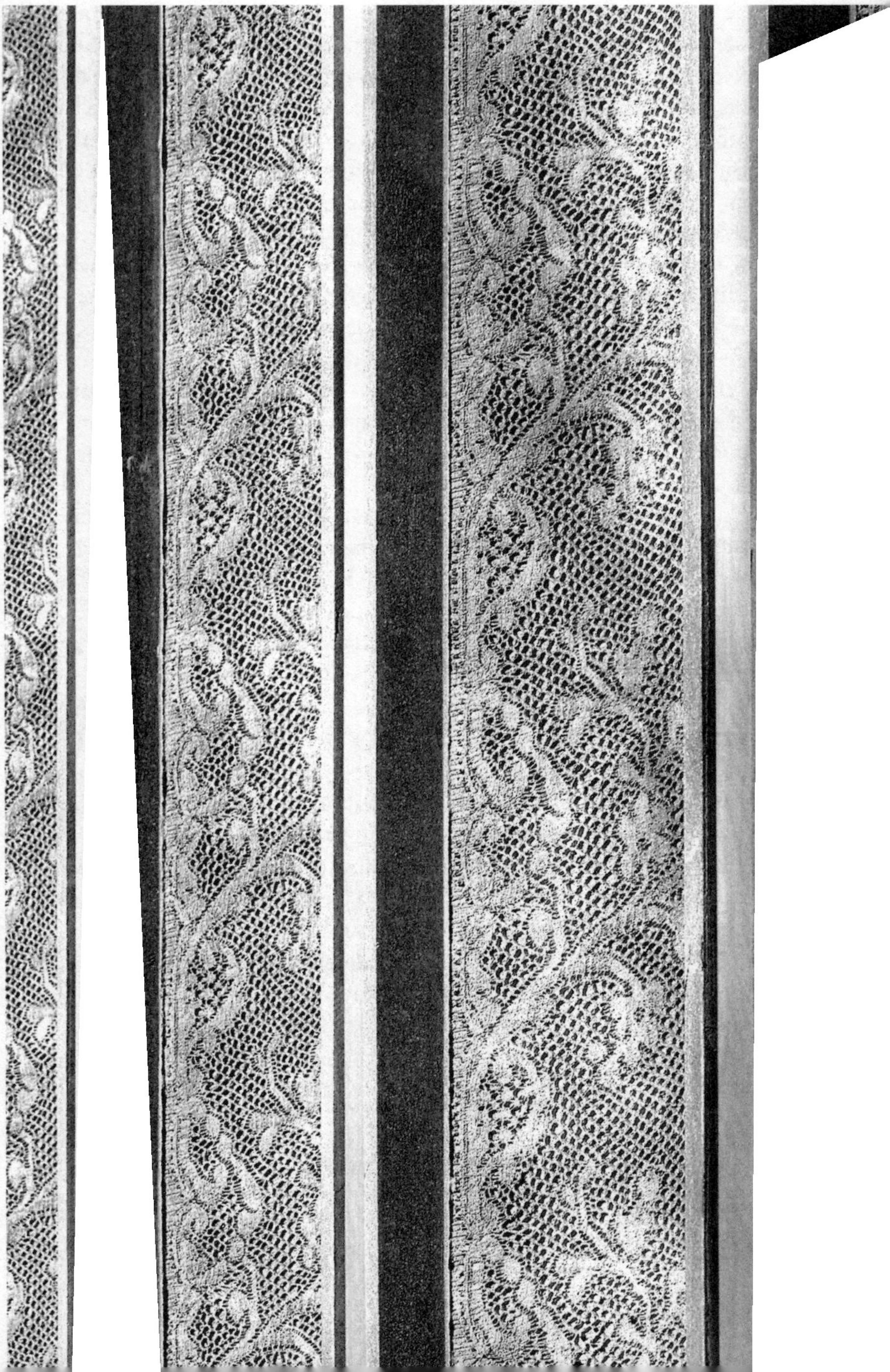

par la société Richard Birkin. Ils décident alors de prendre pour modèle l'un de ces échantillons, un ruban de dentelle mécanique aux motifs de cerisiers en fleur inspiré des productions de Valenciennes.

Ce choix entériné, la question se pose de la méthode à suivre pour réaliser les élévations à partir de ce fragment. Comment passer d'un modèle de très petite dimension à la fabrication de grands panneaux de façades ? La première option étudiée consiste à tisser en corde à l'échelle du panneau une dentelle identique à l'original. Construire un moule à partir de l'empreinte de cet objet s'avère toutefois difficile et une autre solution doit être envisagée. Le processus va alors s'orienter vers la numérisation du motif. Grâce à une saisie infographique en trois dimensions, un modèle est créé. Celui-ci est envoyé à une entreprise spécialisée dans la fabrication de moules pour béton. Guidée par les données numériques, une machine-robot opère le transfert du dessin sur le contre-moule en médium servant à la réalisation du moule définitif en latex rigide. Le résultat de ce processus de fabrication s'avère à la hauteur des espérances. Par la finesse de la gravure, l'ornement devient une présence que la main peut appréhender. Cet effet est encore renforcé par la forme ondulante du panneau. À l'image de cannelures monumentales, l'effet plastique se révèle par un jeu d'ombres produisant l'impression d'un large plissé. Afin de maintenir la continuité de la surface, l'articulation entre les panneaux est masquée par un couvre-joint en métal doré. Comme chaque module comporte deux concavités, il est nécessaire d'introduire un recouvrement fictif au milieu pour garantir une parfaite homogénéité d'aspect.

Le thème de l'enveloppe à caractère textile évoque également certains édifices viennois du début du XXᵉ siècle, en particulier la maison Zacherl, construite à Vienne par Jože Plečnik en 1903-1905. La réalisation de cet édifice, influencée par la théorie sempérienne du revêtement, illustre magistralement l'idée d'une surface textile placée en applique d'un ordre monumental[30]. Toutefois à la différence de la maison Zacherl, le dessin des élévations du Centre d'art de Nottingham semble éviter toute allusion à l'idée de support. L'enveloppe plissée paraît se soutenir sans le secours d'une quelconque structure. Cette première impression est néanmoins nuancée au regard du détail des panneaux. Les rebords des concavités évoquent de fins potelets sur lequel l'élément souple du voilage serait virtuellement fixé. L'orientation du motif ornemental confirme cette interprétation. L'ourlet de

30 Voir Giovanni Fanelli et Roberto Gargiani, *Histoire de l'architecture moderne. Structure et revêtement*, Lausanne, Presses polytechniques et universitaires romandes, 2008.

Jože Plečnik, Maison Zacherl, 1903-1905.
Détail du couronnement.

Caruso St John,
Nottingham Contemporary.
Détail du panneau.

Nottingham Contemporary. Détail de l'élévation.

Vue de l'auvent d'entrée.

la broderie, qui a pour fonction de rendre résistant le bord du ruban, accompagne la saillie verticale du potelet, là où le tissu serait le plus sollicité. Néanmoins la perception de l'édifice reste ambivalente puisque, si le détail des baies vitrées, où le couvre-joint se transforme en potelet, confirme l'idée de support, la disposition de l'entrée la contredit. À cet endroit, les panneaux sont placés sur un grand auvent. Visibles du dessous, ils dévoilent leur véritable épaisseur et communiquent au spectateur une impression de pesanteur encore accentuée par la situation en console. Il faut également remarquer certains décrochements aux angles de l'édifice. En rompant la continuité des élévations, la perception d'un volume « emmailloté » s'évanouit depuis ces points de vue également[31].

Les édifices du Victoria and Albert Museum for Childhood et du centre d'art contemporain de Nottingham présentent des aspects paradoxaux. Dans ces réalisations, l'ornement renvoie autant aux thématiques de Bötticher que de Semper. En articulant d'une manière inédite la réalité et l'illusion, les concepteurs parviennent à redoubler la fiction d'une singulière teneur de vérité. Le portique de l'entrée du V&A Museum, dépourvu de relief, est perçu comme un signe et non comme un objet réel, toutefois c'est à partir de cette abstraction que s'établit le lien entre l'enveloppe et la planéité du support. De même, dans le Nottingham Contemporary, les éléments produisant l'illusion du voile textile et ceux révélant la réalité constructive apparaissent indissociablement liés.

À différents niveaux, ces exemples mettent en exergue le pouvoir de l'ornement d'associer aux moyens techniques d'aujourd'hui la recherche d'une continuité avec l'histoire. L'usage de l'ornement réinterroge les conventions propres à l'art de bâtir, concernant les relations entre le noyau constructif et son apparence externe. Il restitue également au projet architectural une dimension sociale et culturelle ; au-delà de la mémoire de références locales ou plus générales, il met en jeu un dialogue avec un héritage théorique particulièrement riche.

31 L'effet n'est pas sans rappeler certaines œuvres de Venturi, Scott Brown and Associates, notamment l'angle de la Fire Station # 4 de Columbus (1968).

Nottingham Contemporary. Détail du pignon sud.

Original Papers.

GLEANINGS FROM THE GREAT EXHIBITION OF 1851, BY OWEN JONES.

No. 1.

ON THE DISTRIBUTION OF FORM AND COLOUR DEVELOPED IN THE ARTICLES EXHIBITED IN THE INDIAN, EGYPTIAN, TURKISH, AND TUNISIAN DEPARTMENTS OF THE GREAT EXHIBITION.

THE several nations of the globe which have arrived at any great degree of civilisation have each possessed religious institutions, which have been coeval with their formation and vanished with their decline. These, totally distinct from similar institutions which followed or preceded them, aided by the peculiar manners and customs of the people, produced a series of styles of architecture which have either entirely varied from or formed a connecting link with those which have preceded them, in proportion as the religion of the one was inspired by, or more or less removed in its doctrines from that of the other. In each, architecture has closely followed the phases which the religion has undergone, pure and simple in its origin—majestic, all-absorbing at its acme,—meaningless and decrepid in its decline.

Thus, in the early temples of Egypt, every ornament was a symbol shewing, by the exquisite taste and beauty of its execution, the earnest and loving faith of the hand that carved it; in the more majestic temples of the Pharaohs, when the whole power, art, and wealth of the state, were made to accumulate upon one point, they lost in beauty what they gained in majesty. Under the Ptolemies, the religion of Egypt lost the power which it had held under the Pharaohs; and although the conquerors, to ingratiate themselves with the people, undertook great works in rebuilding and restoring the temples, the hand that executed has told the tale of the want of that union of faith which before had enabled them to execute with *art* such gigantic undertakings. Under the Romans, the architecture became a mere mechanical art; the temples were larger, and the stones more nicely fitted, but their painting and sculpture excite almost disgust.

The religion of the Greeks was a modification of that of the Egyptians, so also was their architecture, the types of some of its most characteristic features existing in Egypt long before Greece had arisen from a primitive state.

The religion of the Egyptians was in its origin purely spiritual and mystic, but in the course of time, long before it had passed to the Greeks, from the worshipping of all animated nature, the air, the stars, the sun, the moon, which they represented by certain forms of men and animals, from the adoration of the thing signified they passed to that of the object itself, and their divinities became invested with the supposed actions and attributes of the heavenly bodies, unmindful of the allegory which had called them into existence. Hence the religion of the Greeks, as derived from the Egyptians, was purely material; so also was their architecture: feelingly alive to all the bounteous gifts of nature, they embodied them in their art, conceiving God in the image of man, they made men like gods.

In Greece, the face of nature, so different from the flat country of the Nile, induced a great modification in their architecture; the eye, accustomed to wander over the sharp angles and accidental curves of the vast mountains of this favoured soil, inspired an architecture in sympathy with its character; in Egypt, where nature had shewn her solemn grandeur under forms more calm, the mind of man was enabled to expand and make up for the absence of the grandeur in nature's works by the buildings which he had raised upon the soil: not so Greece, there the bolder features of nature's countenance awed man into respect for her wondrous charms, which, however, by his fertile genius, he was enabled to make use of, though he could not rival them; for we here see the temples of their gods, which in modern times are made to represent in crowded cities, with equal propriety, a Christian church, a theatre of pleasure,

Observations glanées à la Grande Exposition de 1851

OWEN JONES

Celui qui entendrait former un nouveau style par lui-même et sans égard pour le passé serait comme un étudiant en astronomie qui rejetterait les découvertes de Newton et tenterait de tout réinventer par lui-même. D'un autre côté pourtant, où en serait aujourd'hui la science de l'astronomie si les étudiants successifs s'étaient contentés d'accepter les découvertes de Newton comme des vérités définitives, au lieu d'en faire les bases de découvertes nouvelles ? C'est pour cette raison que je supplie l'artiste promeneur que j'ai décrit précédemment de reposer son œil fatigué en se dirigeant vers les départements de l'Inde, de la Tunisie, de l'Égypte et de la Turquie. Il ne trouvera là aucun tapis brodé de fleurs sur lequel le pied craint de se poser, aucune chaise que la main craint de saisir, aucun ornement superflu et inutile qu'un accident risque de détruire. Il y sera saisi par la sensation du repos le plus voluptueux : ici, pas de lutte pour parvenir à un effet ; tout émerge tranquillement et naturellement du besoin qui doit être satisfait. Et ceci est visible des étoffes brodées au plus humble vase de terre : tous obéissent à la même loi. Les couleurs les plus vives y sont harmonisées comme par un instinct naturel ; il est impossible de trouver une discordance. Chaque élément d'ornementation montre qu'en travaillant l'artiste pensait, au lieu de copier. Comment est-on parvenu à ce résultat merveilleux ? Il est difficile de dire avec les mots ce que l'œil saisit immédiatement à

L'Indian Court conçue par Owen Jones pour le Crystal Palace (Joseph Nash, *India*, in *Dickinson's Comprehensive Pictures of the Great Exhibition of 1851*, Londres, 1854, II, pl. V.).

Portrait d'Owen Jones peint par Henry Wyndham Phillips, 1856.

l'examen. L'un des principes directeurs de leur ornementation semble toujours avoir été ce que nous pourrions appeler la *décoration de surface.* La forme générale de leurs motifs était établie en premier, puis cette trame était décorée. Les fleurs ne sont pas des fleurs naturelles, mais des fleurs stylisées en fonction du matériau ouvré. On ne voit pas ici, comme dans les œuvres européennes, d'imitation hautement travaillée de fleurs naturelles, avec leurs parties claires et obscures luttant pour se détacher de la surface sur laquelle elles sont disposées, mais une représentation stylisée assez ressemblante pour suggérer à l'esprit une image, sans détruire l'unité de l'objet qu'elle vise à décorer. On note une totale absence d'ombre. Les motifs des châles et des tapis tirent leur harmonie et leur efficacité décorative de la distribution correcte des formes et des couleurs, ils n'exigent pas d'être rehaussés dans leur effet par des oppositions fortes et positives ; le but ultime semble être que les objets colorés, vus à une certaine distance, présentent une floraison d'aspect neutre – puis chaque pas pour s'approcher fait apparaître des beautés nouvelles, jusqu'à ce que l'examen rapproché manifeste les moyens par lesquels ces effets sont produits. Dans leur trame décorative et dans leurs rinceaux, l'un des moyens de cette harmonisation semble être que l'ornement et le fond occupent une surface égale : cela requiert un talent peu ordinaire, et l'on n'y parvient seulement par une pratique aguerrie et un esprit hautement développé.

Beaucoup de ces motifs constitueraient un défi pour les capacités de la plupart des artistes européens, ne serait-ce que pour en copier la répartition heureuse et sûre des formes et des couleurs. Dans ces feuillages stylisés, on constate dans tous les cas que les formes découlent d'une tige mère, l'espace à recouvrir est alors investi avec la plus grande habileté quelle qu'en soit la disposition. On ne voit jamais, ici, de ces ornements isolés qu'on trouve dans les œuvres modernes, et dont l'existence ne repose sur rien ; chaque fleur, aussi distante soit-elle, peut être reliée à sa branche et à sa racine. Que nos artistes viennent donc étudier ici : qu'ils évitent également d'adopter ou de copier les formes conventionnelles qui s'offrent commodément à eux. Qu'ils repartent de l'œuvre éternellement féconde de la nature et qu'ils la stylisent par eux-mêmes. Pourquoi la feuille d'acanthe devrait-elle occuper tout le terrain, au détriment de tout autre solution ? [...]

Voici quelques grands principes que l'on peut découvrir dans presque tous les grands chefs-d'œuvre du passé ; chaque étudiant en trouvera par lui-même de nombreux autres, trop subtils pour être décrits :

1. La construction peut-être décorée ; une décoration ne saurait être volontairement construite.

2. La beauté de la forme est produite par des lignes qui se développent les unes à partir des autres en ondulations graduelles ; il n'y a pas d'excroissance ; rien ne pourrait être ôté qui laisserait le dessin meilleur ou même aussi bon.
4. On s'occupe d'abord de la forme générale ; celle-ci est décorée par la subdivision des lignes principales ; les interstices sont ensuite remplis par les ornements, lesquels sont à leur tour subdivisés afin d'enrichir l'examen de détail.
5. La couleur est utilisée pour souligner le développement de la forme, ainsi que pour aider à distinguer les objets les uns des autres, ou les parties entre elles.
6. Elle participe aussi au jeu de la lumière et de l'ombre, en soulignant les ondulations de la forme par la juste répartition des différentes couleurs ; on n'utilise jamais d'ombres artificielles.
7. Dans ces objets, le meilleur est obtenu par l'usage de couleurs primaires sur de petites surfaces ou en petites quantités, soutenues et compensées par des couleurs secondaires et tertiaires réservées aux masses plus importantes.

Extrait d'un article initialement publié sous le titre « Gleanings from the Great Exhibition of 1851 », *The Journal of Design and Manufactures*, juin 1851, pp. 89-93. Traduit de l'anglais par Luc Baboulet.

GLEANINGS FROM THE GREAT EXHIBITION OF 1851.

PATTERNS selected from the East Indian Collection, illustrative of Principles of Ornament.

Patterns from Carved Box.

Pattern from Carved Box.

WHEN our collection of the valuable hints in ornament which the Indian collection offers to manufacturers is somewhat more ample, we shall indicate some of the uses to be made of them.

G

Aphorismes sur la construction des maisons

OSWALD MATHIAS UNGERS

383

O. M. Ungers

APHORISMEN ZUM HÄUSERBAUEN

vieweg

Aphorismes sur la construction de maisons

OSWALD MATHIAS UNGERS

À vrai dire, j'ai toujours construit pour moi-même.

Il m'est difficile de penser autrement que par l'architecture. De ce fait, construire ma maison n'a pas été un luxe mais plutôt une nécessité vitale.

Toutes mes pensées tournent toujours autour des notions d'espaces, de structure, de corps, de volume, de proportion, de mesure et de nombre.

La maison est un espace pour vivre, un lieu de travail, un laboratoire, une conception du monde, et en même temps une opportunité d'expérimentation.

Pour quelles raisons un architecte devrait-il se construire trois maisons, alors qu'il est déjà assez compliqué d'en habiter une ?

Rien n'est plus difficile et fastidieux que de devoir habiter une maison construite par soi-même : on est sans cesse confronté à des choix antérieurs devenus irréversibles.

En fait, on ne devrait jamais construire sa propre maison, pour ne pas devenir trop dépendant de soi-même. Le contact quotidien avec sa propre architecture constitue un processus de « reprojetation » sans fin. Un continuel fardeau : qu'aurais-je pu ou dû faire autrement ?

Thomas Jefferson a passé toute sa vie à construire, transformer et rénover sa demeure de Monticello, dilapidant ainsi tout son patrimoine.

Hadrien aurait même fait assassiner son architecte grec afin de garantir l'originalité de sa villa.

La maison est la somme des connaissances et des expériences.

L'expérience acquise dans ce domaine est irremplaçable. On doit s'y confronter et « vivre avec ».

La réalité issue de la planche à dessin et de la maquette n'est pas la même que celle des matériaux et des volumes.

Une maison n'est pas un objet utilitaire. D'ailleurs, on ne peut pas l'utiliser. C'est un morceau de monde vivant, un petit univers dans lequel on passe sa vie.

Si l'utilité ou la valeur d'usage était le principe suprême de l'art de construire des maisons, alors la maison Farnsworth de Ludwig Mies van der Rohe, la maison Kaufmann (« Fallingwater ») de Frank Lloyd Wright, la villa Rocca Pisana de Scamozzi et la villa Savoye de Le Corbusier n'auraient jamais été construites.

La maison est une image de l'idée de monde, de vie, d'existence. C'est une part existentielle du monde.

La géométrie joue un grand rôle dans l'architecture : c'est le véritable instrument permettant de mettre en relation les espaces et les objets.

L'architecture naît d'une représentation idéale dialoguant avec la réalité. Ou inversement : la réalité donne l'impulsion à l'idéalisation.

À l'âge de 30 ans, j'ai expérimenté tout ce qui, en architecture, me venait à l'esprit.

À 70 ans, je veux laisser de côté ce qui relève de l'architecture. Je recherche la forme pure, sans contenu.

Je m'explique :

La première maison à Cologne, dans la Belvederestraße, montre tout ce que je savais à cette époque. Aucune possibilité n'était négligée : le socle, la paroi, le toit, la corniche, l'intrados, les matériaux rugueux, lisses, les terrasses suspendues, une base massive et, au-dessus, autant d'ouvertures qu'il est possible d'en mettre.

La dernière maison, sur le Kämpchensweg, ne montre plus rien : aucun soubassement, aucune corniche, aucun intrados, aucun toit, aucun matériau, uniquement la peau, la forme pure. Aucune métaphore, aucune allusion narrative. Lisse, émoussée, précise, la « forme de base », rien de plus.

La première maison, celle où Lo et moi continuons de travailler, aura bientôt 40 ans. À cette époque, j'étais un jeune architecte, je ne voulais pas construire sur une verte prairie. Je ne voulais pas d'un bungalow hors de la ville, comme c'était alors l'usage. Je voulais tester et démontrer ma théorie relative au contextualisme dans l'univers banal des maisons normales construites le long des rues.

Concevoir une maison dans le contexte banal des constructions existantes. Une maison d'angle, avec un pignon et un bout de parcelle résiduel. Je voulais démontrer que l'architecture peut transformer artistiquement une situation même triviale, en l'anoblissant et en la sublimant. Construire « as found » était ma devise. On devait utiliser les mêmes éléments et matériaux, respecter les traits de l'environnement, retrouver le vocabulaire des matériaux découverts en arrivant, amener le langage de la simplicité à se développer en un langage artistique. Il existe un manifeste que j'ai écrit à cette époque, dans cette maison une fois terminée, qui est encore valable aujourd'hui et qui vaut la peine d'être relu :

> La création artistique est impensable sans confrontation avec la tradition. [...] L'architecture est une création partielle. Mais toute avancée créative est de l'art. [...] La technique est l'utilisation du savoir et de l'expérience. La technique et la construction sont les moyens de la réalisation. La technique n'est pas de l'art. [...] La forme est l'expression d'un contenu spirituel. [...] La liberté n'existe que dans la confrontation continuelle du particulier à la réalité et dans la reconnaissance de la responsabilité intime et personnelle à l'égard du lieu, de l'époque et de l'humanité. [...] L'architecture est une irruption de vie dans un environnement complexe, secret, déjà développé et formé. La mission créative de l'architecture est de rendre visible son rôle, consistant à apporter de l'ordre dans l'existant, à accentuer et sublimer les caractéristiques du lieu. C'est une reconnaissance constante du *genius loci* qui est son point de départ. [...] L'architecture consiste à envelopper et à protéger. Elle constitue ainsi un accomplissement et un approfondissement de l'individu.

J'ai longtemps souffert dans ma première maison, chaque jour, chaque matin au réveil. Chaque angle, chaque détail me menaçait, me poursuivait durant des années, ne me laissant jamais en paix. Continuellement, des milliers de fois, je redessinais théoriquement ma maison, je ruminais ce que j'aurais pu faire différemment ou mieux. Il m'était difficile de trouver le repos et la paix intérieure dans cette maison. Parfois je me sentais menacé et je voulais m'enfuir à l'extérieur, parfois j'étais heureux et ravi de l'ambiance, de ce milieu où je me sentais protégé. J'ai passé de nombreuses années dans cette maison avec Lo, ma femme patiente et compréhensive, et nos trois enfants : Simon, Sibylle et Sophia. Le plus souvent heureux, bien que très à l'étroit.

Nous avons travaillé dans cette maison, élevé les enfants, reçu les clients et les entreprises, y avons vécu et accueilli nos invités, pour autant que l'étroitesse de l'espace le permettait.

Chez nous c'était un peu le classique *grocery store-arrangement*. La maison était la boutique, l'atelier: on vivait à l'étage, et au rez-de-chaussée on travaillait, on confectionnait et on commercialisait les produits. Au milieu, des enfants et des animaux – des chats et un chien. À côté, le locataire qui nous permettait de payer les remboursements du prêt. En haut, sous le toit, j'écrivais des cours pour l'université ; en bas, à la cave, nous réalisions les maquettes. C'était un petit monde à part. L'odeur d'ammoniaque des tirages frais se mélangeait à celle de la cuisine. Tout se trouvait sous un même toit : livres rares et précieux, pièces de musée, hochets des enfants et écuelles des animaux.

Notre maison est restée la même dans son principe. Cependant, au fil du temps, certaines parties ont été ajoutées ou modifiées. Les enfants ont quitté la maison, maintenant ce sont les petits-enfants qui viennent, nous avons fini de rembourser le prêt, le locataire a joué son rôle et a déménagé. Mais la maison a grandi : aujourd'hui son emprise ressemble à celle d'une mini-ville, avec des places, des cours, des ruelles et des cubes. L'adjonction de la bibliothèque est récente, elle date de 1989 : un dé de pierre, noir et fermé. Un cube entouré de murs en

briques rouges. Frédéric II en est le parrain, mais également Malevitch. Ce que le carré noir était à la peinture devient pour moi, dans mon architecture, le cube noir. À l'intérieur se trouve une structure idéale de $6 \times 6 \times 6$ mètres, un élément de base de l'architecture. Cube et structure, bloc et barres, arche et coffre, caverne et tente : les deux modules fondamentaux réunis en un seul concept. Un petit Panthéon.

En premier la structure, la forme idéale, la réduction maximale ; ensuite la strate des étagères, puis celle de la pierre noire du cube, puis la strate rouge des murs, puis celle des murs extérieurs. Finalement les constructions voisines, puis la rue, puis la ville…

La dissolution de la forme en strates morphologiques ou la condensation de la réalité dans une forme idéale. Cela dépend de l'interprétation, selon que l'on regarde de l'extérieur vers l'intérieur ou de l'intérieur vers l'extérieur.

Au loin, l'espace clos, parfait, complet. À l'avant, l'espace en ruine, le fragment, le morceau sans toiture, où ne subsistent que des restes de piliers, le jardin d'architecture avec un arbre et une stèle. L'arbre : un hybride, deux arbres en un seul. La stèle : un escalier hybride. À l'intérieur : la métamorphose des piliers, réelle, comme une vision, comme une fiction. Un manuel morphologique de l'architecture. Des milliers de livres, les incunables de la théorie de l'architecture.

Le savoir théorique de l'architecture occidentale rassemblé dans des éditions originales, concentré dans un espace cubique idéal.

C'est devenu bien plus qu'un cube noir. C'est la somme de mon savoir architectural.

Le fonctionnaire du service de l'urbanisme n'en croyait pas ses yeux, et il m'a regardé avec étonnement et compassion. La maison est devenue un lieu où se reflètent quarante années de vie mouvementée. Tous nos projets ont vu le jour dans ces quelques mètres carrés, dans l'atelier qui est encore en activité aujourd'hui.

L'histoire approche de sa fin, le lieu retrouve son calme, et petit à petit la paix s'installe en toute chose. Les matériaux et les détails se sont recouverts d'une patine. Les dégâts des eaux sont devenus plus rares, mais les portes et les fenêtres ferment toujours mal. La maison vieillit, mais elle vit toujours et maintiendra ses fonctions sans doute pour quelque temps encore. Seulement, elle ne subira plus de transformations.

Dorénavant, le service des Monuments historiques surveille avec suspicion son destin. La tranquillité s'est installée à l'angle de la Belvederestraße et de la Quadratherstraße, la « rue carrée » (*nomen est omen*, ce n'était pas prévu).

La maison de la Belvederestraße est maintenant un bureau.

Vue de la maison sur la Belvederestraße,
Cologne-Müngersdorf, 1958-1959.

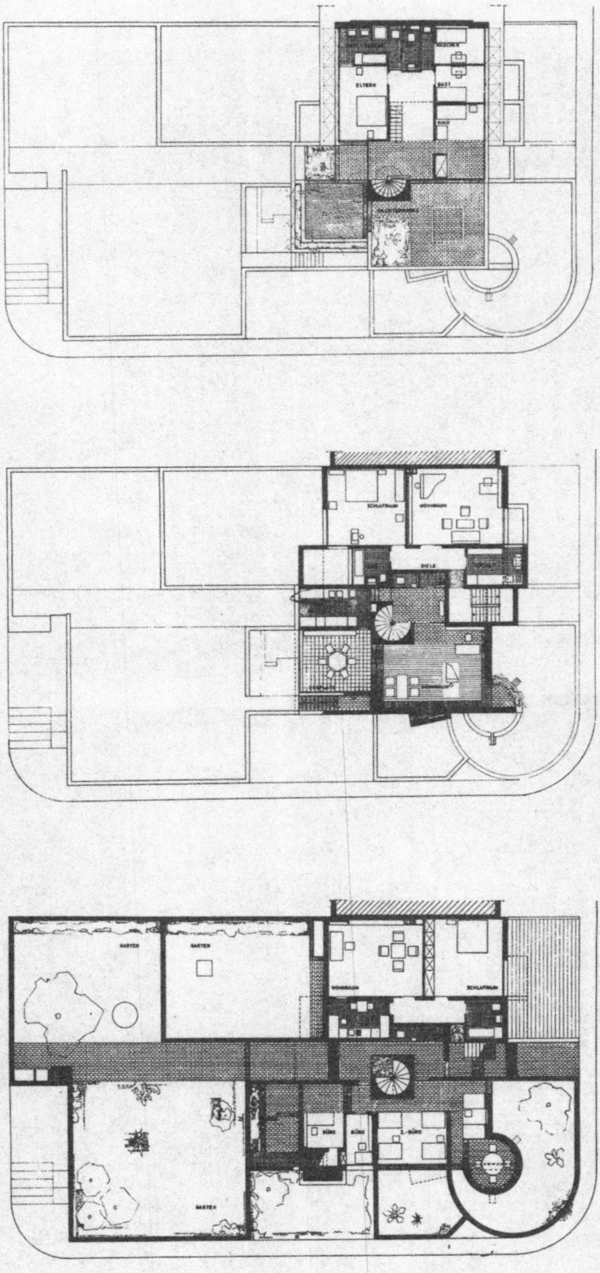

Plans du rez-de-chaussée
et des deux étages.

Vues depuis la Belvederestraße
et la Quatratherstraße.

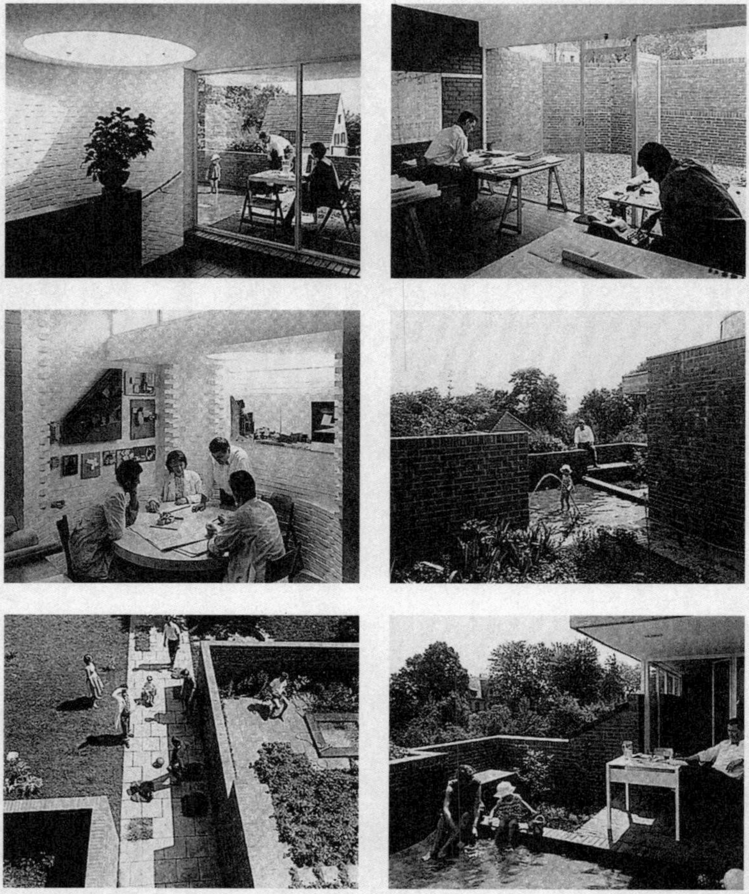

Vues des espaces de travail et d'habitation.

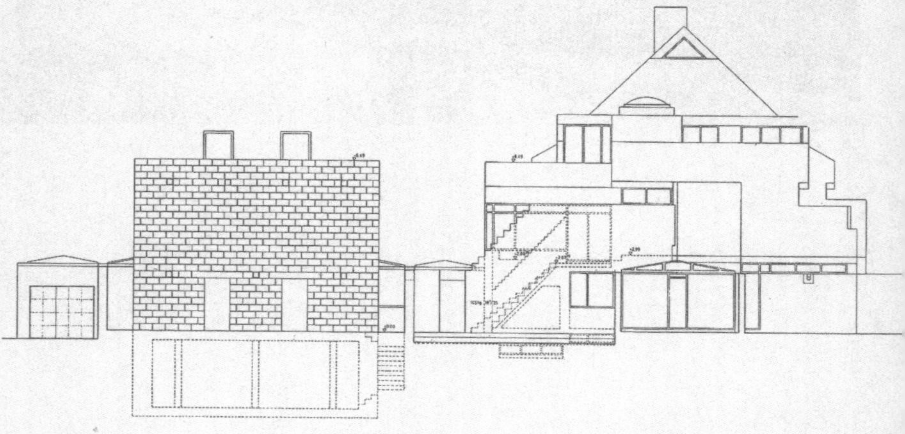

Coupe sur la bibliothèque construite en 1989-1990 à gauche
et la maison initiale à droite datant de 1958-1959.

Vue du jardin avec la bibliothèque à droite.

Vue intérieure de la bibliothèque.

Les règles de la géométrie

La nouvelle maison sur le Kämpchensweg ne se situe qu'à 100 mètres à vol d'oiseau de la Belvederestraße.

Tout y est différent.

Durant pratiquement quarante ans nous avons vécu dans une maison qui a grandi avec les événements de notre vie et qui reflète les désirs, les espoirs et les nécessités que cette maison a suscités.

La nouvelle maison est froide, rationnelle, monochrome, réduite à l'essentiel. Il n'y a que cinq pièces, chacune dédiée à une activité particulière : au milieu, un grand volume d'une hauteur de deux étages, la *sala terrena* ; à droite et à gauche, des *nefs latérales* d'une largeur de 3,60 m chacune : dans l'une, la cuisine où l'on mange, dans l'autre la salle de séjour. À l'étage, se situent deux *studioli* de même dimension, l'un pour Lo et l'autre pour moi. Ces espaces de vie personnels, ces cellules privées, sont pourvus des objets qui sont nécessaires à la vie pratique et à la vie de l'esprit. Là sont rassemblés les modules et les éléments auxquels notre existence nous lie, un arsenal des instruments et instructions dont nous avons besoin, un bureau spirituel des objets trouvés dont on se sert régulièrement : les livres les plus importants, les dessins, les objets, les instruments, la table à dessin, le lit, le chevalet, le pupitre et les souvenirs.

Un microcosme personnel comprimé dans un espace minimum. Également le miroir de nos modes de vie et de nos inclinations.

La maison s'élève sur un plateau, comme une île, dans un *hortus conclusus* délimité par une haie d'ifs de trois mètres de haut. Cet *hortus conclusus* – le « jardin d'Éden » – forme l'espace naturel primaire dans lequel la maison se pose comme un pur objet d'art. La pureté du rapport entre l'espace naturel et cet objet d'art est perturbée par la position aléatoire des arbres en place, un cèdre et un noyer.

On entre dans la maison par un passage couvert, une pergola située sur le côté sud du jardin clos. De là on accède à l'espace vert environnant, qui est la première strate spatiale. Puis on monte deux marches pour accéder au soubassement en pierre situé plus haut. Il n'y a pas d'entrée à proprement parler. Toutes les entrées sont identiques et donnent directement dans les pièces du rez-de-chaussée. Le renoncement à la hiérarchie habituelle des entrées est la confirmation de la recherche de l'abstraction.

On traverse un mur d'un mètre cinquante d'épaisseur pour arriver aux différentes pièces du rez-de-chaussée. C'est dans ces épaisseurs surdimensionnées des murs extérieurs et intérieurs que se trouvent tous les réseaux, tuyauteries, plomberies, WC, garde-robe, rangement, escalier, débarras, etc. Ainsi les pièces à proprement parler restent pures, intactes, et gardent leur figure d'espace.

Les murs sont construits selon le principe romain : une double épaisseur de murs maçonnés sert d'enveloppe, et le milieu est rempli par du mortier.

La maison reflète une typologie fondamentale de l'histoire de l'architecture : l'implantation tripartite. Une typologie qui resurgit sans cesse avec de nouvelles variations.

La villa Badoer de Palladio est fondée sur ce même concept de plan, ainsi que la maison Perls de Mies van der Rohe. C'est la typologie la plus courante dans les maisons du Frioul du XVIIIe siècle.

Schinkel a également utilisé ce type de plan pour son pavillon à Charlottenburg (qui est une véritable expérimentation de maison neuve), et il réapparaît dans le projet de Hoffmann pour la maison Grohmann.

Toutes les époques de l'histoire de l'architecture connaissent une interprétation de cette typologie de maison. Le concept de plan reste le même, les interprétations stylistiques varient et reflètent l'esprit d'une époque donnée.

Au fil du temps, ma pensée architecturale est allée en se développant de plus en plus vers l'abstraction. Depuis mes premiers et très plastiques travaux sur le « nouveau brutalisme », dont la maison de la Belvedere-straße est un exemple extrême, mes efforts se concentrent maintenant sur l'exclusion de tout ce qui n'est pas essentiel. Il s'agit de gommer le superflu afin d'arriver le plus près possible du cœur, de l'essentiel. Ne plus décorer les choses, renoncer à ce qui est accessoire, ne laisser émerger que la forme pure. Une architecture privée de mouvements, qui ne raconte pas d'histoire, qui ne relate pas de mythe. Non, juste la forme pure, l'abstraction, le type primaire, la construction élémentaire. Aucun matériau naturel qui pourrait être chargé de contenu, aucun détail architectonique qui nous exposerait l'histoire de la fenêtre, de l'entrée, de la maison, avec des corniches, des toitures, ou des parois pour différencier le socle du couronnement.

Ce qui m'intéresse maintenant, c'est la pure boîte, la forme qui interprète le plus simplement possible un élément constamment présent. Sans agitation, sans avancée ou regard en arrière, sans les distinctions habituelles. Un seul élément, dépourvu de fard, aussi clair, net et direct que possible. Pas de nuances, pas de concessions : un élément radical et dépourvu d'accessoires décoratifs. La boîte dans sa forme élémentaire, tel était le propos. Pas d'expression de quelque chose, pas de synonyme de quelque chose. Un élément poncé jusqu'au noyau absolu, aussi pur et univoque que possible.

Rien de métaphysique, aucun symbole d'une réalité factuelle quelle qu'elle soit. Juste la forme directe sans falsification.

Rien n'est caché, occulté ou voilé. Il n'y a rien derrière. Tout ce qui est pensé devient visible et est immédiatement montré.

Ici il n'y a rien à expliquer ou à interpréter ; les choses sont comme elles sont, et elles ne veulent être rien d'autre que ce qu'elles sont. Toutes les pièces sont les mêmes, seul leur contenu change. Les façades sont identiques. Il n'y a pas de devant ni de derrière.

Ce que j'ai cherché, c'est une architecture sans objet, l'espace en lui-même, la maison sans qualité, uniquement déterminée par la géométrie et les proportions, dépendant seulement de la loi des nombres et des conditions extérieures.

Les thèmes mystiques qui ont toujours un caractère éducatif ont été écartés, qu'ils signalent ou non la liberté, l'ouverture ou la créativité. Non, c'est juste la rigueur des nombres qui compte, leurs relations entre eux, les proportions entre longueur, largeur et hauteur.

Au terme d'une histoire mouvementée – riche de contenus, de symboles, de métaphores –, ce qui reste, c'est la géométrie claire et nette.

Pourra-t-on vivre dans une telle maison ? Lo et moi, sommes en train d'en faire l'expérience. Il ne sera pas facile de vivre ici la banalité du quotidien. Nous devrons en supporter les contraintes. La maison peut difficilement être considérée comme habitable dans le sens courant du terme, et l'austère mobilier noir, brillant et cubique ne nous y incite

pas non plus. Ce qui nous tranquillise, ce sont les proportions claires et nettes, la scénographie des pièces, simple et dépourvue de toute dramatisation, le retour continuel des mêmes éléments. La maison est spacieuse et ouverte. Lo pense que c'est une maison pour l'été. Elle veille à la décorer avec des bouquets de fleurs coupées qui donnent un certain charme à la rigueur et à l'uniformité et les rendent plus supportables.

Nous verrons comment le temps et la réalité mettront à l'épreuve l'abstraction et l'idéalité de l'architecture. Mais il n'y a pas que cela : il nous faudra encore supporter cette maison, car elle est partie intégrante d'une architecture qui veut aussi exister pour elle-même.

C'était mon intention : réaliser une architecture qui ne tienne à rien d'autre qu'à sa propre légitimité, à son propre langage extrêmement dépouillé. Une architecture qui n'existe que par elle-même.

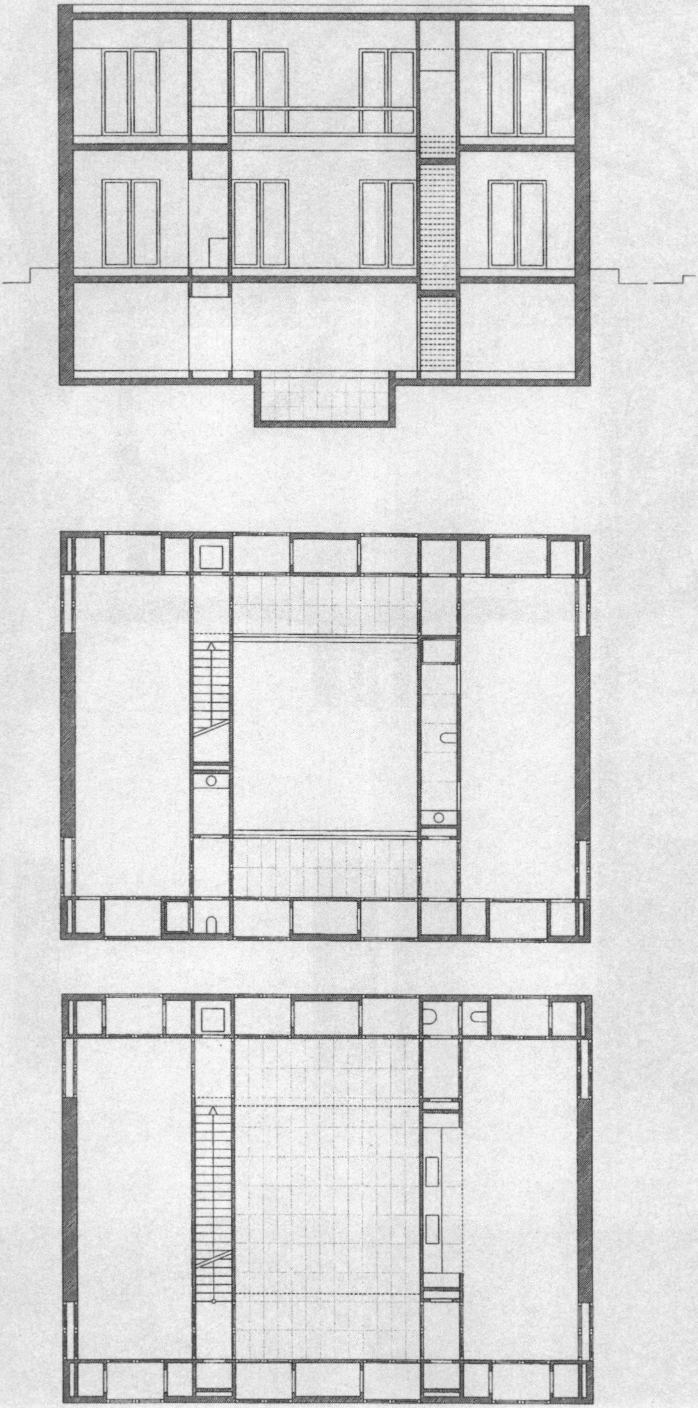

Maison sur le Kämpchensweg, Cologne-Müngersdorf, 1995-1996:
coupe longitudinale, plan de l'étage et plan du rez-de-chaussée.

Vue de la maison depuis le jardin.

Vue de la maison depuis la rue.

Vue de la pergola sur le côté sud du jardin.

Vue de l'espace central en double hauteur.

Vue de la piscine au sous-sol.

La Villa Adriana, ou l'architecture à la campagne

Entre les deux extrêmes – d'une part l'enchevêtrement de l'espace urbain de la Belvederestraße, ressemblant à un labyrinthe fait de croisements se modifiant sans cesse au fil du temps, et d'autre part la réduction extrême aux rapports anonymes et purement géométriques de la maison du Kämpchensweg, où ne comptent que la longueur, la largeur et la hauteur –, on trouve une tout autre expérience, dont la formulation me préoccupe depuis plus de dix ans maintenant : l'expérience de la maison dans le Eifel, un objet artificiel au milieu d'une nature pure, que rien n'a encore falsifiée.

Pourquoi, peut-on se demander à juste titre, un architecte devrait-il construire trois maisons pour lui-même alors qu'il est déjà assez difficile de venir à bout d'une seule ? Pour en avoir amèrement fait l'expérience, je ne peux que déconseiller à mes confrères de tenter ce défi. C'est le moyen le plus sûr de perdre complètement sa paix intérieure et de ne plus réussir à retrouver son équilibre.

Si l'on considère la chose avec un peu d'intelligence et de lucidité, il faut bien admettre que trois maisons constituent une lourde charge, qu'aucun prêt bancaire, si élevé soit-il, ne saurait alléger de manière substantielle. La ruine peut ne pas être financière, mais plutôt intellectuelle.

Pourquoi donc un troisième projet, et avec lui une charge supplémentaire ? On a presque l'impression d'être atteint d'une addiction : l'enthousiasme pour la construction prend l'allure d'une drogue. Mais pour moi, l'acte de construire n'a rien de compulsif. Il serait plutôt expérimental. De manière tout à fait objective, il faut considérer ce désir de construire comme une envie d'expérimenter. L'acte de construire pour soi-même est comparable à un travail en laboratoire, et l'agence est comme un atelier dans lequel certains dispositifs expérimentaux sont soumis à des tests. C'est avec ces tests que l'on accumule le matériel intellectuel qui nous prépare à répondre en urgence à la demande d'un client. C'est ici que l'on expérimente les différentes possibilités, que l'on vérifie les idées et les outils. Les édifices que l'on construit pour soi sont comme des maquettes, des ressources pour le travail ultérieur de l'agence.

Dans le cas du projet Glashütte dans le Eifel, le problème était essentiellement de lier, ou de mieux harmoniser, la nature, l'usage et l'art.

Glashütte est un très vieux hameau. Il se composait de quatre vieilles maisons et d'une chapelle. Il se situe dans une zone protégée et est entouré de prairies et de bois. À l'emplacement des anciennes maisons en terre glaise et en pierres se trouve une nouvelle maison, un jardin en croix et une salle des maquettes. La petite chapelle a été conservée.

La maison est construite en pierre, la salle des maquettes en bois et la chapelle est enduite. La maison a un plan carré et son pignon regarde vers la vallée. Les deux autres maisons ont, elles aussi, des formes basiques, avec leur pignon orienté vers la vallée. Les façades de la maison principale sont toutes identiques. Au rez-de-chaussée se trouvent quatre pièces de vie. À l'étage, les pièces sont disposées en anneau autour de la bibliothèque et de la cage d'escalier.

Par ses proportions, son positionnement et son idée maîtresse, la maison se rapprochait du concept élémentaire de « Maison », comparable par sa position et sa conception à Agrigente, mais plus modeste, moins dramatique, et avec une échelle plus réduite : la forme la plus simple, la construction puriste dans la pure nature.

Deux mondes opposés mais complémentaires. Le monde naturel d'une part, et d'autre part le bâtiment réalisé avec art.

Non pas une construction rurale destinée à s'ajuster et s'adapter à la nature, mais le contraire direct, absolu et immédiat de cette dernière. D'un côté une nature spontanée, de l'autre l'objet achevé et arrangé avec art. Non pas la résolution des contraires, mais leur mise en évidence : l'espace naturel comme une analogie complémentaire à l'objet posé là. Non pas la reprise du même, mais la coupure stricte, le net parti pris opposé.

Nature et construction, urbain et rural, dans leurs effets d'opposition. La forme pure dans la nature pure. Chaque partie avec son propre effet. Rien n'est poncé, rien n'est adapté. Le bâtiment s'oppose à la nature, et la nature s'oppose au bâtiment.

L'harmonie des tonalités contraires, et non pas des tonalités semblables qui seraient dénuées d'harmonie.

C'est pourquoi la maison est sans décoration aucune, sans ornement, sans condiment : un monument, direct et sans transition, identique de tous les côtés, sans compromis. Un bâtiment respectueux de son environnement naturel, digne et conscient de sa valeur dans un paysage sublime.

Mais à cette thèse qu'est la maison principale construite en pierre s'oppose une antithèse : la simple cabane en bois, la salle des maquettes. À l'intérieur se trouvent deux maquettes en plâtre : le Parthénon et le Panthéon. Complètement blanches, de forme pure, deux modèles de base de l'architecture. L'architecture n'a rien de plus à offrir, rien n'a été inventé de plus, mais rien n'a été retranché non plus. Ces deux modèles sont le vrai. À partir de là s'ouvre une profusion infinie de variantes : à côté de nos deux maquettes historiques, on peut voir celles de douze gratte-ciel, également en plâtre blanc. À l'extérieur, sur le pré, un cheval blanc vivant, symbole de force et d'harmonie. La cabane de bois se prolonge comme une cabane dans un arbre, jusqu'à l'orée de la forêt. Là-bas, une colonne en marbre blanc de Carrare, extrait de la carrière de Michel-Ange. À côté de la maison principale, le jardin en croix, de forme carrée, pour Lo. Devant, un petit temple monoptère constitué d'une haie de hêtres couverte d'un toit en forme de coupole créé par un noyer.

Le système de grille de la maison s'étend sur tout le site. Les colonnes d'ifs en constituent les points d'intersection. Un carré non fauché échappe à la grille ; il a les dimensions de l'emprise de la maison ; il y pousse des fleurs sauvages, jaunes au printemps, rouges en été, bleues en automne.

Sur un autre carré de la grille, on trouve un bosquet taillé dont les troncs grossissent de plus en plus au fil du temps, laissant toujours moins d'intervalle entre eux. Deux lacs, celui du haut avec une forme naturelle, celui du bas celle d'un *Circus Maximus*. À côté, les vestiges d'une ancienne allée. Au bout de l'axe du chemin qui conduit à une source se trouve, dans la forêt, une figure de satyre. Au milieu du lac, une île arborée et une barque qui, poussée par le vent, glisse en silence. Jamais utilisée, elle est un signe du lointain et de la nostalgie du lointain. Dans l'axe de la chapelle, une sphère dans l'eau, à moitié visible, et, en face, un ponton abîmé.

La cabane dans l'arbre, les axes et les allées sont des chemins, des traces dans le paysage, des sillons et des layons interrompus et fragmentaires, qui apparaissent et disparaissent. Des fragments jamais aboutis, juste suggérés, qui émergent pour se dissiper à nouveau.

Au-delà du chemin, des pâturages pour les moutons. De l'autre côté, une plantation d'arbres fruitiers. Les prés sont fauchés et exploités. Un arrière-plan naturel, boisé, ondule légèrement. Les trois éléments – un jardin d'agrément, un jardin utilitaire et un jardin naturel – sont rassemblés en un même concept, inachevé, qui incite à penser encore.

La Glashütte existe afin de faire l'expérience des trois composantes qui déterminent mon travail au quotidien : la nature, l'usage et l'art – une idée qui a été formulée pour la première fois dans les jardins de Wörlitz et de Glienicke.

La formulation judicieuse de ces trois composantes est à la base de toute intervention urbanistique.

La région du Sud de l'Eifel est en fait une terre romaine. Trêves fut un temps la capitale et le siège du gouvernement de l'Empire. C'est de là que régnait l'empereur Constantin entre 300 et 315 après J.-C. Les alentours rappellent la Toscane.

C'est ici, dans le Sud de l'Eifel, le long de la voie romaine allant de Trêves à Cologne, que les Romains aisés possédaient une villa.

Au voisinage immédiat de la Glashütte, on trouve les ruines de villas romaines : Otrang, Oberweis, Holsthum.

La description que fait Vitruve, dans ses *Dix Livres*, de l'emplacement idéal d'une villa de campagne se confirme dans la plupart des cas et s'avère également exacte pour la Glashütte. La villa devait se situer sur un versant exposé au sud-ouest, à une centaine de mètres environ de la crête de la montagne, afin d'être protégée des vents du nord-est. Elle devait être située à une distance d'environ 300 mètres des voies de circulation, orientée vers le sud-ouest, avec une vue sur la vallée, et bénéficier d'un cours d'eau. La Glashütte s'inscrit sans problème dans la tradition des villas de campagne romaines, non seulement en ce qui concerne sa localisation, mais aussi pour ce qui concerne la forme de la maison et sa conception générale. C'est une tradition qui m'est très familière depuis ma petite enfance, car non loin de la Glashütte se trouvait ma maison natale, à côté d'une antique tour romaine. Mes souvenirs de jeunesse se mélangent à la culture romaine de la région de Trêves. Je m'y sens chez moi. Et c'est dans cette terre aussi que les racines de ma pensée architecturale puisent leur sève.

La Glashütte n'est pas seulement un épisode, une attitude, une idée fortuite. C'est plus que cela : une partie de mon expérience personnelle de la vie et de la réalité de mon existence.

Le paysage, l'architecture et la tradition romaine de cette région se sont profondément ancrés dans ma conscience, et ils déterminent les traits essentiels de ma façon de penser et d'agir.

La Glashütte est également un morceau de mémoire construite, un lieu où se rassemblent les expériences et les nostalgies issues de mes voyages et de ma vie. Ce lieu est imprégné de mes désirs et représentations profondément personnels. Il concentre ma conception de l'architecture et de la qualité de la vie. La Glashütte est ma Villa Adriana, où se concentre tout ce qui représente la somme de ma vie. Elle renferme deux expériences de base qui, dans notre monde civilisé, sont difficilement possibles : le silence et l'obscurité.

Si l'on me posait la question de savoir pourquoi j'ai besoin de trois maisons pour vivre, je ne saurais répondre. La question est trop complexe. D'ailleurs, elle ne devrait pas être formulée de la sorte. Peut-être que le motif déterminant est mon indécision, mais c'est peut-être aussi une question de complexité.

Mais les trois maisons constituent trois lieux. Chacun est un microcosme pour soi, un petit univers : la petite ville architecturale de la Belvederestraße, vivante, désordonnée, en perpétuelle mutation ; l'abstraction de la pure forme, du nombre et de la géométrie au Kämpchensweg, avec son architecture réduite au minimum ; la mémoire construite, la somme des expériences à la Glashütte.

Trois lieux, trois concepts, trois essais pour appréhender le phénomène architectural et pour trouver une solution. Peut-être une phrase de Wittgenstein nous aidera-t-elle à aller de l'avant : « L'architecture immortalise et glorifie quelque chose, aussi ne peut-il y avoir d'architecture là où il n'y a rien à glorifier. »

Texte initialement paru en traduction italienne et anglaise sous le titre « Aforismi sul costruire case / Aphorisms on Building Houses », dans *Lotus International*, n° 90, septembre 1996, pp. 7-33, puis en version originale allemande : *Aphorismen zum Häuserbauen*, Brunswick / Wiesbaden / Cologne, Vieweg / Ungers Archiv für Architecturwissenschaft, 1999.
Traduit de l'allemand par Odile Seyler.

Glashütte, Utscheid (Eifel), 1986-1988: plan de situation.

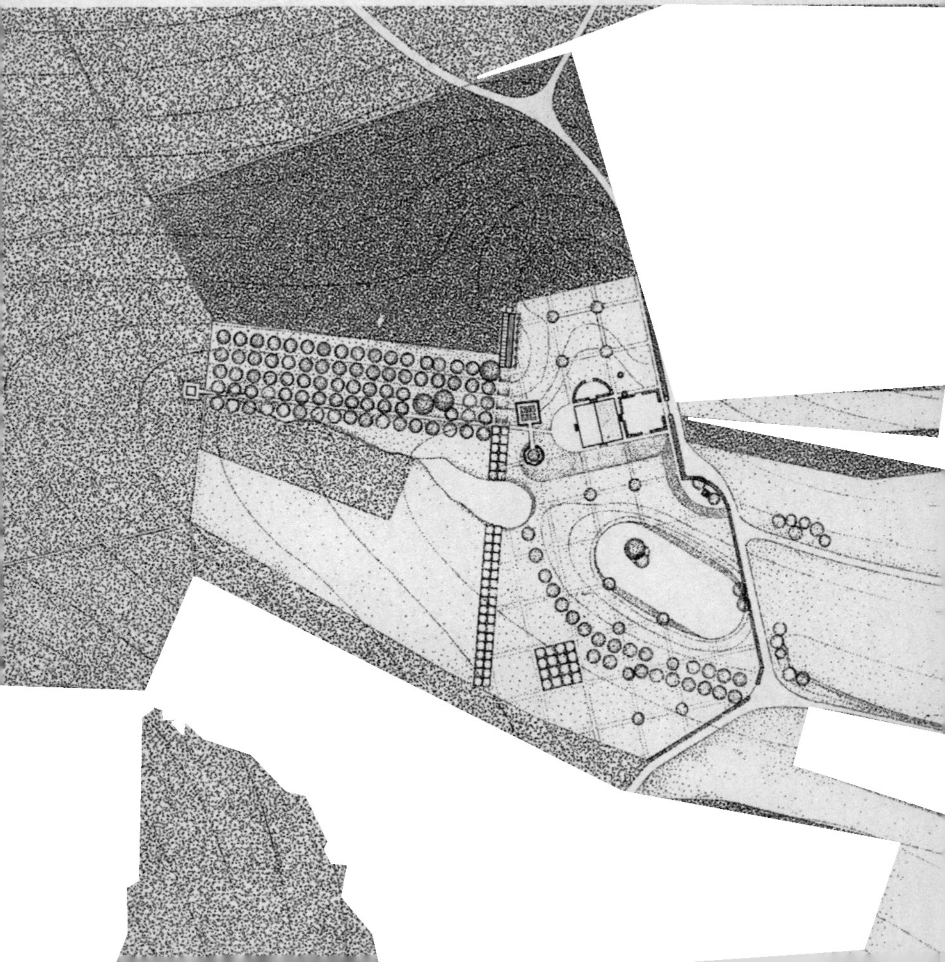

Vue de la maison avec le lac artificiel au premier plan.

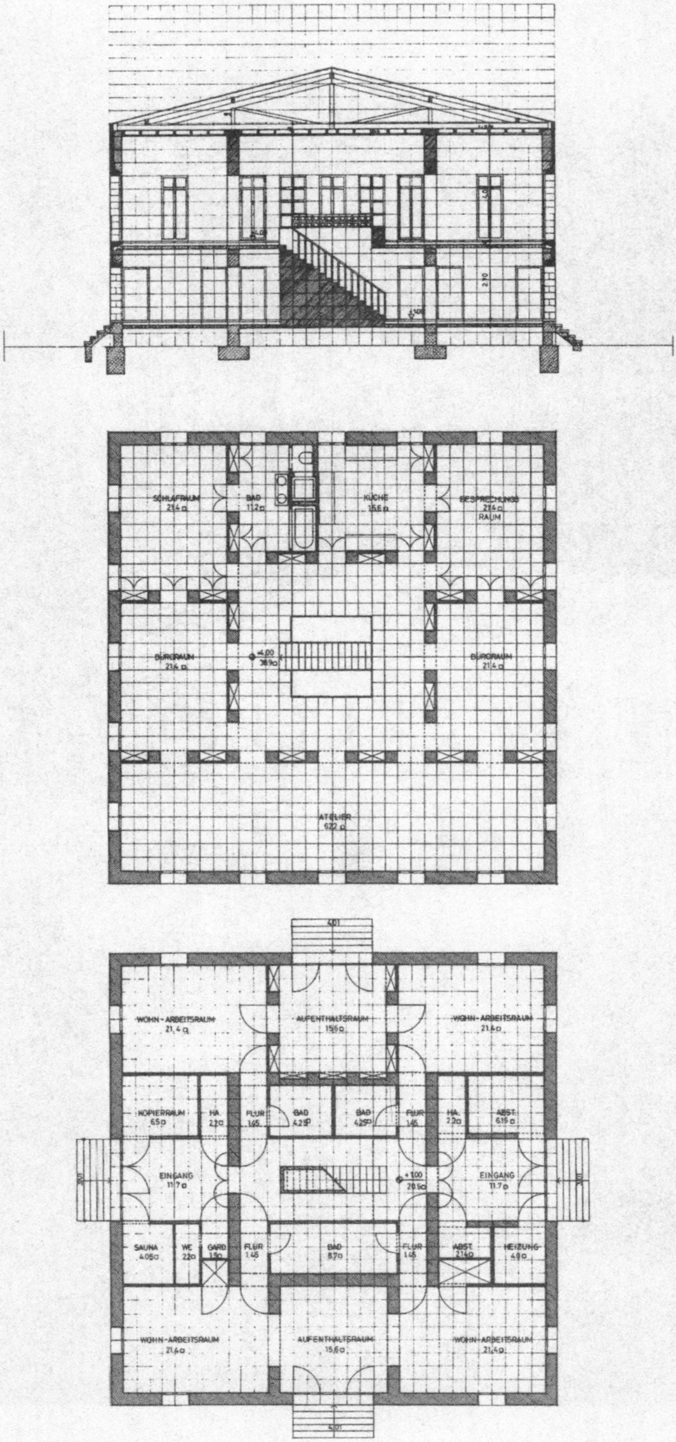

Coupe, plans de l'étage et du rez-de-chaussée.

Vue du salon à l'étage.

Vue de l'escalier-bibliothèque central.

H

Hearthbreaking
Sur l'évacuation du foyer de l'architecture
SÉBASTIEN MAROT
415

Slinkachu, *Dying Embers*, 2011.

Hearthbreaking

Sur l'évacuation du foyer de l'architecture

SÉBASTIEN MAROT

Fumer comme une cheminée

Après l'éviction des fumeurs hors des bâtiments publics, bureaux, restaurants et cafés dans un nombre croissant de pays, la diffusion rapide de la cigarette électronique pourrait être un développement récent dans la chronique du divorce entre foyer et architecture. On peut d'ailleurs soutenir (c'est en tout cas mon intuition) que la multiplication des pipes et des cigarettes au cours des XIXe et XXe siècle fut largement un effet de la modernisation du foyer, c'est-à-dire liée à la métamorphose de l'âtre en poêle, puis en radiateur, et à l'expulsion progressive de la fumée hors des bâtiments. La pipe et la cigarette pourraient bien avoir joué d'abord le rôle d'annexes individuelles et portatives de la cheminée, puis celui de substitut ou de placebo d'un foyer absent. Enveloppé par la fumée qu'il inhale en même temps, le fumeur émane autour de lui une aura évanescente, un avatar nébuleux de lui-même, une ambiance, littéralement une *atmosphère*. Dans les rares endroits où l'on peut encore partager un cendrier, le halo dans lequel baignent les fumeurs est à la fois le havre de leur compagnie et le véhicule de leur conversation. En règle générale, celui qui fume est désormais confiné dans l'isolement de sa sphère privée, de plus en plus souvent équipée de mouchards en plastique, ou bien dehors, à la porte, exposé au vent qui balaye ses volutes. Mais la nuit, la lueur faible et rougeoyante de sa clope – comme celle du tueur putatif dans *Fenêtre sur cour* – trahit toujours sa présence perspirante.

J'ignore si Peter Sloterdijk a jamais été fumeur de cigarettes ou de pétards (quoi que son goût pour l'Inde et la pensée orientale puisse laisser supposer), mais je ne me souviens pas avoir lu grand-chose sur la fumée dans son œuvre. Certes, sa « sphérologie » traite abondamment de la température ; mais le feu ne dégage pas que de la chaleur, et pendant très longtemps, la fumée fut sans doute partie intégrante de son aptitude à générer un monde ou une sphère humaine.

Thermotopie

> Il manque encore une étude qui accomplirait pour le XXe siècle ce que le *Livre des Passages* de Benjamin avait l'intention de faire pour le XIXe ; d'après tout ce que nous savons aujourd'hui de l'époque, un travail de ce type devrait s'intituler le *Livre de l'air conditionné* [1].

Tels sont les mots de Sloterdijk dans *Écumes*, le troisième volume de sa sphérologie, où il décrit les « îles anthropogènes[2] » – les incubateurs ou serres des sociétés et cultures humaines – comme des espaces complexes à neuf dimensions : le chirotope, un environnement de gestes et d'outils ; le phonotope, une sphère de sons et de langage ; l'utérotope,

le sentiment d'appartenir à une même lignée maternelle ancestrale ; le thermotope, une matrice de chaleur et de confort[3] ; l'érototope, une arène de désir sexuel ; l'ergotope, une atmosphère d'ambitions et d'organisation commune pour le travail ou pour la guerre ; l'aléthotope, un théâtre de mémoire, de sagesse et de savoir ; le théotope, un commerce avec la mort et l'au-delà ; et le nomotope, une architecture sociale de mœurs, d'échos, d'attentes et obligations mutuelles. Dans la mesure

1 Peter Sloterdijk, *Sphères III. Écumes* [2003], Paris, Maren Sell Éditeurs, 2005, p. 159.

2 *Ibid.*, pp. 316-433.

3 « Le signe le plus visible de l'avantage qu'il y a à être chez soi dans le groupe, c'est l'âtre ; ce symbole, le plus ancien de l'humanité, est l'indication la plus limpide du fait que les hommes ne s'en sortent pas sans un élément de gâterie. » (*Ibid.*, p. 351.)

4 Sloterdijk donne du reste une précision intéressante sur la raison pour laquelle il décrit ces neuf aspects des îles anthropogènes comme des *dimensions* : « On pourrait aussi dire qu'elle a neuf strates ou couches, si l'image de la strate ne suggérait pas une succession de niveaux sans point zéro ; si nous préférons ici l'expression de dimension, c'est parce qu'elle admet l'idée que toutes les dimensions se ramifient à partir d'un interface commun ou d'un point zéro (un entrelacs d'ici-maintenant-nous). » (*Ibid.*, p. 320.) De fait, le foyer est sans doute le plus vieux symbole de ce point zéro.

5 *Ibid.*, p. 319.

où Sloterdijk décrit aussi l'île anthropogène comme un « effet de serre » local, il est tentant d'introduire un peu de hiérarchie et de généalogie dans ces dimensions, et d'identifier le thermotope comme l'origine et le point focal des sociétés humaines[4]. Il ajoute :

> Nous partons de la thèse selon laquelle l'architecture constitue une réplique tardive de constitutions d'espace spontanées dans le corps du groupe. Si le fait humain repose sur un effet de serre, les serres anthropiques primaires n'ont dans un premier temps pas de murs, ni de toits physiques mais, si l'on peut s'exprimer ainsi, uniquement des murs faits de distance et des toits faits de solidarité[5].

Ni murs, ni toits, mais probablement un feu ou une espèce de *focus*. L'expression française pour désigner la situation misérable des vagabonds ou sans-abri est plutôt explicite : « sans feu ni lieu ». Pas de feu, pas de lieu. No thermos, no topos.

Ce primat du feu dans la constitution des îles anthropogènes, et dans la généalogie des sociétés humaines, est du reste affirmé sans ambages par Vitruve, qui fait de sa domestication l'origine du rapprochement des humains, du langage, de l'organisation et de l'architecture. Entre l'homme et le feu, la relation de *domestication* est réciproque.

Digression : entre puits et cheminée

Le puits et la cheminée sont proches parents. Tous deux sont des conduits verticaux, l'un creusé dans le sol pour atteindre les nappes souterraines et ramener l'eau en surface, et l'autre élevé vers le ciel pour tirer et évacuer la fumée produite par le foyer. Autrement dit, le puits est un dispositif d'accès ou de source, et la cheminée un dispositif d'évacuation ou d'exutoire.

À l'exception des cas où l'eau était facilement accessible, comme au bord d'un lac ou d'une rivière, les puits furent souvent une annexe indispensable des lieux d'habitation, et la possibilité même d'en creuser un était un critère essentiel de localisation des bâtiments. C'est du reste toujours le cas dans beaucoup de régions, dans beaucoup de zones rurales, voire suburbaines, où la plupart des fermes ou des maisons individuelles pompent directement leur eau dans la nappe phréatique. La plupart des maisons sont ainsi comme des nefs statiques situées au-dessus d'une eau mobile, et le puits, qu'il soit situé à l'intérieur de l'habitation ou juste à côté, est toujours, plus encore que les solides fondations sur lesquelles repose l'édifice, la vraie racine qui ancre celui-ci à son site.

La métamorphose
du puits et de la cheminée.

Quant à la cheminée, elle était le mât structurel, la colonne vertébrale de la maison ou de l'édifice, son œsophage, sa trachée, à la fois le tronc autour duquel se dressait le bâtiment et le faîte vers lequel convergeait la canopée des toits. Tendue entre la terre et le ciel, les fondations et les étoiles, la cheminée extrayait la fumée et diffusait la chaleur du foyer dans la maison. À la différence du fond du puits, où l'eau qui stagne peut être atteinte, l'âtre (qui n'a rien d'un volcan) est l'endroit où le feu doit être préparé, allumé et entretenu. Il est en quelque sorte le ventre de l'architecture, l'estomac de la maison, un organe qui doit être nourri de façon à assurer l'assimilation, la transmutation de la matière en calories, et à produire la température vivante de la maisonnée. Mais au-delà de son rôle dans la régulation de la température exosomatique (celle de la maison), le foyer est également le lieu où la nourriture de ses habitants est préparée et cuite, c'est-à-dire l'endroit où le processus métabolique grâce auquel ils tirent et renouvellent leur énergie endosomatique est initié, facilité, exalté et sublimé.

Pour nous résumer : tandis que le puits et l'accès plus ou moins permanent à l'eau qu'il fournit dictent souvent à l'habitation sa place au sein de son environnement, l'âtre, qui peut être placé ou déplacé plus aisément, constitue le foyer de cet environnement, le point vers lequel les ressources de celui-ci (le bois, la nourriture) convergent et sont consommées. Aussi certainement que les humains sont les descendants d'une lignée de mammifères qui rampèrent autrefois hors de l'eau pour entreprendre bien plus tard de parfaire leur humanité spécifique en domestiquant le feu, chaque lieu d'habitat humain, chaque île anthropogène émerge, entre gravité et sublimation, comme le couplage spécifique d'un puits (ou bien d'une source, d'une rivière, d'une citerne) et d'un foyer.

C'est là ce qui explique sans doute l'attrait particulier qu'exerce l'œuvre la plus fameuse de Frank Lloyd Wright, la maison Kaufmann, mieux connue sous le nom de Maison sur la cascade (Fallingwater). Nichée dans la forêt, la maison n'est pas seulement perchée au-dessus d'un ruisseau et d'une cascade, mais accrochée à un rocher qui lui tient lieu de foyer. Wright explique :

> À cette époque, une authentique cheminée était très rare. Les maisons n'étaient la plupart du temps équipées que d'un poêle ou d'une fausse cheminée [*mantel*]. Ces fausses cheminées étaient des cadres de marbre où l'on brûlait du charbon, ou bien des espèces de meubles en bois, avec des tuiles et un gril, que l'on collait contre le mur. Ces fausses cheminées étaient une insulte au confort, mais les authentiques foyers

> devinrent une composante essentielle du bâtiment lui-même dans les maisons que je fus amené à construire dans la Prairie. Je trouvais rafraîchissant de voir un feu se consumer au cœur de la maçonnerie de la maison elle-même[6].

Comme le remarque à juste titre Luis Fernández-Galiano, la maison Kaufmann, « plus qu'une maison sur une cascade, est d'abord un feu sur un rocher[7] », environné par sa provision naturelle d'ombre et de combustible. Certes, cette cheminée ne fut jamais destinée à fournir à la maison toute la chaleur et la lumière nécessaire. Comme plusieurs auteurs l'ont souligné, une part significative du génie de Wright fut investie dans l'insertion calculée de radiateurs et de dispositifs d'éclairage dans les murs et les plafonds de ses projets, de façon à ce que ces derniers jouent tous un rôle discret, mais actif, dans le conditionnement et le contrôle de l'atmosphère intérieure. Mais il n'empêche : la cheminée joue bel et bien là, en contrepoint du son de la cascade, le rôle de foyer visible de la maison, de cœur symbolique de son environnement bien tempéré, et de garantie de sa résilience.

Les quatre éléments de l'architecture

Le feu, tout comme sa contrepartie qu'est l'eau, est toujours une composante et une condition *élémentaire* de l'architecture, de même que le sont aussi les matériaux solides dont les bâtiments sont constitués, et l'air, ou « espace », qu'ils définissent, filtrent, modèlent ou canalisent. Aussi les éléments basiques de l'architecture sont-ils toujours, d'une certaine manière, les quatre éléments identifiés par les physiologues grecs : le feu, l'eau, la terre, l'air. Il n'est donc pas surprenant que Gaston Bachelard n'ait développé sa phénoménologie de l'habitation (*La Poétique de l'espace*, 1958) qu'après avoir ausculté les résonances philosophiques de chacun de ces éléments, en commençant par le feu[8]. Mais c'est surtout à Gottfried Semper que revient le mérite d'avoir, un siècle auparavant, proposé une théorie élémentaire et environnementale de l'architecture :

6 Frank Lloyd Wright, « Fourth Princeton Lecture » [1930], in *The Future of Architecture* [1953], p. 150, cité par Luis Fernández-Galiano, *Fire and Memory: On Architecture and Energy*, Cambridge (Mass.), MIT Press, 2000, p. 29.

7 Luis Fernández-Galiano, *ibid.*

8 On notera l'ordre de ces cinq livres dont la composition s'étale sur dix années : *La Psychanalyse du feu* (1938), *L'Eau et les rêves* (1942), *L'Air et les songes* (1942), *La Terre et les rêveries du repos* (1946) et *La Terre et les rêveries de la volonté* (1948).

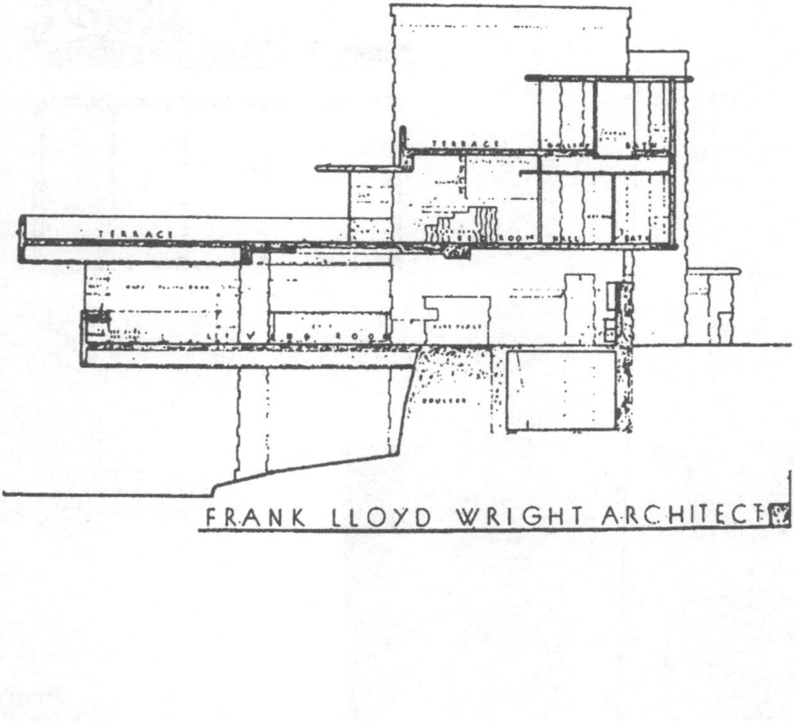

«Un feu sur un rocher»:
Frank Lloyd Wright, Fallingwater,
coupe de la maison
et vue de la cheminée, 1936-1939.

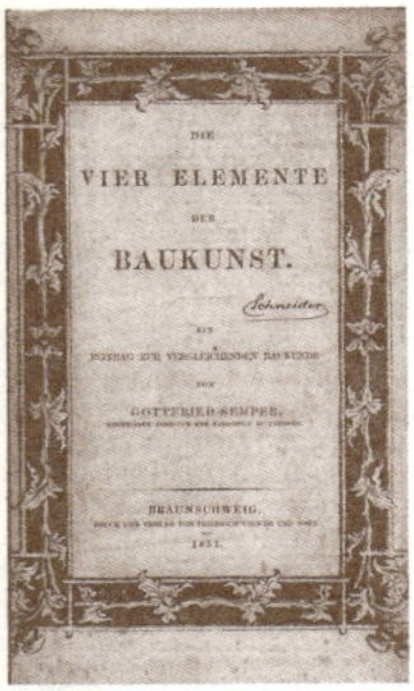

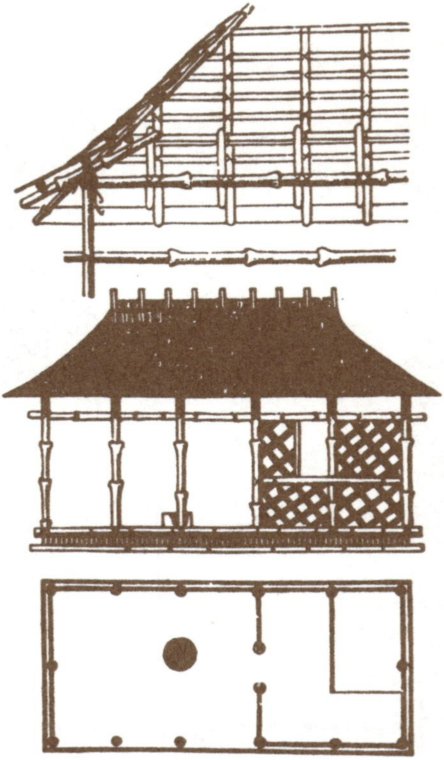

Le foyer comme élément premier et moral de l'architecture: Semper, *Les Quatre éléments de l'architecture*, couverture et illustration (le toit, l'enveloppe, le foyer), 1851.

Le théâtre comme amplification et la télévision comme substitut de la cheminée: en haut: Gottfried Semper, Théâtre de Dresde (première construction), 1838-1841; en bas: famille américaine au salon dans les années 1950.

Le premier signe d'installation humaine et de repos après la chasse, la bataille ou l'errance est aujourd'hui, comme à l'époque reculée où les hommes furent chassés du paradis, la construction d'un âtre et l'allumage du feu qui régénère, réchauffe, et permet de préparer la nourriture. C'est autour du foyer que les premiers groupes s'assemblèrent, que les premières alliances se formèrent, et que les concepts primitifs de la religion se constituèrent en cultes établis. À travers toutes les étapes du développement de la société, l'âtre a été le foyer sacré autour duquel tout prit forme et ordre. Il est l'élément premier et majeur, l'élément *moral* de l'architecture. Et c'est autour de lui que se sont groupés trois autres éléments : le toit [*das Dach*], l'enveloppe [*die Umfriedigung*], et le sol [*der Erdauwurf*], qui sont des négations protectrices ou des défenses de la flamme contre les trois autres éléments hostiles de la nature. Selon la façon dont les différentes sociétés humaines se développèrent en fonction des influences du climat, de l'environnement naturel, des relations sociales et de leurs prédispositions raciales, les combinaisons entre ces quatre éléments de l'architecture évoluèrent elles aussi, certains éléments prenant plus d'importance, alors que d'autres reculaient à l'arrière-plan. En même temps, les différentes habiletés techniques de l'homme se développèrent et s'organisèrent autour de ces éléments : la céramique, et plus tard la métallurgie autour du foyer, les travaux hydrauliques et la maçonnerie autour du sol, la menuiserie et l'art du charpentier autour du toit et de ses accessoires... et l'art des parois, c'est-à-dire du tissage et de la tapisserie, autour de l'enveloppe[9].

9 Gottfried Semper, *Die vier Elemente der Baukunst. Ein Beitrag zur vergleichenden Baukunde*, Braunschweig, Vieweg, 1851. Il existe une traduction française dans *Du style et de l'architecture. Écrits, 1834-1869*, Marseille, Parenthèses, 2005. Dans une note de bas de page au mot « terre-plein », Semper décrit l'étroite relation entre le foyer et le puit : « Le terre-plein ou la terrasse pourraient certes apparaître comme secondaires à première vue, et nécessaires seulement dans les terres basses où des habitations solides ont été construites ; cependant le terre-plein s'associa aussitôt au foyer, et devint indispensable pour soulever celui-ci au-dessus du sol. Lié à la construction d'une fosse ou d'un puits [*Grubenbau*] qui faisait corps avec lui, il a également pu servir de support aux premiers toits. Du reste, il est vraisemblable que l'homme, non pas en tant qu'individu mais certainement en tant qu'être social, est sorti des terres basses comme, pour ainsi dire, la dernière création de la boue. Toutes les légendes immémoriales des peuples, qui sont souvent des philosophies de la nature implicites, convergent sur ce point. »

Trois choses doivent être soulignées dans cette anatomie élémentaire des bâtiments. Tout d'abord, les éléments de l'architecture ainsi identifiés (et leur nombre) sont étroitement liés aux éléments classiques de l'environnement qu'ils accueillent, contrôlent ou tiennent à distance : le foyer au feu, le toit à l'eau (et au soleil), le sol à la terre (et à l'eau) et l'enveloppe à l'air (ou au vent). En d'autres termes, cette anatomie quadripartite de l'architecture correspond à une anatomie de l'environnement.

Ensuite, une hiérarchie est clairement introduite entre ces quatre éléments. Tandis que le foyer, qui accueille le feu est explicitement considéré comme l'élément premier et central (et presque comme l'origine de l'architecture, comme chez Vitruve), les trois autres sont décrits comme des « négations », c'est-à-dire comme des défenses qui protègent le « focus » des atteintes, excès et intrusions de ce que l'on appellerait aujourd'hui la pédosphère, l'hydrosphère et l'atmosphère. Alors que ces quatre conditions de l'environnement sont toutes des composantes nécessaires de l'habitat humain, Semper distingue le feu comme l'élément le plus fondamental de la biosphère humaine, mais aussi comme le plus fragile, constamment menacé qu'il est d'être soufflé, enterré ou englouti par les trois autres – un contraste frappant avec la situation environnementale contemporaine où la combustion, sous la forme de l'énergie consommée pour alimenter nos bâtiments, menace au

contraire d'assécher les ressources en eau douce, d'épuiser les richesses de la croûte terrestre et de surchauffer l'atmosphère[10].

Enfin Semper explicite les différentes combinaisons et l'importance relative de ces quatre éléments de l'architecture – tout comme celle des techniques associées à chacun d'entre eux – en fonction des environnements naturels et culturels où les humains ont vécu et construit. Il montre par exemple comment la maçonnerie, initialement liée à la construction du sol, a progressivement colonisé la structure même de l'enveloppe, où tissus et tapis furent supplantés par des murs porteurs.

Écrivant en 1851, dans la première vague de la révolution industrielle, l'année même où le Crystal Palace fut inauguré à Londres, Semper ne pouvait pas ne pas voir combien les techniques issues du feu, désormais visuellement absent, avaient entièrement conditionné cette cathédrale de verre et de fer où des myriades de constructeurs de poêles, vantant

10 Sur ce point, voir John McNeill, *Something New Under the Sun: An Environmental History of the Twentieth-Century*, New York, Norton, 2000 (trad. fr. : *Du Nouveau sous le Soleil. Une Histoire de l'environnement mondial au xx*^{e} *siècle*, Seyssel, Champ Vallon, 2010), un tableau extrêmement complet des dommages infligés à la lithosphère/pédosphère, l'hydrosphère, l'atmosphère et la biosphère par le développement humain au cours du dernier siècle.

leurs extraordinaires modèles d'appareils ménagers (*labor-saving*), dominaient les stands de la Grande Exposition[11]. Depuis cette époque, l'importance du feu (et des techniques du feu) n'a cessé de croître dans l'industrie de l'architecture, tandis que sa part comme élément visible et célébré a été escamotée et quasiment éradiquée. Si la recette de tout bâtiment comporte encore aujourd'hui les quatre ingrédients ou éléments de l'environnement, la présence visible de chacun dans le paysage construit est devenue inversement proportionnelle à son importance et à sa dépense réelles. Refoulé des bâtiments eux-mêmes, le feu a également été passablement ignoré dans la théorie de l'architecture des dernières décennies, apparemment peu affectée par les progrès scientifiques de la thermodynamique. En paraphrasant ce que Kevin Lynch disait des déchets, évoquant leur paradoxale absence du discours sur l'architecture et l'urbanisme, on pourrait dire que la théorie de l'architecture a été aveuglée par une *pornographie* du feu[12].

11 Je tiens à remercier James Westcott d'avoir attiré mon attention sur cette prolifération de poêles dans la Grande Exposition de 1851.

12 Voir Kevin Lynch, *Wasting Away: An Exploration of Waste, What it Is, How it happens, Why we Fear it, How to do it Well*, San Francisco, Sierra Club Books, 1990: « Le déchet et la perte sont la face sombre du changement, un sujet refoulé et hautement émotionnel. Il y a une pornographie du déchet, tout comme il y a une pornographie du sexe et de la mort… L'accumulation des déchets solides, la pollution croissante de l'eau et de l'air sont devenues nos problèmes majeurs. On ne se débarrasse plus de rien sans inconvénient ; nos vieux poisons reviennent nous intoxiquer. Certaines villes tombent en ruine, et d'autres croissent trop vite. Que se passerait-il si ces dernières commençaient à se désagréger ? Tout cela est un *nasty business.* » (p. 1, nous soulignons). De la même façon, nos grandes centrales de production énergétique, avec leurs colossales émissions de déchets moins visibles, ont été exilées « loin des yeux », dans un geste d'ignorance délibérée (mais vénérienne et honteuse).

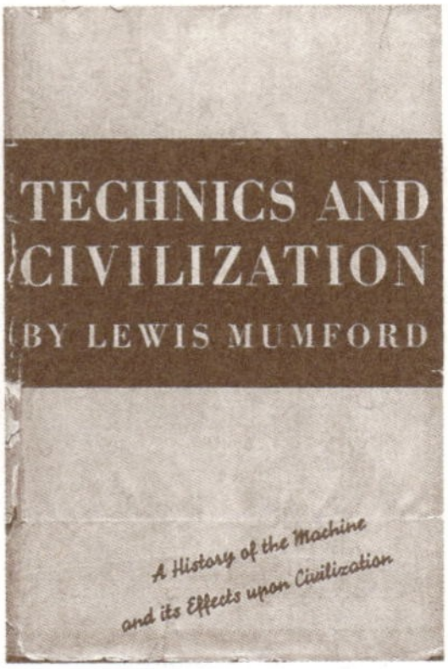

Une histoire
environnementale
des techniques:
Lewis Mumford, *Technics and Civilization*,
1934.

Lewis Mumford : du foyer à la prise électrique

Le fait que Vitruve, le théoricien classique des valeurs architecturales occidentales, ait regardé la domestication du feu comme l'origine de la société humaine est en soi une indication claire du lien conceptuel intime entre feu et architecture. Cependant, tandis que l'évolution et les métamorphoses des techniques du feu (les usages, ressources et contrôles de la combustion) ont exercé une influence majeure et sans cesse croissante sur l'architecture au cours des deux derniers siècles, l'éviction concomitante des foyers et cheminées authentiques dans les bâtiments a fragilisé la conscience de ce lien, en particulier parmi les historiens et théoriciens de l'architecture[13]. Au cours du dernier siècle cependant, quelques auteurs, nageant à contre-courant, se sont efforcés de restaurer cette conscience. Quatre ou cinq livres peuvent être considérés à cet égard comme d'importants repères.

13 L'affirmation est sans doute un peu brute et caricaturale, mais il semble bien que, d'une manière générale, l'éviction du foyer des bâtiments ait conduit beaucoup d'auteurs de traités architecturaux, tels Guadet, à reléguer le sujet dans des notes de bas de page, quand bien même ils affirmaient lutter contre cette éviction : « La cheminée n'est pas encore morte, et il est nécessaire d'y penser », Julien Guadet, *Éléments et théorie de l'architecture. Cours professé à l'École nationale et spéciale des beaux-arts*, Paris, Librairie de la construction moderne, 3e éd., 1902, vol. 2, p. 155). Voir Emmanuelle Gallo, « La Réception des nouveaux modes de chauffage domestique en France au xixe siècle », in Gérard Monnier (dir.), *L'Architecture : la réception immédiate et la réception différée. L'œuvre jugée, l'édifice habité, le monument célébré*, Paris, Publications de la Sorbonne, 2006, pp. 37-51, qui analyse cette réception chez les usagers d'une part, et chez les professionnels, architectes et ingénieurs de l'autre. Gallo montre que l'accueil des nouvelles techniques de chauffage par les architectes fut plutôt froid et nerveux (avec quelques exceptions, comme par exemple John Soane en Angleterre), et que le fameux fossé entre architectes et ingénieurs, qui émergea au cours du xixe siècle, se creusa notamment autour de cette question du chauffage et du contrôle thermique (p. 49). *Éléments et théorie de l'architecture* de Guadet représentent du reste un changement significatif dans la notion d'élément architectural après Semper. Guadet distingue les « éléments de base de l'architecture », traités dans le premier volume, des « éléments de composition » qui sont spécifiques aux différents genres de bâtiments (domestiques, académiques, publics, religieux, etc.) examinés dans les trois volumes suivants. Symptomatiquement, le foyer ne figure pas parmi les éléments de base, lesquels sont traités dans l'ordre suivant : murs, ouvertures dans les murs (portes et fenêtres), portiques et ordres, toits et combles, sols et plafonds, voûtes, escaliers et rampes, et « éléments secondaires ». Tandis que les questions de l'éclairage, du chauffage et de la cuisine surgissent ici et là dans les autres parties, la question de la cheminée n'apparaît que vers la fin de la partie consacrée à l'architecture domestique, dans deux chapitres qui portent sur les « compléments de l'habitation », et sur « le chauffage et l'hygiène », où elle est couplée avec celles de l'adduction d'eau et de l'élimination des déchets.

Dans *Technique et civilisation* (1934), Lewis Mumford entreprit de rattacher l'histoire de l'architecture à celle de la production et de la distribution de l'énergie. De ce point de vue, il peut probablement être considéré comme le théoricien de l'architecture le plus important du XXᵉ siècle. Inspiré par Patrick Geddes, l'un des apports fondamentaux de Mumford dans ce livre fondateur fut de périodiser clairement l'histoire et la préhistoire de la révolution industrielle moderne en donnant de nouveaux noms aux phases ainsi distinguées en fonction des mentalités constructives, des matériaux et des capacités de chacune. L'ère éotechnique, c'est-à-dire les siècles qui précédèrent la révolution industrielle proprement dite, avait été un « complexe eau-et-bois ». À celle-ci avaient succédé, d'abord une phase paléotechnique, un « complexe fer-et-charbon », puis une phase néotechnique, un « complexe alliages-et-électricité », alors en cours de développement[14]. Même si ces trois phases se superposaient partiellement, et coexistent même toujours à notre époque globalisée, la périodisation de Mumford, fondée sur les combustibles principaux et sur les techniques majeures de production et de distribution d'énergie, fournit un cadre historique qui permet de souligner les étapes décisives de l'expulsion du feu hors des bâtiments, et les métamorphoses correspondantes du champ de l'architecture.

Dans la phase éotechnique, les maisons et les bâtiments sont les lieux du feu, des autels de combustion, aussi bien pour le chauffage, la cuisson des aliments et l'éclairage. Tandis que la maîtrise du verre – autre technique majeure du feu de cette époque – leur permet de fonctionner progressivement comme des boîtes héliotechniques, qui captent davantage de lumière et emmagasinent davantage de chaleur de l'extérieur, elles sont aussi des lampions, des sanctuaires qui abritent de discrètes sources ou niches de consomption (depuis les cheminées jusqu'aux bougies) qui ponctuent visuellement, thermiquement et olfactivement leur organisation et leur ambiance intérieures. À compter des premières décennies du XIXᵉ siècle, le tournant paléotechnique vers le charbon et le fer encourage l'encapsulation des feux domestiques dans des poêles en fer forgé, et la relégation progressive de la combustion dans des appareils de chauffage central et des chaudières situés hors des espaces de vie, dans des sous-sols ou des locaux séparés. Dans ce complexe technique, basé sur l'extraction du charbon, le feu, avec sa suie et ses émanations, est isolé à la cave et, grâce à tout un système de tuyaux, séparé des services qu'il rend pour le chauffage, l'éclairage et la cuisine. Chacune de ces fonctions développe ses propres canaux à travers les bâtiments, qui deviennent ainsi capables de croître en taille et en hauteur, comme le signale l'avis placardé sur les bâtiments de la fin du siècle en Europe : « Eau et gaz à tous les étages ».

Finalement, vers le tournant du XXe siècle, l'avènement géotechnique de l'électricité complète le processus en libérant en principe les bâtiments équipés de la nécessité d'héberger le moindre processus de combustion. Dès lors, tout bâtiment est potentiellement un pur consommateur et non plus un producteur d'énergie secondaire, comparable à la feuille ultime d'une arborescence de câbles et de lignes qui transportent en permanence, et lui fournissent instantanément, partout où elle est requise, l'énergie nécessaire : de fait, la ville est un arbre, et elle le deviendrait plus encore si les bâtiments, comme les feuilles réelles, capturaient et synthétisaient directement l'énergie pour la renvoyer dans le réseau. Chaque bâtiment géotechnique est un réseau secondaire de câbles branché sur une grille d'infrastructure alimentée grâce aux centrales à charbon, pétrole, gaz, fission nucléaire, biomasse – qui sont les colossales cheminées ou fournaises de notre époque. Affranchis de la fumée et de la suie, les maisons, les appartements et les bureaux sont des espaces thermostatiques homogènes qui fournissent toute une série de branchements pour les lampes, les radiateurs, les chaudières, les réfrigérateurs, les télévisions, les ordinateurs et les appareils ménagers en tous genres. Les bâtiments fonctionnent de moins en moins comme des moteurs à combustion interne, et de plus en plus comme des terminaux, des prises et des chargeurs… Au fond, l'architecture néotechnique consiste à concevoir des terminaux et des bases de recharge.

14 Lewis Mumford, *Technics and Civilization* [1934], New York, Harvest, 1963, p. 110. Trad. fr. : *Technique et civilisation*, Paris, Seuil, 1976.

Les machines transforment le monde: Sigfried Giedion, *Mechanization Takes Command*, 1948.

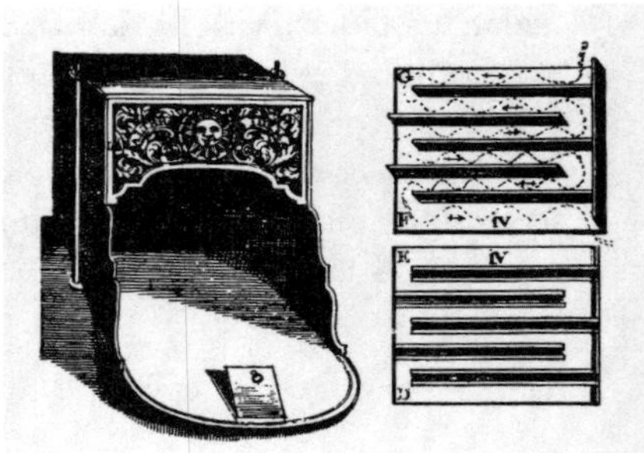

L'évolution du poêle: illustrations tirées de Sigfried Giedion, *Mechanization Takes Command*, 1948.

Sigfried Giedion : du poêle en fer forgé au *mechanicore*

Le repère suivant dans notre histoire est le livre de Siegfried Giedion, *La Mécanisation au pouvoir* (1948), consacré à l'évolution technique des « machines à habiter[15] ». Dans ce livre fondé sur une recherche considérable, Giedion analysait la façon dont les machines et la mécanisation avaient progressivement transformé les processus organiques (la culture des sols, la production des ressources alimentaires, et les voies de la reproduction des plantes et des animaux), mais également le cadre de vie des humains (le confort et les meubles), la gestion de la maison, et l'hygiène corporelle (la salle de bain). Ce faisant, Giedion attirait l'attention sur l'influence croissante que les outils, les prothèses et les appareils avaient sur l'architecture, qui émergeait de plus en plus comme une discipline cantonnée à la conception et la fourniture d'un équipement environnemental. Un bâtiment n'était plus tant une construction servie par des domestiques qu'une construction offrant des services.

Si vaste était le chantier d'« histoire anonyme » ouvert par Giedion qu'il avait dû se focaliser sur quelques exemples significatifs. Sans surprise, « la mécanisation du foyer » est l'un de ces exemples, et le chapitre qui lui est consacré introduit toute la section du livre dédiée à la transformation de la maison (essentiellement centrée sur les fonctions de la cuisine et du ménage)[16]. Pistant les moyens successifs de « concentrer la source de chaleur » tout en évitant les inconvénients de la combustion directe, Giedion retrace les métamorphoses du poêle en fonte (modèles Franklin, Rumford, etc.) en gazinière, puis en cuisinière électrique, jusqu'aux cuisines entièrement équipées des années 1940, bourrées d'équipements électriques et profilées comme les cockpits de la vie domestique.

Giedion n'abordait pas explicitement les conséquences de ces transformations, et de la dés-intégration du foyer, sur l'architecture elle-même, sauf dans le chapitre ultime de cette section, intitulé « The House and the Mechanical Core ». Le cœur mécanique (ou *mechanicore*), « qui rassemble la cuisine, la salle de bain, la laverie, la chaufferie, les câbles et la plomberie[17] » – soit l'équivalent moderne du puits et de la cheminée à la fois –, était clairement à ses yeux le problème central autour duquel se jouait le futur de l'architecture : « La mécanisation soulevait

15 Sigfried Giedion, *Mechanization Takes Command: A Contribution to Anonymous History* [1948], New York / Londres, Norton & Company, 1969. Trad. fr. : *La Mécanisation au pouvoir. Contribution à l'histoire anonyme*, Paris, Centre Georges-Pompidou, 1980.

16 *Ibid.*, p. 527-548.

17 *Ibid.*, p. 625.

des problèmes spécifiques : d'un côté on souhaitait utiliser les pièces de la façon la plus flexible possible, et jouir de la plus grande liberté du plan ; de l'autre, la mécanisation entrait en conflit avec cet objectif en réclamant la plus grande concentration de toutes les installations[18]. » Mais si Buckminster Fuller s'était explicitement attaqué au problème du *mechanicore*, ses solutions en forme de cheminée, « qui incorporent le cœur dans un mât, qui portent le poids de sa maison », laissaient Giedion perplexe : « Cela produisit des maisons circulaires ou polygonales, dont le plan fermé est en contradiction avec la vague de fond de l'architecture contemporaine[19]. » Le futur de ce tronc de câbles et de tuyaux (avec la trémie et le mécanisme de l'ascenseur), ancrant et portant l'édifice, lui semblait incertain :

> Savoir si les composantes cœur mécanique seront dissociées ou au contraire concentrées en une entité unique n'est pas encore clair. Et l'on ne voit pas très bien non plus si le cœur mécanique se répandra dans les maisons individuelles ou dans les grands immeubles d'appartement, dont la conception, en Amérique, est toujours aux mains des routiniers[20].

Et Giedion de conclure : « Ce qui importe est de domestiquer la mécanisation, et de ne pas laisser le cœur mécanique tyranniser la maison. »

18 *Ibid.*
19 *Ibid.*, p. 626.
20 *Ibid.*, p. 627.

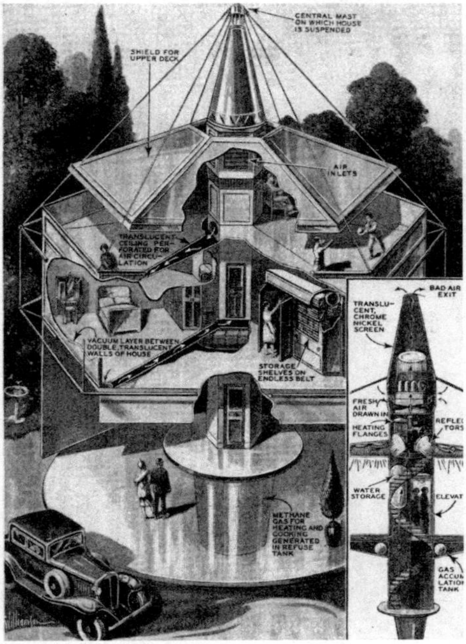

Le *mechanicore* dans l'architecture moderne : en haut : Buckminster Fuller, maison Dymaxion, 1930-1945 ; en bas : maison de J. et N. Fletcher, 1945.

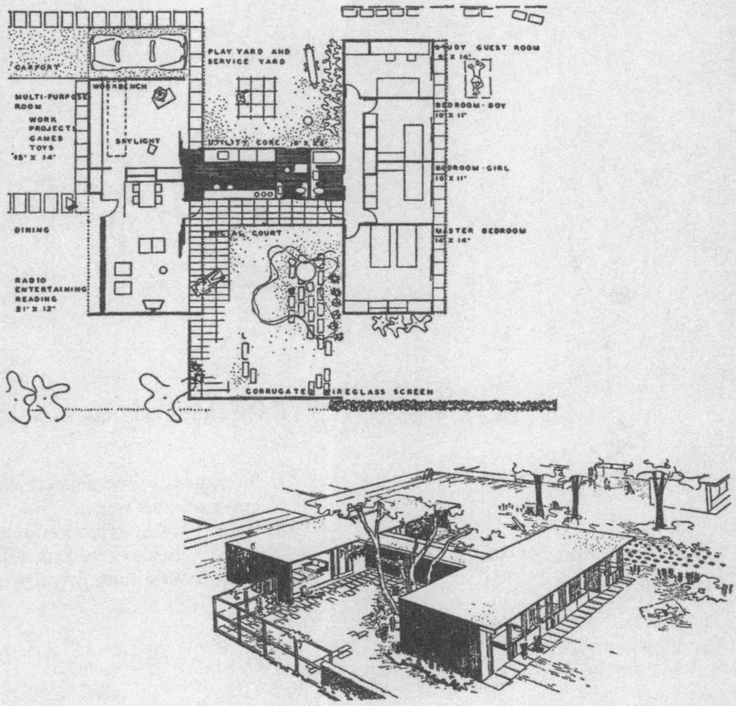

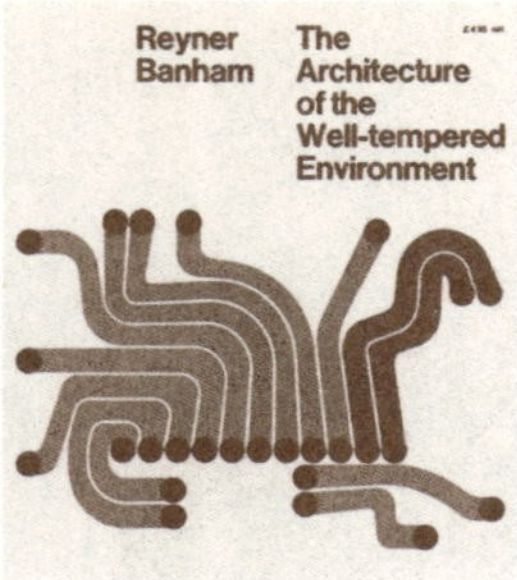

Une histoire énergétique
et critique de
l'architecture moderne:
Reyner Banham,
*The Architecture
of the Well-Tempered
Environment*, 1968.

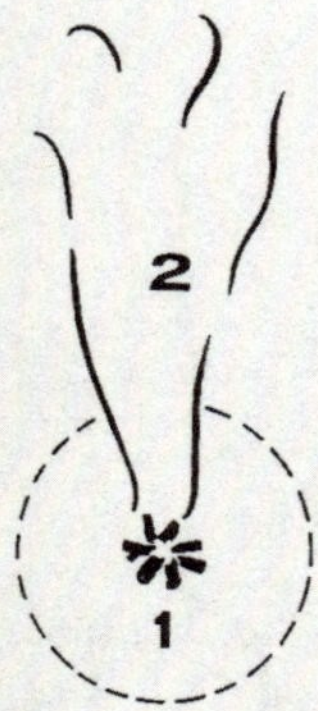

Environmental conditions around a camp fire.

1. Zone of radiant heat and light
2. Downwind trail of warmed air and smoke

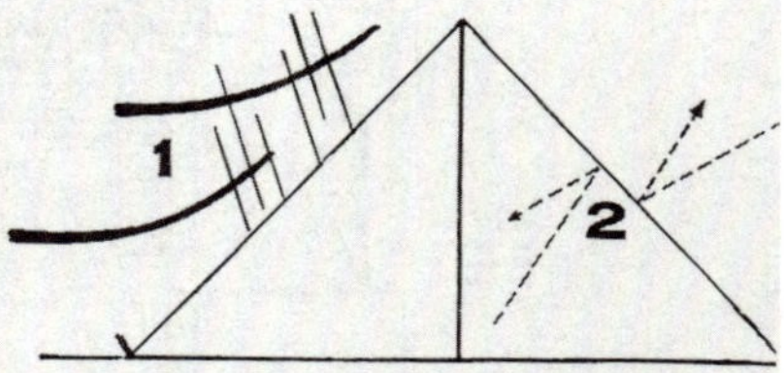

Environmental behaviour of a tent.

1. Tent membrane deflects wind and excludes rain
2. Reflects most radiation, retaining internal heat, excluding solar heat, maintaining privacy

La solution énergétique
et la solution structurelle
d'après Banham.

Reyner Banham : du structurel au régénératif

En 1969, quatre ans avant le premier choc pétrolier, Reyner Banham fit paraître *L'Architecture de l'environnement bien tempéré*, première tentative d'embrasser globalement la question que Giedion avait entrepris d'analyser vingt ans auparavant[21]. Mais là où Giedion s'était focalisé sur quelques-uns des appareils où équipements mécaniques qui avaient colonisé le paysage et l'habitat des humains, Banham entendait décrire l'architecture elle-même comme une question de « gestion environnementale ».

L'histoire critique et alternative de l'architecture moderne présentée dans ce livre avait la portée d'un manifeste : tandis que les architectes avaient toujours plus ou moins considéré l'architecture comme la conception de structures, l'arrangement de formes et l'assemblage de matériaux, il s'agissait de démontrer que sa vocation réelle était, d'abord et avant tout, de contrôler la température et l'ambiance, de fournir un ensemble défini de processus et de conditions atmosphériques adaptés au confort et aux activités humaines. Pour Banham, la conception de structures matérielles n'était qu'un des moyens possibles d'atteindre ce but. L'architecture ne consistait pas simplement en « volumes assemblés », comme l'avait voulu Le Corbusier, mais en moyens de produire et de distribuer tant la lumière que la température et les conditions climatiques désirables. La cellule architecturale n'avait pas juste une enveloppe ou une membrane, mais aussi un noyau. En d'autres termes, l'architecture était fondamentalement un problème d'énergie, et cette réalité appelait une révision complète de son histoire et de sa critique.

Banham introduisait son argument par la parabole d'une tribu « sauvage » s'apprêtant à camper dans un endroit bien fourni en bois mort : « Il existe deux méthodes de base pour exploiter le potentiel

21 Reyner Banham, *The Architecture of the Well-tempered Environment* [1969], Chicago, University of Chicago, seconde édition revue et complétée de 1984. Pour un exposé plus détaillé des arrière-plans du livre de Banham, on peut se reporter à l'introduction de Luc Baboulet à sa récente traduction française : « Paysage avec artefacts », in Reyner Banham, *L'Architecture de l'environnement bien tempéré*, Orléans, HYX, 2011, pp. 9-30. Baboulet insiste sur plusieurs auteurs antérieurs que Banham mentionne à peine, même lorsqu'il connaissait bien leurs travaux, comme James Marston Fitch, Ellis Aronin, Victor Olgyay, Ralph Knowles, Maxwell Fry et Jane Drew. Si notre objet n'était pas strictement celui des métamorphoses du foyer, mais celui, plus large, des rapports entre architecture, environnement et énergie, le présent survol devrait nécessairement inclure ces livres majeurs, et en particulier ceux de James Marston Fitch, *American Building: The Forces that Shape It* (1948) et *Architecture and the Esthetics of Plenty* (1961).

Frank Lloyd Wright, «premier maître de la well-tempered architecture»: le système de ventilation et de conditionnement d'ambiance explique la structure du Larkin Building.

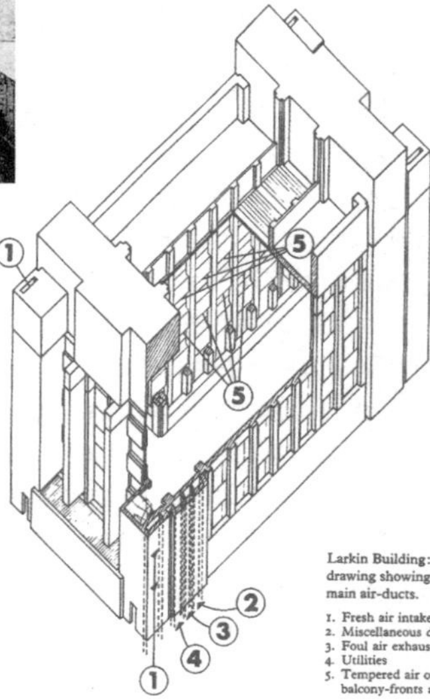

Larkin Building: cut-away drawing showing location of main air-ducts.

1. Fresh air intake
2. Miscellaneous ducts and services
3. Foul air exhaust
4. Utilities
5. Tempered air outlets under balcony-fronts and ceiling-beams

Leçon de chose et point de fuite du mode régénératif: le dispositif d'air conditionné produit littéralement le volume : Atomic Energy Commission Portable Theatre, Lundy & Bird, 1959.

environnemental de ce matériau : on peut l'utiliser soit pour construire un coupe-vent ou un abri contre la pluie – c'est la *solution structurelle* – soit pour faire un feu – et c'est la *solution énergétique*[22]. » Soulignant qu'une tribu réelle choisirait de privilégier l'une ou l'autre option non en fonction d'une estimation rationnelle de la situation, mais d'abord en fonction de ce que prescrivent ses habitudes et coutumes, Banham expliquait que c'était exactement le cas des nations occidentales développées où « d'instinct les architectes réagissent en proposant des espaces clos, charpentés de structures massives, parce que c'est ce qu'on leur a appris à faire, et ce que la société a appris à attendre d'eux[23] ».

Pour Banham, la profession architecturale était droguée à la solution structurelle, qu'il analysait en deux modes complémentaires : le mode *conservatif* (« la norme enracinée de la culture européenne »), dans lequel des structures massives et pérennes absorbent, emmagasinent et restituent la chaleur, et le mode *sélectif*, « qui opère de façon à exclure de l'intérieur les conditions atmosphériques indésirables et à admettre les conditions désirables de l'extérieur ». La construction traditionnelle avait toujours combiné ces deux modes, mais les avait toujours complétés par un troisième : « Le mode *régénératif* de l'énergie appliquée, qu'elle provienne d'un combustible ou bien de l'énergie musculaire déployée par l'homme ou l'animal[24]. » Et Banham ajoutait, pointant la relation historique fondamentale de ces trois modes :

> L'association traditionnelle de la « maison » au « foyer » reconnaît l'existence de leur interaction. Mais si ces trois modes ne doivent pas être trop strictement distingués dans la construction traditionnelle, il n'en existe pas moins une distinction climatique essentielle entre les pratiques plus conservatives et celles qui sont plus sélectives, ainsi qu'une distinction historique tout aussi cruciale séparant l'époque actuelle – *qui peut faire le choix d'être essentiellement régénérative* – de toutes les époques antérieures[25].

Une révolution s'était produite en 1882 avec la domestication de l'électricité, qui avait propulsé le mode régénératif du statut de « modeste servante » à celui de « sérieux rival » des modes conservatif et sélectif.

22 Reyner Banham, *The Architecture of the Well-tempered Environment*, *op. cit.*, p. 19.

23 *Ibid.*, p. 21.

24 *Ibid.*, p. 23.

25 *Ibid.*, p. 23-24 (nos italiques).

Et pourtant, près d'un siècle plus tard, la théorie, l'histoire et la pratique architecturales étaient toujours focalisées sur la structure seule, et s'obstinaient à traiter les dispositifs régénératifs (chauffage, ventilation, climatisation, distribution de la lumière et de l'énergie) comme une affaire d'annexes et de notes de bas-de-page. Or, clamait Banham, l'architecture était désormais très largement – même si inconsciemment – dictée par ces problèmes régénératifs.

L'Architecture de l'environnement bien tempéré se présentait donc comme une contre-histoire de l'architecture, décrivant les innovations techniques majeures qui avaient transformé le métabolisme et le système nerveux des bâtiments, et amélioré drastiquement leur performance en terme de contrôle énergétique de l'environnement : l'élimination progressive de la fumée et de la flamme ; la distribution de la chaleur depuis la chaudière à vapeur, gaz ou électricité à travers tuyaux et radiateurs ; la percée des systèmes de climatisation et de l'« atmosphère artificielle » (emmenée par l'ingénieur américain Willis Carrier) ; l'émergence et l'évolution des planchers techniques et des faux-plafonds (combinés avec le mur-rideau) comme moyens de distribuer et de masquer de façon ubiquitaire les câbles, fils, tuyaux et conduites ; la dilatation horizontale corrélative du *mechanicore* de Giedion en tapis ou grilles énergétiques desservant des couches d'espaces homogènes ; etc.

En parallèle, Banham décrivait toute une série de bâtiments, célébrés comme des repères dans cette contre-histoire, où les architectes n'avaient pas seulement tiré parti de ces innovations régénératives, mais les avaient intégrées dans la conception et dans l'expression architecturale. Frank Lloyd Wright était ainsi présenté comme « le premier maître de l'architecture de l'environnement bien tempéré », à la fois pour le Larkin Building (1906), chef-d'œuvre de ventilation cadré par ses quatre tours-cheminées en briques intégrant escaliers et conduites, et pour ses Prairie Houses, où la mise en scène symbolique de l'âtre était prolongée par l'interaction sophistiquée des systèmes de chauffage, d'éclairage et de ventilation.

Et comme pour annoncer le triomphe imminent de l'architecture de l'environnement bien tempéré, le livre examinait plusieurs bâtiments exemplaires plus récents, dont le gratte-ciel de la Philadelphia Savings Fund Society de William Lescazes et George Howe (1932) pour son système de ventilation et la préfiguration du faux-plafond, la Maison de Verre de Philip Johnson à New Canaan (1949), pour son cœur mécanique cheminée / salle de bain reliant les deux dalles chauffées électriquement du sol et du plafond ; et les Richards Laboratories de Louis Kahn (1965), pour l'impressionnante mise en scène des trémies *servantes* dans des tours de brique ceinturant et portant les laboratoires *servis*.

Enfin la seconde édition du livre, en 1984, célébrerait naturellement le « souffle d'intelligence » que sa première édition aurait contribué à inspirer à une nouvelle génération de bâtiments high-tech, tels que les bureaux Willis Faber & Dumas à Ipswich par Norman Foster (1975), l'expressionnisme archigramesque des tuyaux et conduites du Centre Pompidou à Paris (1977), et l'usine Inmos de Richard Rogers (1982) où les dispositifs de tuyauterie et de climatisation-ventilation avaient été saisis comme « une occasion moderne d'étendre le vocabulaire de l'expression architecturale[26] ». Aux yeux de Banham, tous ces bâtiments étaient des cas d'école, où « l'application d'une intelligence radicale aux problèmes d'aujourd'hui » avait permis « le remplacement de l'habitude par l'expérimentation, et la substitution de l'innovation informée à la coutume admise », et où les techniques régénératives avaient dissout « ce qui a fait l'ordinaire de l'architecture jusqu'à présent, à savoir les formes coutumières ». Banham pouvait donc conclure : « La place qu'occupent ces technologies émergentes semble plus assurée que jamais, en dépit de ceux qui prédisent leur disparition avec l'épuisement des combustibles fossiles, et l'ensemble des arts de fabriquer des environnements adaptés aux activités humaines doit à présent accepter qu'elles revendiquent d'appartenir de façon permanente au métier de l'architecture[27]. »

26 *Ibid.*, p. 299.
27 *Ibid.*, p. 312.

Un plaidoyer pour l'architecture passive et la variété thermique: Lisa Heschong, *Thermal Delight in Architecture*, 1979.

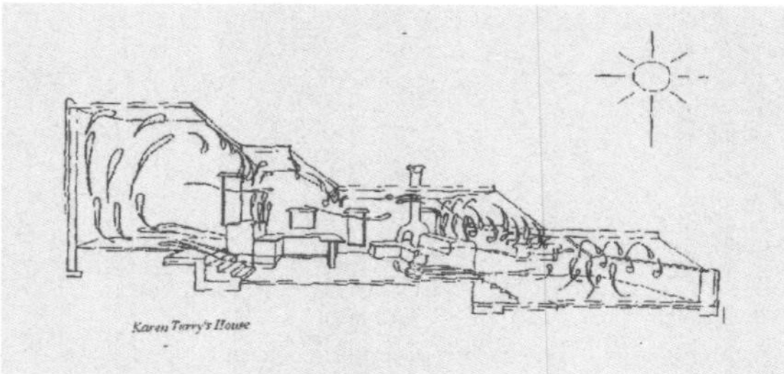

La maison solaire passive: ambiances et circulation de l'air. David Wright, Karen Terry's House, croquis années 1970.

Entre-acte

En somme, *L'Architecture de l'environnement bien tempéré* avait tous les ingrédients d'un puissant manifeste, capable d'inspirer une façon entièrement nouvelle d'apprécier l'architecture, basée sur l'évolution de la combustion et des technologies régénératives. Le hic, c'est que sa parution coïncida pratiquement avec la première crise du pétrole des années 1970, et avec la soudaine montée en régime des préoccupations quant aux «limites de la croissance» et aux «externalités» environnementales liées à l'exploitation des combustibles fossiles. En dépit de son ambition affichée de s'élever contre le «ton de panique» qui caractérisait «toutes les réactions à la crise de l'énergie qui se déguisent en croisade morale[28]», la seconde édition du livre révélait un certain embarras théorique, en ajoutant discrètement une série d'exemples qui relevaient plutôt du mode de construction sélectif, supposément plus écologique[29]. Manifestement, et malgré toute son intelligence, la façon dont Banham avait posé le problème de la thermodynamique en architecture *laissait quelque-chose à désirer*.

Aiguillonnés par la crise de l'énergie, plusieurs auteurs tentèrent de reposer ce problème. L'une d'entre eux fut Lisa Heschong, dans son petit livre dense et élégant intitulé *Architecture et volupté thermique* : une évocation vivante des expériences thermiques offertes par plusieurs architectures prémodernes, telles que les maisons centrées sur le foyer, mais aussi les bains romains, la maison japonaise, le jardin islamique, le sauna finnois, l'igloo, le temple hindou, la véranda, le coin du feu, le kiosque de jardin ou la balançoire[30]. Heschong opposait cette variété de plaisirs thermiques au projet moderne dominant de produire ce que James Marson Fitch avait appelé «un régime thermique invariable dans le temps et homogène dans l'espace[31]». Contre les «manières mécaniques très énergivores de neutraliser l'environnement thermique» et «la focalisation moderne sur les systèmes de chauffage central, la clima-

28 *Ibid.*, p. 278.

29 Particulièrement symptomatique est à cet égard le dernier exemple introduit par Banham dans la seconde édition : une maison à Santa Cruz, en Californie, conçue par les architectes Thacher and Thompson (1982), que Banham vante pour la subtile adaptation de son pignon et de son oriel aux courants d'air d'hiver et d'été (*ibid.*, p. 309). Mais la St George School de Wallasey (Cheshire), construite en 1961 par Emslie Morgan, et la Zome House de Steve Baer construite en 1972 à Corrales (Nouveau-Mexique), sont encore d'autres exemples, clairement sélectifs, que Banham a également ajoutés.

30 Lisa Heschong, *Thermal Delight in Architecture*, Cambridge (Mass.), MIT Press, 1979. Trad. fr. : *Architecture et volupté thermique*, Roquevaire, Parenthèses, 1981.

31 James Marston Fitch, *American Building: The Environmental Forces that Shape It*, Boston, Houghton Mifflin, 1972, p. 46, cité in Lisa Heschong, *op. cit.*, p. 20.

Pour un nouveau fonctionnalisme énergétique: Richard Stein, *Architecture and Energy*, 1977.

La débauche d'énergie grise et de matériaux d'après Stein: «L'une des charges principales portées par un bâtiment à ossature métallique est celle de l'acier lui-même.»

tisation et les bâtiments hermétiquement isolés qui ont affaiblis nos facultés de sensation et d'adaptation thermiques», Heschong plaidait pour une architecture passive, fondée sur l'énergie solaire, qui restaurerait cette panoplie de qualités thermiques. Évoquant quelques maisons solaires récemment construites à l'époque, notamment par l'architecte David Wright, elle déclarait :

> Une maison solaire, adaptée à la fois à ses habitants et aux cycles du Soleil, illustre la relation de l'homme au monde naturel. Une telle attitude rappelle assez le culte du feu des anciens comme célébration de la mort et de la renaissance du Soleil. Elle suggère un parallèle entre le symbolisme du foyer et celui de la maison solaire. Tous deux domestiquent une force élémentaire pour satisfaire des besoins thermiques pragmatiques. Tous deux transfèrent un phénomène primordial dans le domaine de l'expérience quotidienne[32].

Mais en dépit de toute son éloquence sur les nombreuses voluptés thermiques oubliées par la modernité, le livre apportait peu d'éléments quant à la façon dont l'architecture solaire permettrait de recouvrer la variété de ces expériences climatiques.

Plus ambitieux dans sa tentative d'aborder la problématique énergétique des bâtiments, un livre publié deux ans auparavant par l'architecte new-yorkais Richard Stein mérite d'être signalé ici. Sobrement intitulé *Architecture and Energy* (1977), il entreprenait de décrire l'architecture comme une question entièrement énergétique[33]. Stein abordait les coûts énergétiques aussi bien de la maintenance que de la production des bâtiments modernes (l'énergie de fonctionnement et l'énergie grise ou embarquée), et identifiait les nombreuses façons possibles de réduire ces dépenses pour rendre l'architecture à la fois plus efficace, plus ajustée et plus fonctionnelle : « L'absence de contraintes auto-imposées ou requises par la société, ainsi que la réticence à admettre l'impératif de construire de façon soignée, précise et économique sont funestes et aliénantes. [...] À l'inverse, la reconnaissance de limites à la construction dans un monde fini peut restaurer le sens et les interconnexions qui ont été négligées. Le talent, la maîtrise et le style peuvent revenir[34]. »

32 *Ibid.*, p. 57.

33 Richard G. Stein, *Architecture and Energy*, Garden City (New York), Anchor Press/Doubleday, 1977.

34 *Ibid.*, p. 237.

118. An American racing bicycle of the late nineteenth century. (Photo by Carl Stein)

119. The chain drive on the old bicycle. (Photo by Carl Stein)

120. Front fork tubes are flattened for greater strength in their plane of stress. (Photo by Carl Stein)

121. The elegant chain wheel of the old bicycle. (Photo by Carl Stein)

122. The rear wheel connection shows the skillful solution to transitions and joints. (Photo by Carl Stein)

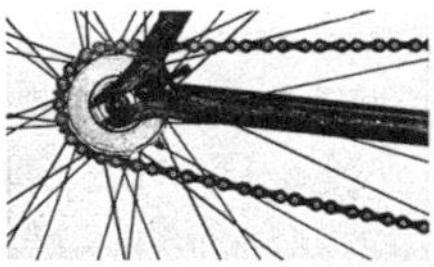

129. Quaker Bridge, across the Croton River in Westchester County, New York.

130. The compression members are hollow lattices.

Richard Stein, *Architecture and Energy*, 1977:
Le style comme économie d'énergie et de matériaux (p. 228 et p. 231).

24. Prefabricated frames for the roof of a house in Bamileke, Cameroon. (From *Habitat au Cameroun*)

25. Wind scoops in Hyderabad, Sind, Pakistan. (From *Architecture Without Architects* by Bernard Rudofsky. Photo courtesy of Anton Schroll & Co., Vienna)

158. Power plant south of Albany, New York.

159. Power transmission right of way, south of Albany, with three lines of towers.

160. Power transmission lines north of Yonkers, New York, completely dwarf the woodland they traverse. The scale of the landscape is the scale of the towers.

Des leçons du passé aux paysages de la production et de la distribution d'énergie aujourd'hui (p. 34 et p. 260).

Basé sur des recherches en comptabilité énergétique (inspirées par les travaux de Vassily Léontieff[35]) et sur une analyse fouillée des mécanismes et jeux de pouvoirs à l'œuvre dans l'industrie américaine du bâtiment, *Architecture and Energy* dressait un portrait sévère de l'interaction des divers systèmes et standards qui avaient colonisé la scène de l'architecture et de la construction : « Les acteurs évoluent sur la scène sans qu'aucun d'entre eux paraisse s'aviser des autres, qui se déplacent dans un isolement à la Beckett, sauf pour des échanges occasionnels. Il y a peu de dialogue. Les spectateurs se rendent bien compte à quel point les acteurs dépendent en fait les uns des autres, mais il n'y a pas moyen de leur transmettre cette vérité évidente[36]. »

Le livre de Stein abordait comme il se doit les énergies renouvelables empruntées à l'environnement, comme la solaire et l'éolienne ; mais il plaidait surtout pour l'économie énergétique qui résulterait d'une remise à l'échelle des centrales de production et des réseaux de distribution, de l'adoption d'espaces différenciés, contrastés, et de températures ambiantes moins élevées, d'un contrôle individuel de la consommation énergétique et, surtout, d'une réestimation et d'un réajustement des dispositifs conservatifs, sélectifs et régénératifs des bâtiments. Pour Stein, les défis de la crise environnementale réclamaient rien moins qu'un retour à l'esprit du Mouvement moderne, c'est-à-dire à un fonctionnalisme cultivé, éclairé par les leçons de l'architecture vernaculaire :

35 Wassily Leontieff (1906-1999) est l'économiste qui a développé l'usage des tableaux d'entrées et de sorties pour analyser les flux énergétiques entre différents secteurs de l'industrie ou entre différents pays. Grand avocat du recours au données quantitatives en économie et fervent critique à l'égard de tous les économistes qui « rechignent à se salir les mains » en se frottant aux faits empiriques bruts (Library of Economics and Liberty, econlib.org), il reçut le prix Nobel en 1973 pour cette contribution particulière à la discipline. La plupart des méthodes utilisées pour évaluer et retracer les flux de ressources, dont l'énergie, sont basées sur son modèle.

36 *Ibid.*, p. 116. À l'autre bout de la chaine, Stein abordait également « l'esthétique des lieux de production d'énergie », en montrant comment des centrales de plus en plus considérables, toujours plus éloignées de leurs utilisateurs finaux, étaient, avec leurs couloirs de transmission et leurs infrastructures de distribution, en train de chambouler l'échelle et le sens des paysages.

La responsabilité environnementale de l'architecture, qui initie beaucoup d'architectes à un authentique examen de l'écosystème, de ses composantes et de ses interconnexions, élargit la pratique architecturale. L'ignorance commode des problèmes et des préoccupations actuelles ; la focalisation sur les aspects formels de l'esthétique ; l'indifférence vis-à-vis de la communauté scientifique, des groupes concernés par l'avenir du monde ou des philosophes promoteurs d'un nouvel humanisme[37] ; la compartimentation du processus architectural qui fait que les questions techniques sont abandonnées aux ingénieurs – toutes ces choses ne sont plus acceptables étant donnée la situation critique de l'équilibre écologique du monde aujourd'hui. Pour le dire en un mot, il y a urgence à ce que nous réapprenions à construire des bâtiments qui fonctionnent simplement et sans dépendre entièrement de systèmes énergivores[38].

37 Les travaux de Stein furent inspirés et encouragés par le biologiste et activiste Barry Commoner (1917-2012), qui fut parmi les fondateurs du mouvement environnementaliste contemporain, et se présenta à ce titre aux élections présidentielles américaines de 1980. Ses fameuses Quatre Lois de l'écologie, exposées dans *The Closing Circle* (1971) – « *everything is connected to everything else* » ; « *everything must go somewhere* » ; « *nature knows best* » ; et « *there is no such thing as a free lunch* » –, ont chacune leur traduction spécifique en architecture.

38 *Ibid.*, p. 247.

Une critique thermodynamique
de l'architecture:
Luis Fernández-Galiano,
El Fuego y la Memoria, 1991.

Luis Fernández-Galiano : sur la thermodynamique de l'architecture

Si le nom de Banham n'apparaît même pas dans *Architecture and Energy*, le spectre du « plus éloquent avocat de la société hypertechnique de la côte Ouest » est au contraire omniprésent à l'arrière-plan du livre de Luis Fernández-Galiano, *Fire and Memory : On Architecture and Energy* (1991), mais comme une espèce d'adversaire ou d'antithèse[39]. Publié trois ans après le décès prématuré de Banham, et peu après le premier rapport du Groupe d'experts intergouvernemental sur l'évolution du climat (GIEC), ce livre peut être considéré comme un renversement radical de la thèse présentée dans *L'Architecture de l'environnement bien tempéré*[40]. Empruntant ses concepts à la physique (Prigogine), l'économie (Georgescu-Roegen), la biologie et l'écologie (von Bertalanffy, Lotka, Odum, Margalef), Fernández-Galiano, comme Stein, entendait ausculter l'architecture du point de vue de la thermodynamique, c'est-à-dire comme un problème fondamentalement énergétique. De fait, tout bâtiment est un artefact exosomatique qui « accueille des processus, mais est aussi, en lui-même, un processus, et ces deux aspects requièrent la présence d'énergie », y compris d'énergie « grise » ou « embarquée » (*embodied*) :

> L'énergie est donc présente de deux façons au cœur de l'architecture : en tant qu'énergie consommée par les bâtiments (ou plus exactement par les utilisateurs du bâtiment) pour la régulation thermique, le chauffage de l'eau, l'éclairage, etc., et en tant qu'énergie requise pour organiser, modifier et réparer le bâti. En d'autres termes : en tant qu'énergie consommée par les processus que le bâtiment abrite, et en tant qu'énergie consommée par le processus que le bâti est en lui-même[41].

39 Luis Fernández-Galiano, *Fire and Memory: On Architecture and Energy*, Cambridge (Mass.), MIT Press, 2000. Éd. or. : *El fuego y la memoria. Sobre Arquitectura y energia*, Madrid, Alianza Editorial, 1991.

40 Luis Fernández-Galiano est très explicite dans une note de bas de page du premier chapitre : « Il semble paradoxal de citer Banham dans ce contexte, dans la mesure où les conclusions où nous arrivons sont à peu près diamétralement opposées à celles de son livre, si chargé d'optimisme technique. Néanmoins, la valeur des travaux de Banham réside à mon avis bien plus dans son point de vie indiscutablement innovant que dans la thèse qu'il soutient effectivement, très conditionnée par les grands espérances des années 1960. » (*Ibid.*, p. 264.)

41 *Ibid.*, p. 5.

3.1.

The city that remembers and the city that forgets: the urban fabric of Florence conserves the marks of its Roman amphitheater even if dwellings were built on the site during the Middle Ages; the arcade survives as cadastral parcels. In contrast, Le Corbusier's proposals for Paris adopt a tabula rasa attitude toward existing streets and property boundaries; the blocks cut through the dense urban tangle in order to build a fragment of an amnesic utopia.

3.1. *Florence, current map of the zone where the amphitheater stood.*

3.2. *Le Corbusier, distribution of green zones and residential blocks in a typical district, 1941.*

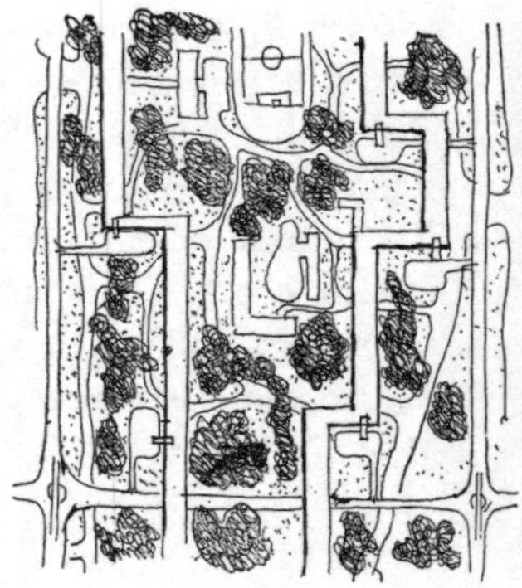

3.2.

architects of the modern movement. In this context, the recuperation of history and memory constitutes the return of the existential original sin, the loss of paradise, and, with this, the extinction of the hope of a new man and a new city.

Indeed, the irruption of irreversible time and historic flow into the landscape of architecture introduces degradation, corruption, aging, and life into the eternal universe, the frozen world, the mineral cosmos described by Newton's laws. The link between modern architecture and the Newtonian paradigm has been pointed out on several occasions;

Mémoire et Entropie:
«La ville qui se souvient, et la ville qui oublie:
le tissu urbain de Florence conserve les traces de son amphithéâtre romain
même si des habitations ont été construites sur son site au Moyen Âge;
ses arcades survivent comme parcelles cadastrales.
En revanche, les propositions de Le Corbusier pour Paris font table rase
des rues et des limites existantes: les barres taillent à travers
le dense tissu urbain pour construire un fragment d'utopie amnésique.»
Luis Fernández-Galiano, *Fire and Memory* [1991].

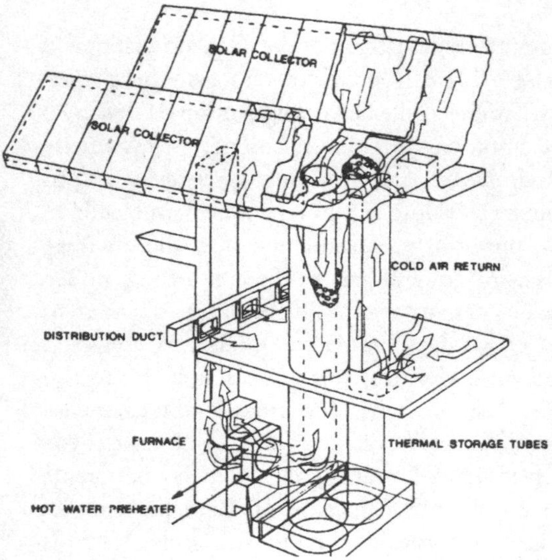

When architecture is designed based on energy priorities, the resulting image is not always organic. Many constructions using solar energy, for example, are displays of extreme mechanicism; heliotechnology is a branch of heating and ventilation engineering that yields intricate machines full of tubes, valves, and pumps.

4.2. *System of solar heating through collectors (Watson).*

Critique de l'héliotechnologie: système de chauffage par collecteurs solaires (Watson) publié dans *El Fuego y la Memoria*: «Lorsque l'on dessine l'architecture en fonction des priorités énergétiques, l'image qui en résulte n'est pas toujours organique. De nombreuses constructions qui utilisent l'énergie solaire, par exemple, déploient un extrême mécanicisme; l'héliotechnologie est une branche de l'ingénierie du chauffage et de la ventilation qui débouche sur des machines extrêmement complexes, bourrées de tubes, de valves et de pompes.»

Soulignant cette fondamentale dualité, Fernández-Galiano distinguait trois types d'*architecture de l'énergie*. La première, qu'il associait à la première loi de la thermodynamique (celle de la conservation de l'énergie), et qu'il appelait héliotechnologie ou hélio-ingénierie, est essentiellement mécaniste et focalisée sur l'énergie de maintenance (celle des processus abrités par le bâtiment). De loin la plus répandue parmi les architectes engagés dans les questions environnementales, elle envisage le bâtiment comme « une usine domestique de production énergétique », combinant toutes sortes de capteurs solaires, de turbines éoliennes ou de digesteurs à méthane, c'est-à-dire comme une machine. Cette héliotechnologie énergétiquement performante est une réaction contre l'impéritie de l'architecture moderne et contre sa promotion d'un standard international où « la neutralité visuelle allait de pair avec l'homogénéité thermique ». Pourtant, Fernández-Galiano considérait les bâtiments à haute performance énergétique comme passibles de la même critique : « Obsédée qu'elle est à maximiser les gains, à minimiser les déperditions et à optimiser son bilan, ce type d'architecture est un exemple vivant de l'approche mécaniste, réductrice, unidirectionnelle et monofonctionnelle du projet[42]. »

Fernández-Galiano mettait donc en avant deux autres approches associées au second principe de la thermodynamique (l'entropie), l'une à sa version optimiste, et l'autre à sa version pessimiste. La première de ces « architectures du second principe » était baptisée « bioclimatisme », car elle est fondamentalement organiciste, préoccupée par l'adaptation climatique, tournée vers des matériaux à connotations biologiques et symboliques, et vers l'intégration à la nature. Elle considère le bâtiment comme un organisme qui, comme toute structure vivante, vise à accomplir ses fonctions avec la moindre dépense d'énergie : elle est au fond ce que l'on appelle l'architecture passive, une approche « davantage soucieuse de contrôler que de maximiser la captation d'énergie naturelle, nourrie par des courants d'énergie fluctuants, et autorégulée par des processus comparables aux processus métaboliques[43] ».

Quant à la dernière approche, correspondant à la version « pessimiste » de la loi de l'entropie, Fernández-Galiano la qualifiait d'architecture de la réhabilitation. Elle considère la matière, et par conséquent les bâtiments existants, hérités du passé, comme de l'énergie captive, une accumulation d'information et de mémoire qui devrait être économisée, ménagée, entretenue et transmise. Cette approche pessimiste était pour lui « la seule qui mérite vraiment d'être regardée comme l'architecture

42 *Ibid.*, p. 107.
43 *Ibid.*, p. 119.

du second principe ». Elle est en effet « aussi attentive au processus de la dégradation de la matière qu'à celui de l'énergie, vouée à la récupération et au recyclage des matériaux existants et de l'information qu'ils contiennent, et soucieuse avant tout de réhabiliter ce qui est fabriqué et utilisé, aussi bien que de récupérer ce qui a été appris et oublié[44] ». En d'autres termes, la réhabilitation – la réparation, la restauration et la réutilisation de structures déjà construites – était présentée comme la façon la plus sérieuse et la plus responsable d'affronter, dans le champ de l'architecture, le défi de l'énergie et l'inévitable augmentation de l'entropie. La nécessité la plus urgente était de ralentir la course de la civilisation vers sa mort thermique, en préservant l'énergie captive et le patrimoine de la matière déjà informée, conçue comme un trésor fragile d'information, de culture et de mémoire.

Bien que ces trois approches – l'héliotechnologie, le bioclimatisme et la réhabilitation – ne fussent pas présentées comme mutuellement exclusives, pas plus que les modes conservatif, sélectif et régénératif n'avaient été regardés comme incompatibles par Banham, il est clair qu'en privilégiant la réhabilitation (la conservation de l'information et de la mémoire matérielles), Fernández-Galiano renversait complètement la hiérarchie proposée par celui-ci. Au lieu de recommander « la substitution de l'innovation informée à la coutume admise », et le remplacement des structures existantes par des systèmes régénératifs plus performants, le souci de l'entropie et d'un environnement plus soutenable réclamait d'abord et avant tout la préservation prudente de l'énergie et du capital d'information accumulés dans le patrimoine des bâtiments existants. La tradition n'était pas un obstacle à la gestion de l'environnement bien tempéré, mais la ressource la plus précieuse pour ralentir sa dégradation.

44 *Ibid.*

Slinkachu, *Cigarette on Display*.

L'évacuation du feu

Un plus ample survol de la littérature devrait sans doute signaler plusieurs autres références, et depuis la montée en régime des préoccupations relatives au changement climatique ou au pic de production des énergies fossiles, les travaux sur le rôle de l'énergie dans les bâtiments et les villes se sont singulièrement accumulés. Cela dit, les quatre ou cinq livres que nous venons d'examiner brièvement représentent des repères majeurs de l'évolution de la place accordée au feu dans les bâtiments et dans la théorie de l'architecture au cours du siècle dernier.

De toute évidence, les choses ont radicalement changé depuis l'époque de Semper. Tandis que les systèmes de chauffage, de ventilation et de climatisation ont littéralement colonisé les bâtiments, et alors que les techniques de combustion se sont imposées dans la production des matériaux, composants et structures de tous les autres éléments de l'architecture (bien au-delà des arts de la verrerie, de la céramique et de la métallurgie), le feu lui-même a perdu son foyer, et pratiquement disparu comme élément singulier. Tout se passe comme si sa radicale expansion et distribution à travers les structures construites s'était accompagnée de l'élimination non moins radicale de sa présence locale et phénoménale (flamme et fumée) du cœur des bâtiments. Aussi l'anatomie élémentaire de Semper semble-t-elle assez anachronique aujourd'hui. Le foyer n'est manifestement plus l'élément premier, central et moral de l'architecture, que les trois autres (le toit, l'enveloppe et le sol) étaient chargés de protéger des menaces de la pluie, du vent et de la boue ou de la poussière. Après la phase moderne, où la cheminée fut progressivement gommée par le plan libre, et les trois autres éléments projetés vers le dehors pour capter les conditions environnantes (pilotis, toits-terrasses, façade vitrées), la logique de cette anatomie élémentaire semble aujourd'hui complètement inversée. Avec la prolifération des toitures et façades vertes, les racines plongeantes de la géothermie, la multiplication des panneaux solaires, des turbines éoliennes et des systèmes de rétention des eaux pluviales, on dirait que les six façades (les trois éléments périphériques) s'affichent désormais comme des « négations protectrices » censées garder non la flamme du foyer contre les caprices de l'environnement, mais l'environnement lui-même contre les conséquences dramatiques de la combustion globale, dont les bâtiments sont plus que jamais la progéniture. Des « négations protectrices » ou plutôt, dans bien des cas, des dénis, des refoulements protecteurs : sinistre politesse des prédateurs qui s'excusent de ne pas être aptes, ni vraiment disposés, à changer de régime.

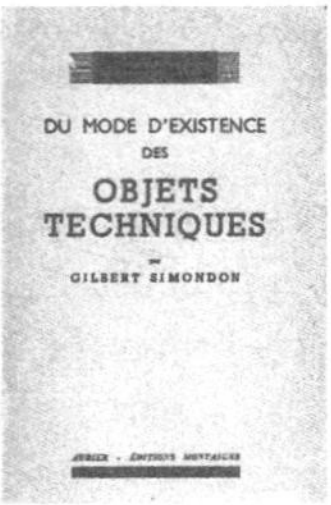

Les individus techniques,
entre éléments et ensembles:
Gilbert Simondon, *Du Mode d'existence des objets techniques*, 1958.

Vers une organologie de l'architecture

La situation extraordinaire dans laquelle nous trouvons aujourd'hui, où de vastes processus d'extraction/combustion et de massives centrales thermiques continuent de se multiplier partout pour satisfaire les besoins énergétiques insatiables d'une population globale croissante (et en particulier de ses segments les plus riches) et d'une urbanisation galopante, a bouleversé les conditions de l'architecture. Cette situation de thermotope ubiquitaire (une *contradictio in adjecto* ?), couplée avec la problématique énergie/climat, appelle une nouvelle enquête sur le « mode d'existence » des objets architecturaux.

Pour engager cette enquête, il pourrait être utile de se pencher sur l'œuvre du philosophe français des techniques Gilbert Simondon (1924-1989), qui n'a été jusqu'à présent que marginalement considérée par les critiques et théoriciens de l'architecture[45]. Dans sa thèse complémentaire intitulée *Du Mode d'existence des objets techniques* (1958), puis dans les cours qu'il consacra plus tard à ces questions, Simondon reprenait à nouveaux frais le problème qu'un certain Jacques Laffite, ingénieur et architecte, avait abordé trente ans plus tôt dans un curieux opuscule intitulé *Réflexions sur la science des machines*. Laffite y considérait le domaine des objets techniques comme formant un ensemble complémentaire aux règnes minéral, végétal et animal, et analysait ce règne des machines en trois classes qui représentaient aussi, à ses yeux, trois stades successifs dans leur évolution[46]. La première était celle des « machines passives », c'est-à-dire qui sont indépendantes d'un apport extérieur d'énergie et qui, comme il l'écrivait, « n'ont d'autres propriétés utiles pour les hommes que celles qu'elles tirent de leur position fixe dans l'espace, de leur masse, et de la résistance des matériaux dont elles sont faites ». Laffite classait les bâtiments et l'architecture dans cette catégorie. Puis venaient les « machines actives », qui fonctionnent grâce à un apport d'énergie externe qu'elles transforment ou convertissent grâce à un système élaboré de rouages ou *d'éléments* (les équivalents techniques des *organes* biologiques), qui leur permet de transmettre les effets

45 Le premier et principal livre que Simondon consacre au sujet, *Du Mode d'existence des objets techniques* (Paris, Aubier, 1958), est la thèse complémentaire de son doctorat, *L'Individuation à la lumière des notions de forme et d'information* (Paris, Millon, 2005).

46 Voir Jacques Lafitte, *Réflexions sur la science des machines*, Paris, Vrin, 1935. Bien que Simondon critique à plusieurs égards la classification proposée par Laffite et préfère la notion d'objet technique à celle de machine, il reprend néanmoins à son compte (pour l'approfondir beaucoup), l'analyse évolutionniste de Laffite en trois phases (en particulier dans les textes rassemblés dans *L'Invention dans les techniques. Cours et conférences*, Paris, Seuil, 2005).

de ce flux énergétique (une lampe, une automobile, etc.), et enfin les « machines réflexes » qui, en plus être « actives » – mais pas toujours : songez à un vieux piège à souris –, sont également équipées d'organes-instruments qui leur permettent de « percevoir » des variations dans leur rapport au milieu et de modifier ou d'ajuster leur fonctionnement en conséquence : en somme, toutes les machines qui reçoivent, amplifient et transmettent de l'information.

Certes, les bâtiments et les constructions ont évolué, et ne peuvent sans doute plus être entièrement confinés dans la catégorie des machines passives. On voit d'ailleurs que ces catégories de Laffite (passif, actif, réflexe) ne sont pas sans rapport avec les modes conservatif, régénératif et sélectif de Banham, mais dans cet ordre progressif, où le réflexe/sélectif (et non l'actif/régénératif) représenterait la plus récente étape d'une évolution globale[47]. Cela dit, et quels que soient leurs composants actifs ou réflexes, Simondon considérait aussi la plupart des objets architecturaux comme des machines passives pour ce que, en eux, l'*adaptation* l'emporte généralement sur *l'auto-corrélation* ou consistance interne :

> Les bâtiments s'insèrent entre l'homme et le milieu géographique en produisant un microclimat ; à l'intérieur, ils sont adaptés à l'homme par la forme et la disposition des pièces ; les escaliers, la différenciation des lieux, la possibilité de chauffage et d'éclairage, l'absence de pluie et de vent ; à l'extérieur, ils sont adaptés au milieu, dans le sens de la stabilité de l'équilibre, par leurs fondations, la manière dont leurs matériaux sont reliés entre eux ; ils sont aussi adaptés au milieu par leur toiture, dont l'espèce dépend du climat, afin de résister au vent et à la pluie ou à la neige, qui impose une forte pente pour éviter les surcharges en favorisant le glissement. Malgré cette double adaptation à l'intérieur et à l'extérieur, les bâtiments ont une certaine auto-corrélation, car on ne peut concilier n'importe quelle structure d'ensemble, visible de l'extérieur, avec une distribution intérieure définie ; ce minimum d'auto-corrélation se traduit par le fait que la présentation extérieure révèle et parfois manifeste la destination du bâtiment, la classe sociale ou la profession de ceux qui l'occupent. Toutefois, cette corrélation n'est pas assez serrée pour interdire reconversions et réemplois[48].

En d'autres termes, l'adaptation des objets architecturaux n'est pas focalisée sur une fin ou une fonction ultraspécifique. Et leur potentielle *soliditas* ou auto-corrélation – qui fait médiation (ou compromis) entre deux types d'adaptation (à l'homme et au milieu) – est moins complète que celle des machines actives ou réflexes qui, étroitement ajustées à un type spécifique d'opération, sont aussi plus mobiles, plus autonomes, et plus détachables de leur environnement géographique[49]. Comme individus, les objets architecturaux ne peuvent donc prétendre au même genre ou degré de « concrétisation » que d'autres machines plus spécialisées peuvent atteindre.

Cela dit – et c'est l'une des thèses centrales de Simondon –, les *individus* techniques (et par conséquent les objets architecturaux) sont toujours composés d'éléments ou d'organes infra-individuels – les *éléments* techniques –, eux-mêmes insérés dans des assemblages ou des réseaux plus vastes – les *ensembles* techniques – qui définissent largement leur *milieu associé*. Cette distinction caractérise le « mode d'existence » des objets techniques, et permet à Simondon d'exposer le mécanisme spécifique qui gouverne à ses yeux leur évolution.

47 En fait la classification de Simondon résonne beaucoup plus avec l'histoire mumfordienne de la technique en trois phases, et pourrait même être considérée comme un approfondissement et une explicitation de sa logique interne.

48 Gilbert Simondon, « L'invention dans les techniques » [1971], in Gilbert Simondon, *L'Invention dans les techniques. Cours et conférences*, *op. cit.*, p. 234.

49 Mais Simondon, témoin des progrès de la préfabrication, s'interrogeait sur le degré de passivité de l'architecture, et sur sa possible évolution : « Peut-être serait-il possible, pour savoir en quelle mesure une construction est une machine passive plus ou moins parfaite, de faire intervenir, en plus du critère de fonctionnalité et de synergie des différents éléments, celui de la réversibilité temporelle du montage et du démontage. Certains édifices contemporains sont conçus pour pouvoir être agrandis, prolongés sans discontinuité (couvent dominicain construit près de l'Arbresle par Le Corbusier) ; mais très rares sont les édifices qui pourraient être démontés sans destruction ; en ce sens, la machine passive est surtout une machine constituée d'éléments qui font « font prise » et adhèrent les uns aux autres ; le caractère immobilier de l'immeuble réside surtout dans l'irréversibilité de sa genèse ; si les constructions devenaient déplaçables et démontables, elles auraient les principaux caractères des machines actives, qui sont ouvertes, admettent des réparations, des échanges de pièces.
Le principal postulat de l'architecture est l'immobilité de ses produits, impliquant l'irréversibilité de la genèse, donc aussi l'irréversibilité de la dégradation dans le temps, l'impossibilité d'une réparation totale et d'un transfert. Mais, en ce sens, l'architecture intègre et propage une barrière culturelle (distinction du foncier et du mobilier) qu'un approfondissement technologique peut amener à révoquer. La machine passive, en se développant, tend vers la machine active, et la machine active vers la machine réflexe. » (« L'invention et le développement des techniques », in *L'Invention dans les techniques. Cours et conférences*, *op. cit.*, p. 182).

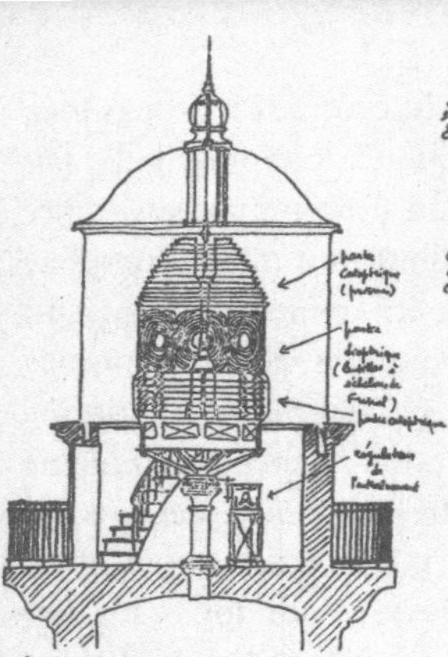

150- Phare catadioptrique employant des lentilles à échelons de FRESNEL

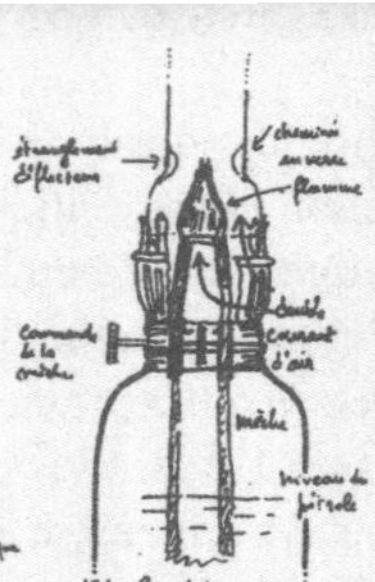

151 Bec d'Argand sur lampe à pétrole.

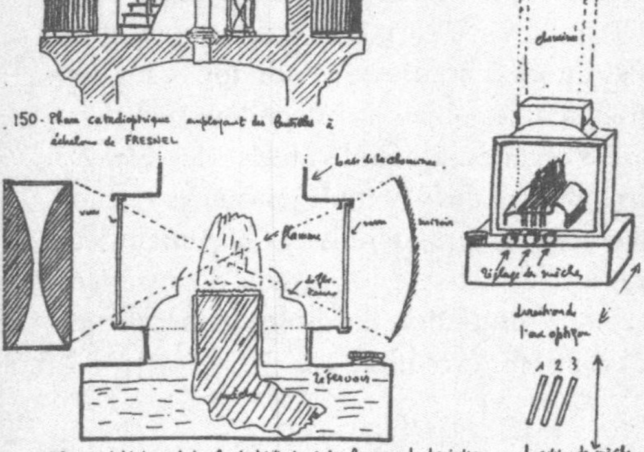

152: adaptation de la lampe à pétrole à la lanterne de projection   position de mèche.

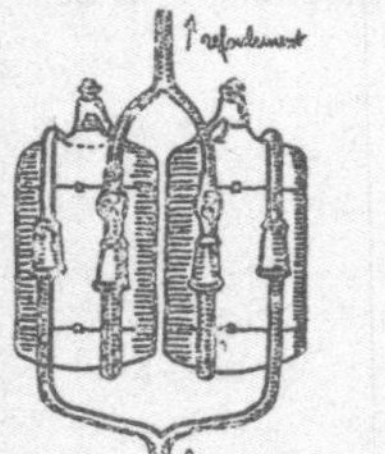

Pompe pour les mines de SAVERY (fin du XVIIe siècle)

35-
Pompe de Savery vue de côté avec sa chaudière.

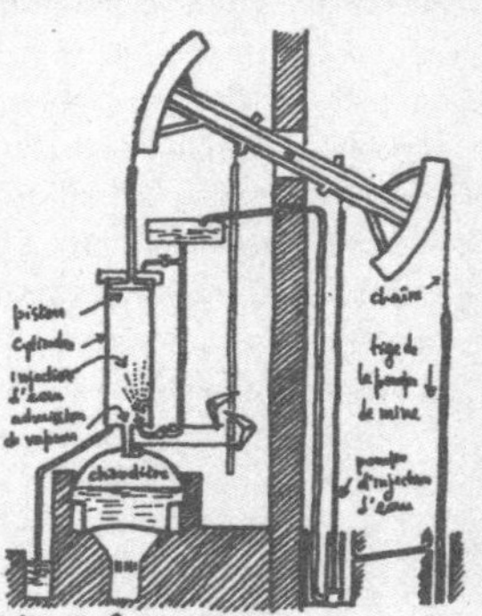

36- Machine et Pompe de NEWCOMEN

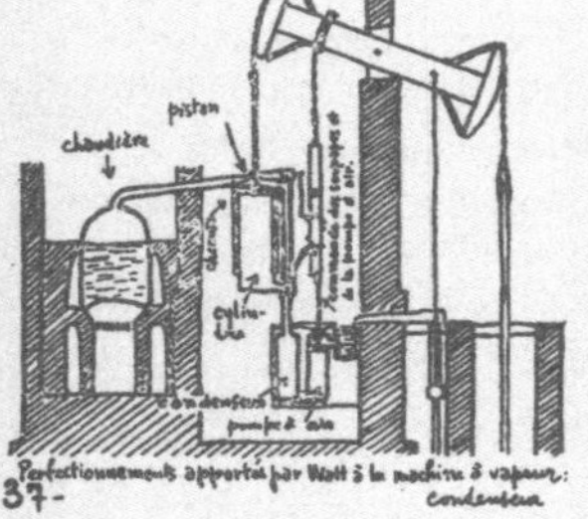

37- Perfectionnements apporté par Watt à la machine à vapeur: condenseur

Perfectionnements apporté par Watt à la machine à vapeur.

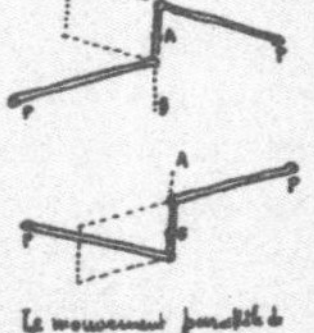

38- Le mouvement parallèle de Watt : la tige du piston est guidée par le sommet de l'élément vertical.

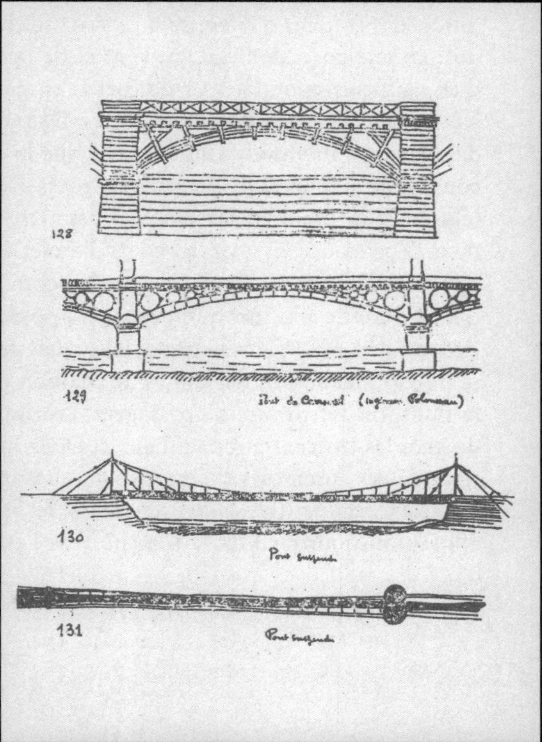

Objets techniques:
planches tirées
de Gilbert Simondon,
*L'Invention dans
les techniques*, 2005.

Au sens strict, ce sont d'abord et avant tout aux *individus* techniques que les hommes ont affaire, qu'ils opèrent et manipulent : voitures, bâtiments, téléphones, outils, ordinateurs, pianos, etc. Seuls ces objets métastables sont de réels protagonistes sur la scène de la vie quotidienne, alors que les éléments infra-individuels dont ils sont composés, et les contextes supra-individuels (ou collectifs) dans lesquels ils s'insèrent, tendent à disparaître par encastrement ou par sublimation, et à échapper ainsi à l'attention. Si cette condition d'existence des machines individuelles mérite d'être relevée, c'est parce qu'elle occulte leur signification et leur processus d'évolution. Certes, nous dit Simondon, les objets techniques, à la différence des humains, des animaux et des réalités biologiques en général, n'assurent pas eux-mêmes leur reproduction. En fait, leur évolution est réglée par un processus cyclique de *relaxation*[50], qui tend à *synchroniser* les phases du développement historique : peu à peu, les machines individuelles d'une époque donnée forment un *ensemble* technique qui, à un certain moment, permet de produire de nouveaux éléments (ou organes) infra-individuels qui condensent, cristallisent ou synthétisent la technologie spécifique de cet ensemble. À leur tour, ces nouveaux éléments sont incorporés dans de nouvelles machines individuelles qui finissent par former un nouvel ensemble, etc.

L'exemple paradigmatique que donne Simondon est celui de l'évolution des sources d'énergie : au XVIIIe siècle, la plupart de l'énergie utilisée provenait de l'eau, du vent et de la force animale. Ces types d'énergie correspondaient à des petits ensembles artisanaux installés à proximité de cours d'eau et de forêts. Dans ces ensembles émergèrent des éléments thermodynamiques tels que la chaudière tubulaire ou la coulisse de Stephenson, qui furent engagés dans de nouveaux individus tels que la locomotive. Le transport des marchandises étant ainsi libéré de sa dépendance vis-à-vis des cours d'eau et de sa stricte adhérence aux courbes de niveau, de plus grandes concentrations industrielles, qui n'étaient pas uniquement composées d'individus thermodynamiques mais bien thermodynamiques dans leur structure, purent se développer autour des mines de charbon et des aciéries, tandis que le transport ferroviaire de passagers favorisait lui-même l'émergence de grandes concentrations urbaines. De la même façon, c'est à l'intérieur de ces ensembles thermodynamiques que les premiers éléments électrotechniques (les câbles de cuivre, les isolateurs, etc.) firent leur apparition pour faciliter le transport de l'énergie d'un lieu à l'autre,

50 Voir Gilbert Simondon, *Du mode d'existence des objets techniques* [1958], Paris, Aubier, 2012, pp. 81-87.

et donnèrent ainsi naissance à de nouveaux individus tels les turbines ou les alternateurs, qui furent à leur tour intégrés dans de nouveaux ensembles de production, de distribution et d'utilisation de l'énergie dont les structures étaient très différentes de celles des concentrations thermodynamiques. Le rôle joué par le chemin de fer dans l'ensemble thermodynamique fut peu à peu supplanté, dans l'ensemble électrotechnique, par les lignes électriques, qui encouragèrent une décentralisation industrielle essentiellement parallèle au développement de l'automobile. « L'automobile et la ligne à haute tension sont des structures techniques parallèles, synchronisées, mais non identiques[51]. » De fait, même si elle recourt de plus en plus à l'énergie électrique, la technologie de l'automobile reste essentiellement thermodynamique dans son principe.

À l'époque où il écrivait cette thèse surprenante, il y a presque soixante ans, Simondon voyait déjà que l'ensemble électrotechnique arrivé à maturité était sur le point de déclencher une nouvelle phase de relaxation : d'abord, avec l'accélération des particules, la possibilité de maîtriser et d'exploiter l'énergie nucléaire, et ensuite grâce à l'électrométallurgie et à l'extraction du silicium, la possibilité de développer des systèmes photovoltaïques. De son point de vue, ces deux technologies, très différentes, étaient également parallèles et propres à se synchroniser mutuellement :

> L'énergie nucléaire restera probablement fort longtemps inapplicable sous forme directe à des utilisations restreintes comme celles qui consomment quelques dizaines de watts ; au contraire, l'énergie photoélectrique est une énergie très décentralisable ; elle est essentiellement décentralisée dans sa production, alors que l'énergie nucléaire est essentiellement centralisée. La relation qui existe entre l'énergie électrique et l'énergie tirée de la combustion du pétrole existe toujours, et de façon peut être plus accentuée, entre l'énergie nucléaire et l'énergie photoélectrique[52].

Ce qui nous intéresse ici, ce n'est pas seulement l'arrière-plan que cette histoire condensée donne à l'évolution de la cheminée dans l'architecture au cours des deniers siècles, mais aussi le profond coup de sonde que nous offre Simondon dans le processus élémentaire de l'évolution architecturale elle-même. De fait, comme il l'écrivait : « Les éléments ont

51 *Ibid.* p. 86.
52 *Ibid.*, p. 86-87.

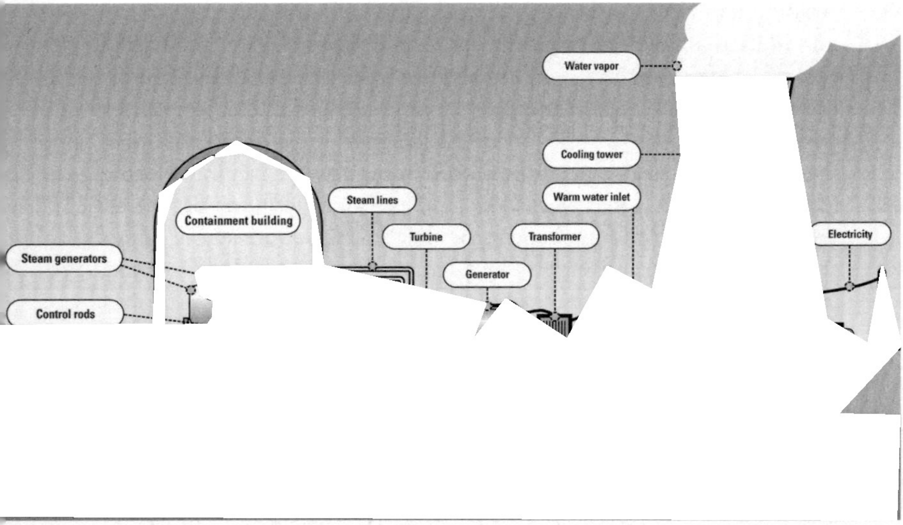

Des technologies synchronisées?
Schéma explicatif d’une centrale nucléaire (par Frédéric Gaspoz)
et projet de l’université du Maryland pour le Solar Décathlon 2011.

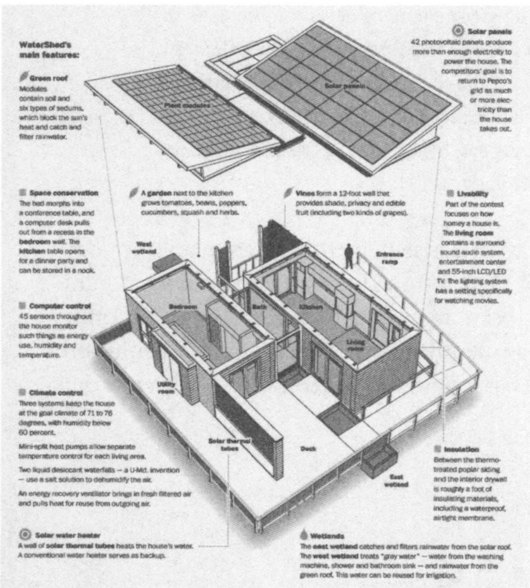

une qualité de transduction qui en fait les vrais porteurs de la technicité, comme les graines qui transportent les propriétés de l'espèce et produisent de nouveaux individus. C'est par conséquent dans les éléments que la technicité existe dans sa forme la plus pure [...] alors qu'elle n'émerge, dans les individus et les ensembles, que comme combinaison[53]. » L'invention et l'imagination architecturale présupposent donc, de la part des architectes, une notion intuitive de la technicité embarquée dans les éléments, et la capacité de les incorporer dans de nouveaux assemblages métastables. D'où l'importance de l'organologie de l'architecture qui est entreprise dans le catalogue et l'exposition de cette Biennale, et de l'étude des ensembles techniques, partiellement invisibles, dont les bâtiments paraissent être les terminaux et les excroissances. Cette enquête sur la genèse et les métamorphoses de ces réalités qui sous-tendent (*undermine*) et surdéterminent (*overmine*[54]) les bâtiments individuels est d'autant plus urgente à notre époque où l'impasse environnementale exacerbe à la fois délire technolâtre et hystérie technophobe. De nos jours, trop d'objets architecturaux sont des machines fermées qui, au lieu de subsumer leurs éléments et de sublimer leur milieu associé (ou texture), paraissent surtout préoccupés d'atteindre une espèce d'autonomie factice en les niant tous deux, ruinant ainsi par avance leur intelligibilité, leur résilience, et leur descendance.

Burning like hell

Les bâtiments sont aujourd'hui démantelés et désintégrés par les forces antagonistes qui les ont amputés du cœur, c'est-à-dire privés de la présence physique et sensible du feu et du foyer. D'un côté, ils sont de plus en plus dépendants d'une arborescence de lignes, câbles, tuyaux, égouts et réseaux, alimentés par des centrales de combustion d'énergies fossiles de plus en plus distantes et massives. Vissés dans cette grille bordélique comme des ampoules de taille et de voltages divers, ils émergent comme purs consommateurs dans un paysage configuré par les équivalents géants de leurs éléments classiques (couloirs-autoroutes, sols-aéroports, toilettes-décharges, etc.). Comme purs consommateurs, receveurs ou terminaux, de plus en plus constitués de composants produits par ce

53 *Ibid.*, p. 91.

54 J'emprunte ce néologisme au philosophe Graham Harman qui distingue bien les deux façons classiques de mettre en question et de dévaluer le sens et la consistance des objets. Tandis que l'une les mine par le bas (*undermine*) en les désintégrant en leurs éléments constituants, l'autre les mine par le haut (*overmine*) ou les surplombe en les dissolvant dans le réseau de leurs relations avec d'autres. Voir par exemple *L'Objet quadruple. Une métaphysique des choses après Heidegger*, Paris, PUF, 2010, pp. 14-26.

système régénératif, ils ne peuvent que représenter leur condition douteuse et problématique. Qu'ils jouent la discrétion ou la monumentalité, la retenue ou la frime, ils n'ont pas l'air très métastables ni résilients. Disons-le, ils n'ont pas l'air bien : plus ils sont neufs, plus ils vont mal. Comme l'avait bien vu Robert Smithson, ces bâtiments ne tombent pas en ruine comme leurs prédécesseurs, ils *s'élèvent* en ruine.

D'un autre côté, hantés par une espèce de mauvaise conscience générique, ces mêmes bâtiments ont tendance à montrer, et même à afficher, au mépris de toute cohérence, tous les signes extérieurs de la bonne volonté et d'un souci non moins générique de « durabilité », qui leur est souvent imposé de l'extérieur par tout un arsenal de normes et de régulations. Seulement voilà, en dépit de leurs façades vertes, toitures photovoltaïques, doubles vitrages, ventilations passives, ils parviennent rarement à la cohérence de quasi-mondes dont les éléments sauraient capter et exprimer sélectivement les conditions de leur environnement local (les éléments), tout en s'articulant pour produire des thermotopes accueillants où le feu lui-même pourrait retrouver une présence plus modeste, mais aussi beaucoup plus précieuse et plus vivante. De toute évidence, il y a urgence à redomestiquer le feu. Une conclusion facile sur un sujet grave. Mais alors que télés et ordinateurs percent les façades nocturnes d'aquariums palpitants de reflets bleutés, les fumeurs à la dérive gèlent sur l'asphalte.

Le plus beau palindrome jamais composé, appelé « verset du Diable », est parfois attribué à Virgile. On suppose qu'il évoquait les papillons de nuit (ou les étoiles), mais les sept milliards d'individus qui font l'humanité aujourd'hui (fumeurs et non-fumeurs) trouveront sans doute qu'il résonne de plus en plus clairement avec leur situation globale. Et il n'est pas étonnant que Guy Debord en ait fait le titre de son film le plus déchirant. Le voici :

IN GIRUM IMUS NOCTE ET CONSUMIMUR IGNI
[Nous tournons en rond dans la nuit et nous sommes consumés par le feu].

Article paru pour la première fois en anglais sous le titre « Hearthbreaking » dans le volume *Fireplace* du recueil *Elements of Architecture* (Marsilio, 2014) piloté par Rem Koolhaas dans le cadre de la 14e Biennale d'architecture de Venise.

Fondre: Fischli & Weiss, *Snowman*.

Biographies des auteurs et des traducteurs

471

Éric Alonzo

Né à Castres en 1973, il est architecte DPLG (École d'architecture de Paris-La Défense, 1999) et docteur en architecture (université Paris-Est, 2013). Au sein de l'École d'architecture de la ville & des territoires qu'il a rejoint en 2001, il est membre de l'Observatoire de la condition suburbaine (OCS), dispense un cours sur l'histoire des infrastructures et codirige le DSA d'architecte-urbaniste avec Frédéric Bonnet. Après avoir fait paraître un ouvrage sur la généalogie du rond-point (*Du rond-point au giratoire*, Marseille, Parenthèses, 2005), il mène ses recherches au sein du GRAI/LIAT puis de l'OCS. Elles aboutissent à la soutenance d'une thèse, sous la direction d'Antoine Picon et de Sébastien Marot, consacrée à l'*Architecture de la voie* dont la publication est prévue pour fin 2016. Il enseigne par ailleurs à l'École nationale des travaux publics de l'État ainsi qu'à l'École des Ponts Paris-Tech. De 2008 à 2009, il intègre la cellule scientifique opérationnelle de la consultation internationale du Grand Paris. Parmi ses dernières publications : « L'Architecture du territoire. Pour une approche ante-disciplinaire », in Xavier Guillot (dir.), *Ville, territoire, paysage, vers un réseau de pratiques et de savoirs*, Saint-Étienne, Presses universitaires de Saint-Étienne, 2016 ; « Le laboratoire barcelonais : l'infrastructure comme objet de l'architecture », in Inès Lamunière (dir.), *Objets risqués. Le pari des infrastructures intégratives*, Lausanne, Presses polytechniques et universitaires romandes, 2015, pp. 43-48.

Luc Baboulet

Né à Toulouse en 1958, il est architecte DPLG. Il rejoint dès sa création l'École d'architecture de la ville & des territoires où il est membre de l'Observatoire de la condition suburbaine (OCS) et enseigne le projet d'architecture ainsi que l'histoire et la théorie de l'architecture. Il a collaboré à la revue *Le Visiteur* (1997-2002) et écrit pour AMC-*Le Moniteur* jusqu'en 2010. En 2004, il a assuré le commissariat de l'exposition « Le Paris des maisons : objets trouvés » au Pavillon de l'Arsenal, ainsi que la direction éditoriale du catalogue éponyme (Paris, Picard/Pavillon de l'Arsenal). Il a traduit et rédigé la postface de l'ouvrage de Reyner Banham sur Los Angeles (Marseille, Parenthèses, 2008) et la préface de la version française de l'ouvrage du même auteur : *L'Architecture de l'environnement bien tempéré* (Orléans, HYX, 2011). Il a par ailleurs coécrit la monographie de l'artiste Alain Bublex (Paris, Flammarion, 2010). Après s'être intéressé à l'architecture américaine et à la maison individuelle, il mène actuellement un travail sur la théorie architecturale.

Paul Bouet

Né à Bordeaux en 1988, il est architecte, diplômé et habilité de l'ENSA Paris-Belleville. Il s'est tour à tour engagé dans la pratique de l'architecture et de l'urbanisme (Atelier Seraji), dans la critique (*Le Monde*, *d'A*) et dans la recherche (LIAT, OCS). En 2013 il a rejoint l'École d'architecture de la ville & des territoires pour y enseigner et assurer le secrétariat de rédaction de la publication *Marnes, documents d'architecture*. Ses recherches portent sur la remise en cause du modernisme et l'émergence des nouvelles doctrines qui en ont résulté dans la seconde moitié du XXe siècle. Dans cette perspective, il a consacré son mémoire de master mention recherche (sous la direction de Françoise Fromonot) à la trajectoire de Rem Koolhaas dans les controverses entourant l'affirmation du postmodernisme en France. Depuis 2016, il prépare une thèse de doctorat (encadrée par Sébastien Marot) sur l'architecture solaire et l'émergence de l'écologisme entre 1965 et 1985. En parallèle de sa thèse, il se forme à l'histoire environnementale à l'EHESS et assiste Jean-Louis Cohen dans ses recherches.

Jürg Conzett

Né à Aarau (Suisse) en 1956, il est ingénieur en génie civil, diplômé de l'École polytechnique de Zurich. De 1981 à 1987, il travaille au sein de l'agence de l'architecte Peter Zumthor, avant de fonder en 1988 sa propre structure d'ingénierie à Coire dans le canton des Grisons, qu'il dirige aujourd'hui avec Gianfranco Bronzini, Josef Dora, Pieder Hendry et Joel Bögli. Il a réalisé de nombreux ouvrages d'art en Suisse, comme la passerelle de Traversina à Graubünden, le Pùnt da Suransuns à Viamala, ou le Valserrheinbrücke à Vals. Il a également collaboré avec plusieurs architectes comme Gion A. Caminada pour l'école primaire de Duvin et le centre-ville de Vrin, Miller & Maranta pour l'école Volta de Bâle, ou encore Marcel Meili et Markus Peter pour une passerelle à Murau (Autriche) et pour le stade de Zurich. En 2010, il a dirigé le commissariat du pavillon suisse de la 10e Biennale d'architecture de Venise (*Landschaft und Kunstbauten/Landscape and Structures*, Zurich, Scheidegger & Spiess, 2010). Son œuvre a fait l'objet de deux grandes monographies : Mohsen Mostafavi (dir.), *Structure as Space. Engineering and Architecture in the Works of Jürg Conzett and His Partners*, Londres, AA Publications, 2006 ; Michel Carlana et Luca Mezzalira (dir.), *Jürg Conzett, Gianfranco Bronzini, Patrick Gartmann. Forme di strutture/Forms of structures*, Milan, Modadori Electa, 2011.

Julien Denis
Né à Gien en 1991, il est architecte diplômé d'État (École d'architecture de la ville & des territoires, 2015). Après avoir travaillé une année au sein de l'agence Lemerou Architecture, il intègre la filière Théorie et projet dirigée par Jacques Lucan. Il s'intéresse d'abord à la théâtralité des dispositifs spatiaux des hôtels particuliers parisiens, puis consacre son mémoire de master (coécrit avec Sarah Vasseur) à l'identification de *Trois structures spatiales contemporaines en rapport avec le type architectural*. Depuis 2015 il travaille chez DLM architectes.

Joseph Fenton
Il a étudié à l'Architectural Association School de Londres dans les années 1970. Il rejoint peu après l'agence de Steven Holl à New York où il participe notamment au projet Bridge of Houses (Melbourne, 1979-1982). C'est également dans ce cadre qu'il rédige le nº 11 de *Pamphlet Architecture*, « Hybride Building », publié en 1985.

Florence Grillet
Née à Dijon en 1991, elle est architecte diplômée d'État (École d'architecture de la ville & des territoires, 2015). Sa passion pour les langues et sa curiosité l'amènent à s'engager dans un parcours tourné vers l'international. Elle travaille d'abord un an au Brésil en tant qu'architecte d'intérieur avant de s'expatrier aux États-Unis. Elle exerce actuellement au sein de l'agence Chipman Design Architecture à Chicago où elle s'est familiarisée au système d'unités impérial.

Owen Jones
Né en 1809 et mort en 1874 à Londres, Owen Jones est un architecte et théoricien britannique particulièrement actif dans le domaine des arts appliqués. Entre 1832 et 1834, un voyage d'étude le conduit en Italie, en Grèce, en Turquie et en Égypte, avant d'arriver en Espagne à Grenade où il développe avec Jules Goury (1803-1834) une étude approfondie de l'art islamique à partir des relevés de la décoration polychrome de l'Alhambra. Rentré à Londres, Jones achève la publication de *Plans, Elevations, Sections and Details of the Alhambra* qui paraît entre 1842 et 1845. Lors de la *Great Exhibition* de Londres en 1851, Owen Jones, chargé de l'aménagement intérieur et de la décoration du Crystal Palace conçu par Joseph Paxton (1803-1865), trouve l'occasion d'appliquer ses théories sur la polychromie des édifices à l'architecture contemporaine et propose de revêtir la structure métallique de couleurs primaires. La publication de *The Grammar of Ornament* en 1856 représente un jalon important de la littérature consacrée à l'ornement. Le recueil de planches chromolithographiques décrivant la variété des dispositifs visuels des différentes civilisations est précédé d'un ensemble de principes généraux, qui redéveloppent ceux exposés dans

« Gleanings from the Great Exhibition of 1851 » (*The Journal of Design and Manufactures*). Actif également sur le plan professionnel, Jones collabore avec plusieurs firmes commerciales, notamment pour le dessin de textiles et de papiers peints.

Laurent Koetz

Né à Savigny-sur-Orge en 1965, il est architecte, diplômé de l'École d'architecture de Paris-Belleville en 1993, et maître-assistant titulaire depuis 2006. Ses travaux de recherche se situent dans le cadre d'une approche culturelle de l'histoire des techniques. Il poursuit une thèse de doctorat sur l'architecte Louis Auguste Boileau (1812-1896), théoricien et précurseur de l'emploi du fer. Sur ce sujet, il est l'auteur de plusieurs articles, notamment « Nineteenth Century Invention under Scrutiny: Louis Auguste Boileau's Frame Construction Systems of around 1850 », in *Nuts & Bolts of Construction History. Culture, Technology and Society*, Paris, Picard, 2012. Sur l'architecture postérieure à la Seconde Guerre mondiale il a publié « Mémoire et architecture nouvelle dans les restaurations de Saint-Malo, de Valognes et de Notre-Dame de Saint-Lô », in *De la ville perdue à la ville retrouvée, la ville en devenir*, Caen, Presses universitaires de Caen, 2008. Concernant l'architecture contemporaine, il a publié « Représenter la gravité. Deux maisons de Souto de Moura à Ponte de Lima », *Marnes, documents d'architecture*, vol. 2, 2012 ; avec Estelle Thibault « Ornement architectural et expression constructive: concepts d'hier et débats d'aujourd'hui », *Images re-vues. Histoire, anthropologie et théorie de l'art*, 2012.

Rem Koolhaas

Né à Rotterdam (Pays-Bas) en 1944, il est architecte, urbaniste et écrivain. Après une expérience précoce comme journaliste et scénariste, il étudie l'architecture à l'Architectural Association School de Londres où il se distingue notamment par un mémoire sur « Le Mur de Berlin comme architecture » et par un projet conceptuel intitulé « Exodus ou les prisonniers volontaires de l'architecture ». Parti aux États-Unis avec une bourse Harkness pour suivre l'enseignement de l'architecte allemand Oswald Mathias Ungers à Cornell, c'est à New York qu'il fonde en 1975 (avec sa femme Madelon Vriesendorp ainsi qu'Elia et Zoe Zenghelis) l'Office for Metropolitan Architecture (OMA). De retour en Europe où il enseigne quelques années à l'AA, il publie *New York Délire. Un manifeste rétroactif pour Manhattan* (1978), qui le projette à l'avant-plan comme théoricien de la congestion métropolitaine, et comme authentique écrivain. Dans les années 1980 et 1990, le travail d'OMA se développe à contre-courant de la vague postmoderne avec l'élaboration d'une réflexion projectuelle sur l'architecture de la *Bigness*. En 1995, Koolhaas rassemble ces projets – et un certain nombre d'essais ou écrits théoriques – dans un livre monumental, *S, M, L, XL*, qui a considérablement renouvelé le genre de la monographie d'architecte. Depuis, alors que les projets et réalisations de l'agence se sont multipliés sur tous les continents (bibliothèque de Seattle, opéra de Porto, siège de la télévision chinoise à Beijing, etc.), l'architecte n'a cessé de poursuivre en même temps ses recherches théoriques sur la « ville générique », le « junkspace » et les autres mutations de l'architecture à l'ère de la mondialisation : d'une part avec son studio de recherche à la Graduate School of Design d'Harvard – *Mutations* (2000), *The Great Leap Forward* (2002), *Guide to Shopping* (2002), etc. – et de l'autre avec AMO, la structure miroir d'OMA, vouée aux explorations para-architecturales – *Content* (2003), *Project Japan : Metabolism Talks* (avec Hans-Ulrich Obrist, 2011). Commissaire général de la Biennale d'architecture de Venise en 2014, il y a piloté une exposition et une publication intitulées *Elements of Architecture* (Marsilio, 2014).

Sébastien Marot

Né à Paris en 1961, il est philosophe de formation et docteur en histoire (EHESS). Délégué général de la Société française des architectes de 1987 à 2002, il y a d'abord animé une Tribune d'histoire et d'actualité de l'architecture, puis fondé et dirigé la revue *Le Visiteur* (1995-2003). Membre fondateur de l'École d'architecture de la ville & des territoires, où il enseigne l'histoire et la théorie de l'environnement, il a également été invité dans plusieurs écoles d'architecture ou de paysage en Europe (Institut d'architecture de Genève, Architectural Association de Londres, École polytechnique de Zurich) et en Amérique du Nord (Harvard, Cornell, University of Pennsylvania, université de Montréal), et est aujourd'hui professeur invité à l'École polytechnique fédérale de Lausanne. Ses essais et recherches, qui l'ont notamment conduit au Centre canadien d'architecture en 2005, lui ont valu la Médaille de l'analyse architecturale (2004) et le Prix de la recherche en architecture (2010), tous deux décernés par l'Académie d'architecture. Auteur de *L'Art de la mémoire, le territoire et l'architecture* (Paris, La Villette, 2010), et d'une édition critique du manifeste d'Oswald Mathias Ungers et Rem Koolhaas *La Ville dans la ville : Berlin, un archipel vert* (avec Florian Hertweck, Lars Müller Publishers, 2013), il prépare actuellement la publication d'un nouveau livre : *Palimpsestuous Ithaca : un manifeste relatif du sub-urbanisme.*

Dennis Meadows

Né dans le Montana (États-Unis) en 1942, Dennis Meadows est un scientifique américain, mondialement connu pour avoir été, avec son épouse Donnella Meadows, la cheville ouvrière du premier rapport au Club de Rome, *The Limits to Growth* (1972), et de ses mises à jour ultérieures en 1992 et 2004. Formé dans le département de dynamique des systèmes du Massachusetts Institute of Technology, où il pilota cette recherche intitulée « Project on the Predicament of Mankind » à partir de la fin des années 1960, il a ensuite dirigé deux autres instituts de recherche, d'abord à Dartmouth College, puis à l'université du New Hampshire où il est aujourd'hui professeur émérite. Cofondateur du groupe Balaton, un réseau international de chercheurs en science des systèmes et développement durable, il est également président du Laboratory for Interactive Learning. Récompensé par de nombreuses distinctions internationales, et notamment par le prestigieux Japan Prize en 2009, il continue de donner des conférences dans le monde entier.

Mathieu Mercuriali

Né en 1977, il est architecte DPLG, diplômé de l'École d'architecture de Paris-Malaquais en 2002, et docteur en architecture de l'École polytechnique fédérale de Lausanne en 2015. Sa thèse, dirigée par Inès Lamunière, s'intitule *Concevoir à grande échelle. Modèles d'interfaces de mobilité et stratégies de transformation urbaine*. Elle explore les méthodologies de projets architecturaux à grande échelle, qui requièrent des outils innovants. Sa recherche par le projet crée un lien avec sa pratique professionnelle, où il a eu l'occasion d'aborder les relations entre les échelles de projet au sein de l'agence de Patrick Berger et Jacques Anziutti en tant que chef de projet de l'hôtel d'agglomération de Rennes-Métropole et de la maternité de l'hôpital Cochin. Il a également coordonné le projet de la Canopée des Halles, à Paris, en tant que premier assistant. En 2014, il est le commissaire scientifique de l'exposition « 141-221 boulevard Macdonald, 75019 Paris. Reconversion de l'entrepôt Macdonald » au Pavillon de l'Arsenal, et dirige le catalogue qui l'accompagne. Il enseigne à l'École d'architecture de Paris-Malaquais en tant que maître-assistant associé, où il encadre un studio de master intitulé « Franchir les infrastructures, un pont programmé ».

Mathilde Rocher

Née à Meaux en 1991, elle effectue sa licence à l'École d'architecture de la ville & des territoires, où elle participe à la réflexion menée par Yves Lion sur les grands ensembles dans le cadre de la Biennale d'architecture de Venise de 2012.

Elle poursuit son cursus au sein de la filière de master Habitat et énergies dirigée par Philippe Barthélémy. Son mémoire de master, encadré par Pascal Chombart de Lauwe, porte sur l'évolution de l'habitat et en particulier de la cuisine domestique. Elle obtient son habilitation à la maîtrise d'œuvre en nom propre en 2015.

Nathalie Roseau
Née en 1968, elle est ancienne élève de l'École polytechnique et de l'École nationale des Ponts et Chaussées, architecte DPLG (École d'architecture de Paris-Villemin) et docteur en urbanisme de l'université Paris-Est. Après avoir exercé dans le domaine de la planification urbaine et régionale en Île-de-France puis dans la maîtrise d'œuvre architecturale au sein de l'agence d'Aéroports de Paris dirigée par Paul Andreu, elle se tourne vers l'enseignement et la recherche. Membre du laboratoire Techniques, territoires et sociétés, elle y réalise une thèse de doctorat sur l'histoire des relations entre l'urbanisme et la mobilité aérienne. En parallèle de ses recherches, elle entreprend la réforme du mastère spécialisé Aménagement et maîtrise d'ouvrage urbaine de l'École des Ponts qu'elle dirige de 2005 à 2016. Son enseignement y prend la forme du séminaire Métropoles et infrastructures et de l'atelier international Grand Paris – Grand Tokyo. Ses recherches portent sur les fonctions de l'imaginaire dans la fabrique de l'espace urbain ainsi que sur les représentations et pratiques de la ville des flux. Elle prépare actuellement son habilitation à diriger des recherches sur la question de l'infrastructure comme projet métropolitain. Elle est l'auteur de Paris *CDG1* (avec Paul Andreu, B2, 2014), *Aerocity, Quand l'avion fait la ville* (Parenthèses, 2012), et a codirigé deux ouvrages, *L'Emprise du Vol* (Metispresses, 2013) et *De la Ville à la Métropole* (L'Œil d'Or, 2013).

Maurice Rotival
Né en 1897 et mort à Paris en 1980, il est ingénieur-urbaniste diplômé de l'École centrale en 1920. Il est un moderniste proche des Ciam. Membre de la Société française des urbanistes, il s'associe avec Jacques Lambert et Henri Prost, avec lequel il conçoit le Plan régional d'Alger au cours des années 1930. Dans cette même ville, il collabore également avec l'entreprise Perret frères, notamment pour la construction du palais du gouvernement général et de l'esplanade du forum. Il travaille plusieurs fois à Caracas, d'abord en 1939 pour concevoir, avec Lambert, un plan monumental (dit « plan Rotival »), puis entre 1959 et 1960 pour planifier le développement du transport dans la capitale. En 1943, il conçoit le plan d'aménagement de New Haven dans le Connecticut. Si son activité professionnelle s'effectue essentiellement à l'étranger, il est également actif en France : il publie en 1956 un article intitulé « Paris et l'aménagement de la région parisienne » dans *L'Architecture d'aujourd'hui*, avant d'être désigné par le ministère de la Reconstruction et de l'Urbanisme pour élaborer en 1959 le plan de la reconstruction de Reims. Parallèlement à sa carrière de praticien, il enseigne après-guerre pendant quinze ans à l'université de Yale, dont il fonde le département d'urbanisme.

Odile Seyler
Architecte DPLG diplômée de l'École d'architecture de Strasbourg, elle a traduit *Architecture et humanisme, de la Renaissance aux réformes* de Manfredo Tafuri (avec Henri Raymond, Paris, Dunod, 1981) et *Genius Loci. Paysage, ambiance, architecture* de Christian Norberg-Schulz (Liège, Mardaga, 1981). De 1981 à 1991, elle est chargée de mission à l'Institut français d'architecture où elle s'occupe des colloques internationaux puis de la galerie d'actualité. Elle y expose notamment Hans Kollhoff, David Chipperfield, Jean Nouvel, Yves Lion et Josep Antoni Coderch. Elle fait la scénographie de l'exposition « Agnès b. etc. » au Kobe Fashion Museum (Japon), en 1998, ainsi que de l'exposition « Fernand Pouillon, architecte. Pantin, Montrouge, Boulogne-Billancourt, Meudon-la-Forêt » au Pavillon de l'Arsenal en 2003. En 1992,

elle ouvre son agence. En 1995, elle est lauréate du concours « appel aux jeunes architectes » lancé par la Ville de Paris pour un immeuble situé rue des Lyanes, dans le XXe arrondissement. Ce bâtiment lui vaudra en 1999 d'être finaliste du prix Mies van der Rohe, d'obtenir le prix *Bauwelt* du meilleur bâtiment européen, ainsi qu'une mention au prix de la première œuvre décerné par Le Moniteur. Depuis 2007 elle est associée à Jacques Lucan dans l'agence Odile Seyler & Jacques Lucan. Enseignante depuis 1984 à l'École d'architecture de Paris-Tolbiac, elle est l'un des membres fondateurs de l'École d'architecture de la ville & des territoires où elle enseigne le projet en master. Elle a été professeur invitée à l'École polytechnique fédérale de Lausanne en 2002.

Jean Taricat
Né à Paris en 1947, sociologue de formation, il enseigne l'histoire de l'architecture à l'École d'architecture de la ville & des territoires, dont il a été directeur de 2001 à 2005. Il est l'auteur de trois livres : *Le Logement à bon marché, Paris 1850-1930*, Boulogne, Apogée, 1981 (avec Martine Villars) ; *Histoires d'architecture*, Marseille, Parenthèses, 2004, réédité en 2011 ; et *Suburbia, une utopie libérale*, Paris, La Villette, 2013.

Estelle Thibault
Née en 1968, elle est architecte DPLG, maître-assistante à l'École nationale supérieure d'architecture de Paris-Belleville, docteur en architecture (université Paris 8, 2005) et titulaire d'une habilitation à diriger des recherches (université Paris-Est, 2015). Elle enseigne le projet et l'histoire des théories architecturales et, depuis 2013, est responsable scientifique du laboratoire Ipraus (CNRS, UMR Ausser 3329). Elle a séjourné en tant que chercheur invité au centre d'études du Centre canadien d'architecture en 2007. Ses travaux portent sur les relations entre les théories de l'architecture et les sciences de l'esthétique, ainsi que sur l'enseignement de l'architecture, du dessin et de l'ornement aux XIXe et XXe siècles. Elle a publié *La Géométrie des émotions. Les esthétiques scientifiques de l'architecture, 1860-1950* (Bruxelles, Mardaga, 2005) ; codirigé *Le Livre et l'architecte* (avec Jean-Philippe Garric et Émilie d'Orgeix, Bruxelles, Mardaga, 2011) et *L'Amphithéâtre et l'atelier. Les écoles de l'architecture entre théorie et pratique* (avec Guy Lambert, Bruxelles, Mardaga, 2011) ; assuré l'édition d'une version française de l'essai de 1852 : *Science, industrie et art de Gottfried Semper* (Gollion, Infolio, 2012). Elle vient d'achever, avec Mercedes Volait et Maryse Bideault, l'ouvrage *De l'Orient à la mathématique de l'ornement. Jules Bourgoin (1838-1908)*, (Paris, Picard, 2015), première monographie consacrée à cet architecte et théoricien.

Oswald Mathias Ungers
Né à Kaiserseschen en 1926 et mort à Cologne en 2007, Oswald Mathias Ungers a été l'architecte allemand le plus influent de la seconde moitié du XXe siècle. Après ses études chez Egon Eiermann à la Technische Hochschule de Karlsruhe, il fonde en 1950 son agence à Cologne. Huit ans plus tard, la réalisation de sa propre maison dans la Belvederestraße lui vaut une réputation internationale. Invité à la Technische Hochschule de Berlin, dont il devient recteur en 1965, il y développe un enseignement expérimental reliant théorie, histoire et conception architecturale et urbaine. Après les révoltes étudiantes de 1967-68, qui stigmatisent sa participation à la construction du grand ensemble du Märkisches Viertel, il s'expatrie aux États-Unis pour diriger le département d'architecture de l'université de Cornell. Jusqu'en 1978, il se consacre presque entièrement à l'enseignement et à une recherche morphologique qu'il décline dans le cadre de plusieurs concours d'idées. C'est pendant cette période qu'il s'affirme comme l'une des grandes figures du mouvement néo-rationaliste et qu'il publie ses textes les plus marquants : *Planning Criteria* (1976), *City Metaphors* (1976) et *Die Thematisierung der Architektur* (1983), ainsi que la trilogie de ses séminaires

d'été pour Cornell : *Urban Block* (1976), *Urban Villa* (1977) et *Urban Garden* (1978). À partir de la fin des années 1970, il obtient enfin des commandes importantes telles que le Deutsches Architekturmuseum (1979-84), la Galeria et la Messe Tornhaus à Francfort (1979-87), la Badische Landesbibliothek à Karlsruhe (1980-91), l'extension de la Kunsthalle de Hambourg (1986-96), ainsi que le Wallraff-Richartz Museum à Cologne (1996-2001). Sa fascination pour les processus morphologiques cède alors le pas à une approche strictement géométrique qui culmine dans sa « maison sans qualité » (1995-96), construite à proximité de la maison-agence de la Belvederestraße. En 2006, un an avant sa disparition, la Neue Nationalgalerie de Berlin lui a consacré une grande rétrospective.

Milos Xiradakis
Né à Bordeaux en 1988, il est architecte, diplômé et habilité de l'ENSA Paris-Malaquais. Son projet de fin d'études, qui envisageait la reprogrammation de la dalle du centre-ville de Bobigny, a été présenté dans le cadre de l'exposition « Futurs immédiats » au Pavillon de l'Arsenal en 2014. Milos Xiradakis a travaillé au sein de l'Atelier Seraji, de GRAU et de Frédéric Druot Architecture. Il mène désormais ses propres projets d'architecture et d'illustration, tout en conduisant une recherche sur la production du bois de construction et son utilisation dans l'architecture européenne (www.usagedubois.com).

Building Paris
Nés respectivement en 1980 et en 1981, Benoît Santiard et Guillaume Grall sont diplômés de l'École nationale supérieure des arts appliqués et des métiers d'art à Paris en 2003 et 2004. Ils fondent Building Paris en 2012, un studio de communication et de design graphique à l'intérêt prononcé pour l'architecture. Ils collaborent notamment avec les agences H2O architectes, NP2F, Architects Building for Capacity, TVK, Chartier Dalix, Avenier Cornejo, Bassinet Turquin Paysage sur des projets d'identité visuelle, d'édition ou de signalétique. En 2012 ils réalisent l'identité visuelle, la signalétique et les outils de communication du Pavillon français à la 13e Biennale internationale d'architecture de Venise dont le commissariat est assuré par Yves Lion et la scénographie par THE architectes. Ils enseignent depuis 2008 la communication du projet à l'École d'architecture de la ville & des territoires à Marne-la-Vallée.

Crédits iconographiques

La rédaction remercie Jürg Conzett, Rem Koolhaas, AMO et Dennis Meadows pour leur autorisation de publier la traduction française de leurs textes, ainsi qu'Estelle Dietrich et Michèle Palmyre de la bibliothèque de l'École d'architecture de la ville & des territoires, et François-Xavier Lorrain de la bibliothèque de l'ENSA Paris-Malaquais, pour leurs recherches documentaires.

Marnes, documents d'architecture
est une publication périodique
produite par l'École d'architecture
de la ville & des territoires,
à partir de son équipe de recherche,
l'Observatoire de la condition suburbaine
(OCS).

Imprimé sur Century Cockle
Premium White 250 g pour la couverture
et sur Munken Print White 1,8 80 g
pour les pages intérieures, en Pantone
bronze 8581. *Calepiné* en Berthold
Garamond, Myriad Pro et Courier New.

Achevé d'imprimer en septembre 2016
sur les presses de Musumeci, Italie.
Dépôt légal : septembre 2016.

ISBN 978-2-86364-404-1

Design graphique
Building Paris
avec Antoine Bertaudière

Impression
Musumeci SPA
Quart, Vallée d'Aoste, Italie
musumecispa.it

Correction / relecture
Thomas Laurens

Distribution / diffusion / export
Harmonia Mundi Livre
Mas de Vert, BP 20150
13631 Arles cedex
harmoniamundilivre.com

Éditions Parenthèses
72, cours Julien
13006 Marseille
editionsparentheses.com

École d'architecture
de la ville & des territoires
à Marne-la-Vallée
12, avenue Blaise-Pascal
Champs-sur-Marne
77447 Marne-la-Vallée Cedex 2
marnelavallee.archi.fr
paul.bouet@marnelavallee.archi.fr

École d'architecture
de la ville & des territoires
à Marne-la-Vallée

Liberté • Égalité • Fraternité
République Française

Culture
Communication

MEMBRE DE LA COMMUNAUTÉ
UNIVERSITÉ
PARIS-EST